国际贸易专业
"十三五"规划教材

国际贸易学

李保民　王玉娟◎主编

图书在版编目(CIP)数据

国际贸易学/李保民,王玉娟主编.—合肥:安徽大学出版社,2020.1
ISBN 978-7-5664-1912-5

Ⅰ.①国… Ⅱ.①李… ②王… Ⅲ.①国际贸易-研究 Ⅳ.①F74

中国版本图书馆 CIP 数据核字(2019)第 166805 号

| 国际贸易学 | 李保民　王玉娟　主编 |

出版发行：北京师范大学出版集团
　　　　　安　徽　大　学　出　版　社
　　　　　(安徽省合肥市肥西路3号 邮编230039)
　　　　　www.bnupg.com.cn
　　　　　www.ahupress.com.cn
印　　刷：安徽昶颉包装印务有限责任公司
经　　销：全国新华书店
开　　本：184 mm×260 mm
印　　张：19.75
字　　数：420千字
版　　次：2020年1月第1版
印　　次：2020年1月第1次印刷
定　　价：53.00元
ISBN 978-7-5664-1912-5

策划编辑：姚　宁　方　青　邱　昱　　　装帧设计：李　军　孟献辉
责任编辑：姚　宁　方　青　邱　昱　　　美术编辑：李　军
责任印制：陈　如　孟献辉

版权所有　侵权必究
反盗版、侵权举报电话：0551-65106311
外埠邮购电话：0551-65107716
本书如有印装质量问题，请与印制管理部联系调换。
印制管理部电话：0551-65106311

《国际贸易学》编委会

总 顾 问 夏英祝

主   编 李保民 王玉娟

副 主 编 袁敏华 黄 剑

编委会委员（以姓氏笔画为序）

      李保民 李玲娣 郭美荣 宫能泉
      王玉娟 袁敏华 宇 雪 王 静
      黄 强 黄 剑 叶留娟 汪 芳

合 作 单 位 安徽大学经济学院国际经济与贸易系
      重庆理工大学经济金融学院
      安徽外国语学院国际商务学院
      安徽大学江淮学院经济系
      安徽三联学院经济管理学院
      安徽绿海商务职业学院工商管理系

目 录

前言 ·· 1

第一章 导 论 ··· 1
第一节 国际贸易的研究对象和基本概念 ·· 1
第二节 国际贸易的分类与特点 ·· 7
第三节 对外贸易与经济发展的关系 ·· 15

第二章 国际分工与国际分工理论 ·· 21
第一节 国际分工的形成和发展 ·· 22
第二节 国际分工和国际贸易的关系 ·· 29
第三节 国际分工理论 ·· 32

第三章 世界市场与国际贸易方式 ·· 47
第一节 世界市场的形成与发展 ·· 48
第二节 世界市场的分类与作用 ·· 51
第三节 当代世界市场的变化与特点 ·· 53
第四节 世界市场的主要贸易方式 ··· 57
第五节 进入世界市场的模式 ··· 77

第四章 区域经济一体化与国际贸易 ··· 82
第一节 区域经济一体化概述 ··· 84
第二节 区域经济一体化理论 ··· 91

第五章 跨国公司与国际贸易 ·· 103
第一节 跨国公司概述 ·· 104
第二节 跨国公司内部贸易 ·· 112
第三节 跨国公司对国际经济与贸易的影响 ··· 117

第四节　跨国公司理论 …………………………………………………… 122

第六章　国际服务贸易 ………………………………………………………… 132
　　第一节　国际服务贸易概述 ……………………………………………… 133
　　第二节　国际服务贸易的产生与发展 …………………………………… 144
　　第三节　中国服务贸易的发展 …………………………………………… 157

第七章　国际技术贸易 ………………………………………………………… 169
　　第一节　国际技术贸易及发展 …………………………………………… 170
　　第二节　国际技术贸易的内容与方式 …………………………………… 177
　　第三节　知识产权与国际技术贸易 ……………………………………… 185

第八章　国际贸易政策 ………………………………………………………… 193
　　第一节　国际贸易政策概述 ……………………………………………… 194
　　第二节　15世纪—"二战"前国际贸易政策的演变及理论基础 ……… 197
　　第三节　"二战"后国际贸易政策的演变及理论基础 ………………… 204

第九章　国际贸易措施 ………………………………………………………… 214
　　第一节　关税措施 ………………………………………………………… 215
　　第二节　非关税措施 ……………………………………………………… 225
　　第三节　鼓励出口措施和出口管制 ……………………………………… 230

第十章　国际贸易融资 ………………………………………………………… 242
　　第一节　对外贸易短期融资 ……………………………………………… 244
　　第二节　对外贸易中长期融资 …………………………………………… 248
　　第三节　国际租赁 ………………………………………………………… 259

第十一章　关贸总协定与世界贸易组织 ……………………………………… 269
　　第一节　关贸总协定 ……………………………………………………… 270
　　第二节　世界贸易组织 …………………………………………………… 280
　　第三节　世界贸易组织的运行机制 ……………………………………… 287
　　第四节　中国与世界贸易组织 …………………………………………… 293

参考文献 ………………………………………………………………………… 304

前　言

《国际贸易与国际金融》是高等院校财经、商务管理类相关专业的一门核心课程。编写本教材缘于以下几方面原因。

第一,从20世纪80年代以来,随着世界范围内经济全球化的发展,特别是1995年WTO正式诞生并发生作用以及经历了1997年亚洲金融危机和2008年以来的世界金融危机的动荡、冲击,世界国际经济贸易领域和国际金融领域都发生了深刻的新变化:贸易的不平衡性和贸易利益的争夺加剧了经济体之间的贸易摩擦;传统的国际分工和贸易理论对国际贸易的新现象、新特征和新格局解释乏力,正逐渐被新的国际分工和贸易理论所取代;国际服务贸易和国际技术贸易的地位不断提升,促进贸易结构走向高级化;多边贸易体制面临新的挑战,全球范围的区域经济合作势头高涨等。编写本教材的目的也在于努力反映和探求这些最新的变化,以在教学中体现"与时俱进",凸显教学内容的新颖性。

第二,努力适应国家新的教学要求。教育部对高等教育一以贯之的标准要求就是高等教育应当始终紧跟形势,面向未来面向现代化建设。我国已经发展为世界第二大经济体,自改革开放以来特别是加入世界贸易组织以来,我国作为一个贸易大国,其贸易政策、贸易结构等发生着巨大的变化,对经贸人才的需求也迅速增加,培养国际经济与贸易方面的高级人才已成为高等教育的一项重要任务。教育部鼓励和支持专业教材的建设,编写出具有各专业特色的、适合各地高等院校不同学生要求的高档次、高质量的教材,为了适应这一标准,我们将具有多年高等教育教学经验的、学术造诣水平较高的专业教师组建成教研团队。编写这门教材,将增强教学效果,提高教学水平。

本教材的特色有以下几点。

第一,通俗性。《国际贸易学》课程具有很强的专业理论性和专业知识性,许多领域具有较大的难度,不易理解且不易掌握。为此,本教材在编写过程中始终强调深入浅出,从而使教师容易备课、学生容易听懂。

第二,实践性。财经、商务类专业均为应用型专业,教师教学必须始终与实践相结合。因此,本教材在编写方面基本上体现了理论知识与实践的结合,专业知识与案例的结合。

第三,即时性和前瞻性。教材编写者深刻体会到当前信息科技革命的大发展,世界经济、贸易、金融都在不断发生深刻的变化。因此,教材编写应该始终关注、密切联系最新的国际贸易和国际金融发展态势,运用最新的研究资料,同时不断探求未来的发展前景,在教材中反映出这种探讨和预测的成果。

本教材的编写是在安徽大学、重庆理工大学、安徽三联学院、安徽外国语学院、安徽绿海商务职业学院以及安徽大学江淮学院相关专业众多教师的合作和努力下完成的。编写人员均为具有丰富教学经验的教师和其他教学工作者。由于水平所限,缺点、不足在所难免,诚恳希望各方面专家、学者不吝赐教。

编　者
2019 年 9 月 28 日

第一章 导论

学习目标

了解国际贸易的研究对象;掌握国际贸易的基本概念、分类与主要特点;理解对外贸易与国际经济发展之间的关系。

学习重点与难点

国际贸易的基本概念、国际贸易的分类;结合实际理解对外贸易与国际经济发展之间的双向关系。

据中国海关统计,2018 年按美元计价,我国外贸进出口总值 4.62 万亿美元,增长 12.6%。其中,出口 2.48 万亿美元,增长 9.9%;进口 2.14 万亿美元,增长 15.8%;贸易顺差 3517.6 亿美元,较上年收窄 16.2%。外贸的稳定增长对我国的就业形势、外汇储备、汇率稳定乃至整个经济形势都产生了重要的影响,外贸在我国经济发展中继续发挥着重要的独特作用。

第一节 国际贸易的研究对象和基本概念

一、国际贸易的研究对象

国际贸易是研究国际商品与劳务在交换过程中的一般经济关系的学科。国际贸易的主要任务是研究国际贸易产生与发展的原因和贸易利益在各国间如何进行分配,并揭示其中的特点与运动规律。具体研究内容包括以下四个方面。

(一)国际贸易的发展历史

国际贸易作为一个历史范畴,在不同的社会发展阶段展现出了不同的特点。

在奴隶社会和封建社会时期,由于各种条件和技术水平的限制,生产力水平低下,社会分工程度不高,国与国之间的商品交换并不普遍,国际贸易还未真正形成。到封建社会晚期,随着城市手工业的发展,商品经济也有了明显发展。这一时期开始出现早期的国际贸易中心,如中世纪著名的三大贸易城市,君士坦丁堡、威尼斯和亚历山大。国际贸易的主要商品以奢侈品为主,如象牙、丝绸、香料、宝石、瓷器等。

资本主义的萌芽不仅带动了意大利北部以及波罗的海和北海沿岸的一些城市(如佛罗伦萨等)成为繁华的贸易中心,还开启了区域性的国际商品交换市场。在西方国家相继完成了产业革命以后,资本主义生产方式在全世界范围内发生了巨大变化,由工厂手工业过渡到大机器生产,从而导致国际分工体系转化为世界范围内的生产力,促成了世界市场的形成,也为国际贸易的发展奠定了坚实的基础。从17世纪开始到19世纪末,资本主义国家的对外贸易额不断上升。处于贸易主导地位的国家为英国,参与国际交换的商品也由最初的奢侈品演变为工业原料、一般生活消费品等,世界市场开始形成。

在资本主义从自由竞争向垄断过渡时期,以内燃机为代表的第二次工业革命为国际贸易的快速发展铺平了道路。这源自以下原因:其一,内燃机取代了蒸汽机,促进了内陆运输的便利化;其二,轮船的运载能力加大,提高了海洋运输这种国际贸易主要运输方式的装载量;其三,电话的发明,为各国间的贸易沟通和交流提供了极大的便利。这一时期主要的贸易产品也较之前发生了变化,原材料、纺织品等在贸易中所占比重下降,逐渐增加的是矿产品和金属产品的贸易量。在这一时期,矛盾也在加剧,经历了第一次世界大战和世界经济危机的冲击,资本主义世界经济遭到破坏,贸易保护主义盛行。

"二战"以后,由于第三次科技革命的作用,投资与贸易更趋于国际化和自由化,这推动了国际贸易的重大发展,交易方式也日趋多样化。随着全球经济一体化的趋势不断加强,国际贸易在各国经济中发挥着愈加重要的作用,而国际贸易自身结构也在国际贸易发展的过程中不断发生变化。国际贸易中高科技产品和服务业在整个世界贸易中所占的比重不断上升,跨国公司成为世界贸易的主要力量。

(二)国际贸易理论

国际贸易的演变和发展一直被各国经济学家和学者所关注与研究,出现并形成了各种关于国际贸易方面的学说和理论。这些理论主要分为自由贸易理论和保护贸易理论。

在资本主义萌芽时期出现的重商主义理论是资产阶级最初所信仰的国际贸易理论。它主张国家干预经济生活,禁止金银输出,增加金银输入。重商主义理论并未反映出国际贸易的意义和本质。随着资本主义的深入发展,以亚当·斯密和大卫·李嘉图为代表的英国古典经济学派先后提出了绝对优势理论和比较优势理论,对国际分工产生的原因作出了科学的解释。他们认为各个国家由于劳动生产率不同,可以专门生产本国具有绝对优势或者相对优势的产品,然后通过国际贸易获取收益。20世纪初,瑞典经济学家赫克歇尔和俄林就此提出了要素禀赋理论,该理论认为各国生产要素的禀赋差异所引起的产品成本差异是产生国际贸易的主要原因。第二次世界大战以后,国际贸易领域出现了很多新的现象,运用传统的国际贸易理论很难对其进行解释,于是涌现出很多新的国际贸易理论,具有代表性的学说包括需求偏好相似说、产业内贸易说、产品生命周期说等。上述的各种理论由于鼓励国家间积极进行自由贸易,因而被纳入自由贸易理论的范畴。

与自由贸易理论相对的是保护贸易理论。美国学者汉密尔顿首先提出要对本国的幼稚产业进行保护,强调通过关税来保护和发展民族工业。德国的李斯特作为保护贸易理论的代表人物,对保护贸易理论进行了系统的完善,他认为要提高本国的生产力以及经济地位,就必须在国际贸易中对国内的工业部门进行保护,只有本国国内工业的腾飞才能与各国在世界市场进行有力竞争。这种理论不是要求完全封闭或是闭关锁国,而是强调在对本国产业进行保护的基础上参与国际竞争,这种理论对于落后国家特别是许多发展中国家的经济发展产生了深远影响。

(三)国际贸易的政策和措施

国际贸易政策是指一国政府在其经济发展战略的指导下,运用经济、法律和行政手段,对外贸活动的方向、数量、规模、结构和效益所进行的一系列有组织的干预和调节的行为。对外贸易会影响一国的社会经济发展以及其他利益因素,因此各国在进行对外贸易的过程中,必然会基于本国的某种利益考虑而颁布政策来对对外贸易活动进行有组织的管理和调节。贸易政策具有一定的社会历史性,是社会生产力发展到一定阶段的产物,它随着本国经济条件的变化而不断得到完善和调整。各国在各个时期由于竞争能力强弱的变化将会采取完全不同或者相互交叉的贸易政策。

对外贸易政策从总体上可以分为以下三种类型。

1. 自由贸易政策

自由贸易政策是指国家取消对进出口商品和服务的限制及障碍,取消对本国进出口商品、服务和企业的各种特权和优惠,使其在国内外市场上自由竞争。

2. 保护贸易政策

保护贸易政策是指国家广泛利用各种法规限制商品和服务的进口,保护本国国内市场免受国外商品的竞争,给予本国出口的商品和服务以优惠或补贴以鼓励出口。

3. 协调贸易政策

协调贸易政策是指国家制定一系列政策、法规加强对外经贸管理,使之有序且健康发展,对外通过谈判签订双边、区域或多边贸易条约或协定,协调与其他贸易伙伴在经济贸易方面的权利与义务。

一国的对外贸易政策总是要通过其具体的政策措施加以体现的,这些措施主要分为关税壁垒和非关税壁垒。随着时代以及全球经济环境的不断变化,各国也在相应调整着各自的对外贸易政策。现代实践表明,国际贸易中不仅存在不同国家之间的竞争,还存在国与国之间的依赖,各国一般会在制定对外贸易政策时通过签订各种协定、条约或参加经济组织来维护本国利益。

(四)国际贸易的现实问题和发展趋势

社会生产力的发展、国际分工的深化以及科技进步的加速造就了当代国际贸易的繁荣和发展,国际贸易对各国经济的促进作用也越来越显著,这使得各国愈加重视本国的对外贸易发展。一国在对外贸易发展的进程中,必然会遇到各种现实问题,这些问题对本国的经济发展产生正面或者负面影响。例如,国际贸易引起的生产国际化,在此基础上形成了许多大型跨国公司,区域经济一体化趋势也由此加强,区域性组织进而出现,贸易中的摩擦与利益矛盾日益凸显。这些都成为学习国际贸易所必须研究的现实问题。深入分析当前国际贸易的总体发展趋势和各国对外贸易的政策特点,对本国在更大范围、更高层次和更广领域上参与世界经济合作、进行国际竞争等方面具有重要的实践意义。

二、国际贸易的基本概念

(一)国际贸易与对外贸易

国际贸易(International Trade)是指世界各国之间进行的商品和劳务的买卖与交换活动。它既包括本国与他国之间的贸易活动,也包括其他国家之间的贸易活动。国际贸易是由各国的对外贸易所构成的,它是世界各国对外贸易的总和。因此,国际贸易通常也被称作"世界贸易"。

对外贸易(Foreign Trade)是指一个国家(或地区)与其他国家(或地区)之间进行的商品和劳务的买卖与交换活动。对外贸易是相对于国内贸易而言的,主要由进口和出口两大部分组成。因而对外贸易也被称作"进出口贸易"或"输出入贸易"。

国际贸易与对外贸易在概念上既有区别又有联系。一方面,二者都是跨越国界所进行的商品或劳务的买卖与交换活动。一般来说,各国对外贸易的总和构成了国际贸易,从而可以得出国际贸易的蓬勃发展离不开各个国家对外贸易的发展,这是二者相互联系的地方。另一方面,二者的显著区别在于,从一个国家(或地区)的角度来看待的贸易活动就是对外贸易,而从国际范围的角度来看待的贸易活动被称为"国际贸易"。

(二)出口与进口

出口是指从本国输出商品和劳务至他国市场销售的贸易活动,因此又被称为"输出贸易"。进口是指从国外输入商品和劳务至本国市场销售的贸易活动,因此又被称为"输入贸易"。

与进、出口贸易相关联的贸易活动概念还包括净出口和净进口,复出口和复进口。

1. 净出口和净进口

净出口,也就是很多国家在同类商品上既有出口又有进口时,在一定时期内一国的出口量大于进口量,超出的部分为净出口。净进口,也就是在一定时期内一国的进口量大于出口量,超出的部分为净进口。

净出口和净进口能够反映一国在某种商品的贸易上所处的地位。若一国的某种商品贸易存在净出口,说明该国在这一特定商品的生产上具有较强的竞争能力,其生产和出口在国际贸易中处于优势;净进口说明该国对特定商品的生产能力较弱,在国际贸易中处于劣势和依赖地位。净出口和净进口都是以商品数量来表示的。

2. 复出口和复进口

复出口(Re-Export Trade)，又称"再出口"，是指外国商品进口后未经再加工和重新制造或未进入本国市场又出口的活动；复进口(Re-Import Trade)，又称"再进口"，是指本国出口到别国产品，在国外未经加工又重新输入国内的活动。

复出口的产生主要同经营转口贸易有关。至于从国外进口商品再加工后又输往国外，或者以国外进口原料制造成另一种商品后再出口到国外，各国均不列入复出口。在我国外贸业务中，进口外国原料加工成成品后再出口，习惯叫作"加工复出口"。复进口往往由于商品在国外未能销售或者被损毁等偶然原因造成，不具有实际经济意义。

(三) 贸易额与贸易量

1. 贸易额(Trade Value)

贸易额又称"贸易值"，是以货币表示的反映贸易规模的经济指标。贸易额一般分为对外贸易总额和国际贸易额两种。

对外贸易总额，又称"对外贸易值"，是用货币表示的反映一国一定时期内对外贸易总体规模的统计指标，由一国一定时期内的出口总额与进口总额之和构成。针对对外贸易总额，各国一般用本国货币表示，但为了国际比较，许多国家又同时用美元计算。联合国编制和发表的世界各国对外货物贸易额是以美元表示的，它反映在各国的海关统计中。国际贸易额，又称"国际贸易值"，是指世界各国和地区在一定时期内的进口总额或出口总额，它用来表示国际贸易的规模。统计国际贸易额必须把世界各国或地区的出口总额折算成同一货币后相加，特别注意不能简单地把世界各国或地区的对外贸易总额相加，而只能把世界各国或地区的出口总额相加。

2. 贸易量(Trade Quantum)

贸易量是以基期价格指数计算的、反映贸易总额的经济指标，或者是以数量、重量、面积、体积等计量单位表示的反映贸易规模的指标。由于国际市场上的物价经常发生变动，用价值表示的国际贸易额并不能真实地反映该国外贸的实际规模。为了反映进出口贸易的实际变化，通常以不变价格计算的贸易额表示贸易量，以贸易量表示贸易的实际规模。因为按照实物计量单位进行计算时，可以剔除价格变动带来的虚假成分，能更加准确地反映实际贸易情况。贸易量的计算公式为：

进(出)口贸易量＝进(出)口额/进(出)口价格指数(确定基期价格指数为100)

由此得出，贸易量的实际含义是以固定年份为基期而确定的进出口价格指数去除报告期的进出口额而得出的按不变价格计算的贸易额。

(四) 贸易差额(Balance Of Trade)

贸易差额是指一个国家在一定时期内出口贸易总额与进口贸易总额相比的差额。当出口额大于进口额时叫作"顺差""盈余"或"出超"；反之，当进口额大于出口额时则被称为"逆差""赤字"或"入超"。若两者相等,就称为"贸易平衡"。

贸易差额是衡量一国对外贸易水平以及整体经济状况的重要指标。一般来说,贸易差额应该保持平衡,盈余并不是越多越好,顺差或逆差过大都会对经济稳定造成影响。过高的顺差意味着本国经济的增长对外依赖程度过高,这会引起本国经济平衡的失调,主要表现为:外汇储备过多,造成资金的闲置浪费,不利于本国经济的发展;储备货币汇率下跌时,外汇储备会遭受损失;一国的外汇储备增加,本币发行也必然相应增加,从而产生潜在的通货膨胀压力;本国货币可能被迫升值,使本国产品出口处于不利的国际竞争地位。因此,一国在面对贸易差额的变化时必须考虑国民经济的长远健康发展而对其加以调节,不能滞留在短期的静态利益上。

（五）贸易条件（Term Of Trade）

贸易条件又称"进出口交换比价",指一国在一定时期内的出口商品价格与进口商品价格之间的比率。人们通常用计算一国贸易条件指数的方法来了解该国贸易条件的变化情况。其计算公式如下:

$$贸易条件 = 出口价格指数/进口价格指数 \times 100\% （确定基期价格指数为100）$$

计算得到的结果是:如果指数上升,大于100,表明与基期相比贸易条件改善,即表明出口价格较进口价格上涨,意味着每出口一单位商品能换回的进口商品数量比原来增多,也就是贸易条件比基期有利,贸易利益增大;如果指数下降,小于100,则表明与基期相比贸易条件恶化,即表明出口价格较进口价格相对下降,意味着每出口一单位商品换回的进口商品数量比原来减少,也就是贸易条件相比基期变得不利,贸易利益减少。

（六）外贸商品结构

外贸商品结构是指一定时期内各类商品在进出口总额中所占的比重,分为对外贸易商品结构和国际贸易商品结构。

1. 对外贸易商品结构（Foreign Trade By Commodities）

对外贸易商品结构是指一国一定时期内进出口贸易中各类商品的构成情况,也就是某大类或某种商品的进出口贸易额占整个进出口贸易额的比重。一国的对外贸易商品结构可以反映该国的经济发展水平、产业结构状况以及科技发展水平等,具体又可以分为出口贸易商品结构和进口贸易商品结构。一般来说,一个国家出口制成品或技术密集型产品所占比重越大,其在国际分工中的优势就越大,在国际贸易中获利就越多。

2. 国际贸易商品结构（International Trade By Commodities）

国际贸易商品结构又称"进出口商品结构",是指在一定时期内各大类商品或某种商品在整个国际贸易中所占的比例,用各类或某种商品的贸易额与国际贸易总额之比来表示。它反映的是世界总体的经济发展状况、产业结构水平以及各类商品在国际贸易中的不同地位。在"二战"以后,伴随着全球范围内社会生产力的发展以及科技水平的快速提高,各类商品在国际贸易中所占比重也相应发生了很大变化。初级产品的比重下降,而制成品的比重不断上升、贸易额加大,这种现状和趋势对发达国家经济和发展中国家经济分别产生了不同的影响。

(七)外贸地理方向

外贸地理方向是指国际贸易的地区分布和商品流向,也就是各地区或各国在国际贸易中所占的贸易比重或贸易地位。它可以分为对外贸易地理方向和国际贸易地理方向。

1. 对外贸易地理方向(Direction Of Foreign Trade)

对外贸易地理方向又称"对外贸易地理分布",是指一个国家在一定时期内对外贸易的地区分布和国别分布情况,通常以一定时期内世界上一些国家或地区与该国的进出口额在该国进出口贸易总额中所占的比重来表示。因为它指明了本国进口商品的来源和出口商品的去向,所以能够反映世界上一些国家或地区在该国对外贸易中所占的地位,或者说该国与世界各国或地区经济贸易联系的程度。一国对外贸易地理方向的决定因素主要有对外贸易政策、国际分工地位以及经济上的互补性等。

2. 国际贸易地理方向(International Trade By Region)

国际贸易地理方向又称"国际贸易地区分布",是指国际贸易值的国别的组成情况,也就是各国进出口总额在世界进出口总额或世界进出口贸易总额中的比重。它能够反映各国或地区在国际交换中的地位以及在国际贸易中的作用。研究国际贸易地理方向对于我们了解世界各国的经济联系以及开拓新的国际市场具有重要意义。

(八)对外贸易依存度(Ratio Of Dependence On Foreign Trade)

对外贸易依存度也称"外贸系数",是指一国在一定时期内的对外贸易总额(进口额与出口额之和)在该国民生产总值(或国内生产总值)中所占的比重。它表示一国的国民经济对进出口贸易的依赖程度,也可以表明该国经济的国际化程度。

外贸依存度可以具体分为出口贸易依存度和进口贸易依存度。出口贸易依存度是指一国在一定时期内出口值在国内生产总值中所占的比重。同样,进口贸易依存度是指一国在一定时期内进口值在国内生产总值中所占的比重。进口贸易依存度可以用来表示一国的市场开放度。各个国家在不同时期对外贸易依存度是不同的,随着国际贸易的纵深发展,大多数国家的外贸依存度也将趋于上升。

第二节 国际贸易的分类与特点

一、国际贸易的分类

国际贸易发展到今日,形式愈来愈多样化。这里从不同的角度对其主要进行分类归纳。

(一)按商品流向划分

国际贸易按商品流向的不同,可以分为出口贸易、进口贸易和过境贸易。

1. 出口贸易

出口贸易(Export Trade)是指一国将自己生产或加工的商品输往国外市场销售。它不包括非外销类的货物,比如本国游客出境时携带的个人使用的物品等,不列入出口贸易。

2. 进口贸易

进口贸易(Import Trade)是指一国从国外市场购入用以生产或消费的商品在本国市场进行销售。它不包括非用于内销的货物,如外国使馆从境外运进的供工作人员使用的货物等,不纳入进口贸易的范畴。

3. 过境贸易

过境贸易(Transit Trade)是指当某种商品从甲国经由乙国输往丙国销售时,对乙国而言就是过境贸易。这种贸易对乙国来说既不是进口,也不是出口,仅仅是商品过境而已。过境贸易具体可以分为直接过境贸易和间接过境贸易。直接过境贸易是指外国商品单纯为转运性质经过本国,并不存放在本国海关仓库,在海关监督下,通过国内港口或者车站再输往国外。间接过境贸易是指外国商品运到本国国境后,先存放在本国海关保税仓库,以后未经加工改制,又从海关保税仓库提出再运往国外。

(二)按商品形态划分

国际贸易按商品形态的不同,可以划分为有形贸易和无形贸易。

1. 有形贸易

有形贸易(Visible Trade)是指买卖那些看得见、摸得着的物质性商品的活动,也被称为"货物贸易(Goods Trade)"。由于国际贸易中有形贸易商品的种类繁多,为了便于统计和分析,联合国秘书处于1950年起草了《国际贸易标准分类》(Standard International Trade Classification, SITC),并经过了多次修订,最近一次修订的版本是2007年开始实施的SITC第4版。

在SITC第4版中,有形贸易商品被分为10大类、67章、262组、1023个分组和2970个基本项目。其中十大类商品如表1-1所示。

表1-1 国际贸易标准分类

大类编号	类别编号
0	食品及主要供食用的活动物
1	饮料及烟类
2	燃料以外的非食用粗原料
3	矿物燃料、润滑油及有关原料
4	动植物油脂、油脂和蜡

续表

大类编号	类别编号
5	化学品及有关产品
6	主要按原料分类的制成品
7	机械及运输设备
8	杂项制成品
9	没有分类的其他商品

资料来源：经济和社会事务部统计司，M辑第34号统计文件。

为了使用上的简便，人们一般把SITC的0～4类商品称为"初级产品"，把5～8类商品称为"制成品"。但是需要注意的是，这种初级产品和制成品的分类是一种粗略的分法，严格的区分还要作出有关细类的调整。

2. 无形贸易

无形贸易（Invisible Trade）是指买卖那些不具有物质形态的商品活动，也称为"劳务贸易（Service Trade）"，如运输费、装卸费、法律咨询费以及国际旅游费用等。无形贸易不经过海关办理手续，其金额不反映在海关统计上，但显示在一国国际收支平衡表上。

（三）按贸易有无第三国参加划分

国际贸易按交易对象（即有无第三国参加）的不同，可以划分为直接贸易、间接贸易和转口贸易。

1. 直接贸易

直接贸易（Direct Trade）是指商品生产国与商品消费国不通过第三国直接进行买卖商品的行为，也就是双方直接进行货物买卖。商品生产国将货物直接卖给消费国，对生产国来说表现为直接出口；而对消费国来说，表现为直接进口。由于直接贸易减少了中间环节，为交易双方节省了流通费用，因而国际贸易中大多采用直接贸易的方式。

2. 间接贸易

间接贸易（Indirect Trade）是指商品生产国和消费国没有直接发生贸易关系，而是通过第三国来开展买卖商品的行为。商品通过第三国销售到消费国，对生产国来说是间接出口，对消费国来说是间接进口。产生间接贸易的原因主要是运输航线不通、外汇结算困难、销售渠道不畅或存在政治障碍等。发展中国家在间接贸易中所占的比重相对较大。

3. 转口贸易

转口贸易（Transport Trade）是指商品生产国与消费国之间，或商品供给国与需求国之间，经由第三国贸易商分别签订进口合同和出口合同所进行的贸易。也就是商品生产国与商品消费国之间未发生直接的交易关系，而是通过第三国进行贸易，那么对于第三国来讲就属于转口贸易。一般而言,第三国主要是通过转口贸易来获得转口利润,而非为了本国的生产和消费需求。从世界范围来看,从事转口贸易的国家或者地区大多拥有便利的运输条件、优越的地理位置、便捷的信息交流系统以及发达的商业等优势,如新加坡、鹿特丹等与世界贸易联系频繁的地区。

转口贸易具体包括两种经营方式:一是间接转口,就是把商品从生产国输入进来,然后由该国商人再销往商品的消费国;二是直接转口,就是转口商人仅参与商品的交易过程,但商品仍从生产地直接运往消费地。

(四)按统计标准划分

国际贸易按统计标准的不同,可以划分为总贸易、专门贸易和边境贸易三大类。

1. 总贸易

总贸易(General Trade)是以进出国境为标准来划分和统计的进出口贸易,具体分为总出口和总进口。凡是进入国境的商品一律列为总进口,离开国境的商品一律列为总出口,总出口加上总进口就是一国的总贸易额。中国、日本、英国、加拿大、澳大利亚等国家均采用此种划分标准进行统计。

2. 专门贸易

专门贸易(Special Trade)是以关境为标准来划分和统计的进出口贸易,具体分为专门出口和专门进口。凡是进入关境的商品一律列为专门进口,运出关境的商品一律列为专门出口,专门出口加上专门进口就是一国的专门贸易额。美国、德国、意大利、瑞士、法国等国家均采用此种划分标准进行统计。

3. 边境贸易

边境贸易(Border Trade)是指两个毗邻国家通过协议,在两国的边境接壤地区准许当地居民在指定的集市和边境口岸上,按照规定的金额、品种进行生活必需品和生产资料的小额贸易。边境贸易作为国际贸易中一种特殊的形式,一般不是为了赚取外汇,而是为了边民互通有无,因此一般无须办理海关手续,也不计入当事国的外贸总额。边境贸易具体包括两种形式:一是边民互市贸易,就是两国的边境居民在规定的开放点或指定的集市上,以不超过规定的金额买卖准许交换的商品;二是边境小额贸易,就是边境地区的外贸公司与邻国边境地区的贸易机构或企业之间进行的小额贸易。

(五)按参与国家多少划分

国际贸易按照参与国家多少的不同,可以划分为双边贸易和多边贸易。

1. 双边贸易

双边贸易(Bilateral Trade)是指两个国家之间开展的贸易活动。两国之间相互进行贸易往来,一般会为进行双边贸易而达成协议,该协议被称为"双边协定",其内容包括:两国间交换商品的种类、范围和程度,以及进行贸易往来所采用的支付条件和方法等。

2. 多边贸易

多边贸易(Multilateral Trade)又称"多角贸易",是指三个或三个以上的国家共同开展的贸易活动,其目的是维护相互之间的贸易平衡。多边贸易的产生原因往往是由于两国间彼此供应的商品不对路或价格不相当,以致进出口不能平衡,从而需要第三国或更多的国家参加协议,以使彼此间的进出口达到基本平衡。多边贸易具体分为地区多边贸易和全球多边贸易。

(六) 按清偿工具划分

国际贸易按照清偿工具的不同,可以划分为自由结汇贸易和易货贸易。

1. 自由结汇贸易

自由结汇贸易又称"现汇贸易(Cash−Liquidation Trade)",是指以货币作为清偿工具的贸易。通过自由结汇贸易获得的外汇称为"现汇"。由于自由结汇贸易灵活便捷,在国际贸易中应用十分广泛,是使用最多、最普遍的贸易方式。

2. 易货贸易

易货贸易(Barter Trade)是指以货物经过计价作为清偿工具而开展的国际贸易,是两国间直接以货物交换货物的贸易。易货贸易一般是通过单据的交换,而无须支付外汇即可完成交易。这种贸易方式的好处主要是可以缓解买卖双方之间的外汇紧缺状况,去除由此造成的交易障碍,同时也避免了汇率波动对于买卖双方造成的不稳定影响,促进了国际贸易的多向发展。但是易货贸易的局限性也很明显,如能够进行贸易的商品种类有限,交易的商品必须是双方正好需要的货物,另外进口和出口还要保持大体平衡,这也就在一定程度上限制了贸易的规模;易货贸易的交易过程比较复杂,货物计价需要通过政府间谈判来确定,而不是由市场竞争决定的,这使得贸易条件往往不那么合理。因此,在国际贸易中一般较少采用严格的和单纯的易货贸易。

(七) 按货物运送方式不同划分

国际贸易按照货物运送方式的不同,可以划分为陆路贸易、海运贸易、航空贸易和邮购贸易四大类。

1. 陆路贸易

陆路贸易(Trade By Roadway)是指通过陆上各种交通工具(火车与汽车等)运输商品的贸易行为。各大陆内部陆地相连的国家之间大多采用此种贸易方式。

2. 海运贸易

海运贸易(Trade By Seaway)是指在国际贸易中通过各种船舶运送货物的贸易行为。一直以来,海运都是国际贸易中最主要的运输方式。

3. 航空贸易

航空贸易(Trade By Airway)是指以航空运输方式运送货物的贸易行为。对于价值较高、体积和重量都相对不大的货物一般可以采用此种方式。

4. 邮购贸易

邮购贸易(Trade By Mail Order)是指通过邮政包裹方式寄送货物的贸易行为。对于买卖双方交易前的样品传递和数量不多的个人购买适用于此种方式。

二、国际贸易的特点

随着世界经济一体化的趋势不断增强,各个国家的国际市场和国内市场之间的相互作用和影响愈来愈明显。从本质上说,二者都属于商品买卖的活动。但是国际市场和国内市场在融合的过程中还是存在一些差异的。国际贸易是指发生在不同国家或地区之间的交易行为,而国内贸易则一般是指发生在同一国家或地区不同经济主体间的交易行为。因此,在国际贸易中必然会存在着空间上以及时间上的复杂性,综合归纳为以下六大特点。

(一)语言与风俗习惯不同

国与国之间进行商品交换时,面临的首要问题就是买卖双方的语言差异。要保证交易的顺利进行,就必须能够准确以及流畅地进行语言交流和文字交流,否则,交易很难开展或者存在各种误解和障碍。目前,世界上最通行的语言是英语,但并不是所有国家在交流时都会使用英语,因此就要求贸易过程中配备掌握特定语言的专业人员。从文字使用方面来说,有些国家要求凡是进口至本国的商品必须有2种甚至3种文字来对照说明包装商标或说明书。在这一方面,国际贸易相对国内贸易无疑增大了难度。

除了语言的差异,各国的风俗习惯、宗教信仰等也具有显著差别。一些国家对颜色、图案和特定数字等存在不同的忌讳和偏好,如西方国家忌讳数字13,日本忌讳数字4等。这就要求进行对外贸易的商品在包装、数量以及特性等方面必须要符合目标国家的习惯,尊重其宗教信仰,并要针对不同的国家提供有针对性的商品进行贸易。这也在一定程度上提高了对国际贸易的出口商以及贸易商的要求。

(二)面对的市场环境不同

与相对平稳而又熟悉的国内贸易所面对的市场环境相比,国际贸易所面对的市场则要复杂得多,主要涵盖两个层次。第一层是国际经济大环境。其一,将本国产品输入世界市场会受到世界性经济周期波动的影响;其二,一些国际贸易保护主义势力、汇率的波动以及其他大环境中不稳定因素都会对一国的对外贸易产生影响。第二层是国别经济环境。将本国的产品输入国外市场,那么特定市场受到严格的贸易保护政策的限制或者具有优惠的外贸政策,都会直接影响本国企业的出口贸易。另外,各国的市场环境包括需求结构、消费习惯、供销渠道等都各不相同,而收集和分析国际贸易的信息资料比国内贸易又困难得多。因此,在这一国际贸易的特点下,进行对外贸易的主体必须进行目标市场调研,掌握国外的市场动态,了解贸易对象和合作伙伴所处的不同市场环境。

（三）各国的政法制度和货币制度不同

国际贸易的顺利进行也会受到各国政治制度、法律规范和货币制度差异的影响。进行国际贸易的各个国家不仅要遵守国际的通用准则，还要遵循贸易目标国的商业法律以及惯例。在长期的贸易发展进程中，各国都制定了各自相应的贸易体制和法规，形成了各自不同的商业惯例。与制定自由贸易政策的国家进行贸易，一般阻碍较少，受到对方政府的限制较小；而与实行贸易保护政策的国家进行贸易，常常会由于各种原因而发生贸易摩擦。因此，要保证国际贸易的顺利开展，就必须熟悉有关各国的商业法律、政府政策以及商业习惯等。另外，在国际贸易中，各国所使用的货币制度并没有统一。由于各国都有自己的货币，货物买卖中计价与结算货币如何选择、不同国家的货币如何兑换等，都成了为顺利开展国际贸易所必须解决的复杂问题，这也是国际贸易相对于国内贸易的特点。

（四）手续与操作较复杂

其一，国际贸易中买卖的货物一般都要经过海关。关于货物的进出口，海关方面有许多详细规定。履行报关手续是国际贸易活动要进行的复杂事务，一般要向海关提供进口许可证、海运提货单、进口报关单、商业发票、产地证明书、卫生检验检疫证明等。海关要求的手续必须提供完备，否则进口企业会由于进口的商品无法取得而遭受损失。其二，在前期的市场调查方面，国际市场不稳定的因素多、变化快，为交易前的考察决策带来很大困难。在合同磋商方面，不仅要了解各种国际贸易惯例，还要清楚对方国家的商业规定。其三，国际贸易货款的收付是跨越国界的，要通过有关国家经营国际汇兑业务的银行进行。因此，支付方式、支付工具和承办银行的选择也是一个复杂的决策过程。其四，国际贸易的货物运输由于要跨越国界，而且大多数采用海运，运输环节多、耗时长、影响因素多，一般都需要办理运输保险来降低风险。这些特点都增加了国际贸易的手续和环节，使整个交易的操作环节繁多复杂。

（五）面临的风险较大

国际贸易需要跨越国界，经历货物的长途运输，且贸易中的双方身处不同的国家，相互了解甚少，这些都加大了从事国际贸易的各种风险。归纳起来主要有以下种类：

1. 商业风险

由于国际贸易涉及的因素较多、贸易的周期较长，某个环节的失误或延误都有可能导致一方拒收货物或拒付货款而另一方不能顺利结清货款，如单证不符、交货延迟、货样不符以及价格波动等，极易引起商业纠纷，给买卖双方造成各种损失和影响，从而加大商业风险。

2. 信用风险

信用风险主要是指在交易期间买卖双方的财务、经营状况发生变化，影响顺利履约甚至危及履约的情况。各方由于处于不同的国家或地区，对对方的财务状况、经营情况以及资信进行彻底的调查和了解存在很大的困难。而从合同的订立到合同的履行,中间一般需要经历较长时间,最终的付款交货环节很有可能由于某一方的信用问题而未能实现。

3.汇兑风险

国际贸易中的双方在收付货款时,至少有一方是以外币来进行计价和结算的。外汇汇率的不断波动,会使货款在交付时发生汇率风险,导致进口商的成本增加或者出口商的收入减少。

4.运输风险

相对于国内贸易,国际贸易中的货物需要经过长途跋涉才能到达目标国。大部分要通过海洋运输的方式或者国际多式联运,历经较长时间和较多环节,这就增加了遭受自然灾害或意外事故的风险因素。可见在进行国际贸易时,面临的运输风险较大。

5.价格风险

价格风险主要是贸易双方在签订合同以后,货物价格的上下波动对买卖双方造成的风险。因为在国际贸易中较为常见的是大宗货物,货价的上升或下跌涉及的损益金额也相对较大。另外,由于国际贸易周期长,价格上下浮动的可能性非常大,从而给买卖双方带来的价格风险也很大。

6.政治风险

当国际贸易中的一国出现了政局变动或者对外贸易政策的变化,都会影响国际贸易的正常进行,甚至导致交易的暂停和无法完成。

(六)对业务人员的素质要求较高

从事国际贸易的专业人员除了要具备扎实的专业知识(如国际贸易惯例、货运、保险、结汇等)、必要的业务能力(如外语能力、商务谈判能力等)外,还应该拥有长远的眼光、敏捷的思维以及应变能力,以应对在对外贸易过程中的各种突发状况和风险。因此,对于国际贸易的业务人员所提出的要求比国内贸易要高,素质要求要更全面。晚期重商主义者托马斯·曼认为商业和贸易是一种技艺,应该培养全才型商人。他提出的标准有12条:"一是应当擅长书法、算术、会计,了解通行的票据、保险单等的规则和形式;二是了解外国的各种度量衡和货币;三是了解各种商品在对外贸易的输出、输入时应交纳的各种关税和其他各种费用;四是了解各国市场的供求情况;五是了解汇率;六是了解各国有关进出口的规定和禁令;七是了解运输以及有关运输的国内外保险事宜;八是了解制造和修理船舶材料的质量、价格、船上各种人员的工资等;九是了解商品性能;十是了解海运;十一是能说几种语言,了解各国国情,知道各国的经济、政治、军事以及法律、风俗等情况,并经常向国家报告;十二是学会拉丁语及其他语言。"[①]

---

① 国彦兵.西方国际贸易理论历史与发展[M].杭州:浙江大学出版社,2004.

第三节　对外贸易与经济发展的关系

对外贸易在一国经济发展中占据越来越重要的位置。对外贸易与经济发展两者之间互相作用,联系愈加紧密,这主要体现在两个方面:对外贸易对经济发展的影响和作用;经济发展对一国对外贸易的影响和作用。一般来说,两者的关系主要体现为一国的经济发展决定本国的对外贸易;反过来,对外贸易对一国的经济发展也具有巨大的推动作用。从世界经济的实践结果来看,贸易与经济增长之间的确存在具有相互作用的紧密联系。一个国家特别是发展中国家和地区,应采取何种贸易发展战略以更好地利用贸易与经济发展之间的关系来促进本国经济的腾飞,这成为值得深入研究的问题。

一、国际贸易对经济发展的影响

(一)国际贸易促进经济发展的一般作用

由于各国在社会历史、自然资源、经济结构、科技发展水平等方面存在较大差异,任何一个国家都不可能独自生产和供给本国所需的一切产品。差异性要求世界各国参与国际分工,大力发展国际贸易,充分利用本国优势资源,与其他国家调剂余缺。国际贸易的出现对各国经济和世界整体经济的发展发挥着十分积极的促进作用,主要表现为以下几个方面。

1.有利于深化国际分工,节约社会劳动,生产出更多的使用价值

国际分工是社会分工发展到一定阶段、国民经济内部分工超越一国界限的发展结果。国际贸易的发展建立在国际分工的基础上,同时又推动了国际分工的深化。面对世界各个国家在自然资源、劳动力资源、科技发展水平以及其他社会经济条件等方面的差异,国际分工以及在此基础上的国际贸易使各国能够充分利用国内的优势资源,大量生产本国的优势产品,也就是生产那些利益较大且不利因素较小的产品,以此与别国进行交易,换取本国生产成本高、经济效益低的产品,相互弥补短缺、趋利避害。这样既节约了社会劳动时间,又增加了生产总量,提高了劳动生产率,实现了社会劳动和物质消耗的节约,增加了国民财富,以较少的投入获得了最大的经济效益,生产出更多的使用价值。

2.有利于生产要素的充分使用

生产要素是进行社会生产的基本条件。纵观全世界,生产要素(如土地、资本、劳动力、技术等)在各个国家的分布是十分不平衡的。有的国家劳动力丰富但资本短缺,有的国家资本充足但土地匮乏,有的国家土地广阔但技术相对落后。另外,可能某些国家或地区大量拥有某种生产要素,但本国生产对该要素的需求不大,对某种拥有量稀少的生产要素却大量需要,这种不平衡性的存在是非常普遍的。如果没有国际贸易,这些国家

生产的扩大、社会生产力的进步以及经济的长足发展都会受到某些生产要素缺乏的限制,生产潜力得不到发挥。而由于国际贸易的存在,这些国家可以采取国际劳务贸易、土地租赁、资本转移、技术贸易等方式,将本国富余的生产要素与他国的其他生产要素进行交换,来获取国内短缺的生产要素,从而缓解国内对某种要素的需求压力,同时也能使本国相对富余的生产要素能够与其他要素配合使用而达到充分利用的最佳效果,从而扩大本国生产规模,促进本国经济快速发展。国际贸易将一国的经济运作从国内的狭小市场中带出,并将其扩大到世界范围内,从深度和广度上优化了本国的资源配置,使各国不同的生产要素得到有效开发和充分利用。

3. 有利于发挥规模经济效益,促进社会生产的专业化

国际贸易使各国摆脱了国内市场的束缚,扩大了企业所面临的市场范围。从微观角度来看,规模经济就是机会成本递减而规模报酬递增。根据规模经济原理:平均成本的下降取决于生产规模,而生产规模的扩大取决于市场需求量的扩大,市场需求量受到商品价格和平均成本的制约,从而成为一个循环性的制约机制。这说明生产规模和市场规模是相互作用、相互决定的。企业的长期平均成本随着产量的增加而下降,而企业所面对的市场需求量却随着价格的下降而上升。当企业参与国际贸易时,产品所面对的市场容量将会扩大。由于市场需求的增加,企业会通过改进生产技术和方法,从而使产量相应地提高以适应市场变化,发挥规模效益,获取规模报酬;同时产品的平均成本降低,在国际竞争中处于有利地位,竞争力增强。从宏观角度看,通过国际贸易能够发现本国的比较优势部门,特别是资源利用率较高的部门,并且促进这些部门的产量增加,将社会生产资源集中于效率较高的部门,有利于发展本国的优势产业以及实现社会生产的专业化。

4. 有利于解决劳动力就业问题

随着社会生产率的提高以及世界人口的不断增加,各国政府越来越重视本国存在的劳动力过剩问题。国际贸易在解决就业问题中发挥的作用主要体现为在不断发展和深入扩张的同时对国内相关产业会产生影响,发挥关联效应,从而影响劳动力的就业。一国的对外贸易特别是出口状况对国内的就业结构和就业数量有着重要的影响。随着国际贸易的发展,出口产品的需求扩大,实际出口量会不断增长,从而刺激相关行业的发展和壮大。出口需求会导致对本国生产要素,如劳动力、资本、企业家才能等要素的需求,对原材料等中间产品的需求,对金融保险运输等服务产品的需求,促进相关行业就业数量的上升,进而改变国家的劳动就业结构。各国政府所制定的各种鼓励出口的措施在一定程度上也是为了增加本国的就业机会。因此,国际贸易在一定程度上有利于降低失业率,扩大就业。

5. 有利于提高国民的生活水平及多样化的消费水平

众所周知,国民生活水平的提高主要来源于收入水平的提高、消费品价格的降低以

及产品的充分供给。其一,一国对外贸易规模扩大,能够通过对外贸易顺差的乘数作用使国民收入和国内的劳动力就业水平都得到提高;其二,通过国际贸易,国际分工不断加深,各国生产各自的优势产品,节约社会生产成本,提高资源使用效率,进而可以降低消费品的价格;其三,由于国际交换的范围和种类扩大,各国国民能够消费的产品类型更加丰富和多样化,留给消费者更广阔的选择空间,保证了充足的产品供给。这些都能体现国际贸易对提高国民生活水平的重要作用。对于多样化的消费水平,世界各国或地区由于受到自身的社会、自然或者科技条件的限制,不可能完全依靠本国的生产来满足国民的各种消费需求,必须通过对外贸易引入新产品来调剂国内市场的余缺。特别是对于落后国家来说,只有对外开放,积极参与国际贸易,才能刺激国民的新需求。一国参与国际贸易不仅能够提高本国的消费水平,还能带动本国相关产业的革新和升级,促进经济的协调发展。

6. 国际贸易是世界经济变化的重要传递渠道

国际贸易是世界经济的重要组成部分,世界经济的发展决定着国际贸易的发展规模和速度,二者相互联系、相互促进。当今世界经济已经从简单的国与国之间的商品交换发展成为全面的经济合作,主要表现为各国之间经济、贸易以及金融的不可分割性,且相互间的联系日益紧密。因此,一国或地区的经济变化势必会影响到其他国家或地区。而国际贸易的存在使这一联系的影响增强。当世界经济发生动荡或者国际市场价格有较大波动时,首先受影响的是各国的国际贸易部门,然后通过这些部门与本国其他部门的经济联系影响各国的生产规模、产量、产品价格以及劳动就业等,从而使各国的国内经济都受到世界经济变化的影响。例如,"二战"后,美国经济的高速发展就在一定程度上通过对外贸易的传递作用带动了日本和西欧国家的经济复苏。由此可见,国际贸易已经成为世界经济变化的重要传递渠道,其主要传递过程为:当世界经济处于上升时期时,国际市场的商品需求增加,价格上涨,各国的外贸收益也相应增加。这不仅会刺激一国的出口产业部门的生产,推动产业规模扩大,还会为其他国内相关部门的生产创造机遇。随着每个部门与周边部门的关联效应的增强,整个社会的各个部门都被相继带动起来,这就为经济的协调发展和总体腾飞创造了条件。以具体部门为例,生产部门的快速发展可使保险业、运输业等行业扩大规模,增加投资,为国家减少剩余劳动力。国际贸易的这种传递作用,一方面使各国的经济发展速度加快,让落后国家也能够与世界经济发展同步;另一方面,世界经济危机和经济衰退也会沿着这一传递渠道,对参与国际贸易的各个国家造成影响。由于世界经济整体衰退造成的商品需求下降等,同样会抑制国内出口相关部门的生产规模和生产量,而已经生产出来的产品只能转向国内市场,造成国内同行业产品的价格下跌,从而引发全社会的产品过剩,甚至大范围失业的增加。

(二)国际贸易与发展中国家经济

从上述作用可以看出,国际贸易在任何国家的经济发展中都具有不可缺少的静态或者动态利益。对于发展中国家来说,进行对外贸易是帮助其引进现代经济结构、实现经济现代化的重要途径。国际贸易对发展中国家经济的影响作用,除了上述的一般作用之外,还包括以下几点内容。

1. 国际贸易是获得外国先进技术的主要渠道

20世纪下半叶以来,面对科学技术的飞速发展,许多发展中国家都在依靠技术进步来发展本国的生产力。依靠技术进步所实现的经济增长占各国全部经济增长的比重越来越大。但是,随着现代科学技术涉及的领域越来越广,所需资源的投入规模也越来越大,科技创新过程也越来越复杂,科学技术发展所涉及的矛盾也越来越多。世界上任何一个国家都不可能完全依靠自身的力量来不断保持创新动力和科技领先地位,发展中国家更是无法在世界科技日益尖端的情况下闭门创新。西方国家首先经历了工业革命,从而集中了现代经济中的大部分科学技术和方法,发展中国家要想实现经济快速发展,就必须积极引进这些已有的先进技术。国际贸易为发展中国家进行技术交流和合作提供了广阔的平台。通过国际贸易,特别是国际技术贸易,发展中国家的相关企业能够从国外引入先进的技术和设备,从而促进世界科技资源的交流与整合。

2. 国际贸易增强了国内企业的竞争压力,促进了生产效率的提高

在竞争激烈的世界市场中,各个国家都在努力提高本国技术水平、降低生产成本、提高产品质量以求在国际贸易中占据优势地位。发展中国家在参与国际贸易过程中,其国内企业必须要面对国际市场的各种压力和竞争,而其商品大多处于劣势地位,难以与同类国际产品相抗衡。如果发展中国家的商品想在国际市场上占有一席之地,就必须要求本国的生产企业尽可能地去研发或者引入新技术来提高产品质量和产品科技含量,通过技术的改进来提高生产效率、降低生产成本。从发展中国家长期参与国际贸易的实践来看,各国的技术创新能力显著提高、与发达国家的技术交流不断加强,这些进步有效推动了本国的技术进步和商品开发,也不同程度地促进了生产效率的提高。

3. 国际贸易的开展有利于改善国内落后的产业结构

国际贸易的深入发展对发展中国家的产业结构变化有着重要意义。其一,由于世界贸易结构的变化是世界产业结构演变的反映,发展中国家可以通过参与国际贸易了解先进产业结构演变的方向,及时对本国的产业结构进行调整和完善;其二,发展中国家一般存在资本短缺的情况,从而只能选择不均衡的产业发展模式,而参与国际贸易能够为产业的不均衡发展提供必要条件;其三,发展中国家通过对外贸易,可以在商品交换以及国际分工的过程中吸纳发达国家转移进来的处于成熟期的产品和产业,从而有利于改善国内落后的产业结构,推动本国产业结构的不断升级和演进,促进国民经济的整体协调发展。

4. 国际贸易是保障经济协调发展的重要环节

国际贸易作为联结本国和世界经济的桥梁与纽带,在社会再生产中处于中介地位,

对世界各国各部门间产品价值的实现以及实物形态的补偿都发挥着重要作用。各个国家通过国际贸易能够在更大的市场范围内实现商品的价值形态与使用价值的转化,有利于社会产品价值的实现。世界各个国家,特别是发展中国家可以从中获取扩大再生产所需的物质资源,如原料、半成品材料、先进设备及科技知识,利用国际贸易来补充本国稀缺的生产资源,改善落后的技术状况,提高劳动生产率,节省资本,促进经济协调、平稳发展。从一国范围来看,国民经济的各个部门是紧密相连的,外贸部门的发展必然会对其他部门的运作造成影响,有效带动各个部门共同发展,从而保障国民经济的整体协调发展。

二、经济发展对国际贸易的影响

国际贸易在促进世界经济和各国经济发展方面发挥了重要作用。相反,经济发展也会对国际贸易的运行产生重大影响。其影响主要体现在以下几个方面。

(一)经济发展水平影响着一国进出口贸易的商品结构

对外贸易商品结构,也就是进出口商品结构,表示一国在一定时期内对外贸易中各种商品所占比重,具体表现为某类商品进出口贸易额与进出口贸易总额之比。一国经济发展水平的提升能够对本国的需求变化造成很大影响,而需求的变化又会影响本国进出口贸易的商品结构。在一国经济不断增长的同时,人均国民收入随之增长,这将在很大程度上导致国民的消费构成发生变化,包括消费种类增多以及消费档次和质量提升。在这种情况下,一国的进出口商品构成会因此发生改变,表现为从初级产品向制成品转化,从粗加工产品向精加工产品转化。同时,一国在对外贸易中交易数量及类型的变化也会影响贸易方式的完善和多样化。

(二)经济发展水平影响着一国对外贸易政策的制定

对外贸易政策是一国政府为了贯彻自身的价值观念,弥补包括市场机制发育不成熟或者市场失灵等市场缺陷而制定的对外贸活动进行管理的原则和方针。对外贸易政策是各国总的经济政策和对外政策的重要组成部分,是为各国整体经济服务的,因而在很大程度上受到本国经济发展水平的影响。一国政府在确定本国的基本对外贸易政策前,必须先考察国内的经济发展水平,对比国内外经济环境,从而通过控制对外商品交换来维护本国经济秩序,调节外贸活动(如增加出口、改变贸易结构等)来实现国内经济增长及产业结构升级,调整对外关系来避免贸易摩擦和其他政策冲突。对外贸易政策的基本类型分为自由贸易政策和贸易保护政策。各国政府一般都会针对本国经济发展水平而制定相应的外贸政策,调节本国的贸易规模、贸易结构、贸易收支等各方面,从而达到保护国内市场和国内经济长期稳定发展的目的。

(三)经济发展水平影响着一国国际贸易发展的深度和广度

世界各国经济发展水平不同,其在对外贸易的进程中所拥有的深度和广度也就存在很大差异。以国际贸易中较为明显的技术贸易来举例说明。国际技术贸易的标的物是技术,而技术是一种无形的商品。这种贸易是随着国际贸易发展进程的不断深化而出现的。从经济发展水平不同的国家来看,发达国家的技术贸易额占据世界技术贸易总额的主要部分,而且主要集中在美、英、法、日、德等国家,它们不仅是技术出口大国,还是技术进口大国。虽然发展中国家的技术贸易在全球化的大趋势下取得了数量和种类上的快速发展,但在国际技术市场上所占的份额仍然十分有限,并且在大部分情况下处于技术转移的被动接受者位置。发展中国家的经济发展水平不高,技术资源创新以及利用程度相应受到限制,难以在国际贸易深度较大的领域与发达经济体相抗衡。而发达国家拥有较高的经济发展水平,在国际贸易的广度上也能够占据优势。从国际技术市场的竞争来看,主要是来自发达国家之间的竞争。例如,美国的技术出口覆盖全球,日本主要辐射亚洲市场,而东欧则是德国的主要技术出口市场。这些都能够说明一国的经济发展水平会对该国对外贸易发展的深度和广度都产生重大影响。

关键词

国际贸易　总贸易　专门贸易　有形贸易　无形贸易　直接贸易　间接贸易　转口贸易　易货贸易　对外贸易额　对外贸易商品结构　对外贸易地理方向　贸易条件　对外贸易依存度　国际贸易政策

复习思考题

1. 本章所涉及的国际贸易基本概念有哪些?
2. 国际贸易主要有哪些分类?
3. 国际贸易的特点有哪些?
4. 发展中国家参与国际贸易有什么好处?

第二章　国际分工与国际分工理论

学习目标

掌握国际分工的概念和类型；了解国际分工的形成和发展过程以及国际分工与国际贸易之间的关系；理解制约国际分工发展的各种因素；掌握国际分工学说的主要内容。

学习重点与难点

国际分工的概念和类型；国际分工理论。

课堂导入

要素流动条件下国际分工演进新趋势

要素跨国流动使得当前国际分工形式发生了巨大变化，突出表现为产品的价值链被分解，国与国之间的优势更多地表现为产业价值链上某一特定生产阶段和环节的优势，从而导致国与国之间按同一产业或产品的不同生产环节或工序进行分工的现象。从全球贸易品的生产过程或者环节来看，最终产品的生产通常不再由任何一个国家独立完成，"世界制造"成为当代国际贸易商品的本质特征。对于这些国际贸易中的新变化，学术界赋予了不同的名称，如价值链切片、地点分散化、垂直专业化、产品内分工、中间品贸易以及片段化生产等。尽管上述表述各异，但都旨在描述一个共同现象，那就是国际贸易在连接生产和消费跨国分离的同时，不断实现着生产过程自身的跨国分离，国际分工的基本层面已经从产品间深入到产品生产环节。正是基于这一事实特征，目前学术界采用的更为普遍的概念就是所谓的"全球价值链"。

由于分工不仅体现在国与国之间在产品不同生产环节和阶段上的专业化，还表现为在价值增值环节上多国要素参与的结果，因而国际分工在当代有了新特征，即：各国参与国际分工不再是以"产品"差异为特征，而是以"要素"差异为特征。因为一件最终产品的全部价值甚至是产品生产的一个环节和阶段，都已不再完全由任何一个国家的本土要素独自创造，而是由多国以各自的"优势要素"共同参与生产。因此，从本质上看，这种国际分工形式可称为"要素分工"，即各国直接以自身的要素优势融入国际分工体系，具有一定创新性和合理性，尤其是对各国要素优势的认识具有理论价值和现实意义。

(张幼文.要素流动条件下国际分工演进新趋势：兼评《要素分工与国际贸易理论新发展》[J].世界经济研究,2017年第9期:132－134.)

第一节　国际分工的形成和发展

一、国际分工的概念和形式

（一）国际分工的概念

自人类社会初期开始,劳动分工就存在于人类社会活动之中,它是技术进步和生产社会化的产物。从早期的自然分工到三次社会大分工,人类的劳动分工形式逐步演变。当社会生产力发展到一定阶段,一国社会分工由国内向国际延伸发展时,国际分工便应运而生了。因此,国际分工是世界不同国家间的劳动分工,表现为国与国之间货物、服务与要素的交换。

（二）国际分工的类型

国际分工的形式具有多样化特征,可以从以下不同的角度按不同标准进行划分。

1. 垂直型国际分工、水平型国际分工和混合型国际分工

按照参加分工的各国生产技术水平和工业发展情况、自然资源和生产资料供应的差异,国际分工可划分为以下几种类型：

（1）垂直型国际分工。垂直型国际分工是发达国家和发展中国家之间主要的分工形式,一般指发生在生产力发展水平不同国家间的国际分工。它最早的表现形式是殖民地和宗主国间的分工,殖民地在宗主国的支配下成为其原料来源地和产品销售市场。垂直型国际分工又可分为两种类型：一种是不同国家在不同产业间的国际分工,如发展中国家供给初级产品(农业、矿业),发达国家生产制成品,这种初级产品和制成品的分工生产就是垂直分工；另一种是不同国家在同一产业内部的分工,这是由于技术差异引起的。

（2）水平型国际分工。水平型国际分工是当代主流的国际分工类型,它是发生在生产力发展水平相同的国家间的国际分工,主要指的是发达国家间在工业部门上的分工。从历史上看,由于发达资本主义国家的工业发展有先有后,各国技术水平和经济发展状况存在差异,侧重的工业部门有所不同,因而各类工业部门生产方面的国际分工日趋重要,由此形成水平型国际分工。"二战"后,随着科技进步和工业的迅速发展,这类分工已从发达国家之间延伸到发达国家与部分发展中国家之间。

（3）混合型国际分工。混合型国际分工是垂直型分工和水平型分工相结合的国际分工形式,也就是一国在国际分工体系中既参与垂直型分工也参与水平型分工。德国曾是混合型国际分工的典型代表,它对发展中国家是垂直型分工,进口原料,出口工业品；

对发达国家则是水平型分工,进口机器设备和零配件,对外投资也主要集中在西欧发达资本主义国家。

2. 产业之间或者产业内部的国际分工

(1)产业之间的国际分工。在第二次世界大战前,国际分工主要表现为产业之间的国际分工。"二战"之后,受第三次科技革命的影响,国际分工向部门内部分工深化发展。所谓"产业间国际分工"就是不同产业部门间生产的国际专业化。例如,第二次产业革命期间发达国家间的国际分工,挪威专门生产铝,而芬兰和丹麦专门生产农产品。

(2)产业内部的国际分工。科技革命促使产品的品种、规格、质量、生产过程、技术含量等差异化增大,在这种情况下,贸易参与国所获得的利益不对等。而产业内贸易不仅可以增加贸易参与国的收益,还能提高参与国的生产技术与产品质量,甚至能够促进参与国产业结构的升级,实现规模经济。因此,产业内分工逐渐成为国际分工发展的趋势,其主要表现为以下三种形式。

①相同产品不同的性能、质量之间的生产分工。不同国家对同类产品按不同性能和质量进行分工,实现专业化生产。比如,大型的军用运输机,美国着重生产C-17,俄罗斯正在发展的伊尔76,欧洲研制出A400M。

②相同产品不同的零部件之间的生产分工。各个国家对同一产品不同配件的生产拥有各自的优势,于是就出现了零部件的国家专业化生产。例如,美国波音787的研制生产涉及中国、日本、加拿大等在内的10个国家的43个一级供应商。

③相同产品不同工艺程序之间的生产分工。德国拜耳公司将它所生产的中间产品提供给世界各地工厂,由这些工厂生产各种化学产品,这种专业化生产分工就是对产品的生产工序也就是生产过程的不同阶段进行专业化分工。

二、国际分工的形成和发展

(一)国际分工的萌芽阶段——地理大发现(16世纪至18世纪中叶)

11世纪,随着生产力的发展,欧洲城市开始兴起,商品经济也逐渐得到发展。14至15世纪,在地中海沿岸部分城市已经稀疏地出现了资本主义萌芽,工厂手工业有所发展,市场规模也不断扩大。1453年,随着君士坦丁堡被攻陷,整个中东及近东地区基本上都被穆斯林控制。君士坦丁堡是欧洲开展贸易往来的重要通道,它的封锁直接促使欧洲人必须找到新的贸易路线。出于对财富的渴望和当时盛行的寻金热,欧洲新兴的资产阶级开始积极寻找新航线,由此引发15世纪末至16世纪上半期的地理大发现。地理大发现之后,欧洲商人开始同世界各大洲发展海外贸易,这不仅加速了国际贸易的发展,还将欧洲市场同亚洲、非洲等地区的市场紧密联系起来。在生产力迅速发展的同时,社会分工水平不断提高,实现了手工业向工厂手工业的过渡,为国际分工的产生奠定了基础。为了满足统治者资本积累的需要,他们在这些地区进行掠夺性贸易,大肆推行殖民政策,利用暴力和超经济强行手段逼迫亚、非、拉殖民地的人民开矿山、建立种植园。

殖民地生产的原料和农作物运往宗主国,宗主国则扩大本国工业品的出口,由此产生了国际分工的早期形式——宗主国和殖民地之间的垂直型国际分工。然而,当时的国际分工在很大程度上是靠暴力和超经济手段维持的,国际分工的水平不高,仅处于萌芽时期。

(二)国际分工的形成阶段——第一次工业革命(18世纪60年代至19世纪60年代)

这个阶段发生了第一次工业革命。工业革命在英国最先出现,之后法、德、美等发达国家也相继完成了工业革命。英国的工业革命首先发生在纺织业,机械师凯伊发明了飞梭,之后棉纱出现了供不应求的情况。1765年,哈格里夫斯发明了珍妮纺织机,提高了棉纱的产量,由此引起了棉纺织业中的连锁反应,不断涌现新的发明,推动了技术革新。随着瓦特改良蒸汽机,在冶金、采掘等部门陆续都出现了机器生产,大大推动了大机器工业的发展。工业革命完成之后,大机器工业代替工厂手工业,资本主义经济体系得到确立,国际分工体系也逐渐形成。这一时期国际分工表现为垂直型国际分工,一部分国家主要是沦为世界农村的亚、非、拉国家和殖民地,他们从事农业生产,另一部分国家则是以英国为首的少数发达国家,他们主要进行工业生产。欧洲殖民者不再采取暴力的手段而是运用隐蔽的手段与和平的方式剥夺殖民地国家的财富,他们倾销商品,使殖民地、半殖民地沦为殖民者的商品销售市场和原料产地。

1. 大机器工业代替工厂手工业是国际分工得以发展的重要原因

马克思在《资本论》中提到:"机器生产用相对少量的工人所提供的原料、半成品、工具等的数量日益增加了,与此相适应,对这些原料和半成品的加工就越分越细,因而社会生产部门也越来越多样化。机器生产同手工业相比使社会分工获得无比广阔的发展,因为它使它所占领的行业的生产力得到无比巨大的增加。"

(1)在大机器生产的背景下,生产能力大大增强,生产规模得到极大扩张。大量的商品充斥在国内市场,使得国内市场逐渐饱和。与此同时,为了满足生产的需要,资本主义国家需解决原料供给有限的问题。为了突破这些障碍,资本主义国家将目标投向了国外及殖民地国家,一大批国家被卷入了国际分工和国际贸易当中。资本主义国家主动寻求国际分工,经济落后国家则被强制纳入国际分工的轨道,机器大工业的建立促使国际分工正式形成。此时的国际分工表现为资本主义宗主国和殖民地之间的分工,工业制成品和初级产品或农产品之间的分工。

(2)大机器工业推动了交通运输工具的革新,出现了汽船、火车等新的运输工具以及电报等新的通讯工具。这些不仅降低了运输费用,还使得通讯更加便利和快捷,加强了各国之间的经济交往,有助于促进国际分工的发展。

(3)大机器工业的发展提高了生产率,加上交通、通讯工具的改革,资本主义国家生产产品的价格变得低廉。这种产品一旦进入落后国家市场,便会影响当地传统的民族手工业。自给自足和闭关自守的市场被打破,使经济落后的国家被迫参与国际贸易,至此经济发展水平不同的各个国家都被卷入了国际分工体系之中。

2. 国际分工以英国为中心

英国最先完成工业革命,成为世界工厂。马克思曾说:"英国是农业世界伟大的中心,是工业的太阳,日益增多的谷物生产和棉花的卫星都围着它运转。"[①]一方面,英国的生产发展速度和规模与其他国家相比具有竞争优势;另一方面,英国从国外获取原料有利于降低国内生产成本、提高利润。重商主义无疑阻碍了英国的对外扩张,因此英国放弃了自15世纪开始推崇的重商主义,转而实行自由竞争和自由贸易政策,将经济落后国家纳入世界市场的漩涡之中[②]。

3. 国际贸易中不再只是交换奢侈品,而是出现了新的商品种类

之前参与世界市场交易的商品主要是满足地主贵族阶级和商人阶级所需要的奢侈品,第一次工业革命后世界市场上开始出现大宗商品,包括羊毛、棉花、咖啡、小麦、铜等产品。

(三)国际分工的发展阶段——第二次科技革命(19世纪中叶至第二次世界大战)

第二次产业革命是以电力的广泛应用为标志,各种新发明被广泛应用于工业生产,这极大地推动了生产力的发展。尤其是电力的应用,内燃机和新交通工具(汽车、飞机、远洋轮船等)、新通讯手段(海底电缆等)的发明及化学工业等新兴部门的建立为世界贸易及国际分工的进一步发展奠定了重要基础。在第二次工业革命的影响下,生产和资本高度集中,资本主义进入了垄断时期,19世纪末出现了垄断组织。为了增加利润,资本输出代替了商品输出,这种输出为国际分工的新发展提供可能。他们可以根据需要在殖民地建立符合自身利益的部门或产业,从而使得工业发达国与初级产品生产国之间的分工程度加深。这段时期国际分工呈现出新的特点,体现在以下几个方面:

1. 国际分工的发展使世界各国联系更加紧密

参与国际分工体系的各个国家的产业、部门所生产的产品都是为了满足世界市场和国际贸易的需求,这些国家自身所需要的各种产品都来自于其他国家和地区,国际分工的发展使世界各国联系更加紧密。

2. 发达国家和落后国家都加深了对国际分工的依赖性

(1)发达国家对国际分工的依赖性。其一,第二次产业革命中出现的新发明和新技术的发展引发了对初级产品的需求,导致宗主国和殖民地、半殖民地之间的分工扩大,

---

① 马克思、恩格斯. 马克思恩格斯选集(第4卷)[M]. 北京:人民出版社,1995.
② 马克思、恩格斯. 马克思恩格斯全集(第4卷)[M]. 北京:人民出版社,1962.

国际分工扩大为制造工业和初级产品之间的分工。而资本输入的方式使这种分工进一步深化,国际分工的中心由英国变为多个国家。其二,发达国家之间也形成了产业间的分工。比如,芬兰专门生产木材和木材加工产品、美国主要从事谷物生产等。马克思曾指出:"过去那种地方的和民族的闭关自守和自给自足的状态已经消逝,现在代之而起的已经是各个民族各方面互相往来和各方面互相依赖了。"

(2)落后国家对国际分工的依赖性。发达国家凭借暴力、商品输出、资本输出等方式进一步加深了发达国家与落后国家之间的垂直型国际分工,落后国家的经济发展主要是依靠向发达国家出口一两种产品。长此以往,落后国家势必过度依赖发达国家的市场,经济结构畸形,发展空间有限。

(四)国际分工的深化阶段——第三次科技革命(第二次世界大战结束至今)

第三次科技革命是以新能源、电子计算机、空间技术和生物工程的发明和应用为主要标志的,囊括了新能源技术、新材料技术、生物技术、空间技术等领域,极大地推动了社会各个领域的发展。第二次世界大战前的殖民体系瓦解,殖民地国家要求政治独立,发展本国经济;发达国家推动跨国公司的建立与发展等因素都导致了国际分工的深化。

1.发达国家之间的分工由产业间分工向产业内分工深化发展

其一,"二战"前国际分工的主要形式为工业制造品与初级产品之间的分工,但由于科技的迅猛发展和新兴部门的崛起,国际分工格局得到改变,技术水平相似的工业国之间的分工成为国际分工的主要形式。其二,"二战"前发达国家间的分工表现为不同工业部门间的分工。马克思说:"交换使不同的生产领域发生关系,并把它们变成社会总生产的相互依赖的部门。""二战"后科技的进步使得部门内部分工更加细化,一国产业部门内的分工跨越国界,形成零配件和部件生产的专业化分工、工艺过程的专业化分工等分工形式,并发展成为国际的产业内分工。

2.发达国家与发展中国家之间的分工形式发生变化

"二战"前宗主国与殖民地、半殖民地之间属于垂直型的国际分工,也就是工业制造品与农、矿产品之间的分工。"二战"后发达国家以工厂外迁的方式在发展中国家建立跨国公司,实现全球经营。在这种背景下,发达国家与发展中国家之间的工业分工发展起来,原有的工业品与农、矿产品间的分工逐渐被资金、技术密集型产品(发达国家)与劳动密集型产品(发展中国家)之间的分工所取代。

3.出现了国际分工新类型

"二战"前,发达与发展中国家基本都是以垂直型分工的形式参与国际分工体系。虽然"二战"后水平型、混合型、外包型等国际分工形式在全球兴起,但是垂直型分工仍然是国际分工的重要类型之一。

4.国际分工渗透到服务领域

20世纪80年代以后,因国际服务贸易迅速发展,国际分工开始进入国际服务领域。

然而,发达国家和发展中国家在这一国际分工领域的发展出现了差异,发达国家以高水平的服务业占据国际服务业的主导地位,他们通过资金密集型服务参与服务业的国际分工。以美国为例,2016年美国服务贸易出口额达1.2167亿美元,进口额达4831亿美元,贸易顺差为2505亿美元。美国的服务贸易出口额约为中国的4倍,占世界服务贸易出口总值的15%,进口额占世界服务贸易进口额的10%[①]。发展中国家的服务业发展水平较低,他们以建筑工程承包等劳动密集型服务参与国际分工。

5. 区域性经济组织兴起,地区一体化内部分工日益加强

为了加强经济协作,促进经济增长,世界上很多地区建立了区域性经济组织。这些组织虽然建立在自由贸易的基础之上,但是存在着明显的外部排他性。组织内部通过降低关税、非关税壁垒加强组织成员间的经济交往,扩大成员之间的产业分工,增加内部贸易额。从1980年到2004年,亚太经济合作组织内部贸易额占整个对外贸易额的比重由57.9%上升到72.2%,对外则采取各种限制措施,减少了与外部国家的经济往来。

总之,"二战"后发达国家间的分工发展成产业内分工,发达与发展中国家间的分工由工业制造与农、矿业分工转变为资金、技术密集型产业与劳动密集型产业的分工等,这些都体现了在现代科技水平下国际分工的发展与变化。其实伴随着殖民地、半殖民地国家走上独立发展的道路,国际分工的性质不再具有殖民性质,但是它仍然存在不公平和不合理的地方。少数发达国家在国际分工中占据主导地位,控制着国际分工,发展中国家依旧处于不合理的国际经济秩序之中。

三、影响国际分工形成和发展的主要因素

自然条件和社会经济条件是影响国际分工的主要因素。自然条件包括气候、土壤、自然资源、国土面积等。社会经济条件指的是各国的生产力发展水平、人口数量、市场规模等因素。虽然自然条件是国际分工产生的基础,但是国际分工得以产生和发展的关键还是归功于人类社会的三次科技革命,生产力的快速提高使国际分工进入深化发展阶段。

(一)自然条件是国际分工形成和发展的重要前提,但是它对国际分工的制约作用正逐渐削弱

一个地区的自然条件与该国能够发展的产业有关,自然条件是一国发展经济的基础。因为每个地区自然资源状况不同,所以各个地区发展经济的方式各异。例如,北海道附近的海域之所以渔业资源丰富,成为世界著名渔场,主要是因为千岛寒流与日本暖流的交汇;位于东南亚的马来西亚锡矿储量丰富,锡矿在世界市场中占据重要位置,锡矿的开采促成了马来西亚现代城市的崛起。显然,自然条件在国际分工的发展过程中

---

① USITC(美国国际贸易委员会).美国服务贸易最新发展趋势报告[M].上海:上海WTO事务咨询中心,2018年6月.

发挥着重要作用，但生产力是影响国际分工的决定性因素。尤其是随着人类利用自然资源的能力不断提高以及替代产品的出现，同类资源之间的差异逐渐缩小，自然条件对人类社会的制约作用日益减弱。

（二）生产力是国际分工形成和发展的主要原因或决定性因素

1. 每一次生产力的显著发展都会推动国际分工发展到新的阶段

每一次世界性的技术革新都会通过生产力反映到国际分工的新发展中，技术革新深刻地改变了人类社会。第一次产业革命，大机器工业代替了工场手工业，发明了新的交通工具，生产能力提高。殖民地、半殖民地民族经济被摧毁，从此落后国家成为工业国的附属国。第二次科技革命之后，资本主义国家倾向资本输出，随之而来的是加深了宗主国与殖民地之间的垂直型分工。在第三次科技革命的影响下，国际分工的形式、涉及的领域、国际分工的格局等发生了重大变化，世界各国之间的交往更加密切，这表明国际分工之所以能够在短期内发生变化，与各国的科学技术水平、生产力水平有着密切的关系。

2. 生产力的发展水平与各国在国际分工的地位相关

第一次工业革命之后，英国的生产力发展水平居于世界首位，并且在国际分工体系中居于主导地位。随着法、美等国相继完成工业革命以及第二次产业革命的刺激作用，生产力的发展扩大了这些国家与殖民地国家间的分工，于是这些国家与英国共同占据着国际分工的核心位置。"二战"后殖民体系虽然瓦解，一些国家也开始独立发展，但是与发达国家相比其生产力和科技水平仍然存在巨大差距，在国际分工体系中仍处于不利的地位。

（三）国际生产关系是国际分工的重要因素并决定国际分工性质

经过几次产业革命，国际分工体系开始形成并深化发展，在这个过程中资本主义国家一直处于主导地位，即使在"二战"之后，发展中国家的地位有所改变，但是整个国际分工体系仍然表现为资本主义生产关系。这种方式的国际分工在一定程度上促进了各国经济的发展，但是发达国家一直控制着国际分工体系，导致分工的利益分配不平等，损害了发展中国家的利益。

（四）社会上层建筑可以促进或延缓国际分工的形成或发展

所谓"上层建筑"指的是建立在一定经济基础之上的社会意识形态以及相应的政治法律制度、组织和设施的总和。一方面，它可以积极推动国际分工的形成与发展。在国际分工萌芽阶段，殖民者可以通过殖民统治强迫殖民地以建种植园等方式参与国际分工，或者发动商业战争。比如，在第一次鸦片战争和第二次鸦片战争后，中国与英、法、美等多国相继签订了《南京条约》《天津条约》等各种不平等的条约和协定，因而也被动地参与到国际分工体系当中。另外，还有一些国家依据自身经济体制来决定对外贸易政策，如一国奉行市场经济体制则采取自由贸易政策。总之，各个国家都旨在增加自身在国际分工中的利益,提升自身在国际分工中的地位。另一方面,实行贸易保护政策和建立关税同盟等组织虽然维护了内部利益,但是阻碍了国际分工的发展。

实际上影响国际分工的因素还有很多,比如人口数量、市场规模、现代信息技术等因素。信息技术的发展扩大了世界市场的范围,形成了全球范围内的无国界市场,降低了交易成本,促使交易的效率大大提高,加速了国际分工的深化发展。显然,国际分工的形成与发展不是单一因素的影响,而是各种因素相互作用的结果。随着人类社会各领域的进步,尤其是科学技术的发展,未来将有更多潜在因素会促进国际分工的新变革,这将有利于建立起更加合理、更加公平的国际经济新秩序。

第二节　国际分工和国际贸易的关系

人类社会的几次科技革命导致世界范围内生产力发展水平的差异,建立在不同生产力水平之上的国际分工逐渐形成和发展。分工差异使得各国生产不同类别的产品,于是国际贸易得以产生。因此,国际贸易是以国际分工为基础的,国际分工的发展过程也就是国际贸易形成和发展的过程。反过来,各国的对外贸易是国际分工得以实现的枢纽,它制约和影响着国际分工。所以说,国际分工和国际贸易之间是相互促进、相辅相成的关系。

一、国际分工影响国际贸易的发展

(一)国际分工是国际贸易形成和发展的基础

生产力的发展和国家的形成是国际贸易产生的必要条件,也就是说社会生产力的发展和社会分工的扩大是国际贸易形成和发展的基础。马克思说生产是第一性的,交换是第二性的,生产决定交换,因此,国际分工具有决定性的作用。第一次工业革命之前,世界大部分地区都处于农业文明时期。由于自然条件的差异,经济发展水平不同的国家间形成了社会分工。从畜牧业和农业之间的分工、手工业从农业中分离出来到以货币为媒介的商品流通,科技革命之前的这三次社会大分工都为国际分工的形成提供了可能性条件。三次社会大分工之后,国家产生了早期的对外贸易。工业革命之后,科技的进步带动了社会生产力的快速发展,引起了国家间技术水平的差异,使局部性的社会分工发展为国际分工与交换。与此同时,贸易跨越国界,从一国内部和地区之间发展到世界各国之间。科技革命使商品流通超出了国界,世界性的贸易得以发展,国际分工体系逐渐形成。

(二)国际分工的规模、地位决定国际贸易规模的大小

第一,在国际贸易早期,由于技术水平低下、交通工具简陋,对外贸易的范围有限。当时的国际贸易只存在于局部地区。随着生产力的发展以及国际分工的形成与扩大,

国际贸易才开始真正发展起来。国际分工的形式和存在领域逐渐演变，国际贸易交易量也随之增长，贸易方式也日渐多样化，出现了对外加工贸易、补偿贸易、对等贸易、商品期货贸易、经销、独家代理和招标与投标等贸易形式。

第二，一国在国际分工体系中处于主导地位，那么该国也会在国际贸易中居于支配地位。第一次工业革命后，英国成为国际分工的中心国家，以英国为核心的世界贸易迅猛发展。英国在世界贸易中所占的比重逐年增加，从1750年的13%提高到了1870年的22%，垄断了大部分的世界贸易量。随着美、法等资本主义国家相继完成产业革命，它们打破了英国一国占据国际分工核心位置的局势，提高了它们在国际分工中的地位。这些国家占世界贸易的比重由1750年的34%上升到1860年的54%。自工业革命以来，发达资本主义国家一直在国际分工体系中独占鳌头，主导世界贸易的发展。

（三）国际分工的形式决定国际贸易商品结构的变化

第一，在奴隶社会时期，手工业有所发展，但对外贸易规模、范围受到限制。当时盛行奴隶贸易，希腊雅典曾经是贩卖奴隶的中心。在对外贸易中交换的商品都是满足奴隶主阶级需要的粮食、酒、宝石、香料、丝织物等。进入封建社会，随着工业发展，对外贸易中除了交换上述产品外，还有日用品交换，比如地毯、瓷器等。地理大发现引起了欧洲国家对殖民地、半殖民地的暴力掠夺，开始了真正意义上的世界贸易。当时对外交易的主要商品是金银、香料、象牙等高档消费品，同时开始了贩卖黑人的罪恶勾当。

第二，第一次工业革命之后，随着机器大工业的出现，宗主国和殖民地之间表现为垂直型国际分工，生产领域和交通领域的变革改变了国际贸易的商品结构。其一，纺纱机和织布机的发明使英国的纺织业尤其是棉布业发展增速，出口商品中至少有1/3的产品是纺织品；其二，运输工具和机器贸易有所发展，如汽船、纺纱机的贸易，煤炭、钢铁等原料的贸易逐渐增加；其三，运输成本的降低促使粮食贸易兴起。

第三，第二次科技革命扩大了制成品与初级产品的分工，这段时期工业制成品和矿产原料，尤其是重工业产品和石油、稀有金属等产品的国际贸易量大幅增长。

第四，第三次科技革命后，各国第三产业迅猛发展，服务贸易专业化程度日益提高。此外，发达国家与发展中国家间的工业分工发展起来，发展中国家出口工业制成品的比例得到提高。发达国家生产的资金、技术密集型产品比重逐渐上升，发达国家之间还出现了部门间的国际分工，中间产品的贸易量增加。

（四）国际分工的发展决定对外贸易依存度的提高

对外贸易依存度是指一国国民经济对对外贸易的依赖程度，是以本国对外贸易额在本国国民生产总值或国内生产总值中所占的比重表示的。国际贸易在国际分工的深化发展下也加速发展，各国对外贸易依存度呈现上升的趋势。这主要是由于在经济全球化发展的背景下，国际分工使各国、各地区经济联系加强，经济发展相互影响、相互依赖。根据海关总署的信息显示，中国对外贸易依存度在2006年一度高达67%，直到2018年对外贸易依存度依然达到了33.7%。这说明中国经济已经融入经济全球化之中,并且深度参与国际分工和国际贸易。

(五)各国在国际分工体系中的地位影响着国际贸易利益的分配

在国际分工体系里,各国生产的是具有比较优势的产品。然而,由于各国生产力和经济技术发展水平存在差异,各国在国际分工体系中的地位不同。第二次世界大战以前,发达国家依靠暴力和垄断等手段操控落后国家,压制其经济的发展,结果导致殖民地国家仅出口几种初级产品、进口工业品以维持国内经济的运行,落后国家严重依赖世界市场。发达国家掠去国际贸易的大部分利益,落后国家经济依旧贫困且发展滞后。"二战"之后,虽然发展中国家可以独立发展本国经济,学习国外技术,引进国外资本,但是它们仍旧摆脱不了旧经济秩序的影响。此时的发达国家已经开始出口高附加值的资金、技术密集型产品,在生产力和技术方面早已超越了发展中国家。发达国家还在全球范围内建立跨国公司,加速全球并购,建立起全球性营销网络。这一方式加强了对世界市场的控制,跨国公司已经成为了新的国际交换主体。国际市场的格局虽有所改变,但仍然是以发达国家为主体的。

二、国际贸易促进国际分工的深化发展

其一,人类社会科技日益进步,产品更新换代日益加速。新产品通过国际贸易参与到国际分工之中,给分工国带来了新的贸易利益。在利益的驱动下,各国将新的资源、新的投资投入新产品的生产之中,无形之中改善了商品出口结构,提升了产业结构,深化了国际分工的格局。

其二,国际贸易不仅是联系国际分工的纽带,还起着一种导向作用。通过国际市场的调节,引导各国把生产资源转移到效率较高的部门中,促进了国际分工的深化发展。

在对外贸易中,各国积极生产具有比较优势的产品,扩大这种商品的出口,通过国际交换获取国际分工的利益。这种贸易方式会促使各国将更多的资源投入有比较优势的产品的生产中,不仅优化了资源配置,提高了资源使用率,减少了资源的浪费,还最大限度地获得了分工带来的收益。用具有比较优势的产品去换取相对劣势的产品,有利于实现全球资源的合理配置,提高各国专业化分工的水平,进一步促进国际分工的深化发展。当代发达国家大量出口资金、技术密集型产品,发展中国家应加大投资力度,提高产品附加值,以高技术含量的产品参与国际分工,换取相对劣势产品,提高技术水平,实现国际分工的深化发展。

总的来说,在国际分工发展加速的时期,国际贸易的发展速度也会加快,一旦国际分工发展减缓,国际贸易发展的规模和速度也要受到影响,二者互为因果关系。如果说国际分工体系的形成和发展推动了世界经济的发展,那么国际贸易实现了分工参与国的利益,深化了国际分工的发展。

第三节 国际分工理论

西方自由贸易理论主要包括古典学派、现代学派以及"二战"后新兴的自由贸易理论。自由贸易理论认为自由贸易可以形成相互有利的国际分工,每个国家依据自身条件发展相关产业,积极参与国际竞争,防止垄断,增加贸易收益。

一、绝对成本国际分工理论

(一)理论产生的背景

亚当·斯密(1723—1790)是著名的古典政治经济学家,也是国际分工和国际贸易理论的创始者。他站在产业资产阶级的角度,提出了自由竞争和自由贸易理论。18世纪中叶,英国开始产业革命,生产力的快速发展使得产品竞争力大大增强。为了满足工业生产和资产阶级对贸易利益的需求,新兴资产阶级迫切需要进一步扩大国外市场,从其他国家获取粮食、原料和市场,同时向它们供应工业制成品。但是,产生于15世纪的重商主义政策鼓励"奖出限入",反对贵金属外流,束缚了英国对外经济的发展。在此期间成长起来的工业资产阶级在功利动机的刺激下,开始推崇经济活动的自由化,要求在国际市场上实行自由贸易政策。在这种背景下,亚当·斯密在1776年发表了《国民财富的性质和原因的研究》,简称"国富论"。在这本书中,他提出了国际分工和自由贸易理论,认为自由市场有一只"看不见的手"在指引,批判了资本积累时期盛行的重商主义和保护贸易政策。

(二)理论内容

1. 前提假设条件

(1)世界上只有两个国家,并且只生产两种可进行贸易的商品。

(2)两种商品的生产只投入劳动力要素,劳动力具有同质性。劳动力要素可以在国内不同部门之间流动,但是不能在国家间流动。

(3)各国内部所有企业生产技术都相同,但是两国生产技术水平各异,且各国技术水平保持不变。

(4)规模报酬不变。

(5)市场是完全竞争市场。

(6)运输成本和交易费用为零。

(7)两国之间贸易平衡。

(8)生产是以利润最大化为目标。

2. 核心内容

(1)交换促进了分工的产生。亚当·斯密认为交换是出于利己心并为得到利己的目的而进行的活动,要进行交换,就要生产产品,于是分工得以产生。"因为我们所需要的相互帮助,大部分是通过契约、交换和买卖取得的,所以当初产生分工的也正是源于人类要求相互交换这个倾向"。因此,分工是交换引起的,它来源于人类互通有无,物物交换和互相交易的天性,"这种倾向为人类所共有,亦为人类所特有,在其他各种动物中是找不到的"。此外,由于人类可以从交换中获取利益,因此他"鼓励大家各自委身于一种特定的业务使他们在各自的业务上磨炼和发挥各自的天赋或才能"。

(2)分工可以提高劳动生产率。斯密在《国富论》中指出:"劳动生产率上最大的增进,以及运用劳动时所表现的更大的熟练、技巧和判断力,似乎都是分工的结果。"他还举了"扣针制造"的例子来证明自己的观点,在仅仅雇佣10名工人的小工厂,每个人各司其职,每天一共可以生产48000枚扣针,但是倘若没有分工则每天可能连一根扣针都制造不出来。他强调分工对生产率的推动作用。分工之所以能够提高生产率,是因为分工可以使劳动者的熟练程度增加,节省了劳动时间,有利于劳动者改进和发明生产工具。

(3)在分工的基础上交换产品给交易各方都带来了收益并增加了财富收入。各行各业的产量由于分工而大增。各劳动者,除自身所需要的以外,还有大量产物可以出卖;同时,因为一切其他劳动者的处境相同,每个人都能以自身生产的大量产物,换得其他劳动者生产的大量产物。别人所需的物品,他能予以充分供给;他自身所需的,别人亦能予以充分供给。于是,社会各阶级都普遍富裕。

(4)国际分工建立在先天有利的自然条件及后天有利的生产条件基础之上。由于各国发展产业的环境不同,因而各国应该利用自身优越的自然条件和后天的生产条件去生产绝对成本低于其他国家的产品,这样才能在国际交换和国际分工中居于优势地位。只有这样资源才能得到合理配置,才能提高分工国家的利益。

(5)按绝对优势进行国际分工。斯密举了一个例子表明自己的观点:在气候寒冷的苏格兰,人们可以利用温室生产出极好的葡萄,并酿造出与国外进口一样好的葡萄酒,但是要付出30倍的代价。他认为如果真的那么做,明显就是愚蠢的行为。每个国家都有自己在生产条件方面的优势,按照各自拥有的优势生产产品并进行交换,可以为各自带来利益和财富的增加。如果外国能以比我们自己制造还便宜的商品供应我们,我们最好用自己的产业生产出来的物品的一部分向他们购买。有时在某些特定的商品生产上,某一国占有那么大的自然优势,以致全世界都认为,跟这种优势作斗争是枉然的。只要一国具有这种优势,另一国无此优势,后者向前者购买,总是比自己制造有利。

3.实例说明

假设现有两个国家(英国和法国)均生产小麦和铁,生产情况如表2-1所示:

表 2-1 分工前

国别\产品	铁	小麦
英国	50 天生产 1 吨	100 天生产 1 吨
法国	100 天生产 1 吨	50 天生产 1 吨
产品总量	2 吨	2 吨

资料来源:薛荣久.国际贸易[M].北京:对外经济贸易大学出版社,2005 年.

由表 2-1 可知,英国在铁的生产上处于绝对优势地位,因为英国生产 1 吨铁只需 50 天,而法国生产 1 吨铁则需要 100 天,英国生产铁的成本低于法国。法国具有生产小麦的绝对优势,50 天就可生产 1 吨小麦,而英国生产 1 吨小麦则需要 100 天。在这种情况下,斯密主张英国专门生产铁,法国专门生产小麦。分工后生产情况如表 2-2 所示:

表 2-2 分工后

国别\产品	铁	小麦
英国	(50+100)/50=3 吨(150 天)	
法国		(50+100)/50=3 吨(150 天)
产品总量	3 吨	3 吨

资料来源:薛荣久.国际贸易[M].北京:对外经济贸易大学出版社,2005 年.

由表 2-2 可知,分工后,两国投入的总劳动量未变,但是产量却增加了,铁和小麦的产量比分工前各增加了 1 吨。分工之后,两国生产出更多的铁和小麦,这是分工带来的利益。如果两国按照 1∶1 的比例交换铁和小麦,英国可以用 1 吨铁换取法国 1 吨小麦,法国用 1 吨小麦换取英国 1 吨铁。交换后如表 2-3 所示:

表 2-3 交换后

国别\产品	铁	小麦
英国	2 吨	1 吨
法国	1 吨	2 吨
产品总量	3 吨	3 吨

资料来源:薛荣久.国际贸易[M].北京:对外经济贸易大学出版社,2005 年.

分工之前,英国 1 吨的铁在国内只能换到 50/100=0.5 吨的小麦,法国 1 吨的小麦在国内只能换到 50/100=0.5 吨铁。然而,由表 2-3 可知,在分工并进行交换后,英国获得了 2 吨铁、1 吨小麦,相比分工之前多获得了 1 吨铁;法国获得了 1 吨铁、2 吨小麦,相比分工之前多获得了 1 吨小麦。显然各国按照绝对优势进行生产,通过贸易交换两国都获得了经济利益,生产总量也增加了。

4.理论评析

如果各国利用自身的有利条件进行专业化生产,参与国际分工和交换,就会出现双赢的局面。各国资源的有效利用率得到提高,继而推动世界范围内国际贸易的发展。在 18 世纪英国产业革命蓬勃发展的时期,这种理论迎合了当时英国经济发展的需要。恩格斯曾说:"英国制造业者及其代言人经济学家的今后任务,便是使其他一切国家依自由贸易的福音,来建立以英国为最大的工业中心,而其余一切则是以国家为依存这个中心的农业地域的世界。"自由贸易政策推动了机器大工业的继续发展,扩大了英国对外贸易的规模。

然而,绝对成本国际分工理论也存在着局限性,并未能正确说明国际分工形成的真正原因,仅仅从客观条件来分析国际分工的形成,其他因素都被忽略。斯密认为交换源自利己心,交换引起分工。实际上交换是分工和生产力发展的结果,这种观点是资产阶级功利主义在经济学上的体现。绝对成本论只适用于两个国家都各自存在绝对优势的产品,倘若其中一个国家在这两种产品生产上都存在绝对优势,另一个国家都存在绝对劣势,那么该国参与分工和贸易后是否还能获利,对于这一问题绝对成本论并未给予解释。

二、比较成本国际分工理论

(一)理论产生的背景

大卫·李嘉图(1772—1823)是古典政治经济学理论的主要代表,他于1817年出版了《政治经济学及赋税原理》一书,解决了斯密未给予回答的问题,提出了"比较优势理论"。李嘉图所处的时代是资本主义高速发展时期,这段时期工业资产阶级同地主贵族阶级之间的矛盾异常尖锐,矛盾核心指向《谷物法》。该法令导致英国谷物价格不断上涨,不仅间接造成产业成本增加,还减少了社会各阶层对工业品的消费支出。《谷物法》限制进口的规定,甚至招致其他国家以高关税阻挡英国工业品的出口,影响了英国国际贸易的展开。总之,这一法令的颁布直接削弱了产业资产阶级的利益,满足了地主阶级的利益需求。工业资产阶级急需废除《谷物法》,李嘉图从产业资产阶级的利益出发,提出了比较成本国际分工理论。他认为英国在纺织品的生产上相对于谷物生产具有比较优势,所以英国应大力发展纺织业,加大纺织品的出口,以纺织品换取其他国家的谷物,从而获得分工利益。

(二)理论内容

1. 前提假设条件

比较优势论和绝对优势论的假设条件基本一致,但是前者更强调两国之间在生产技术上存在的相对差异以及由此而产生的成本差异。

2. 核心内容

李嘉图发展了亚当·斯密的理论,他认为比较优势才是影响一国参与国际分工的决定性因素。如果一个国家在两种产品的生产上都具有绝对优势,另一个国家在两种产品的生产上均具有绝对劣势,并且国际劳动生产率存在相对差异,那么商品的生产成本就会不同,各国在不同商品的生产上便会存在比较优势。因此,两国需按比较优势进行国际分工(两优相较取其大,两劣相较取其小),一国应该专门生产比较优势较大的产品,另一国则集中生产比较劣势较小的产品。在此基础上形成的国际分工仍旧可以优化资源配置,增加双方收益。

3. 实例说明

假设现有两个国家(葡萄牙和英国)均生产呢绒和酒,生产情况如表2-4所示:

表2-4 分工前

产品 国别	呢绒	酒
葡萄牙	90人1年生产1单位	80人1年生产1单位
英国	100人1年生产1单位	120人1年生产1单位
产品总量	2单位	2单位

资料来源:卜伟.国际贸易[M].北京:清华大学出版社、北京交通大学出版社,2006年.

由表2-4可知,分工之前,葡萄牙在呢绒和酒的生产上都具有绝对优势,而英国在这2种产品的生产上均具有绝对劣势。但是,葡萄牙生产呢绒比英国少用10人,生产酒比英国少用40人,葡萄牙在2种产品生产上所具有的绝对优势是明显的。葡萄牙呢绒的生产成本为英国的 $90/100=0.9$ 倍,酒的生产成本为英国的 $80/120=0.67$ 倍,显然,葡萄牙在酒的生产上更具有比较优势。英国呢绒的生产成本为葡萄牙的 $100/90=1.1$ 倍,酒的生产成本为葡萄牙的 $120/80=1.5$ 倍,相比较而言,英国生产呢绒的成本相对较低。根据李嘉图的比较优势成本论,葡萄牙应该生产其优势较大的酒,英国则应该生产其劣势较小的呢绒。分工后生产情况如表2-5所示:

表2-5 分工后

产品 国别	呢绒	酒
葡萄牙		$(80+90)/80=2.125$单位
英国	$(100+120)/100=2.2$单位	
产品总量	2.2单位	2.125单位

资料来源:卜伟.国际贸易[M].北京:清华大学出版社、北京交通大学出版社,2006年.

由表2-5可知,分工之后,两国投入的劳动总量未变,但是产量却增加了,酒和呢绒比分工前各增加了0.125和0.2个单位。两国生产出更多的酒和呢绒,这是分工带来的利益。如果两国按照1∶1的比例交换酒和呢绒,则如表2-6所示。

表2-6 交换后

产品 国别	呢绒	酒
葡萄牙	1单位	$2.125-1=1.125$单位
英国	$2.2-1=1.2$单位	1单位
产品总量	2.2单位	2.125单位

资料来源:卜伟.国际贸易[M].北京:清华大学出版社、北京交通大学出版社,2006年.

由表2-6可知,与分工之前相比,葡萄牙多获得了0.125单位的酒,而英国多得了0.2单位的呢绒。从这个角度看,根据比较优势参与国际分工可以增加各国的生产总量。

4. 理论简评

萨缪尔森曾这么称赞比较优势论,他说:"如果理论能够参加选美比赛的话,那么比较优势理论一定能够夺得桂冠。"在比较优势理论的影响下,英国废除了《谷物法》,消除了英国对外贸易的障碍,推动了英国机器大工业的继续发展。相比绝对优势论而言,比较优势论更具有普遍意义,有利于推动全球范围内的国际贸易的发展。但是,比较优势论未能正确说明国际分工的真正原因也就是社会生产力的发展,还否认了资本主义国际分工的不合理性质。该理论的某些条件甚至与现实存在差距,李嘉图将国际贸易中动态的经济状况固定为静态的状况。例如,由于各国劳动生产率和技术水平等因素都不是固定不变的,各国在国际贸易中获得的收益也会产生动态变化。但是,比较优势论认为不存在技术进步,国际经济是静态的。

三、要素禀赋国际分工理论

(一)理论产生的背景

1919年,埃利·赫克歇尔(1879—1952)发表了题为《国际贸易对收入分配的影响》的论文,对要素禀赋理论的核心思想——要素禀赋差异是国际贸易比较优势形成的基本原因作了初步分析。1933年,柏蒂尔·俄林出版了著名的《域际和国际贸易》一书,书中对其老师赫克歇尔的思想作了清晰而全面的解释。因为此贡献,俄林与詹姆斯·米德分享了1977年度的诺贝尔经济学奖。

(二)理论内容

1. 前提假设条件

(1)贸易中只有两个国家(A、B),两种产品(X、Y)及两种生产要素(劳动、资本)。

(2)两国技术水平和生产函数相同。

(3)无运输成本、关税或影响国际贸易自由进行的其他壁垒。

(4)在两个国家中,商品X都是劳动密集型产品,商品Y均是资金密集型产品。

(5)两国在生产中均为不完全分工,也就是说,即使在自由贸易条件下,两国也要继续生产这两种商品。

(6)在两个国家中,两种商品的生产都是规模报酬不变的。

(7)在两个国家中,两种商品市场和两种生产要素市场都是完全竞争市场。

(8)在两个国家中,需求偏好是相同的。

(9)两种要素可以在国内自由流动,但是在国家间不能自由流动,而且要素均得到充分利用。

2. 核心内容

(1)与李嘉图理论的主要区别。其一,商品价值由两种要素(劳动、资本)所决定。其二,商品价值不仅适用于国内贸易,还适用于区际贸易和国际贸易。其三,排除了各国在技术和劳动生产率方面的差异。

（2）按要素禀赋差异建立国际分工。其一，国际贸易产生的第一个原因是不同国家生产同种产品的成本绝对差。其中，价格绝对差是国际贸易发生的直接原因，成本绝对差是根本原因。其二，国际贸易产生的第二个原因是不同国家生产同种产品的成本比例不同。所谓"成本比例"是指不同国家内部生产不同产品成本比较表现的比例关系。这种比例关系对不同国家来说可能是相同的，也可能是不相同的。

①成本比例相同会发生暂时贸易。

表2-7　美、英生产成本比例相同

设定1美元＝1英镑

国别 产品成本	美国（美元）	英国（英镑）
小麦单位成本	1	2
纺织品单位成本	2	4
成本比例	1∶2	2∶4＝1∶2

资料来源：刘庆林、孙中伟.国际贸易理论与实务[M].北京：人民邮电出版社，2004年．

②成本比例不同会发生长期贸易。

表2-8　美、英生产成本比例不同

设定1美元＝1英镑

国别 产品成本	美国（美元）	英国（英镑）
小麦单位成本	1	3
纺织品单位成本	2	1
成本比例	1∶2	3∶1

资料来源：刘庆林、孙中伟.国际贸易理论与实务[M].北京：人民邮电出版社，2004年．

③成本比例不同的原因在于不同国家要素价格的比例不同。

表2-9　美、英要素价格比例不同

要素价格 产品	美国（美元）	英国（英镑）
小麦	土地0.2 劳动0.3 资本0.5	土地2.2 劳动0.4 资本0.4
纺织品	资本1.5 劳动0.3 土地0.2	资本0.2 劳动0.3 土地0.5

资料来源：刘庆林、孙中伟.国际贸易理论与实务[M].北京：人民邮电出版社，2004年．

④要素价格比例不同的原因在于不同国家要素的供求关系不同。在各国要素需求相似的情况下，供给丰裕的生产要素价格便宜，稀缺要素的价格则比较昂贵。

⑤要素供求关系不同的原因在于不同国家要素禀赋的不同。

(3)总之,要素禀赋差异是各国具有比较优势的关键性因素。一国应当出口其要素供给丰裕且用便宜要素生产的产品,进口用相对稀缺要素生产的产品,并按此模式进行国际分工。

3.理论评析

(1)对李嘉图理论作出了新的发展。相比李嘉图认为劳动生产率差异是各国在国际贸易中产生比较优势的原因,赫克歇尔和俄林从各国生产同一产品的成本国际绝对差推理到各国要素禀赋供给比例的差异,他们研究得更深入,正确指出了多种要素结合对参与国际竞争发挥比较优势起着十分重要的作用。

(2)要素禀赋理论也存在着严重缺陷。首先,抹杀了马克思的劳动价值论。马克思认为地租和资本利润等是剥削收入,而俄林则认为它们是正当收入。其次,该理论歪曲了国际分工的真正原因,认为国际分工完全是由自然方面的原因和条件决定的。再次,该理论的假设条件都是静态的,忽视了影响经济各因素的变化。最后,与当代发达国家间的贸易发展不相符合。依据要素禀赋论,国际贸易应该发生在要素禀赋不同的制成品和初级产品生产国之间,而实际上当代国际贸易主要是发生在要素禀赋相似的工业国之间。

四、当代国际分工理论的新发展

(一)里昂惕夫之谜及其解释

1.背景

1953年,经济学家瓦西里·里昂惕夫(1973年诺奖得主)在美国《经济学与统计学杂志》上发表了一篇文章,他利用美国1947年进出口行业所用资本存量与工人人数的数据来检验H－O(赫克歇尔－俄林)模型,其结果引发了一代人富有成效的争论。

2.核心内容

根据要素禀赋理论,各国应该出口密集使用其充裕要素的产品,进口密集使用其稀缺要素的产品。20世纪40年代,美国被认为是资本相对丰裕的国家,所以美国应当出口资本密集型商品而进口劳动密集型商品。这意味着美国出口行业的资本劳动比率应该大于进口行业的资本劳动比率,即$(K/L)X>(K/L)M$或$(K/L)X/(K/L)M>1$(K、L分别代表资本和劳动,X、M分别代表出口和进口)。

于是,里昂惕夫用投入产出分析法对1947年美国200个行业进行分析,然后选出具有代表性的一揽子出口品和一揽子进口替代品,计算出每百万美元的出口品和每百万美元进口替代品所使用的国内资本和劳动量及其比例,从而可以了解美国进出口商品的资本与劳动要素的密集程度。

表 2-10　每百万美元产品国内资本和劳动力的使用量(1947年)

	出口品	进口替代品
资本 K(美元)	2550780	3091339
劳动力 L(人/年)	182.313	170.004
资本/劳动力(K/L)	13991	18184
比例关系	13991∶18184=1∶1.30	

资料来源：卜伟.国际贸易[M].北京：清华大学出版社、北京交通大学出版社,2006年.

表 2-11　每百万美元产品国内资本和劳动力的使用量(1951年)

	出口品	进口替代品
资本 K(美元)	2256800	2303400
劳动力 L(人/年)	173.91	167.81
资本/劳动力(K/L)	12977	13726
比例关系	12977∶13726=1∶1.06	

资料来源：卜伟.国际贸易[M].北京：清华大学出版社、北京交通大学出版社,2006年.

从以上两个表格可以看出,1947年和1951年的美国出口行业的资本劳动比率均小于进口行业的资本劳动比率。这说明美国出口的主要是劳动密集型产品,进口的主要是资金密集型产品,然而这与要素禀赋理论的结论是相矛盾的,这就是著名的"里昂惕夫之谜"。"里昂惕夫之谜"激发了许多国家的经济学家对这一问题的研究,从而导致了新的国际分工理论的产生。

3.对"里昂惕夫之谜"的解释

不少西方学者尝试解释"里昂惕夫之谜",在这一过程中逐渐形成了新的国际贸易理论。

(1)劳动熟练说。最初是由里昂惕夫自己用这一理论来解释"里昂惕夫之谜"的,之后又由经济学家基辛深化这一理论。里昂惕夫认为美国工人由于教育、培训等原因使得国内工人的劳动生产率高于其他国家工人的劳动生产率,并且有将近3倍的差距。从这个角度看美国就变成劳动充裕、资金稀缺的国家,然而这种观点并不为多数研究学者所接受。之后,美国经济学家基辛以美国1960年人口普查资料和当时14个国家的进出口商品结构资料为基础进行分析,得出的结论是美国既是资本丰裕的国家,同时也是熟练劳动较丰裕的国家,熟练劳动密集型产品在其出口产品中的比例最高,而在进口产品中的比例最低,从而表明资本较丰富的国家倾向于出口熟练劳动密集型商品,资本较稀缺的国家倾向于出口非熟练劳动密集型商品。

(2)人力资本说。人力资本说表明了当时研究者对资本的新认识,该理论是由经济学家凯南等人提出的。他们认为熟练的劳动技能是社会投资于教育和培训的结果,属于人力资本,可以将其与有形资本一起组成资本投入。人力资本的投入可以提高劳动技能和专门知识水平,促进劳动生产率的提高。由于美国投入了较多的人力资本,因而拥有更多的熟练劳动力,从而美国出口的产品会有较多的熟练劳动。凯南对人力资本进行量化,把熟练劳动者高于非熟练劳动者的收入部分资本化,并同有形资本相加,经过这样处理后,表面上看,美国出口的主要是劳动密集型产品,而实际上是出口人力资本密集型产品,即美国出口产品的资本密集度高于进口产品的资本密集度。这个结论是符合赫克歇尔－俄林的生产要素禀赋论的,因而"里昂惕夫之谜"就不存在了。

(3)贸易保护说。鲍德温认为,赫克歇尔－俄林理论的前提假设是自由贸易,而里昂惕夫所使用的资料是美国进出口构成的实际数字。而在里昂惕夫进行统计分析的年代里,美国事实上有很高程度的贸易保护,且主要保护对象是当时美国缺乏国际竞争力的劳动密集型产品和行业,以提高国内就业水平。1947年,美国对劳动密集型商品征收的关税率超过了25%,而对资本密集型商品征收的关税率则较低。由于关税保护的结构性差异,劳动密集型商品受到较多排斥,因而资本密集型商品成为美国的主要进口商品。里昂惕夫的结构在一定程度上反映了美国的关税结构。根据鲍德温计算,如果美国进口不受限制的话,其进口产品的资本-劳动力比率将比实际进口所计算的比率低5%。该学说认为美国的关税结构导致了贸易类型的扭曲。

(4)需求逆转说。要素禀赋模型假设两国需求偏好是一致的,贸易模式完全决定于要素禀赋的差异。但是如果两国需求偏好的差异超过其在要素禀赋上的差异,就会出现所谓的"需求逆转"(Demand Reversal),从而造成与要素禀赋模型推论完全相反的贸易模式。这种观点认为美国的需求强烈偏好资本密集型商品,从而使得其相对价格较高,因此美国反而出口劳动密集型商品,进口资本密集型商品。

(5)要素密集度逆转说。要素密集度逆转(Factor Intensity Reversal)是指同一种产品在资本丰富的国家是资本密集型商品,在劳动丰裕的国家是劳动密集型商品的情况。在 H-O 理论假定中,对于要素密集度,它认为两种商品的要素密集度不同,同种商品在两个国家的要素密集度相同,没有要素密集度转变的情况。但现实世界里存在要素密集度逆转的情况。例如,美国在农业生产中使用大功率的机械设备,投入大量的资本,其农产品相对而言可以说是资本密集型的,然而许多亚洲国家的农业生产基本上是手工劳动,其产品可以说是劳动密集型的。因此,同是农产品却存在着要素密集度的不同。可见,在美国进口商品中,用美国的数据计算的结果是资本密集型的,但其实这些产品在出口国相对而言可能是劳动密集型商品。也就是说美国进口的所谓资本密集型商品中其实有一些属于劳动密集型商品,而出口的所谓劳动密集型商品中其实有一些属于资本密集型商品。

总的来说,解释"里昂惕夫之谜"的这些新学说弥补了要素禀赋理论的不足,使其更加完善。各位学者综合考虑各种影响国际贸易和国际分工的因素,不再只是静态地看待经济发展,理论和学说更加符合现实经济的发展。

(二)产品生命周期理论

产品生命周期理论(Product Life Cycle Theory)是由美国经济学家弗农(Raymond

Vernon)于 1966 年发表的《生命周期中的国际投资与国际贸易》一文中首先提出,他在技术差距说的基础上,进一步说明了技术变化对贸易格局的影响,后由威尔斯、赫希哲等人不断完善。该理论认为由于技术进步的变化,产品先后要经历不同的阶段,包括创新期、成熟期、标准化时期等阶段。在不同时期,产品生产对生产要素的需求不同,而各国要素禀赋各异,这就影响了各国在国际贸易中的优势地位。

1. 产品生命周期

第一,创新阶段。在这段时期,创新国利用其拥有的垄断技术优势来开发新产品。由于产品尚未完全成型,技术还需完善,加之竞争者少,产品缺乏相应的替代品,产品附加值高,国内市场就能满足其摄取高额利润的要求,因而产品主要是满足国内消费者的需要,极少出口到别国。第二,成熟阶段。产品生产技术成熟,开始为国外消费者所接受。成熟的生产技术随着产品的出口而转移。由此,国内外参与竞争的生产者大量增加,替代产品增多,产品的附加值不断走低,厂商越来越重视产品成本的下降。随着创新国与一般发达国家市场开始出现饱和,为降低成本,提高经济效益,抑制国内外竞争者,企业逐步放弃国内生产,转移到发展中国家投资建厂。第三,标准化阶段。生产技术和产品本身都已标准化,并在世界范围内扩散,技术本身的重要性已逐渐消失,成本、价格因素成为决定性因素。由那些拥有丰富的不熟练劳动力资源的发展中国家享有生产和出口的比较优势。创新国和一般发达国家为进一步降低生产成本,开始大量地在发展中国家投资建厂,由此发展中国家的出口量不断增加,并最终占领创新国市场,甚至各工业国市场。

2. 以美国为例(X、M 代表出口和进口,T 代表时间段)

如图 2-1 所示,美国资金、技术实力雄厚,t_0 时美国开始生产,产品主要是供给国内消费者。随着商品被国外消费者认可,从 t_1 时起美国开始出口该产品至欧洲。由于技术的溢出,t_2 时起国外厂商开始生产该产品成为技术模仿国,美国出口有所减少。此时,美国产品在世界市场上仍有很强竞争力,并且开始向发展中国家出售商品。t_3 时起由于欧洲各国生产逐渐标准化,美国出口量大减,直至 t_4 时美国成为净进口国。t_4 至 t_5 阶段发展中国家开始部分生产,t_5 之后发展中国家以低劳动成本与欧洲国家竞争,并取代欧洲生产者占据国际市场。这就是整个产品生命周期的过程,当创新国发明新产品时,其他国家会进行技术模仿,后起的另一些国家则相继效仿,而创新国不断开展革新技术,创造新工艺、新技术及新产品,于是便周而复始地推动国际市场上产品的更新换代。

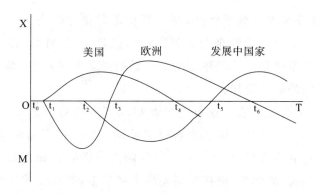

图 2-1 产品生命周期(以美国为例)

资料来源:卜伟.国际贸易[M].北京:清华大学出版社、北京交通大学出版社,2006年.

(三)产业内贸易理论

要素禀赋理论无法解释为什么要素禀赋相似的工业国之间贸易量也很大以及他们之间兴起产业内贸易的问题,如美国和日本之间的汽车贸易就属于这种贸易。美国经济学家格鲁贝尔(H. G. Grubel)等学者对此进行系统性研究并提出产业内贸易理论。

产业内贸易可分为同质产品的产业内贸易、垂直差异产品的产业内贸易(VIIT)和水平差异产品的产业内贸易(HIIT)。同质产品是指在效用和品质上完全相同的产品,产品间可以完全相互替代。完全同质产品的贸易是特殊情况下的贸易现象。例如,大宗原材料的边境贸易、农产品水产品的季节性贸易等。垂直差异产品是指在质量上存在差异的产品。水平差异产品是指有着同样质量但其特征存在差异的产品。例如,除羊毛质量外,其他均相同的羊毛外套即为垂直差异产品,同样质量但其剪裁和颜色却不同的羊毛外套即为水平差异产品。从理论上讲,产业内贸易是指有类似要素投入的产品贸易(如焦油和汽油),或指有消费替代性的产品贸易(如天然纱和人造纱),或指既有类似要素投入又有消费替代性的产品贸易(如汽车和香烟)。产业内贸易具有以下几个特点:一是产业内贸易是同类产品的相互交换;二是产业内贸易的产品流向具有双向性,即同一产业内的产品可在两国间相互进出口;三是产业内贸易的产品具有多样化特点,既有劳动密集型产品,也有资本密集型产品;四是产业内贸易的产品一方面在消费上能够相互替代,另一方面在生产中需要相近或相似的生产要素投入。

产业内贸易的形成主要有以下3个方面的原因。

第一,不同国家生产同种产品的差异性是产业内贸易的重要基础。由于各国劳动力资源、技术水平、资金等因素存在差异,各国生产的同种商品也自然会有差别。相同产品具有不同的质量、规格、型号、设计、品牌、包装、服务等,这些差异化产品存在就是为了满足各国不同消费者和市场需求的多样化。正是因为这样,各国才会对其他国家的同种产品产生需求,从而促进国际贸易的发展。

第二,规模经济或规模报酬递增是产业内贸易形成的重要原因。实现规模生产可以降低企业生产成本,提高利润收益,实现规模报酬。在同一产业内部生产相同产品的企业中,如果某些企业实现了规模经济,那么其他落后企业则失去了比较优势,陷入优胜劣汰的漩涡之中。结果会导致企业必须生产自己具有优势的产品,只有这样才能增强企业自身的国际竞争优势。各国在市场上交易的虽是同种产品,却存在差异性,从而有利于加强各国之间的经济交往。

第三,不同国家消费者的需求偏好差异是推动产业内贸易的另一个原因。各国消费者因收入等因素对同一产品的需求出现层次差别,比如,在产品的质量、档次、价格等方面均存在需求偏好和需求结构的差异。当两国消费者收入和偏好、需求结构相类似的时候,双方"市场隔离"就越小,潜在的贸易机会就越多,贸易量就会越大。这些国家相互出口的往往是种类相同但性能、规格、商标不同的产品,也就是异质产品,从而在国际贸易中体现为产业内贸易。

(四)国家竞争优势理论

国家竞争优势理论是由哈佛大学商学院的迈克尔·波特(Michel E. Porter)于20世纪90年代在《国家竞争优势》一书中提出来的。他认为,一国兴衰的根本原因在于能否在国际市场上取得竞争优势,而一个国家的竞争优势就是企业、行业的竞争优势,也就是生产力发展水平上的优势,且竞争优势形成的关键在于能否使主导产业具有优势。优势产业的建立有赖于生产率的提高,而提高生产率的源泉在于企业是否具有创新机制。

1. 钻石理论

波特认为影响一国在国际市场上建立和保持竞争优势的因素包括:生产要素;需求条件;相关产业和支持产业;企业战略、结构和同业竞争。这四个要素具有双向作用,形成钻石体系。此外,机会和政府也被认为对形成国家竞争优势起着辅助作用。完整的"钻石体系"如图2-2所示:

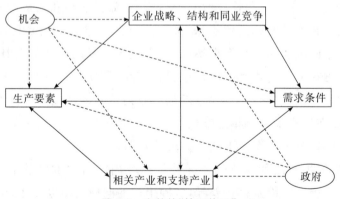

图2-2 完整的"钻石体系"

(1)生产要素。波特把生产要素分为基本要素和高级要素。前者是指自然资源、气候、地理位置、非熟练劳动力等;后者则是指通信交通等基础设施、受过高等教育的人才和科研机构等。波特认为,基本要素的重要性越来越低,因为跨国公司可以通过全球的市场网络来获得;而高级要素则需要通过长期投资和后天开发才能创造出来,因此高级要素对获取竞争优势具有不容置疑的重要性。在特定条件下,一国在某些基本要素上的劣势反而可能刺激创新,使其为提高自己的竞争地位而奋发努力。比如,日本在家电、汽车等产业的竞争优势就得益于其大批的工程师。日本在基本要素上处于劣势,但这反而促使其在高级要素上投资,从而创造出动态竞争优势。

(2)需求条件。需求条件是指对某个行业产品或服务的国内需求性质。波特强调国内需求在提高企业竞争优势方面发挥着重要作用,主要体现在以下三点。一是分割的市场需求。对于大多数产业来说,需求是分割的,若本国需求相对于别国需求更具全球性,那么该国的此种产业就易于在国际市场上获得竞争优势。二是内行而挑剔的消费者。因为这类消费者会促进本国企业改进产品质量、性能和服务等,从而有助于企业赢得国际竞争优势。三是国内市场的超前需求。若国内消费者的需求具有超前性,代表国际需求的发展趋势,那么为其提供产品和服务的本国企业也就走在世界同行业的前面,形成本国企业开拓国际市场的竞争优势。

(3)相关产业和支持产业。波特研究发现一国在国际市场具有竞争力的成功产业一般是由很多相关产业组成的产业群。相关产业和支持产业是指共用某些技术、共享营销渠道或服务而联系在一起的产业或具有互补性的产业,与主导产业是一种休戚与共的关系。比如,日本的机床生产商是世界一流的,他们的成功有赖于日本国内第一流的数控系统、马达和其他部件供应商。瑞典的轴承、切割工具等钢制品在世界领先,依靠的是本国特殊钢的优势。

(4)企业战略、结构和同业竞争。波特指出良好的企业管理体制的选择,不仅与企业的内部条件和所处产业的性质有关,还取决于企业所面临的外部环境。国家环境对人才流向、企业战略和企业组织结构的影响决定了该行业是否具有竞争力。此外,波特强调强大的国内竞争对手是企业竞争优势产生并得以长久保持的最强有力的刺激。一方面,可以减少外国竞争者的渗透,促进相互模仿和人员交流;另一方面,可以促使竞争升级,提高竞争程度,并迫使企业向外扩张,力求占领国际市场。

除了上述四个基本因素之外,波特认为机会和政府的作用也不可忽视,它们对国家整体竞争优势的形成具有辅助作用。就企业发展而言,形成机会的可能情况包括基础科技的发明创造、外因导致生产成本突然提高、金融市场或汇率的重大变化、市场需求的剧增以及战争等。机会的重要性在于它可能打断事物的发展进程,使原来的竞争者优势丧失,新的竞争者获得竞争优势。政府对国家竞争优势的作用主要通过政策调节来影响四个基本要素以创造竞争优势。政府应该为企业提供所需资源如基础设施,营造公平竞争的外部环境,通过政府采购影响本国需求等。

2. 国家经济发展阶段理论

波特从国际竞争的角度出发,根据每个国家的产业表现和竞争优势的来源,提出国家经济发展的四个阶段。

(1)第一阶段是要素驱动阶段。该阶段的竞争优势主要取决于一国在生产要素上的优势,即是否拥有廉价的劳动力和丰富的自然资源。具有竞争优势的产业一般是那些劳动密集型产业和资源密集型产业。企业参与国际竞争的方式只能以较低的价格取胜,能够提供的产品不多,技术层次不高,因而处于要素驱动阶段的国家的经济缺乏生产力持续增长的基础。

(2) 第二阶段是投资驱动阶段。该阶段的竞争优势主要建立在厂商与国家积极的投资意愿和能力上,具有竞争优势的产业一般是资本密集型产业。在这一阶段,企业大量投资可更新设备,扩大规模,增强产品的竞争能力。企业对引进技术的消化、吸收和升级是一国达到投资驱动阶段的关键所在,也是区别要素驱动阶段和投资驱动阶段的标志。

(3) 第三阶段是创新驱动阶段。该阶段的国家竞争优势主要来源于产业中整个价值链的创新,注重高新技术产品的研发。在这一阶段,企业在应用并改进技术的基础上,开始具备独立的技术开发能力,技术创新成为提高国家竞争力的主要因素。该阶段特点是:一方面高水平的服务业占据越来越高的国际地位,这是产业竞争力不断增加的反映;另一方面政府作用发生变化,政府主要起间接作用,出口补贴、贸易保护等形式的干预程度越来越少。

(4) 第四阶段是财富驱动阶段。该阶段的国家竞争优势取决于已经获得的财富。产业的创新、竞争意识和竞争能力都会出现明显的下降趋势,经济发展缺乏强有力的推动,企业开始失去国际竞争优势。该阶段的显著特点是长期产业投资不足,投资者的目标从资本积累转变为资本保值。

关键词

国际分工　垂直型国际分工　水平型国际分工　混合型分工　产业间分工
产业内分工　比较优势理论　要素禀赋理论　里昂惕夫之谜　产品生命周期
产业内贸易　国家竞争优势

复习思考题

1. 什么是国际分工?国际分工有哪些类型?
2. 国际分工得以发展的自然和社会经济条件是什么?
3. 影响国际分工发展的主要因素有哪些?
4. 试分析国际分工与国际贸易二者的关系。
5. 简述李嘉图比较成本国际分工论的主要内容。
6. 要素禀赋论是如何分析国际分工产生的原因?
7. 什么是里昂惕夫之谜?
8. 产品生命周期经历了哪几个阶段?
9. 产业内贸易形成的主要原因有哪些?
10. 简述"钻石模型"。

第三章　世界市场与国际贸易方式

学习目标

了解世界市场的形成与发展,熟悉世界市场在深化国际分工和全球化进程中的作用,掌握进入世界市场的模式以及世界市场上的交易方式和竞争特点等。

学习重点与难点

世界市场的形成与发展;世界市场的作用;当代世界市场的特点;世界市场的贸易方式;进入世界市场的模式。

课堂导入

自贸区热潮助中国从世界工厂变世界市场

2015年3月24日,广东、天津、福建自贸区方案正式获批,成为第二批试点地区。2015年上半年,中韩自贸区正式启动。自贸区最基本的功能是准许国外的商品豁免关税、自由进出,其本质上是在营造一个更加开放、更加国际化的贸易市场。密集组建多个自贸区,客观上起到了助推中国从"世界加工厂"向"世界第一大市场"转型的作用。

一直以来,中国作为"世界加工厂"的地位在很大程度上是由廉价劳动力、土地及税收减免政策来支撑的。可是,近年来,中国劳动力成本以每年15%~20%的增长速度攀升,部分地区一年中工业用地价格上涨甚至增长率超过50%,外资企业税收减免的超国民待遇也被叫停。中国作为"世界加工厂"的优势逐渐丧失,韩国企业正以每年减少500家的速度"撤离"昔日的投资热土山东。而劳动力和土地成本上升也让中国迎来了新的机会。2014年,中国人均年国民收入已达7000美元,中国消费者成为了全球最庞大的跨国购物群体。土地价格升高也让中国政府有着充足的动力推动城镇化改革,由此释放出巨大的市场需求,向世界大市场转型。外国企业和产品则会由此大量深入中国腹地,这必然要求中国建立一个高度开放、自由、有序的市场。目前,中国政府一方面急需简政放权,另一方面需要尽快培育开放、透明、一致的市场秩序和法律体系。因为自贸区的建立要求市场开放、政策透明、经济要素自由流通,以大大加速这一转型进程。

(种昂.从深化国际分工中获得更多发展机遇[J].中国贸易报,2015—04—07.)

第一节 世界市场的形成与发展

一、世界市场的概念

市场是社会分工和商品交换的必然产物,也是商品经济顺利发展的重要条件。从狭义上讲,市场是商品和服务交换的场所或领域。从广义上说,市场则是超出单纯商品买卖场所的范围,在流通领域内各种交换关系的总和。世界市场不仅包括一般的商品买卖活动的运动空间,还包括与对外贸易有关的货币结算、货物运输、货物保险等内容。在世界市场上,商品是交换的主体,其他活动都是为商品交换服务的。

世界市场是在各国国内市场的基础上形成的。但是,世界市场并不是各国国内市场的简单之和,两者之间既有不可分割的联系,又有十分明显的差别。世界市场是由国际货物、服务和知识产权交易把各国国内市场联系起来的世界范围的交换领域,这一概念可以从内涵与外延两个方面来理解。世界市场的内涵是指国际商品经济关系的总和,包括商品交换背后的生产者之间的关系,世界市场的外延是指它的地理范围,其地理范围要比一国的市场范围大,前者包括世界各国之间的商品交换,后者只包括一国疆域之内的商品交换。在世界市场的内涵和外延两方面中,内涵决定世界市场的经济本质。

世界市场的含义还体现在以下三个方面:其一,各国国内市场的形成是世界市场形成的前提,只有各国国内市场发展到一定程度,商品交换突破国家界限而扩大到世界范围,世界市场才能真正形成;其二,世界市场是对以国家为媒介并超越国家界限而形成的商品交换关系的反映;其三,世界市场受各国经济和政治关系的制约和影响。

二、世界市场的形成与发展

在历史上,社会经济的发展经历了三个时期,即与封建主义时期相应的地方经济时期、与资本主义的产生和发展以及统一的民族国家的形成和发展时期相符的民族经济或国民经济时期、与垄断资本主义时期相结合的世界经济时期。与此相适应,市场的发展也经历了三个时期:地方市场(Local Market)是在有限范围内的商品流通领域,如农村集市;民族市场(National Market)或国内市场(Domestic Market)是在一个国家范围内由商业纽带联系起来的商品流通范畴;世界市场(World Market)或国际市场(International Market)则是在整个世界范围内通过对外贸易联系起来的各国商品流通领域的总和。世界市场是在民族市场或国内市场的基础上发展起来的,国内市场是基础,但是世界市场对国内市场也起反作用。因此,世界市场并非是一个地理概念,而是一个经济概念,属于历史范畴,是市场经济的历史产物。世界市场的形成与资本主义社会生产力的发展密切相关,世界市场的产生、发展到最后形成大约经历了400年的时间,可以划分为以下四个历史时期。

(一)世界市场的萌芽时期(16世纪初至18世纪60年代)

在资本主义以前的社会中,自给自足的自然经济占统治地位,社会分工在一定范围内得到了缓慢发展,商品经济也只在有限的范围内发生作用,市场还不是社会再生产的必要条件。当时参加商品流通的只是剩余的农产品、手工业产品、土特产品和部分奢侈品。随着社会生产力的不断发展,封建社会进入瓦解、崩溃阶段,商品生产得到迅速发展。在这一时期,资本原始积累和手工工场得到长足发展,商品生产和社会分工的扩大促进了国家内部经济联系的加强,最终出现了国内统一市场,并为国际市场的产生奠定了基础。而15世纪末16世纪初的地理大发现,对于世界市场的形成曾起过巨大的推进作用。它使欧洲商人的活动范围从地中海、波罗的海扩大到大西洋和印度洋,美洲、非洲和亚洲被卷入欧洲经济活动的范围中,欧洲的区域市场逐渐变成了世界市场。

在世界市场的萌芽阶段,商业资本占支配地位,这一时期的世界市场具有以下特点。

(1)世界市场的地理范围是有限的,它还不是真正意义的世界市场,而是以地中海区域性市场和波罗的海区域性市场为中心的区域性国际市场。

(2)区域性市场以商业资本为媒介,无论是贸易量还是贸易额都不是很大。

(3)交换的商品大多数是小生产者和工场手工业产品、奢侈品及农产品,并逐步向纺织品、冶金工业品过渡。

(4)随着世界市场的产生和国际贸易的发展,新的金融商业机构,如银行、交易所、股份公司、保险公司相继出现。

(5)在各个区域性市场间,产品的价格不统一,即使在同一个区域性市场内或在同一国不同市镇之间,价格也不统一。

(二)世界市场的发展时期(18世纪60年代至19世纪70年代)

在这一时期,英国等欧美主要资本主义国家先后成功地进行了产业革命,建立了大机器工业。科学技术的进步,生产力的空前发展,资本主义生产关系的扩大,对外贸易的巨大变化,对世界市场的形成起着决定性的作用。1807年,蒸汽轮船出现了,1814年,蒸汽火车出现了,交通运输业发生了根本性的革命。例如,1869年苏伊士运河通航,把亚洲与欧洲联系起来,欧洲到亚洲的距离缩短了7000公里。在19世纪60年代到19世纪80年代,由于海底电缆的铺设,洲际间电讯更加便捷,冷藏轮船以及油轮的出现,进一步加强了世界各国之间的经济联系。1876年,一种比蒸汽机更为轻便和高效的动力机——内燃机出现了。同时,冶金业特别是炼钢和机械工业得到了巨大发展,从而为世界贸易和世界市场的迅速发展创造了极为有利的条件。

这一时期的世界市场以产业资本占统治地位,并具有以下特点。

(1)由于海运、铁路及通讯事业的迅速发展,整个世界市场联系在一起,世界各国之间的贸易量和贸易额迅速增加,商品交换的时间和空间大大缩短。

(2)机器大工业要求世界市场不断扩大。一方面,机器大工业完全不同于小商品生产和工场手工业生产,而是一种在经常扩大生产规模并夺取新市场的条件下才能生存的生产方式,机器大工业生产的产品具有较强的国际竞争力;另一方面,机器大工业又需要日益扩大原材料供应来源,需要到世界市场进行购买以补充国内原材料的不足。事实证明,19世纪资本主义国家每一次新的工业快速增长都与新的国外市场的开辟、世界市场的扩大同时发生。

(3)机器大工业的发展推进城市迅速发展,城市人口急剧增加,一些大城市特别是沿海、沿江和沿河的一些大城市成为世界重要的消费品集散中心和消费中心。

(4)区域市场及其联系更加密切。当时异常活跃的四个区域性国际市场是西欧与中欧市场、波罗的海沿岸与俄国市场、北大西洋沿岸市场、亚洲市场。这四个市场之间的贸易往来日趋频繁与紧密,商品的世界价格逐渐形成,价值规律的作用范围进一步扩大。

(5)由于机器大工业的发展,产业资本取代商业资本,在世界市场上占支配地位。

(三)世界市场的形成时期(19世纪80年代至20世纪30年代)

这一时期发生了第二次科技革命,这次科技革命通过物质装备的改善和劳动生产率的提高推动了生产力的发展。工农业生产的迅速增长使得西方国家对于农、矿原料的需求迅速扩大。1879年,白炽电灯的发明使电的应用更为普及,大功率电站也应运而生。19世纪最后20年,钢壳轮船的制造与航行使海洋运输业得到更加迅速的发展。到20世纪初期,1903年飞机的发明,1906年三极电子管的发明以及从1908年开始汽车的大量生产,第二次科技革命继续向纵深发展,这一切进一步扩大了世界市场的范围,增加了市场商品的数量和种类,成为19世纪末世界市场和世界经济发展的主要动力。不仅如此,第二次科技革命也推动了资本主义生产关系从自由竞争向垄断阶段的过渡,资本输出成为当时重要的经济特征之一。因此,现代技术的发展和生产力水平的提高把世界各地的进口商与出口商直接联系起来,扩大了世界市场范围,形成了统一的世界市场。

这一时期的世界市场以垄断资本占统治地位,并具有以下特点。

(1)以金本位制为特征的多边贸易支付体系和世界货币形成。由于国际分工和国际贸易的发展,世界大都市出现,伦敦、纽约、巴黎成为国际贸易支付体系的中心。同时,作为世界货币的黄金(即金本位制度)在世界多边贸易支付体系中发挥了重要作用。

(2)世界市场的规模不断扩大,商品种类日益繁多。随着第二次科技革命的发展和大机器生产工业制成品数量、种类的增加以及大工业所需工业原料的增加,世界贸易的商品不断扩大。进入20世纪后,随着航空运输业的发展,各种鲜活商品的贸易也得以迅速发展。

(3)商品交换行为受价值规律和竞争规律的制约。不仅各国的进出口贸易直接受世界市场行情变化的影响,各种贸易关系和贸易行为还要遵守统一的国际贸易法规和惯例。

(4)各种垄断组织参与世界市场竞争。生产集中和资本积聚发展到一定程度就产生了垄断,垄断企业一般有四种组织形式:卡特尔、辛迪加、托拉斯、康采恩。这些垄断企业在世界市场上竞争的结果,就是从垄断巨头之间的斗争上升为国与国之间的斗争,最终酿成世界大战。

(5)世界市场形成了比较健全固定的销售渠道,交通运输和通讯条件较为完善的航线、港口和码头逐渐固定。

(四)世界市场的深化发展(20世纪40年代至今)

第二次世界大战爆发后,在费米的领导下,美国于1942年建成第一座原子反应堆,1945年美国又制成第一颗原子弹。1946年电子计算机出现,1957年空间技术(如雷达)出现,标志着第三次科技革命开始了。进入20世纪70年代后,工业发达国家传统产业开始衰落,一系列科学技术的突破导致以信息技术、新材料和生物技术为代表的高端技术的崛起,世界市场更加迅速地发展。

第二节 世界市场的分类与作用

一、世界市场的分类

世界市场是各国国内市场和各国间市场的总和,是由相互关联而又相互区别的部分构成,其中不仅有各种类型的国家和地区、身份各异的买方和卖方,还有难以数计的商品和纷繁多样的购销方式。相应地,世界市场可以根据以下不同的标准划为不同的类型。

按地区范围划分,世界市场可分为欧洲市场、北美市场、南美市场、中东市场、东亚市场、南亚市场、东南亚市场、西非市场等。

按重要程度划分,世界市场可分为主要商品市场和次要商品市场。主要商品市场是国际贸易大量集中进行的场所,次要商品市场是相对主要市场而言的规模稍小的商品交易场所。

按商品种类划分,世界市场可分为生产资料市场和消费品市场。而生产资料市场又可以进一步分为制成品市场和原料市场、半成品市场;消费品市场也可细分为生活必需消费品市场和耐用消费品市场。

按产品类别划分,世界市场可分为世界纺织品市场、世界粮食市场、世界钢铁市场、世界汽车市场、世界飞机市场、世界电子产品市场等。

按要素密集程度划分,世界市场可分为国际劳动密集型产品市场、资本密集型产品市场、技术密集型产品市场等。

按交换时间划分,世界市场可分为世界期货市场和世界现货市场。

总之,对世界市场进行分类的方法很多,除了以上划分的形式外,还可按国家的政治性质或国家类型、按区域性经济集团组织等来划分。如何划分主要应视研究世界市场的目的而定。

二、世界市场的作用

世界市场的形成与发展对经济全球化的影响是非常巨大的。世界市场的形成打破了许多国家和地区自给自足的封闭状态，取而代之的是各个国家和地区之间的相互贸易往来和各方面的相互依赖，从而使一切国家的生产和消费都具有世界性。由此可见，世界市场在国际经济发展中起到了巨大的作用。在当代世界，没有哪个国家能够不与世界市场联系而孤立存在，世界市场大大加深了世界各国和地区经济的相互依赖，在全球经济发展中的作用有以下几点。

第一，世界市场是资本主义生产不可缺少的商品销售场所和原料来源。商品生产是资本主义生产的基础，是交换价值的生产。资本主义生产是商品生产高度发展的形式，是立足于市场和世界市场的基础之上的。商品生产和国内贸易特别是对外贸易的显著发展，是资本主义生产的必要前提。商品经济的发展促进了市场的扩大，进而发展到依靠世界市场。许多资本主义生产部门就是在世界市场的基础上产生和发展起来的。因为大机器工业生产出来的大量商品，不是国内市场所容纳得了的，必须输送到世界市场销售。第二次世界大战以后，垄断组织更是通过大规模建立跨国公司的办法去占领国际市场，并把整个世界看作自己的市场。

大机器工业不但需要把数量越来越多的产品销售到世界市场，而且大机器工业所需要的各种原料以及大城市人口所需要的食品也依赖于世界市场的供应。新的世界市场关系也带来产品的愈加精致和多样化。不仅有更多的外国消费品同本国的产品相交换，还有更多的外国原料、材料、半成品等作为生产资料进入本国工业。到了垄断资本主义时代，随着垄断竞争的加剧和新技术革命突飞猛进的发展，垄断资本为了确保其垄断地位，首先就要对国内外市场和原料产地取得尽可能的控制权。

第二，世界市场对资本主义国家之所以重要，还在于其有助于缓和资本主义各个社会生产部门发展的不平衡性。资本主义各个社会生产部门发展的不平衡性是资本主义经济发展的一个规律性现象。竞争引起一些生产部门比较迅速的发展和另外一些生产部门的落后。彼此互为市场的各种工业部门不是平衡地发展，而是相互超越。发展较好的工业会寻求国外市场。各生产部门的发展不平衡也影响到生产和消费的不平衡。因此，当资产阶级的生产达到很高的发展程度时，生产就不可能局限于本国的范围。竞争迫使资本家不断扩大生产并寻找推销产品的国外市场。由此可见，随着资本主义的发展，资本主义所固有的国民经济各部门发展的不平衡正不可避免地增长，这使得寻找国外市场成为必要。

第三，世界市场是资本扩张的结果和条件。资本主义生产的规律是生产方式的经常改造和生产规模的无限扩大。资本主义企业必然超出村社、地方市场、地区和国家的界限。因为国家孤立和闭关自守的状态已被商品流通所破坏,所以资本主义工业部门的自然趋向使它需要寻求国外市场。

资本的本性就是扩张。资本主义的生产方式不只是引起资本对剩余价值的追求,还有不断扩大生产规模,使资本生产更多的资本,而且扩张已成为一个强制性的规律,成为资本家生存的经济条件。在竞争规律的作用下,资本家竭力采用先进技术,提高劳动生产率,以求降低成本,以价廉物美的商品去争夺市场。而降低成本的方法之一就是不断扩大生产规模,因此,扩大再生产成为资本家生存的一个条件。马克思指出:"资本主义生产的发展,使投入工业企业的资本有不断增长的必要,而竞争使资本主义生产方式的内在规律作为外在的强制规律支配每一个资本家。竞争迫使资本家不断扩大自己的资本来维持自己的资本。"任何停顿不前的资本家都有被消灭的危险。资本总是在扩大生产规模,创建新的生产部门,创立新的劳动形式,提高生产率,全面改进微观经济效果,并把科学技术直接运用于生产。所有这一切都给资本主义生产提供了巨大的扩张力和对一切过时的生产方式的破坏力。资本摧毁过去自给自足的自然经济,克服了民族壁垒和民族偏见。资本起初是使商品生产普遍化,然后又逐步把一切商品生产转化为资本主义的商品生产。在这个过程中,任何国界都成为必须排除的障碍。资本的无限扩张力驱使资产阶级奔走于全球各地,到处落户、到处创业、到处建立联系,以不断扩大市场。

世界市场对于资本主义国家的重要性是显而易见的。那么,发展中国家是不是也需要国外市场呢?回答显然也是肯定的。由于资产阶级开拓了世界市场,一切国家的生产和消费包括生产资料的消费都成为世界性的,这就在客观上形成了发展中国家与世界市场的联系。如果说,这种联系在第二次世界大战之前意味着资本剥削的触角对亚、非、拉殖民地半殖民国家的掠夺和控制,那么,随着"二战"后这些国家走上民族独立的道路,世界市场日益成为这些主权国家发展民族经济、实现由落后的农业国向先进的工业国转变的一个必不可少的外在条件。20世纪60年代以来出现的一批"新兴工业化国家和地区",固然有种种原因,但无一不是利用世界市场提供的机会发展起来的。

邓小平强调指出,现在的世界是开放的世界,中国的发展离不开世界。对外开放具有重要意义,任何一个国家想要发展,孤立起来、闭关自守是不可能的,不加强国际交往,不引进发达国家的先进经验、先进技术和资金是不可能的。这从根本上解决了前人局限于历史条件而未能解决的一系列重大问题,科学地继承和发展了马克思主义对外开放理论,同时揭示了一个极为深刻的真理:进行社会主义现代化建设,必须通过世界市场与发达的资本主义国家联系,必须通过世界市场吸收先进科学技术、管理等。

第三节 当代世界市场的变化与特点

"二战"后,许多发展中国家先后独立,并且在第三次科技革命的推动下,世界市场对商品、资本、技术、劳务等各种需求更加旺盛。世界商品的进口和出口、资本输出与输入及各种知识产权、技术、服务等无形贸易也有了迅速的发展,世界市场规模不断扩大。世界市场商品结构中的工业制成品贸易量扩大,初级产品市场前景暗淡,产品替代周期缩短,流转速度加快。中间产品贸易量大大增加,大量的合成材料代替了原先的初级产品原料,发达国家农产品自给率提高,知识经济在产品价值中的含量提高。与此同时,国际协调介入世界市场,世界市场上的竞争关系出现多样化特征,既存在于发达国家之间、发达国家和发展中国家之间、跨国公司和大企业之间,也存在于地区性经济贸易集团之间及跨国公司、大企业与中小企业之间,并且竞争的范围与程度也日益广阔和深化。各国政府为了维护本国的经济发展,运用国家权力对竞争进行保护和干预,利用产业政策和措施改善本国企业参与国际竞争的环境和条件,使当代世界市场出现了很多新的特点。

一、世界市场迅速扩大

世界市场迅速扩大具体表现在:一是进入世界市场的国家迅速增多。社会化大生产的发展已冲破一个国家和一个地区的局限,要求在世界范围内寻求生产要素的最佳配置,开拓更为广阔的销售市场。当前,不但各发达国家为了争夺市场而在全球范围内角逐,发展中国家为了自己的生存和发展,也把发展外向型经济视为带动本国经济起飞的基本条件,这使得进入世界市场的各类国家迅速增多。二是进入世界市场的商品迅速增多。虽然工业制成品在有形贸易中的比重仍在增大,并占有绝对优势,但无形贸易在国际贸易中的地位也在迅速增强,并日益成为国际经济贸易联系中的重要组成部分,特别是"二战"后,由于世界经济尤其是发达国家第三产业的兴起,各种要素在国家间流动的加强,更促使无形贸易在世界范围内获得迅速发展并正向第三世界扩展。

二、世界市场动荡不断

世界市场上占主导地位的一直是发达的市场经济国家,由于资本主义经济发展的固有规律以及国际性冲突时有发生,经常引起世界市场的动荡。一是世界性的经济危机使世界市场不能平稳发展,还必然导致世界市场呈现萎缩。二是世界经济大国,如美国,一旦经济出现问题,进出口下降,必然会使日本和欧洲的经济发展受到影响,进而会使发展中国家的经济受到冲击,最终导致整个世界市场出现动荡。三是由于经济与政治密不可分,世界性的政治事件和军事行动也会引起世界市场的动荡。尽管如此,世界市场本身却仍然以较快的速度发展。

三、世界市场日趋复杂

由于"二战"后生产力的迅速提高,世界市场由卖方市场演变成买方市场。随着竞争的加剧,垄断也在加强,世界市场日趋复杂。一是自由贸易政策和保护贸易政策并存。资本主义国家在国民经济迅速发展时,往往推行自由贸易政策,以促进向外扩张,而在经济滞胀时,往往采取保护贸易政策,以利于国民经济的恢复与发展。但是,日趋深化的国际分工已使各国经济相互紧密地连在一起,错综复杂的经济关系使世界市场形成两种贸易政策并存的局面。二是全球化与区域性并存。社会化大生产和跨国公司的形成与发展使世界经济朝着日趋全球化的方向发展。任何国家、任何商品都可以在世界市场上进行交易,体现出世界市场的全球性。但是,"二战"后悄然兴起的区域经济,如欧盟、北美自由贸易区、亚太经济合作组织又把世界市场分割成无数板块,内外有别的区域经济又使世界市场具有排斥性。三是商品过剩与商品不足并存。由于自然条件和社会条件的差异,加之各国科技发展水平的不同,各国生产的商品在质和量上均存在一定差异。从世界总供给与总需求状况来分析,基本表现为供大于求,但技术含量越高的产品,其垄断的可能性越强,越容易出现供给不足的情况。

四、世界市场逐渐细分

由于世界市场竞争的加剧,市场细分的趋势不断加强。所谓"市场细分"(Market Segmentation)是指按照一定的标准把整个世界市场细分为若干个不同的子市场,其中任何一个子市场都具有相同或相似的特征。例如,世界市场可以细分为世界消费者市场与世界产业市场,两个市场还可以进一步细分。市场细分趋势有以下几方面作用:一是市场细分有助于企业发现有利的市场机会,识别每个细分市场上的需求差异,了解这些需求被满足的程度及竞争状况。二是市场细分有助于企业调整销售策略,集中力量深入了解目标市场,从而对现有产品的规格、品种、质量特性等进行有针对性的改进并开发新产品。三是市场细分有助于企业提高销售效率,因为销售专业化也是社会分工的重要内容。总之,市场细分化对于扩大适销对路的产品出口、实施正确的出口战略具有决定意义。

五、世界市场全面开放

世界市场全方位开放有三层含义:一是指世界市场对每个国家都是开放的,任何国家都可以进入世界市场;二是指世界市场对于任何行业的厂商都是开放的,所有厂商都可以在世界市场找到合适自己的地位;三是指世界市场对任何商品和劳务都是开放的,所有商品都可以进入世界市场进行交换。当然,世界市场的全方位开放必然对先期进入其中的国家、企业最为有利,而对后来者存在明显的不利。因此,许多国家都制定有相关政策与措施,积极参与世界市场的发展进程。

六、世界市场不断统一

冷战结束后,世界经济基本是在和平的气氛中发展,整个世界展现出日趋统一的面貌。一是区域经济一体化不断发展。"二战"后,随着区域经济贸易集团的形成,世界市场趋于区域化,而区域性的世界市场内部却趋向于一体化。例如,欧洲统一大市场的建立必将影响世界其他经济贸易一体化组织的形成。二是东西方经济体制的接轨。伴随世界政治、军事关系的缓和,东西方两大阵营的国家结束了长期的对立,许多社会主义国家承认了世界贸易组织、世界银行、国际货币基金组织的权利、义务与章程,发达国家也终止了对发展中国家的经济制裁,彼此合作成立数以万计的合资企业,建立比较密切的经贸合作关系。三是电子商务的迅速发展。电子商务就是要创造一种全新的电子商业环境,买卖双方在以往交易时的许多步骤由电子技术自动综合处理,起到降低交易成本的效果。人们可以轻松地利用电子商务进行商品交易、网上购物、传送信息。因此,电子商务自产生以来发展势头迅猛,已成为全球贸易中的主导交易方式之一,它将促使各国的经贸电子商务进程的加快,促使世界经贸活动连成一片。

七、世界市场形成体系

一般来说,世界市场包括世界商品市场、世界服务市场和世界金融市场。世界商品市场是各国进行实物商品交换的范畴,世界服务市场是各国进行服务贸易的范畴,世界金融市场是指国际上进行资金借贷、贸易结算以及金银、政府公债、外汇和有价证券买卖的范畴。世界商品市场是世界市场的主体,其他市场是为商品市场的发展服务的。然而,世界市场又是一个动态的概念,随着经济的发展、科技的进步、知识经济时代的到来,世界市场的范围与内容都在不断更新,一些新型市场不断涌现。一是海洋资源市场。随着世界各国人口的日益增多,工业化、城市化在全球范围的发展,耕地面积日益缩小,土地资源在掠夺性开采和污染下日益贫瘠,愈来愈多的国家将目光转向尚未开发的海洋资源,并形成从海洋资源的研究、开发到利用的专门市场。海洋资源的开发不仅限于海洋生物,还包括海底资源,如石油、矿产以及海洋空间的利用,如填海造陆、建造人工岛等。二是环境市场。它包括三个组成部分:净化水和空气的市场、农业生物市场、能源市场,分别是指减少制造业对空气及水污染的相关产品的研究与开发、以生物产品代替化学农药、以无污染能源(如太阳能电池)代替或削减高污染能源。三是世界航空航天市场,包括航空航天制造、运输与服务三方面。地面交通与生存空间的拥挤使得人们从陆地转向空间,导致航空制造、运输与相关服务迅速发展。目前,卫星发射市场主要被美国国家航空航天局、欧洲航天局、俄罗斯联邦航天局所垄断。伴随世界通讯卫星的发展,国际航天保险市场也兴旺起来。四是信息市场。人类社会正在从工业社会向信息社会转变,一个以计算机为基础、由信息网络与数据库组成的信息产业正在迅速增长,它大量生产和分配信息产品,形成信息市场,包括传播、资讯、电信服务等。五是绿色产品市场,由绿色产品、绿色技术和绿色服务组成。绿色产品包括安全营养的绿色食品和对人体与环境无污染、无公害的绿色工业制品。越来越多的人在购买商品时会考虑健康问题,绿色消费观念使发达国家注重绿色产品的开发,并形成一系列环保立法和环保技术标准。发展中国家的出口产品为达到标准需要购买发达国家的绿色技术及相关设备,从而形成绿色产品市场。

八、竞争更剧烈

世界市场的垄断和竞争并存是当代资本主义经济的重要特点,也是资本主义世界市场的重要特点。垄断之所以不能消除竞争,根本原因在于资本主义对生产资料的私人占有制与国际经济中存在着相互对立的经济集团和国家,在于垄断高价和高额利润本身提供了开展激烈竞争的条件。在帝国主义条件下,由于市场问题空前尖锐,各国普遍采取"奖出限入"的政策,以便能够占领国际市场。在垄断组织之间,垄断组织与局外企业之间以及局外企业之间都存在着激烈的竞争。生产同类产品的各国企业之间的竞争,叫作"直接竞争"。这种竞争常常使世界市场上的力量对比发生明显变化。例如,日本垄断公司在钢铁、汽车、造船、电子等商品市场同美国和欧洲的垄断公司进行贸易战,并在竞争中不断扩大所占市场份额的事实是众所周知的。各国生产相互替代产品的厂商之间的竞争,叫作"间接竞争",如煤炭企业与石油企业之间,铜和铝、铝和锡生产者之间,人造原料和天然原料生产者之间的竞争。垄断高价和主要商品需求的扩大刺激着这种竞争。随着世界市场的发展,世界市场上的竞争方式也日趋复杂。发达资本主义国家的许多企业和垄断组织,在争夺国外市场的过程中不但采用价格竞争方式(即利用低价倾销打击和排挤竞争对手),而且日益注重非价格竞争方式(即通过改善商品的品质、性能和包装装潢、更新花色品种、加强广告宣传、保证及时交货和售后服务等办法扩大商品销路)。同时,世界市场中还出现日益广泛复杂多样的贸易方式,如商品交易所、国际拍卖、博览会、招标、补偿贸易、寄售和包销等以争夺国外市场。所有这些都使世界市场上的竞争日趋复杂和激烈。

第四节 世界市场的主要贸易方式

随着国际贸易的发展,贸易方式从传统到现代经历了很大变化,尤其是电子商务,通过电子信息技术、网络互联技术和现代通讯技术,实现整个交易过程的电子化,而无须依靠纸面文件、单据的传输。电子商务的迅猛发展,对传统国际贸易活动的影响将会是十分深远的,既为国际贸易带来了前所未有的挑战,也提供了十分难得的发展机遇。灵活运用各种不同的贸易方式,有利于促进对外贸易的发展。本节阐述的是除逐笔售定外的其他贸易方式。

一、经销与代理

经销与代理是国际贸易中常见的出口推销方式,通过这两种方式,出口商可以利用国外经销商的销售渠道来推销本企业的产品,从而起到扩大出口的作用。二者的具体做法相似,但在当事人关系上有着本质的区别。

(一)经销

1. 经销的概念

经销是指出口企业与国外经销商达成书面协议,在约定的经销期限和地区范围内,利用经销商就地推销某种商品的一种销售方式。出口企业和国外经销商订立经销协议,确立经销业务关系,就可以凭借双方的密切合作,达到推销约定商品的目的。

经销的类型按照经销商所拥有权限的不同,分为一般经销和独家经销。

(1)一般经销。一般经销也称"定销",出口企业根据经销协议向国外经销商提供在一定地区、一定时期内经营某项(或某几项)商品的销售权,经销商则有义务维护出口企业的利益,必要时还要对经销商品组织技术服务、进行宣传推广,而出口企业也需向经销商提供种种帮助。经销商虽享有经销权,在购货上能得到一些优惠,但没有专营权利,出口企业可以在同一地区指定几个经销商。

(2)独家经销。独家经销也称"包销",是指出口企业与国外一个客户或几个客户组成的集团(即独家经销商)达成书面协议,由前者将某一种商品或某一类商品的独家经营权利在约定地区和一定期限内授予后者。独家经销方式也可以看作承包方式,就是由后者向前者承包一定商品在一定期限和地区内进行销售,在该指定区域内其他任何人不得销售此种商品,独家经销商享有排他性的经营权。

2. 包销的主要内容及应用

在包销方式下,经销商与出口商达成包销协议,通过该协议,双方建立起一种稳定的长期买卖关系,其主要内容如下:

(1)双方的基本关系。包销协议明确出口商与包销商之间的关系是买卖关系,包销商应以自己的资金购入,取得商品的所有权,自行销售,自负盈亏并承担各种风险。

(2)包销的商品、地区及期限。包销协议应规定包销商品的种类或型号,并对包销商享有经营权的地理范围作出明确的规定,出口商的营销意图和包销商的销售能力所承诺的销售数量由双方协商确定。

(3)包销期限。包销协议的有效期限一般规定为1~2年,也有不规定期限,只规定终止条款或续约条款。

(4)专营权。专营权是指包销商行使专卖和专买的权利,这是包销协议的重要内容。专营权包括专卖权和专买权,前者是出口商享有将指定的商品在规定的地区和期限内给予包销商独家销售的权利,出口商负有不向该区域内的客户直接售货的义务;后者是包销商承担向出口商购买该项商品,而不得向第三者购买的义务。但在现代的包销业务中,专买权往往可能触犯包销区域内国家法律,难以在协议中规定。因此,包销协议不需要同时规定专卖和专买权作为对流条件,而只需单独规定专卖权或专买权即可生效。

(5)包销的价格以及一般贸易条件。包销商品的价格不仅可以一次性规定,还可以在订立买卖合同时按市场行情商定。一般贸易条件是指适合协议期间每一笔交易的条件,如支付方式、检验索赔、保险以及不可抗力等贸易条件,可在包销协议中予以规定,以简化日后买卖合同的内容。

(6)包销方式的应用。对出口商来说,采用包销方式的主要目的是利用包销商的资金和销售能力,在特定的区域内建立一个稳定、发展的市场。对于包销商来说,由于取得了专卖权,因而在指定商品的销售中处于有利的地位,避免了多头竞争而导致降价减利的局面,故其有较高的经营积极性,能在广告促销和售后服务中做较多的投入。但如果出口商不适当地运用包销方式,则存在包销商"包而不销"而依赖出口商,导致出口受阻的风险。同时,包销方式也存在包销商利用垄断地位操纵价格、控制市场的可能。因此,对于出口商来说,选择一个合适的包销商是成功地采用包销方式的关键所在。

3. 定销的内容及与包销的区别

(1)定销的主要内容。在定销方式下,经销商不享有独家经营权,出口商可以同时委派多家经销商来经营同类产品,定销商也需要自筹资金购货,自行销售,自负盈亏,自担风险。但在实际业务中,出口商通常与定销商签订远期支付合同,从支付条件上给予定销商一定的资金融通。

(2)与包销的区别。定销与包销的主要区别在于:包销商享有独家经营的权利,而定销商不享有专营权;定销方式一般规定有一定的最低数量限额,可以避免包销方式下可能出现的"包而不销"的问题;定销还可以防止出现垄断。

4. 采用经销方式应注意的问题

(1)对经销方式的选用。独家经销比一般经销更能调动经销商的积极性,促使经销商专心销售约定的商品,并向用户提供必要的售后服务。

(2)对经销商的选用。选用经销商时要注意经销商的资信情况、经营能力及其在经销地区的商业地位。

(3)对经销商品的种类、经销地区和数量或金额的确定。商品种类与销售地区范围要同资信能力和经营意图相适应。在一般情况下,独家经销的商品种类不宜过多,地区范围要参照经销商销售网及其经营能力,经销数量或金额则要参照自己的货源可能和市场的容量及经营意图。

(4)对中止或索赔的规定。为了防止独家经销商垄断市场或经营不力等现象的发生,最好在协议中有中止或索赔条款的规定。

(二)代理

1. 代理的概念

代理是指国外中间商受出口商的委托代其销售指定的商品并收取佣金,即出口商给予国外中间商在规定地区和时期内代销指定商品的权利。出口商与代理商是委托与代理的关系,代理商对代销的商品不垫付资金,不承担风险,不负责盈亏。代理只收取一定佣金,既不负责盈亏,也不承担销售数量。代理和委托人的关系纯属委托代理关系,而不是买卖关系。代理是许多国家商人在进出口中习惯采用的一种贸易做法。在国际市场上存在着名目繁多的代理商,其中包括采购、销售、运输、保险、广告等多方面的代理商,这里介绍的只是销售代理。

2. 代理的性质与特点

代理人是委托人的国外代表,与委托人的关系是委托代理关系。国际贸易中的销售代理,是指委托人授权代理人代表其向第三方招揽生意、签订合同或办理与交易有关的各项事宜,由此而产生的权利与义务直接对委托人发生效力。代理同包销的性质不同。包销商同出口商之间的关系是买卖关系,在包销方式下,由包销商自筹资金、自担风险和自负盈亏。而销售代理商同出口商之间的关系,因不是买卖关系,故销售代理商不垫付资金、不担风险和不负盈亏,只获得佣金。

3. 代理的种类

按委托人授权的不同,销售代理可分为以下三种。

(1) 独家代理。独家代理是在指定地区内,单独代表委托人行为的代理人。委托人在该指定地区内,不得委托其他代理人。因此,在出口业务中,采用独家代理这一方式,委托人给予代理人在特定地区和一定期限内享有代销指定商品的专营权。

(2) 普通代理。普通代理又称"一般代理",是指在同一代理地区及期限内,委托人同时委派几个代理人为其推销商品服务。普通代理根据推销商品的实际金额或根据协议规定的办法和百分率向委托人计收佣金,委托人也可以直接与该地区的实际买主成交,而不必给普通代理佣金。

普通代理与独家代理的主要区别有两点:一是独家代理享有专营权,一般代理不享有这种权利。二是独家代理收取佣金的范围既包括招揽生意、介绍客户成交的金额,也包括委托人直接成交的金额;普通代理收取佣金的范围,只限于推销出去的商品。

(3) 总代理。总代理是指代理人在指定地区内,不仅有权独家代销指定的商品,还有代表委托人进行全面业务活动,甚至包括非商业性质的活动的权利。总代理人实际上是委托人在指定地区的全权代表,其法律责任由委托人承担。

4. 代理协议

代理协议是明确协议双方委托人与代理人之间权利与义务的法律文件。其主要内容包括下列几项:

(1) 代理地区。代理地区是指代理人有权开展代理业务的地区。

(2) 授予代理的权利。这一条款的内容取决于不同性质的代理,如果是普通代理协议,委托人应该在协议中规定:保留委托人在代理地区内在代理人不参与的情况下,直接同买主进行谈判和成交的权利。

(3) 独家代理协议,通常要规定提供专营权的条款。西方国家称之为"排他性权利条款"。但对于独家代理协议这一条款有两种规定方法:委托人向代理人提供绝对代理权,使其成为该地区唯一的独家代理人,而货主不保留在该地区同买主进行交易的权利;但有的独家代理协议规定,委托人也可保留对买主直接供货的权利,不过,在这种情况下,委托人通常对代理人计付佣金。

(4)代理人佣金条款。代理人佣金条款是代理协议的重要条款之一,应规定的内容有:代理人索取佣金的时间、佣金率(通常为1%～5%)和计算佣金的基础。

(5)支付佣金方法。支付佣金的方法可按约定时间根据累计的销售数量或金额汇总支付,也可在委托人收汇后逐笔结算或从货价中直接扣除。

(6)非竞争条款。非竞争条款是指代理人在协议有效期内无权提供、购买与委托人的商品相竞争的商品,也无权为竞争性商品做广告宣传。代理人无权代表协议地区内的其他相竞争的公司。

(7)关于最低成交额条款。最低成交额条款是指代理人要承担签订不低于规定数额的(最低成交额)买卖合同。如果代理人未能达到或超过最低成交额时,委托人对代理人的报酬可作相应的调整。

(8)关于向委托人提供市场情报、广告宣传和保护商标等条款。

5.采用代理方式应注意的问题

(1)对代理方式的选用。独家代理比一般代理更能调动代理商的积极性,促使代理商专心代销约定的商品。

(2)对代理商品的选用。对代理商的资信能力和企业的经营能力及其在代理地区的商业地位做好市场调查。

(3)对代理商品的种类、代理地区和代销数量或金额的确定。商品种类、地区范围要同客户的资信能力和自己的经营意图相适应。在一般情况下,独家代理的商品种类不宜过多,地区范围要参照代理商活动范围及其经营能力,代理数量和金额则要参照企业的货源量和市场容量及企业的经营意图。

(4)对中止或索赔条款的规定。为了防止独家代理商垄断市场或经营不力等现象的出现,最好在协议中有中止或索赔条款的规定。

二、寄售与展卖

寄售与展卖都能在一定程度上保证买主能直接见到交易商品,便于买主选购。因此,它们也是国际贸易中常见的方式。

(一)寄售

1.寄售的概念

寄售是出口商委托国外代销商向用户进行现货买卖的一种交易方式。出口商作为寄售人,将准备销售的货物先行运往国外,委托当地的销售商按照寄售协议规定的条件在当地市场上销售。商品售出后,代销商扣除佣金和其他费用后,将货款交付给寄售人。

2.寄售的特点

(1)寄售是一种先发运后销售的现货买卖方式。寄售人同代销商签订寄售合同,出口商(寄售人)先将寄售商品运送给国外代销人,代销人出售商品后,扣除佣金及其他费用,将货款汇交寄售人。它是一种先出口、后售货的贸易方式。

(2)双方当事人只是委托关系。在寄售方式下,寄售人就是委托人、货主,代销人就是受托人、国外客户。双方是一种委托和受托的关系,而非买卖关系。

(3)代销商不承担市价涨落与销售畅滞的风险和费用,只收取佣金作为报酬。在寄售方式下,只有当寄售的货物售出时,货物风险才由寄售人转移给代销商。

(4)代销商在寄售人不执行寄售协议时,可以对寄售人的货物行使留置权,或将货物作为担保或抵押品。

(5)代销商有权先行代货主收取和保管货款,而后再行结算。根据寄售合同的规定,由货主先把货物运往国外市场,待货物售出后,由代销人扣除费用和佣金后汇给货主,货主收到货款后,再向当地的银行办理结汇手续。

3.寄售协议的内容

寄售协议规定了有关寄售的条件和具体做法,其主要内容有以下几个方面。

(1)双方的基本关系。寄售人和代销人之间的关系是一种委托——代理关系。货物在出售前所有权仍属寄售人。代销人应按协议规定,以代理人身份出售商品,收取货款,处理争议等,其中的风险和费用由寄售人承担。

(2)寄售商品的价格。寄售商品价格有三种规定方式:其一,规定最低售价;其二,由代销人按市场行情自行定价;其三,由代销人向寄售人报价,征得寄售人同意后确定价格,这种做法较为普遍。

(3)佣金条款。规定佣金的比率,有时还可采用增加佣金比率增减额的计算方法。佣金通常由代销人在货款中自行扣除。

(4)代销人的义务。代销人的义务包括保管货物,代办进口报关、存仓、保险等手续并及时向寄售人通报商情。代销人应按协议规定的方式和时间将货款交付寄售人。有的寄售协议中还规定代销人应向寄售人出使其银行保函或备用信用证,保证承担寄售协议规定的义务。

(5)寄售人的义务。寄售人按协议规定时间出运货物,并偿付代销人所垫付的代办费用。

(二)展卖

1.展卖的含义及做法

展卖(Exhibition and Sale)是利用展览会、博览会、展销会、交易会及其他会展形式,对商品实行展销结合,以展促销的一种贸易方式。展卖可以采取各种不同的方式。我国企业可以到海外参展,利用国外举办的各种展卖会来推销商品,还可以参加国内举办的

第三章 世界市场与国际贸易方式

展卖会,与各国同行同台竞争,一比高下。改革开放以来,会展业在我国得到蓬勃发展,成为一项前景广阔的新兴产业。

到海外参展时,从展卖商品的所有方和客户的关系来看,展卖的做法主要有两种:一是将货物通过签约方式卖断给国外客户,由客户在国外举办或参加展览会。另一种方式是由双方合作,展卖时货物所有权不变,展品出售的价格由货主决定。国外客户承担运输、保险、劳务及其他费用,货物出售后收取一定手续费作为补偿。展出结束后,未售出的货物可以折价卖给合作的客户,或运往其他地方进行另一次展卖。

除此之外,寄售和展卖方式还可以结合起来进行,即在寄售协议中规定,代销人将寄售的商品在当地展卖。关于展卖的有关事项可在该协议中同时规定,也可另签协议作出规定。

2. 展卖的优点

无论是哪一种做法,展卖作为一种商品推销方式,其基本特点可概括为:把商品的展览和推销有机地结合起来,边展边销,以销为主。展卖的优点主要表现在以下几个方面。

(1)有利于宣传出口商品,扩大影响,招揽潜在买主,促进交易。

(2)有利于建立和发展客户关系,扩大销售地区和范围。

(3)有利于开展市场调研,听取消费者的意见,改进产品质量,增强出口竞争力。

3. 我国开展的展卖方式

我国从 20 世纪 50 年代开始就在广州举办中国出口商品交易会,之后又陆续开展了各种类型的交易会、展览会,并多次参加国外举办的博览会。随着改革开放的深入进行,展卖业务在我国也得到更为广泛地运用,极大地促进了我国对外经济贸易的发展。

(1)国际博览会。国际博览会(International Fair)也称"国际集市",是指在一定地点定期举办的,由一国或多国联合组办,邀请各国商人参加交易的贸易形式。

国际博览会不仅为买卖双方提供了交易方便,还越来越多地为产品介绍和广告宣传打开销路以及成为介绍新产品、新工艺,进行技术交流的重要方式。参加博览会的商人除进行现场交易外,还可通过这一机会同世界各国建立更广泛的商业关系。

国际博览会可分为综合性和专业性两种类型。凡各种商品均可参加展出和交易的博览会属于综合性博览会,又称"水平型博览会"。比较著名的有智利的圣地亚哥和叙利亚的大马士革的国际博览会,其展出期限长,展出规模大,对普通公众开放,当地人称为"庙会"。凡只限某类专业性商品参加展览和交易的展览会属于专业性博览会,又称"垂直型博览会"。比较著名的有纽伦堡玩具博览会、慕尼黑体育用品博览会以及法兰克福消费品博览会等,它们都是专业性很强的国际博览会。

中国曾多次参加各国举办的国际博览会,并于 1985 年 1 月在北京建成了中国国际展览中心。同年 11 月,中国第一次作为东道主举办了亚洲及太平洋地区第四届国际贸易博览会,从此揭开了举办大型国际性博览会和展览会的序幕。近年来,频繁举办和参与国际展览为中国加强与世界各国的贸易联系与经济交往发挥了重要作用。

(2) 中国进出口商品交易会。中国进出口商品交易会(China Export Commodities Fair)的前身是中国出口商品交易会,简称"广交会"(Canton Fair),它是由中国各进出口公司联合举办的,邀请国外客户参加的一种集展览与交易相结合的商品展销会。我国于1957年春举办了首届广交会,以后每年春、秋两季各举办一次。2006年秋,中国迎来了第100届广交会。半个世纪以来,中国利用广交会定期邀请国外客户来华集中谈判成交,根据"平等互利、互通有无"的对外贸易原则,以出口为主,进出结合,有买有卖,形式多样,极大地促进了中国的对外贸易发展,加强了中国同世界各国的经济联系。根据形势的发展,中国政府在2007年将中国出口商品交易会更名为中国进出口商品交易会。

中国进出口商品交易会的作用主要表现在以下几方面：

① 来会的各国客商和友好团体众多,为集中成交创造了有利条件。

② 交易会加强了中国与各国客户的广泛联系,便于了解国外市场动态,开展行情调研,熟悉客户的资信和作风。

③ 交易会有利于生产和其他有关部门直接听取客户对产品的要求和反馈意见。

④ 因交易会采取当面洽商、看样成交的方式,有利于及时发现与解决问题。

除了广交会外,近年来我国在各地和各口岸还定期开展各种类型的会展业务,均产生了巨大的社会影响和经济效益。

4. 开展展卖业务应注意的问题

展卖是一种将产品宣传、推销和市场调研结合起来的贸易方式。它所带来的经济效益,不能单纯地从一次展卖会的销售额来衡量。经验证明,一次成功的展卖会不仅能帮助参展者建立广泛的客户联系,还会给参展者带来数量可观的订单。为了更有效地开展展卖业务,应注意下列问题：

(1) 选择适当的展卖商品。展卖这种交易方式并不是对所有商品都普遍适用的,它主要适用于品种规格复杂,用户对造型、设计要求严格,且性能发展变化较快的商品,如机械、电子、化工、纺织产品等。展卖要注意选择先进性、新颖性和多样性,能反映现代科技水平,代表时代潮流的参展商品。

(2) 选择好合作的客户。到国外参加展卖会之前,应选择合适的客户作为合作伙伴。客户必须具有一定的经营能力,对当地市场十分熟悉,并能通过较为广泛的业务联系或销售系统开展宣传组织工作。这对展卖的成功举办具有重要作用。

(3) 选择合适的展出地点。一般来说,展卖应考虑选择交易比较集中,市场潜力较大,有发展前途的集散地进行。同时,展卖还应考虑当地的各项设施,如展会场地、旅馆、通信、交通等所能提供的方便条件和收费水平。

(4) 选择适当的展卖时机。时机对于一些销售季节性强的商品尤为重要。一般来说,展卖应选择商品的销售旺季进行,每次展出的时间不宜过长,以免耗费过大,影响经济效益。

三、招投标与拍卖

(一)招投标

"招投标"是招标和投标的简称,是一种传统的贸易方式。一些政府机构、市政部门和公用事业单位经常用招投标方式采购物资、设备,勘探开发资源或开展工程项目,有些国家也用招投标方式进口大宗商品。世界银行贷款项目和国际间政府贷款项目通常也在贷款协议中规定,运用贷款采购物资、设备、发包工程时,必须采用国际竞争性招投标方式。

1. 招投标的含义

招标与投标是一种贸易方式的两个方面。

招标(Invitation to Tender)是指招标人在规定的时间、地点,以某种特定的方式发布招标公告,表明自己对特定的商品、工程或服务采购的规格、条件和要求,同时邀请相关的投标人参加投标,并按照规定程序从中选择交易对象的一种市场交易行为。

投标(Submission of Tender)是指投标人按照招标人的邀请,根据招标人发布的招标公告所列明的具体条件和要求,在规定时间内向招标人提交报价的过程。它是投标人对招标人的一种响应。

招投标方式与逐笔售定的方式相比较有很大区别。在招投标方式中,投标人是按照招标人规定的时间、地点和交易条件进行竞卖。在一般情况下,双方没有反复磋商的过程,投标人发出的投标书是一次性报盘。鉴于招投标是一种竞卖方式,卖方之间的竞争使买方在价格及其他条件上有较多比较和选择,因此,在大宗物资的采购中,这一方式被广泛运用。

2. 招投标的基本做法

商品采购的招投标业务基本包括四个步骤:招标、投标、开标评标和签约。

(1)招标。国际招标有公开招标和非公开招标两种。

①公开招标。公开招标是指招标人在国内外报纸杂志上发布招标通告,将招标的意图公布于众,邀请有关企业和组织参加投标。招标通告一般只简要地介绍招标机构、所采购物资的名称、数量、投标期限、索取招标文件的地点和方式等,这在法律上是一种要约邀请行为。凡有意投标者均可按照招标通告的规定索取招标文件,详细考虑后办理各项投标手续。

招标文件的内容可归纳为两大部分。第一部分属于"投标人须知",主要是制定规则,使投标人在投标时能有所遵循。规则大致包括三个内容:一是一般情况,如资金来源、所需设备或货物的简要说明、投标资格及货物来源地、投标费用的负担等;二是程序性规定,如投标的时间、地点、投标格式、投标保证金、投标有效期、标书修改或撤销的规定等;三是实质性的规定,如代替性方案、分包以及投标报价的规定等。第二部分是列明商品采购的合同条件,与买卖合同的内容类似,采购合同包括双方的责任和义务。

招标文件中往往要求对投标人进行资格预审,以确保投标人在各方面具有投标能力,资格预审主要集中在下列方面(一般限于过去 5 年内的情况):投标人的经验及过去完成类似合同的成绩、财务状况、生产能力、经营作风等。在利用国际金融机构或国外政府贷款进行物资采购或工程承包的招投标业务中,资格预审更是必不可少。

②非公开招标。非公开招标又称"选择性招标",指招标人不公开发布招标通告,只是根据以往的业务关系和情报资料,向少数客户发出招标通知。非公开招标多用于购买技术要求高的专业性设备或成套设备,应邀参加投标的企业通常是经验丰富、技术装备优良、在该行业中享有一定声誉的企业。

(2)投标。投标人首先要取得招标文件,认真分析研究之后,编制投标书。投标书实质上是一项有效期至规定开标日期为止的发盘,内容必须十分明确,中标后与招标人签订合同所要包含的重要内容应全部列入,并在有效期内不得撤回标书,变更标书报价或对标书内容作实质性修改。因此,投标人必须结合各种因素慎重考虑。

为防止投标人在投标后撤标或在中标后拒不签订合同,招标人通常都要求投标人在投标时提供一定比例或金额的投标保证金。招标人决定中标人之后,未中标的投标人已缴纳的保证金予以退还。现今国际招投标业务中一般以银行保函或备用信用证代替保证金。

投标书应在投标截止日期之前送达招标人或其指定的收件人,逾期无效。投标书一般采用密封挂号邮寄,也可派专人送达。按照一般惯例,投标人在投标截止期之前,可以书面提出修改要求或撤回标书。撤回的标书在开标时不宜宣读,所缴纳的投标保证金也不没收。

(3)开标评标。开标有公开开标和不公开开标两种方式,招标人应在招标通告中对开标方式作出规定。公开开标是指招标人在规定的时间和地点当众启封投标书,宣读内容时投标人都可参加,监视开标。不公开开标则是由开标人自行开标和评标,选定中标人,投标人不参加。开标后,招标人进行权衡比较,选择最有利者为中标人。在现代国际招标业务中,中标结果不完全取决于报价。

如果招标人认为所有的投标人均不理想,可宣布招标失败。造成招标失败的可能性有三种:一是所有报价与国际市场平均价格差距过大;二是所有投标书在内容上都与招标要求不符;三是投标人太少,缺乏竞争性。

(4)签约。招标人选定中标人之后,要向其发出中标通知书,约定双方签约的时间和地点。中标人签约时要提交履约保证金,取代原投标保证金,用以担保中标人将遵照合同履行义务。

(二)拍卖

1. 拍卖的含义

拍卖是国际贸易中一种古老的交易方式,最早出现在古希腊、罗马集市上对奴隶和战利品的交易中。拍卖是指专营拍卖业务的拍卖行在规定的时间和地点,按照一定的章程和规则,将货物向买主公开展示后,由买主相互出价竞购,最后由拍卖人把现货卖给出价最高的买主的一种贸易方式。

通过拍卖进行交易的商品一般是品质难以标准化的商品,如皮毛、烟草、茶叶、香料、木材、花卉、观赏鱼类等。另外,还有某些贵重商品,如贵金属、首饰、地毯、古董及其他艺术品、水貂皮、澳洲羊毛等,大部分是通过拍卖方式进行交易的,其拍卖价格对行市有很大影响。

2. 拍卖的形式

(1)增价拍卖。这种方式也称"买方叫价拍卖"或"英式拍卖",是最常见的一种拍卖方式。拍卖人对拍卖物品宣布预定的最低价格,然后由竞买者竞相加价,直至叫价最高时,拍卖人击槌宣告交易达成,从而价最高者获得拍卖物品。该形式尤其适用于文物艺术品的售卖,它能够促成本身就具有收藏价值、观赏价值、研究价值的物品交易实现。

(2)减价拍卖。这种方式也称"卖方叫价拍卖"或称"荷兰式拍卖",是由拍卖人先开出最高价格,然后由拍卖人逐渐减低叫价,直到有人表示接受而达成交易。减价拍卖经常用于拍卖鲜活商品和水果、蔬菜等。

(3)密封递价拍卖。这种方式也称"招标式拍卖"。拍卖人事先公布每批商品的具体情况和拍卖条件,然后竞买者在规定的时间内将密封标书递交拍卖人,由拍卖人选择条件最合适的标书予以接受并达成交易。与前两种公开拍卖方式相比,这种方式公开性差、选择性小、透明度低,通常用于某些国家的政府或海关处理库存物资或没收货物。另外,在美国政府发行国债、国际货币基金组织出售黄金时也都采用这种拍卖形式。

3. 拍卖的特点

第一,拍卖一般是在拍卖中心或拍卖行统一组织下进行的。

第二,拍卖要遵守法律和规章。拍卖行可以订立自己的章程和规则。

第三,拍卖是一种公开竞买的现货交易,即采用事先看货、当场叫价、落槌成交的做法。成交后,买主即付款提货,拍卖主持人和货主不再对货物的品质缺陷负责。

4. 拍卖的程序

拍卖的程序一般要经过准备、察看货物、正式拍卖和成交四个阶段。

(1)准备。货主事先将商品运交拍卖人指定仓库,由拍卖人根据货物的特点进行挑选、整理、分类、分级和分批,依此编印拍卖商品的目录,发给买主,供其选择和参考。

(2)察看货物。欲参加拍卖的买主可到指定地点察看货物,听取现场技术人员的介绍,做到心中有数。

(3)正式拍卖。拍卖要在规定的时间、地点进行,并按照一定拍卖规则和章程逐批叫价成交。叫价成交后,买主随即在合同上签字并支付一部分货款作为保证金。

(4)成交。成交之后,购买者必须在规定时限内付款、提货。

五、期货交易

期货交易是众多的买主和卖主在商品交易所内按照一定的规章制度,用喊叫并借助手势进行讨价还价,通过激烈竞争买进或卖出期货标准化合约的一种贸易方式。

期货交易是一种特殊的交易方式,早期的期货交易产生于11世纪至14世纪的欧洲。现代期货市场起源于19世纪中叶的美国,以1848年美国芝加哥期货交易所的成立为主要标志。通过商品期货市场所进行的交易大都是以金属及农产品为主的初级产品,例如金、银、粮食、棉花、糖、橡胶等的大宗交易。

现代期货交易是在期货交易所内进行的。目前,期货交易所已经遍布世界各地,特别是在美国、英国、日本、新加坡、中国香港等地的期货交易所在国际期货市场上占有非常重要的地位。其中,交易量比较大的著名交易所有:美国的芝加哥商品交易所、芝加哥商业交易所、纽约商品交易所、纽约商业交易所;英国的伦敦金属交易所;日本的东京工业品交易所、谷物交易所;中国香港的期货交易所;新加坡的国际金融交易所等。

(一)期货交易的特点

其一,期货交易必须在期货交易所内完成。现货交易可以不受固定交易所的限制,期货交易则不然,必须在期货交易所内进行,不允许场外交易。

其二,以标准合同作为交易的标的。期货交易是一种必须以交易所制定的标准化期货合同为中介,由买卖双方在交易所内达成的远期交割的贸易方式。所谓"标准合同"是指由交易所制定的内容和条款都整齐划一的合同格式。这种标准合同中,除价格需要由交易双方竞价确定外,其他诸如品质、数量、交货地点、检验方法、支付方式和时间以及解决纠纷的办法等,均统一确定。同一商品交易所的标准合同,只要商品种类相同,每一份合同所代表的数量也是相同的,双方只需就价格和交易总量达成一致,就可以完成交易,简化了手续,方便了交易。

其三,买空卖空是期货交易的通行做法。在期货交易中,交易者关心的不是商品本身,是商品价格的变动。因此,在低价时买进期货合约即买空,高价时卖出合约即卖空,以规避风险或赚取风险利润。

其四,期货交易实行会员制。只有取得会员资格的人或单位才能在交易所内进行交易,非会员单位和个人可委托会员进行交易。

其五,特殊的清算制度。商品交易所有自己特殊的清算制度,并由专门的清算机构办理清算事宜。有的交易所内设有清算所,有的则委托某一金融机构负责清算。清算所一般由资金雄厚、信誉卓著的会员组成。清算所会员在清算所内开立账户,并将自己的交易向清算所报告。在这种制度下,所有的清算所会员要就其买卖行为对清算所负责,反过来,清算所也对所有会员负责。

其六,严格的保证金制度。期货交易都是先成交、后清算。如果交易的一方因为巨额亏损,在交割前逃之夭夭,或者因为破产倒闭而丧失偿付能力,都将给另一方造成损失,并影响其业务的开展。为此,交易所规定了严格的保证金制度,以确保合同的履行。

其七,期货交易的商品有特殊要求。例如,商品的质量、规格、等级要容易划分;商品须耐储藏、耐保存;商品交易量大,价格易波动;商品须拥有众多买主与卖主。

其八,价格涨跌停板制度。期货交易商品的价格变动大,行市涨落不定,为抑制过度投机,商品交易所通常实行每日价格涨落限额制度,即通常所说的涨跌停板。

(二)期货交易与现货交易的联系与区别

现货交易是传统的货物买卖方式,交易双方可以在任何时间和地点,通过签订货物买卖合同达成交易。在进出口业务中,无论是即期交货,还是远期交货,进出口商之间达成的交易均属于现货交易的范畴。而期货交易是在现货交易的基础上发展起来的。在商品期货交易中,期货合同所代表的商品是现货交易市场中的部分商品,绝大多数的商品是不能以期货合同的方式进行交易的。在国际期货市场上交易的期货商品以农副产品、金属等初级产品为主。尽管两种市场的价格都要受到同一经济规律的制约,但期货交易与现货交易却存在着明显的区别,主要表现为以下几方面。

其一,从交易的标的物看:现货交易买卖的是实际货物;而期货交易买卖的是期货交易所制定的标准期货合同。

其二,从成交的时间和地点看:现货交易中交易双方可以在任何时间和任何地点来达成交易;而期货交易必须在期货交易所内按交易所规定的开市时间进行交易。

其三,从成交的形式看:现货交易基本上是在封闭或半封闭的双边市场上私下达成的,交易双方在法律允许的范围内按"契约自主"的原则签订买卖合同,合同条款是根据交易双方的情况而订立的,其内容局外人是不知道的;而期货交易是在公开、多边的市场上,通过喊价或竞价的方式达成的。期货合同的条款是标准化的,其达成交易的信息,包括价格也是对外公布的。

其四,从履约方式看:在现货交易中,无论是即期现货交易,还是远期现货交易,交易双方都要履行买卖合同所规定的义务,即卖方按合同规定交付实际货物,买方按规定支付货款;而在期货交易中,双方成交的是期货合同,卖方可以按期货合同的规定履行实际交货的义务,买方也可以按期货合同规定接受实际货物。但期货交易所都规定,履行期货合同不一定要通过实际交割货物来进行,只要在期货合同到期前,即交易所规定的该合同最后交易日前,交易者做一笔方向相反、交割月份和数量相等的相同合同的期货交易,交易者就可解除他实际履行合同的义务,也就是期货市场上所称的"对冲"或"平仓"。值得注意的是,绝大多数期货交易并不涉及货物的实际交割。在美国,期货交易中实际货物交割的数量只占整个交易量中的很小比例,约5%以下。期货合同的履行,在多数情况下,被买卖期货合同差价的货币转移所代替。

其五,从交易双方的法律关系看:在现货交易中,买卖只要双方达成交易,就固定了双方的权利与义务,交易双方之间产生直接的货物买卖的法律关系,任何一方都不得擅自解除合同。而期货交易双方并不相互见面,合同履行也无须双方直接接触。清算所的替代功能使参加交易者通过有交易所会员资格的期货佣金商来代买或代卖期货合同,实际货物交割、交易的清算和结算一律由清算所对交易双方负责。交易达成后,期货交易双方并不建立直接的法律关系。

其六,从交易的目的看:在现货交易中,交易双方的目的是转移货物的所有权,从卖方讲是出售货物、取得货款,从买方讲是取得一定经济价值的实际商品;而参加期货交易的人可以是任何企业或个人。不同的参加者进行期货交易的目的不同,有的是为了配合现货交易,利用期货交易转移价格变动的风险;有的是为了在期货市场上套取利润;有的是专门从事投机,目的是取得相应的投机利润。

(三)期货市场的种类

期货交易的种类有多种,其中最常见的是投机交易和套期保值。

1. 投机交易

投机交易就是"买空卖空"。"买空"又称"多头",是指投机者估计价格要涨,买进期货;一旦期货涨价,再卖出期货,从中赚取差价。"卖空"又称"空头",是指投机者估计价格要跌,卖出期货;一旦期货跌价,再买进期货,从中赚取差价。

2. 套期保值

套期保值又称"对冲交易"。其基本做法是在买进(或卖出)现货的同时,在期货市场卖出(或买进)相等数量的期货合同作为保值保障。

套期保值在期货市场上有两种:买期保值和卖期保值。买期保值是指经营者卖出一笔日后交货的实物,为了避免在以后交货时该项商品的价格上涨而遭受损失,则可在交易所内买进同一时期交货的同样数量的期货合同。货物价格如果上涨,可以用期货交易的盈利补偿实物交易的损失。卖期保值是指经营者买进一批日后交货的实物,为了避免在以后交货时该项商品的价格下跌而遭受损失,在交易所内卖出同一时期交货的同样数量的期货合同。如果将来货物价格下跌,可以通过期货合同交易所获得的盈利来对现货交易损失进行补偿。

六、加工贸易

加工贸易是指一国通过各种不同的方式,进口原材料或零件,利用本国的生产能力和技术,加工成成品后再出口,从而获得以外汇体现的附加价值。

加工贸易最显著的特点就是"两头"在外,也就是加工产品的原材料大部分或全部来自国外,加工产成品的绝大部分或全部销往国外。

(一)加工贸易的方式

加工贸易是以加工为特征的再出口业务,其方式多种多样,厂家的加工贸易方式有:

1. 进料加工

进料加工又称"以进养出",指用外汇购入国外的原材料、辅料,利用本国的技术、设备和劳力,加工成成品后,销往国外市场。在这类业务中,经营的企业以买主的身份与国外签订购买原材料的合同,又以卖主的身份签订成品的出口合同。两个合同体现为两笔交易,都是以所有权转移为特征的货物买卖。进料加工贸易要注意所加工的成品在国际市场上要有销路,否则,进口原料外汇很难平衡,从这一点看,进料加工要承担价格风险和成品的销售风险。

2. 来料加工

来料加工通常是指加工一方由国外另一方提供原料、辅料和包装材料,按照双方商定的质量、规格、款式加工为成品,交给对方,自己收取加工费。有的是全部由对方来料,有的是一部分由对方来料,另一部分由加工方采用本国原料的辅料。此外,有时对方只提出式样、规格等要求,而由加工方使用当地的原、辅料进行加工生产,这种做法常被称为"来样加工"。

3. 协作生产

协作生产是指一方提供部分配件或主要部件,而由另一方利用本国生产的其他配件组装成一件产品进行出口。商标可由双方协商确定,既可用加工方的,也可用对方的。所供配件的价款可在货款中扣除。协作生产的产品一般规定由对方销售全部或一部分,也可规定由第三方销售。

(二)国际加工贸易的作用与不足

1. 国际加工贸易的作用

在国际加工贸易业务中,虽然加工方通常面对外汇资金短缺、技术不十分发达,但却是劳动力资源丰裕的发展中国家。就我国而言,开展此项业务有以下作用:

(1)有效利用外资。

(2)发挥本国生产潜力及利用国外市场,提高资源配置效率。

(3)可提高我国国内企业技术及管理水平,便捷地获取国际市场信息,扩大出口规模。

(4)可促进我国经济结构调整和产业升级。

2. 国际加工贸易的不足之处

(1)对成品品质规格要求的主动权掌握在外商手中,我国处于被动地位,这限制了我国企业业务的拓展。

(2)可能会造成对同类产品正常出口的冲击。

七、对销贸易

(一)对销贸易的含义

对销贸易是指在互惠的前提下,由两个或两个以上的贸易方达成协议,规定一方的进口产品价款可以部分或者全部以相对的出口产品来计价支付的一种复合贸易方式。由于不良的国际收支状况,许多发展中国家为了在外汇短缺的情况下,维持进口、扩大出口、引进先进的技术,对发展对销贸易非常重视,对销贸易实际上为这些国家提供了进口融资手段。发达国家的政府和企业为了有效开拓发展中国家的市场,也越来越重视对销贸易。

(二)对销贸易的基本特征

尽管对销贸易已发展为一种全球性的贸易方式,但目前国际上对其仍没有统一的解释,一般将其理解为:在互惠的前提下,由两个或者两个以上的贸易方达成协议,将进口和出口相结合,以出口抵补进口为共同特征的一系列贸易方式的总称。

对销贸易不同于传统的现汇进出口贸易。对销贸易方式将进出口相结合,一方的出口必须以进口为条件,体现了互惠的特点,也就是双方相互提供出口机会。此外,对销贸易是以出口抵补或部分抵补进口为基本特征。一方从国外进口,不用或不完全用现汇支付,而是以向对方反向的出口来抵补或部分抵补进口所需款项。这样做有利于保持国际收支平衡,对外汇储备较紧张的国家具有重要意义。

对销贸易有很多种形式。如:易货、互购、回购、转手贸易和抵消。在各种形式的对销贸易中,除易货贸易双方根据协议可以要求交易数额基本相等外,其他形式的对销贸易,无论从含义还是习惯做法上都不要求完全相等。在许多情况下,对方所交换商品的数额相差悬殊。

(三)对销贸易在国际贸易中的作用

对销贸易在国际贸易中的作用,主要表现在下列几个方面:

其一,在不动用或少动用外汇的条件下进行进出口贸易。对销贸易不仅使一国在外汇支付能力缺乏时仍能保持或扩大进口,保持或扩大其对外贸易的规模,通过对销贸易还可以保持或增加外汇储备,改善国际收支状况。

其二,有助于带动某些产品出口和换回本国所需要的物资。对发展中国家而言,对销贸易可以引进生产设备和销售本国产品;对发达国家而言,对销贸易可以扩大本国出口和从国外取得所需的战略物资、原材料和零部件等。

其三,有利于交易各方建立更有效的合作方式。对销贸易有利于专业技术的相互转移和合作各方关系的更加密切与合理。

其四,对销贸易的产品定价比较灵活并具有隐蔽性。对销贸易方式有利于加强出口国的竞争能力和促进出口。

总之,对销贸易是促进国际贸易发展的重要因素,在国际贸易中起着重要的作用。

八、电子商务

电子商务近年来在国际贸易领域的作用日益凸显。全球涉足国际市场的生产、销售的企业纷纷积极开发和利用电子商务方式开展全球业务。它们采用电子数据交换

(EDI)、电子邮件(E-mail)、电子公告牌、电子转账、安全认证等多种技术方式,努力实现国际贸易过程的电子化。电子商务反映的是现代信息技术所带来的国际贸易过程的电子化。

（一）电子商务对国际贸易的影响

其一,电子商务改变了传统国际贸易方式,促进了国际贸易的发展。电子商务通过网络上虚拟信息的交换,开辟了一个开放、多维、立体的市场空间,突破了传统市场必须以一定的地域空间存在为前提的束缚。全球贸易市场以信息网络为纽带形成一个统一的"大市场",促进了世界经济市场全球化的形成。

其二,电子商务改变了国际贸易的运作方式,极大地提高了国际贸易的效益和效率。电子商务提供的交互式网络运行机制为国际贸易提供了一种信息较为完备的市场环境,使得信息跨国界传递和资源共享得以实现,满足了国际贸易快速增长的要求,从而促进了国际贸易的发展。并且,电子商务能够降低交易价格,让那些成本过高或执行困难的交易变得可能。

其三,电子商务改变了国际贸易运行机制。电子商务改变了传统的流通模式,减少了中间环节,大大缩短了生产厂家与消费者之间供求链的距离,改变了传统子商务技术行业应用的市场结构,使得生产者和消费者的直接交易成为可能,大幅度降低了企业的经营管理成本。

其四,电子商务增加了国际贸易的经营主体——虚拟公司。现代信息通信技术通过单个公司在各自的专业领域拥有的核心技术,把众多公司相互连接为通过公司群体网络运作的虚拟公司,完成一个公司不能承担的市场功能,更加有效地向市场提供商品和服务。这种虚拟公司能够适应瞬息万变的经济竞争环境和消费需求向个性化、多样化方向发展的趋势,给跨国公司带来分工合作、优势互补、资源互用、利益共享等好处。

其五,电子商务改变了国际贸易的竞争态势,促使企业更好地适应市场变化。一方面,电子商务的应用与企业生产制造活动相结合,使企业的产品和服务更贴近市场的需求,有助于提高企业生产的敏捷性和适应性。另一方面,电子商务成本低、快捷等特点使实力较差的中小企业也有机会参与国际贸易,助其开拓国际市场,并且发挥其灵活机动的竞争优势,有利于中小企业的发展。

（二）电子商务在国际贸易中的应用

1.为国际贸易开拓了新的市场

电子商务通过网上虚拟的信息交换,使信息流动带来的资本、商品、技术等生产要素在全球加速流动,促进了全球"网络经济"的迅速发展。在这种网络贸易环境下,各国间的经贸联系与合作得以大大加强。

2.改变了国际贸易的管理方式

电子商务提供的交互式网络运行机制,为国际贸易提供了一种信息较为完备的市场环境,通过国际贸易这一世界经济运行的纽带,实现了跨国界资源和生产要素的最优配置,使市场机制在全球范围内充分有效地发挥作用。这种贸易方式突破了传统贸易以单向物流为主的运作格局,通过信息网络提供全方位、多层次、多角度的互动式的商贸服务。通过网络,及时供货制度和"零库存"生产得以实现,商品流动更加顺畅,信息网络成为最大的中间商,在国际贸易中由进出口商作为国家间商品买卖媒介的传统方式受到挑战,由信息不对称形成的委托代理关系与方式发生动摇,贸易中间商、代理商和专业进出口公司的地位相对减弱,管理方式发生了重大变化。

3. 简化了国际贸易的交易流程

电子商务使国际贸易的交易管理做到无纸化、网络化,从事进出口业务的企业可直接通过互联网办理与银行、保险、税务、运输等各方有关的电子票据和电子单证,完成部分或全部的结算以及索赔等工作,大大节省了交易过程的时间和费用。

(1)用电子文件代替原来的纸质文件。据统计资料表明:一笔国际贸易业务中至少产生46种不同的单证,连同正副本共有360份以上的单证资料。据国际商会统计,拒付的信用证有50%是因为单证出了差错,报关文件的差错率也达到了30%,这已严重妨碍了国际贸易的发展。电子商务中只有电子合同、电子单证和电子货币的整个过程都由电脑网络完成,从而实现了国际贸易的无纸化。无纸贸易使文件传输速度提高了81%,成本降低了38%,因差错带来的损失减少了40%,带来了可观的经济效益。

(2)贸易运输电子化管理。电子商务的交易后期是货物运输及跟踪。世界各大港口通过建立起的运输网,用国际标准的电子数据交换技术(Electronic Data Interchange,EDI)单证实现货物运输的订舱、单证传输、集装箱管理、船舶管理和货物跟踪管理,使客户和贸易伙伴直接进行查询以获得有关货物状态的信息,了解运输方面商业伙伴的数据信息,从而减少货物的库存天数,降低成本,缩短货物结关时间,加快贸易流通,促进贸易企业的规模经营。专业化、现代化的管理提高了交易双方在国际市场上的竞争能力。

(3)在支付方式中的应用。付款方式在网络上实现电子付款,即将资金存入电子银行或信用证公司的电脑中,交易达成后,在网络终端输入信用证号码,在网络进行资金的结算、转账、信贷等服务,在客户与银行、银行与银行之间架起一座高速运转的桥梁。同时,加强在线支付业务的规范和技术标准,引导商业银行、中国银联等机构建设安全、快捷、方便的在线支付平台,完善在线资金清算体系,推动在线支付业务规范化、标准化并与国际接轨。

(4)在进出口检查过程中的应用。进出口商品检验检疫是在国际贸易中某些商品进出口时的必需环节,它与外贸经营单位、运输部门、银行、保险、出口商品生产企业以及国内外其他检验机构有着密切的业务联系。检验检疫的信息化管理也提高了管理效率,为企业节省了宝贵的通关时间。

九、无纸贸易

（一）无纸贸易的概念

无纸贸易（Paperless Trading）至今尚无国际统一公认的定义。有人将电子数据交换（EDI）也译为"无纸贸易"，实际上这是不准确的。从技术角度看，无纸贸易是利用电子商务技术，主要是利用电子数据交换技术进行的贸易数据交换的活动；从商务角度看，无纸贸易是贸易链各个参与方（包括供应商、采购商、海关、行政管理机构、银行、物流公司等）利用信息技术手段，实现参与方计算机应用系统之间标准化的业务数据传输和处理，以完成贸易活动中合同履约的全过程。

无纸贸易代替传统的纸面单据进行贸易活动，将标准的经济信息通过计算机信息网络在商业伙伴的计算机之间进行传输和处理，从而大量减少甚至消除在传统贸易过程中的各种纸面文件和单据，避免数据的重复输入，简化工作程序，实现贸易效率的提高。

对于国际贸易而言，贸易无纸化的实现还与政务活动相关，如许可证、通关单、出口退税相关文件等涉及海关、商务、检验、外管等政府机构之间的数据交换。从广义的角度分析，无纸贸易已经不再是单纯的商务活动，而是电子商务、电子政务与国际贸易结合的产物。

（二）无纸贸易的运行模式

1. 点对点模式（Point to point）

点对点模式指的是贸易双方或者进出口一方与相关的贸易服务方之间进行的一对一的电子数据交换。这种方式的电子数据交换只在双方之间进行数据共享，通常没有经过第三方认证机构对数据传输进行认证。传递商业数据的双方最主要的目的就是进行数据的共享。它是最早的电子数据交换模式，也是在市场增值网络服务不发达的情况下所采用的传递电子商业数据的方式。此种模式由于没有第三方的参与，一旦出现数据交换的纠纷，不太容易确定双方的责任归属。具体如图3-1所示。

图 3-1　点对点模式

2. 外联网模式（Extranet）

外联网模式指的是企业基于其与外界各方当事人之间（包括贸易伙伴和贸易服务商等）的商业往来所实施的一对多的电子商业数据交换。在通常情况下，只有大的企业才有实力建立自己的外联网模式，以利于与有关的供应商、下游的经销商、物流服务商以及银行等进行数据交换。由于大企业供应链比较长,此种模式可使大企业取得整合资源的优势。此种模式是以大企业和全球供应链为核心的无纸贸易运行模式。目前,许多发达国家的大型跨国公司基本上都采取这种模式。具体如图3-2所示。

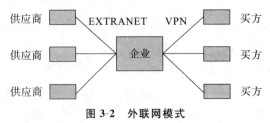

图3-2　外联网模式

3. 增值网络模式(Value Added Network)

增值网络模式是在社会网络增值服务体系比较健全的情况下,全社会的商业数字交换有效整合的结果。此种模式通常是在政府的推动下,建立一家或者若干家统一标准的增值网络服务机构。无论是大企业还是小企业,都可以利用增值网络服务机构进行有效的电子商业数据交换。这一运行模式强调的是无纸贸易的社会效益,特别是为中小企业参与国际贸易、进行电子数据交换提供了非常重要的手段。许多新兴的发展中国家和经济体,如新加坡、韩国、中国台湾和中国香港等,都采取这个模式。具体如图3-3所示。

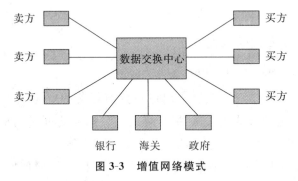

图3-3　增值网络模式

4. 单一窗口模式(Single Window System)

单一窗口模式指的是企业在与不同的贸易伙伴和不同的贸易相关方进行数据交换时,不需要分别一对一进行数据交换,而是通过单一的数据交换渠道就可以一次性地完成所有的数据传输的无纸贸易运行模式。该模式是将企业外联网模式的优势与增值网络模式的优势结合起来的效益最高的无纸贸易模式。单一窗口模式是跨国界无纸贸易流程整合的最终目标,也是目前APEC所提倡的无纸贸易发展目标。这个目标的实现需要国内各相关部门和国际间的有效协调。具体如图3-4所示。

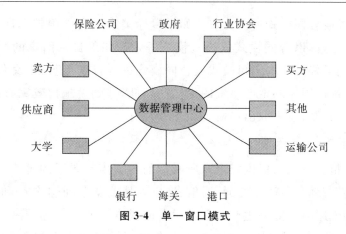

图 3-4 单一窗口模式

第五节 进入世界市场的模式

进入世界市场的模式是指企业在开发和拓展一个外国市场的营销机会时所采用的合法有效的经营方式。国际市场进入模式主要可以分为三大类：出口进入、合同进入和投资进入。企业在进军国际市场时，应根据目标市场以及企业本身的状况，选择合适的方式进入。

一、选择进入世界市场模式的影响因素

企业在选择进入世界市场模式时，受到外部因素和内部因素的双重影响。外部因素主要包括目标国家的市场、生产、政治、经济、文化、地理等因素；内部因素主要包括企业的产品、资源、投入、技术等方面。

（一）目标国家的市场因素

市场因素包括市场规模、竞争结构及营销基础设施。如果目标国家的市场规模较大，或者市场潜力较大，则企业可以考虑以投资模式进入，尽可能地扩大销售额；反之，则可以考虑以出口模式和合同模式进入，以保证企业资源的有效使用。如果目标市场的竞争结构是垄断或寡头垄断型，企业应考虑以合同模式或投资模式进入，以使企业有足够的能力在当地与实力雄厚的企业竞争；如果目标国家的市场结构是分散型的，则以出口模式进入为宜。如果目标国家的营销基础设施较好且易于获取，如可以容易地找到合适的代理商或经销商，则可采用出口模式；反之，则应考虑以合同模式或投资模式进入。

（二）目标国家的环境因素

环境因素包括政治、经济、文化、地理环境等。如果目标国家的政局稳定、法制健全、投资政策较为宽松、人均国民收入比较高、汇率稳定，则可以考虑采取投资模式进入；反

之,则以出口模式或合同模式进入为宜。如果目标国家距离本国较远,为了省去长途运输的费用,则可以考虑以合同模式或投资模式进入。如果目标国家的社会文化和本国文化差异较大,则最好先采取出口模式或合同模式进入,以避免由于文化的冲突造成的摩擦成本。如果目标国家的生产要素的价格比较低,基础设施比较完善,则比较适合采取投资进入模式;否则,应采取出口模式。

(三)目标国家的生产因素

生产要素是指企业在目标国家生产所必需的各项生产要素的可获得性及价格。目标国家的原材料、劳动力、资金、交通、通信、港口等基础设施,企业外购和销售的条件,这些都直接或间接地影响企业的生产经营及运营的成本。如果目标国家的生产成本低则有利于投资进入;若生产成本高,则会阻碍企业采用投资进入而刺激出口进入的方式。同时,企业还要考虑运输的成本。如果企业在本国的生产成本加运费仍低于在目标国家的生产成本,则可以采用出口模式;反之,则考虑合同模式和投资模式。

(四)国内因素

国内因素主要包括本国市场的竞争结构、生产要素和环境因素三个方面。如果本国市场是垄断竞争或寡头垄断型,企业可以考虑以合同或投资模式进入国外市场。如果本国市场的竞争程度比较高,则企业可以采取出口模式。从生产要素来看,如果本国生产要素比较便宜且容易获得,则企业可以采取出口模式进入国际市场。所谓的"本国的环境要素"是指本国政府对出口和对外投资的态度。若本国政府对出口采取鼓励和扶持,或对境外投资严格限制,则可采用出口模式;反之,可以采用合同模式或投资模式。

(五)企业产品因素

企业产品要素主要包括产品的密集度、价值高低、技术含量、服务性、产品地位以及适用性。劳动密集型和资源密集型产品主要以具有丰富自然资源的国家为生产基地,如果目标国家具备这些条件,那么可以采取投资模式,就地设厂,以节省出口的中间费用。如果企业生产的产品价值高、技术复杂,考虑到目标国市场的需求量以及当地技术基础的配套能力,则以出口模式为宜。如果客户对产品的售后服务要求比较高以及那些需要作出大量适应性变化以销售国外市场的产品,企业最好采取合同模式或投资模式进入。另外,企业的主线产品、核心技术在进入目标国市场时,大多采取投资模式,且以独资为主。

(六)企业资源与投入因素

企业在管理、资金、技术、工艺和销售方面的资源越充裕,企业在进入方式上的选择余地就越大。如果企业的资金较为充足,技术较先进,且积累了丰富的国际市场营销经验,则可以采取直接投资模式进入国外市场;反之,则以出口模式和合同模式为宜,待企业实力增强,积累了一定的国际市场营销经验后,再采取直接投资模式进入。

二、进入世界市场的方式

（一）出口进入模式

出口进入模式包括间接出口和直接出口两种模式。

1. 间接出口模式

间接出口模式是指企业通过本国的中间商（专业性的外贸企业）来从事产品的出口。企业可以利用中间商现有的销售渠道，不必自己处理出口的单证、保险和运输等业务。同时，企业在保持进退国际市场和改变国际营销渠道的灵活性的情况下，还不用承担各种市场风险。初次出口的小企业比较适合运用间接出口的方式。

2. 直接出口模式

直接出口模式是指企业不使用本国中间商，而使用目标国家的中间商来从事产品的出口。直接出口有利于企业摆脱对中间商的依赖，培养自己的国际商务人才，积累国际市场营销的经验，提高产品在国际市场上的知名度。但同时也要承担更多的风险，由于其业务量可能比较小，企业自己处理单证、保险不能达到规模经济。企业金融世界市场和改变营销渠道的灵活性不足。

（二）合同进入模式

合同进入模式主要包括许可证模式、特许经营模式、合同制造模式、管理合同模式、工程承包模式等。

1. 许可证模式

许可证模式指企业在一定时期内向国外法人单位转让其工业产权（如专利、商标、配方等无形资产）的使用权，以获得提成或其他补偿。许可证模式最明显的好处是能绕过进口壁垒的困扰，而且政治风险很小，但是这种方式不利于对目标国市场的营销规划和方案的控制，还可能被许可方培养成强劲的竞争对手。许可证模式分为几种不同的形式：

(1) 独占许可。被许可方不仅具有在规定的时间和地域内实施某项专利技术适用商标和配方的权利，还有权拒绝任何第三方，包括许可方在内的一切其他人在规定的时间、地域内使用。

(2) 排他许可。在规定的区域内，许可证合同双方有使用权，而其他厂商被排斥在外。

(3) 普通许可，亦称"非独占性许可"。在规定的区域内，合同双方均有使用权，同时许可方有再转让权。

(4) 区分许可，又称"从属许可"。在规定的区域范围内，合同双方均有使用权，同时被许可方有再转让权。

(5) 交叉许可，又称"互惠许可""相互许可""互换许可"。合同双方相互交换各自的专利技术或商标使用权。交叉许可一般不涉及使用费支付,仅限于交换技术范围及期限等。如果两项专利或商标的价值不相等,其中一方也可给另一方一定的补偿。在不同的许可形式中,合同双方所要具有的权利和所承担的义务是不同的,企业在决策时要特别注意。

2. 特许经营模式

特许经营模式是指企业(许可方)将商业制度及其他产权(如专利、商标、包装、产品配方、公司名称、技术诀窍和管理服务)等无形资产许可给独立的企业或个人(特许方)。这种模式与许可证进入模式很相似,所不同的是特许方要给予被特许方以生产和管理方面的帮助。在这种模式下,特许方不需要投入太多的资源就能快速地进入国外市场,还对被特许方的经营拥有一定的控制权。但是特许经营模式很难保证被特许方按照特许合同的规定来提供产品和服务,不利于特许方在不同市场上保持一致的品质形象。美国企业采用此模式最多,如可口可乐公司、百事可乐公司等均将特许模式作为进入国际市场的主要方式。

3. 合同制造模式

合同制造模式是指企业向国外企业提供零部件由其组装,或向外国企业提供详细的规格标准由其仿制,由企业自身负责营销的一种方式。这种模式不仅可以输出技术或商标等无形资产,还可以输出劳务和管理等生产要素以及部分资本。但是由于合同制造往往涉及零部件及生产设备的进出口,这种模式有可能受到贸易壁垒的影响。合同制造模式也可分为以下几种形式:合作双方分别生产不同零件,由一方或双方组装成品后,在一方或双方的市场上销售;一方提供技术或生产设备,双方按分工生产某零件或产品,在一方或双方市场销售;由一方提供关键部件和图纸以及技术指导,由另一方生产次要零件以及组装成品,在国际市场销售。

4. 管理合同模式

管理合同模式是指管理公司以合同形式承担另一公司的一部分或全部管理任务,以提取管理费、一部分利润或以某一特定的价格购买该公司的股票作为报酬。在这种模式下,企业可以利用管理技巧,不发生现金流出而获取收入,还可以通过管理活动与目标市场国的企业和政府接触,为以后的营销活动提供机会。但这种模式具有阶段性,即一旦合同约定完成,企业就必须离开东道国,除非又有新的管理合同签订。

5. 工程承包模式

工程承包模式指的是企业通过与国外企业签订合同并完成某工程项目,然后将该项目交付给对方的方式进入外国市场。在该模式下,劳动力、技术、管理甚至是资金等生产要素全面进入和配套进入,有利于发挥工程承包者的整体优势。工程承包模式最具吸引力之处在于所签订的合同往往是大型的长期项目,利润颇丰。但也正是由于其长期性,这类项目的不确定性因素也因此而增加。

(三)投资进入模式

投资模式属于进入国际市场的高级阶段,我国"走出去"战略所指的主要就是投资进入模式。投资进入模式包括合资进入和独资进入两种模式。

1. 合资进入模式

合资进入模式指的是与目标国家的企业联合投资,共同经营、共同分享股权及管理权,共担风险。合资企业可以利用合作伙伴的成熟营销网络,由于当地企业的参与,企业更容易被东道国所接受。但是也应看到由于股权和管理权的分散,公司经营协调有时候比较困难,公司的技术秘密和商业秘密有可能流失到对方手里,将对方培养成将来的竞争对手。

2. 独资进入模式

独资进入模式指企业直接到目标国家投资建厂或并购目标国家的企业。独资经营的方式可以是单纯的装配活动,也可以是复杂的制造活动。企业可以完全控制整个管理和销售,独立支配所得利润,技术秘密和商业秘密也不易丢失。但是独资进入模式要求企业的资金投入很大,而且市场规模的扩大容易受到限制,还可能面临比较大的政治和经济风险,如货币贬值、外汇管制、政府没收等。

3. 国际战略联盟模式

国际战略联盟就是指两个或两个以上企业为了相互需要,分担风险并实现共同目的而建立的一种合作关系。国际战略联盟模式是弥补劣势、提升彼此竞争优势的重要方法,可以迅速开拓新市场,获得新技术,提高生产率,降低营销成本,谋求战略性竞争策略,寻求额外的资金来源。

关键词

世界市场　国际分工　科技革命　贸易方式　进入世界市场的模式

复习思考题

1. 简述当代世界市场的变化和特点。
2. 简述世界市场在经济全球化中的作用?
3. 简述期货贸易。
4. 电子商务和无纸贸易有什么优点?
5. 企业应如何进入世界市场?

第四章　区域经济一体化与国际贸易

学习目标

了解区域经济一体化与国际贸易的相关概念；掌握区域经济一体化的七种类型及理论；能够理解和运用相关理论去解释国际贸易中常见的区域经济一体化现象。

学习重点与难点

结合图像分析关税同盟理论、自由贸易区理论、大市场理论以及协议性国际分工理论；掌握不同类型的区域经济一体化组织在不同贸易条件下的贸易结果。

课堂导入

中经观点：倡导自由贸易　促进区域经济一体化

2018年5月9日，在日本东京举行的第七次中日韩领导人会议，就进一步深化和拓展协作达成诸多重要共识。中日韩三国重拾合作势头，增进互信，相向而行，深化经贸投资金融等多领域的配合，符合三国共同利益，有利于推动东亚区域经济一体化进程，共同维护开放型世界经济。

深化合作，有利于三国自身发展。中日韩三国互为隔海相望的重要近邻，多领域往来密切，在贸易、投资、技术、金融等领域的合作已取得丰硕成果。就贸易而言，2017年三国间贸易总额超过6400亿美元，比上一年增长11%。2018年前三个月，中日、中韩双边贸易都保持两位数增长。在投资领域，日韩是中国主要外资来源国，两国在华设立企业总数超过10万家，日本累计对华投资约1100亿美元，韩国超过700亿美元。中日韩三国经济各有特色，彼此间互补性强，在基础设施建设、节能环保产业、高端制造、数字经济、共享经济等领域的合作空间十分广阔，发展潜力巨大，"一带一路"倡议为三国合作打开新的空间。三国加强配合与协调，有利于促进各国经济结构调整和可持续增长，实现共同繁荣发展。

深化合作，惠及区域经济融合发展。中日韩是东亚地区最大的三个经济体，相互深化合作有着较强的示范意义和引领作用。本次领导人会议发布的联合宣言指出，三国将深化经贸合作、推动东亚地区贸易投资自由化与便利化，并明确表示，"将进一步加速三国自由贸易协定谈判，力争达成全面、高水平、互惠且具有自身价值的自由贸易协定"。中日韩一致同意加快自贸区建设和推进《区域全面经济伙伴关系协定》谈判,表明地区国家有共同的愿望,推进东亚经济共同体建设和区域一体化进程。同时,中方还倡议以"中日韩+X"模式开展国际产能合作,共同开拓第四方市场,促进地区内外可持续发展。三国加强合作,有利于打造东亚地区持续稳定的经济增长极,促进整个地区的包容性增长和融合发展。

深化合作,有利于经济全球化和维护自由贸易。中日韩三国人口总量超过15亿,经济总量超过欧盟,占全球20%以上。三国都是经济全球化的受益者、支持者,也都经历过贸易保护主义的打压,是贸易保护主义的受害者。作为世界重要经济体,中日韩三国对自由开放的贸易和投资的重要性有着清醒的认识,对维护世界经济来之不易的向好局面肩负着共同的责任。面对当前单边主义抬头的严峻形势,三国领导人已达成高度共识,反对一切形式的保护主义,继续致力于经济自由化,共同维护以规则为基础的多边贸易体系。李克强总理指出,中方对日韩贸易长期存在逆差,去年超过1000亿美元,但中方不搞贸易保护,而是着眼通过扩大相互开放做大共同利益"蛋糕"。三国支持自由贸易和开放市场,扩大利益融合,对构建开放型世界经济具有重要意义。

(徐惠喜.中经观点:倡导自由贸易 促进区域经济一体化[N].经济日报,2018年5月11日.)

讨论:什么是区域经济一体化?倡导自由贸易对亚太地区有何积极影响?

经济一体化有全球经济一体化(Global Economic Integration)和区域经济(Regional Economic Integration)一体化两种。全球经济一体化指世界各国经济之间彼此开放,形成相互联系、相互依赖的有机体。国际货币基金组织(IMF)、世界银行(WB)和世界贸易组织(WTO)的原则就体现了追求全球经济一体化的精神。区域经济一体化亦称"区域经济集团化"。同一区域的两个以上国家政府授权组成的并具有超国家性的共同机构,逐步让渡部分甚至全部经济主权,采取共同对内对外的经济政策、财政政策与金融政策等并形成排他性的经济集团的过程。通过制定统一的对内对外经济政策、财政政策与金融政策等逐步让渡部分甚至全部经济主权,采取共同的经济政策并形成排他性的经济集团的过程。其组织形式按一体化程度由低到高排列,包括优惠贸易安排(Preferential Trade Arrangement)、自由贸易区(Free Trade Zone)、关税同盟(Customs Union)、共同市场(Common Market)、经济联盟(Economic Union)和完全的经济一体化。目前一体化程度最高的区域经济集团是欧洲联盟。区域经济一体化的发展与扩大有利于全球经济一体化的实现,但从区域经济一体化走向全球经济一体化需要经过漫长的时期。本章我们重点放在区域经济一体化的意义上讨论国际经济一体化问题。

第一节　区域经济一体化概述

一、区域经济一体化的类型

总体来看,此轮全球范围内的区域经济一体化浪潮的兴起和发展同整个世界经济和政治格局的多极化是一致的。换句话说,当前经济一体化的实质是世界经济多极化和世界政治多极化。

从战后区域经济一体化的发展过程来看,大致有如下几种形式。

（一）优惠贸易安排

优惠贸易安排是指在实行特惠贸易安排的成员国间,通过协议或其他形式,对全部或部分商品规定的优惠关税,对非成员国的进口商品,各成员国则按自己的关税政策实行限制。它是区域经济一体化最低级和最松散的组织形式,其中一些实行的特惠安排的区域可以发展为自由贸易区。

（二）单一商品的经济一体化

单一商品的经济一体化是指把某一特定工业置于一个超国家的高级管理机构控制之下。其权力包括为所有成员国规定生产配额,为多余工人的重新培训提供必要的资金,并且制定一些规则来防止不公平的竞争。

（三）自由贸易区

自由贸易区是指两个或两个以上的国家或经济体之间通过协商达成协议,采取关税或与关税具有同等效力的措施,在这些国家或地区的关境以外,划出特定区域,准许外国商品豁免关税自由进出,使各成员国之间在贸易投资等方面享有比世贸组织有关规定更加优惠的贸易安排,其实质上是采取自由港的关税隔离区。自由贸易区有狭义和广义之分,狭义仅指提供区内所需原料等货物的进口豁免关税的地区,类似出口加工区。广义的还包括自由港和转口贸易区,如欧洲自由贸易联盟、拉丁美洲自由贸易区。

（四）关税同盟

关税同盟是指两个或两个以上国家缔结协定,在统一关境内缔约国之间相互取消或减让关税,对关境之外进口的商品实施共同的关税政策和贸易限制的经济一体化组织。关税同盟始于欧洲,对缔约的主权国家和地区在关境内商品给予关税减免和贸易限制放松或放开;对非缔约的国家和地区实行统一的关税和贸易政策。关税同盟有两种经济效应,即静态效应和动态效应。

（五）共同市场

共同市场是指两个或两个以上的国家或经济体通过缔约,不仅要实现共同市场目标,还要在此基础上实现各成员国之间经济政策协调的国际经济一体化组织。欧洲经济共同体是最典型的例子。

(六)经济同盟

经济同盟是指各成员国之间在共同市场的基础上,通过各成员国制定和实行统一的货币金融政策、财政政策与社会政策、经贸政策,逐步废除政策方面的差异和协调各成员国发展的庞大经济实体。

(七)政治同盟或完全经济一体

政治同盟或完全经济一体是经济一体化的最高形式,也是其最后阶段。在此阶段,区域内各国共同成为一个类似国家的整体,一体化后的中央当局管制着货币政策和财政政策,并产生一个代表国家和政府全部权力的中央议会。

总之,区域经济一体化形式不仅限于上述几种,随着国家间经济合作的加强与协作内容的增加,还会出现新的区域经济一体化形式。

二、区域经济一体化的特点

全球范围内区域经济一体化迅速发展主要依靠三条途径:一是不断深化、升级现有形式;二是扩展现有集团成员;三是缔结新的区域贸易协议或重启沉寂多年的区域经济合作谈判。

尽管区域经济一体化形式各异,但还是具有一些基本特点:地理位置毗邻或基本相邻是区域一体化组织成员国的一个主要特点;成员国的经济发展水平、市场运行机制、经济管理体制基本接近;社会经济制度基本相同,也就是说区域经济组织集团成员国的社会制度和对外经济政策以及长远的战略意义基本一致;区域经济一体化组织各成员国的文化环境,其中包括宗教信仰、文化习惯、生活价值观念等相互认同,如果在文化环境方面相差甚远,也很难形成区域经济一体化集团;从国土面积和人口规模来看,区域经济一体化组织成员国都是一些中小国家。只有建立区域经济一体化组织,才能扩大其生产规模和生产社会化程度,解决其国内市场狭小的问题。

上述理论概括出的区域经济一体化的基本特点在现实当中已经开始有所突破。例如,欧洲经济共同体各成员国经济发展水平和经济实力方面的差距正在拉大;北美自由贸易区首先是由一些政治经济大国建立的区域经济集团,甚至在社会制度和经济管理体制上迥异的国家也有可能朝着区域经济一体化方向发展。因此,区域经济一体化的主要特点在于地理位置邻近和实行开放经济。

>>> **拓展阅读 4-1**

上海合作组织与区域经济一体化

2016年,李克强总理赴比什凯克出席上海合作组织(以下简称"上合组织")成员国政府首脑(总理)理事会第十五次会议,并对吉尔吉斯斯坦进行正式访问,其中有一项内容格外引人注目:中国对建设上合组织自贸区倡议持开放态度,愿与各方做好自贸区可行性研究,积极探索更加全面、紧密、高效的区域经济合作架构。这意味着经济越来越成为上合组织成员国合作一个重要的战略支点。

上合组织是政府间国际组织,其前身是2001年成立的"上海五国"机制。成立15年来,上合组织已成为区域合作的重要平台,对促进地区稳定与繁荣、世界和平与发展起到了积极作用。上合组织在成立之初就明确规定:重视并尽一切必要努力保障地区安全。一般认为,上合组织功能主要在军事和安全方面。其实早在创建之初,上合组织成员国就签署了《关于区域经济合作及启动贸易和投资便利化进程的备忘录》,提出2020年发展目标是逐步实现商品、资本、劳动和技术的自由流动,以顺应经济全球化和区域经济一体化的发展趋势,增强成员国所属地区的经济合作的深度和广度。但是,上合组织自成立以来在取得不同凡响的地区安全保障成就的同时,其经济功能并没有最大程度地发挥出来。在经历了区域一体化、经贸合作的种种尝试后,上合组织的经济合作功能在很长一段时间内陷入了制度性停滞阶段,成员国经济合作多以双边为主。经济结构具有明显互补性的国家之间却无法达成制度性合作,这成为上合组织发展的一大困境。诸如区域经济合作目标的模糊化致使未能形成制度性安排、区域经济合作方式泛机制化、区域经济合作举措形式化、区域经济合作呈现双边或多边化、区域经济合作的项目化等问题制约着上合组织区域经济合作尤其是区域经济一体化的深入发展。

2013年11月,上海合作组织成员国第十二次总理会议在乌兹别克斯坦举行,李克强总理首次出席并提出深化上合组织务实合作六点倡议。之后,历经2014年的上合组织第十三次总理会议(阿斯塔纳)、2015年上合组织总理会议第十四次会议(郑州),上合组织议程中经济合作内容明显增加。从专注于边界管理和军事互信的"上海五国"到以"安全、经济、人文"为三大支柱的"上合组织",上合组织10多年的发展历程很明显是一种适应外部安全环境的演进过程。上合组织各国间经济互补性强、相互依存度、经贸合作基础好,探索建立更加紧密的区域经济合作机制以利于提升地区竞争力。因此,坚持开放合作,促进贸易投资自由化便利化,培育区域大市场、构建跨境大通道、促进经济大融合,符合上合组织成员国的共同利益。故而,上合组织重拾创始之初的宗旨即"增强成员国所属地区的经济合作的深度和广度",以此适应全球化和区域一体化发展大趋势。

中亚国家对于发展区域经济合作有强烈意愿,希望通过抱团取暖的方式来摆脱经济困境。早在上合组织成立之初,吉尔吉斯斯坦、乌兹别克斯坦等国就提出建立中亚共同市场的倡议,哈萨克斯坦更是提出上合组织应以经济合作为主题,还倡议建立上海合作组织银行、发展基金等融资机构,这说明起初中亚国家对于上合组织的经济合作功能本身抱有很高期望。

事实上，中亚国家真正关注的是如何建立能充分利用现有自然资源、劳动力资源的产业，并在这一过程中完成资本、技术和熟练劳动力的积累，从而在未来将其转化为竞争优势。也就是说，中亚国家经济战略目标重点是提升企业的自生能力，并建立起基于本国比较优势的产业，最终形成国际竞争优势。而在这一进程中，寄希望于中国资本、技术和转型经济的经验能对中亚国家发挥关键作用。如果是这样一种区域经济合作路径，可见，当中亚国家借助中国的大市场实现本国经济增长并建立基于国际市场分工、具有竞争优势的产业时，中国发展区域经济合作的建议以及相应的一些政治、安全主张自然就会得到地区国家的认可与支持。上合组织的经济合作将给中亚国家在就业、企业家培育、资本积累和市场体系发育等方面带来更多实实在在的经济利益。区域经济合作不仅满足了中亚国家的国内需求，实现了社会稳定，还为其创造了大量的就业机会。中国与中亚国家经济交往中不乏这样的成功例子，比如，吉尔吉斯斯坦因充当中亚转口贸易平台而为该国创造了50万个就业岗位。

在解决中亚地区的安全问题上，上合组织各成员国应从长远着眼，即通过经济发展水平的逐步提高来获得中亚地区的长治久安。这样的战略逻辑意味着，上合组织需以经济发展作为基石。只有当上合组织发挥好经济领域的各项职能和作用，并以此作为未来的基础性功能，才能确保该组织内成员国长期稳定的经济和发展利益。而在经济发展之上，构建的安全合作和人文合作就成了有本之木、有源之水，从而必然会提高上合组织的国际话语权和地区影响力，也有利于增强组织内部成员国的向心力和凝聚力。对上合组织各成员国来说，先易后难、循序渐进，从贸易和投资自由化便利化做起，逐步实现组织宪章规定的商品、资本、服务和技术自由流通，朝着区域经济一体化的方向推进，也由此拓展地区国家发展空间，打造休戚与共、利益交融的命运共同体。

（朱宁.上合组织与区域经济一体化[EB/OL].http://www.xinhuanet.com/world/2016－11/04/c_129351428.htm,2016年10月4日.）

三、区域经济一体化的产生与发展历程

（一）迅速发展时期（20世纪50年代至70年代初期）

1949年1月，苏联、保加利亚、匈牙利、波兰等社会主义国家为打破冷战初期资本主义国际的经济封锁，在莫斯科成立了"经济互助委员会"。

1951年4月，法国、联邦德国、意大利、比利时、荷兰和卢森堡六国在巴黎签署了《欧洲煤钢共同体条约》，建立一个超国家的行业联合体，对煤钢进行了统一管理，以防止战火刚刚熄灭的欧洲成员国利用煤钢等战略资源重整军备，从而起到安定人心、实现地区

共同繁荣的作用。1952年7月25日,该条约正式生效。

1957年3月,在欧洲煤钢共同体的基础上,法国、联邦德国、意大利、荷兰、比利时和卢森堡六国政府首脑和外长在罗马签署《欧洲经济共同体条约》和《欧洲原子能共同体条约》,统称为《罗马条约》,这标志着人类历史上最成功、一体化程度最高、规模最大的区域经济集团正式登上历史舞台。1967年,欧洲煤钢共同体、欧洲经济共同体、欧洲原子能共同体实现机构合并,统称"欧共体"。这是欧洲一体化的重要步骤,也是欧盟的前身。

1967年8月,印度尼西亚、泰国、新加坡、菲律宾、马来西亚为保卫自己安全利益及与西方保持战略关系和共同促进本地区经济增长、社会进步和文化发展,以促进本地区和平与稳定,发表了《东南亚国家联盟成立宣言》,也称《曼谷宣言》。这标志着东南亚国家联盟成立。

自20世纪70年代以后,发展中国家也相继建立了20多个区域经济一体化组织,如拉丁美洲一体化协会、中美洲自由贸易区等。

(二)停滞时期(20世纪70年代中期至80年代中期)

这个时期是资本主义经济处于经济危机、能源危机和货币制度危机的时期,生产增长停滞并伴随着高失业率、高通货膨胀率、市场萎缩、贸易保护主义抬头,很多经济一体化组织几乎停滞发展,有的甚至中断活动或解体。

(三)高涨时期(20世纪80年代中期至今)

在这个时期,区域经济一体化重新高涨,迅猛发展并实现新的飞跃。特别是20世纪90年代以来,区域经济合作的构成基础发生了较大变化,打破了狭义的地域相邻概念,出现了跨洲、跨洋的区域合作组织。比如,日本相继与墨西哥、新加坡签署了自由贸易协议。不同区域经济集团之间也展开了连横合作。南锥体共同市场与其第二大贸易伙伴欧盟之间开始探讨建立自由贸易区,而东盟与欧盟外长会议之间就政治、经济领域内广泛的问题进行探讨也已制度化。北美自由贸易区也有意与南锥体共同市场合作,建立从阿拉斯加到阿根廷的整个美洲范围内的自由贸易区。突尼斯、摩洛哥等成员先后与欧盟谈判建立"欧盟与地中海自由贸易区",并成为欧盟的伙伴国和联系国。南非则与印度、澳大利亚、马来西亚等国积极筹建"印度洋经济圈"。

四、区域经济一体化产生与发展的原因

新一轮区域经济一体化的发展浪潮波澜壮阔有其深刻的政治原因和经济原因。其中,经济原因主要有以下两个方面。

一是当前世界日益加深的市场化趋向改革,为区域经济一体化的发展奠定了体制基础。各国通过消除障碍经济国际化发展的市场和体制障碍,同时借助新的技术条件,加强各国之间的分工与合作,继续推动生产社会化、国际化程度向纵深处发展,使其生产和流通及其经济活动进一步越出国界。越来越多的国家在实践过程当中认识到,只有通过市场经济体制改革,消除商品、生产要素、资本以及技术在国家之间进行流动的

经济体制上的障碍,才能加快本国经济发展的速度、提高经济的运转效率和国际竞争力,从而实现区域经济一体化的进一步发展。

二是世贸组织贸易体制的局限性和多边贸易谈判的复杂性、困难性是区域经济发展的又一动因。虽然世贸组织在推动贸易自由化和经济全球化方面起到了很大的助推作用,但很难克服其自身庞大、运作程序复杂的问题以及"一揽子"接受方式,即各成员国对各项议题的谈判只有在一致同意的基础上才能进行,这就说明短时间内所有成员达成协议并非易事。比如,2001年11月在多哈发起的首轮多边回合谈判一直举步维艰。多边贸易谈判具有长期性、各成员国利益的差异性、前景的不可预测性,为双边和区域性贸易协议提供了发展空间和机遇,也为参与全球竞争多提供一种选择。因而,区域经济一体化组织常常是由地理位置相邻、社会政治制度相似、生产技术水平相近、有相近的文化历史背景以及具有开展经济合作诸多优势的成员国组成。

维护各成员国地区的和平、发展与稳定是区域经济一体化浪潮的政治原因,具体包括以下几个方面。

一是修缮成员国之间政治关系、解决矛盾冲突、稳定地区局势的需要。区域经济一体化协议除了促进成员国之间的贸易发展、经济水平的提高之外,也为消除政治摩擦起到显著作用。欧共体的形成也是由于欧洲国家经过两次世界大战后,通过谋求区域经济合作以达到欧洲各国的发展、安全与长久稳定的政治经济产物。时至今日,欧盟通过经济合作,为实现地区的和平与发展奠定了坚实的基础。同样,东亚领导人于1999年在东亚合作的联合声明中明确提出了开展政治、安全对话与合作的议题。此外,南亚自由贸易区协议也使巴基斯坦与印度之间的政治冲突得到缓解。2002年非洲联盟的成立使非洲一些国家政局长期不稳、大多数国家经济落后等状况得到有效改善。

二是推动国内的体制改革的重要工具。一些发展中国家和转轨国家通过与外部国家的缔约责任和承诺等在内的途径来顺利实现国内经济体制的改革和贸易发展预期目标。20世纪90年代,东欧一些转型国家通过与欧盟达成区域贸易协议来进一步加快向市场经济转化的进程。

三是谋求区域层面的政治保护以抗衡其他区域集团的威胁。世界各国经常以区域经济一体化作为加强组织和巩固区域经济集团的重要工具。1989年11月,美国跨地区参加亚太经合组织,其主要目的是抗衡欧盟不断扩大的政治、经济的影响力,以维持自身的全球霸主地位。而欧盟想要通过亚太经合组织来进一步加强与拉美、亚洲地区的合作,同时扩大自身实力,以期有足够的力量来削弱来自美、日等大国的影响。俄罗斯借助独联体在已经建立和正在建立的区域经济集团的基础之上恢复和巩固自身的军事强国地位。日本为巩固和扩大"大东亚经济圈"与获取安理会常任理事国地位,在亚太地区不遗余力推行"雁阵模式"和采取各种措施打入欧美腹地。

四是各国传播主体政治价值理念的媒介。"9·11"事件之后,美国借反恐介入中东战争,并在伊拉克战争结束之后,主动提出与中东地区国家在2013年之前建立自由贸易区倡议。人们普遍认为,美国想在中东建立自由贸易区作为推行以美国式民主制度为目的的"大中东计划"的辅助手段。

五、区域经济一体化的影响

"二战"之后,区域经济一体化对全球政治经济格局变化和经济的发展都产生了重要的影响。

（一）区域经济一体化使世界政治经济格局发生了重大变化

世界经过长期的区域经济一体化、区域集团化运动,当今全球经济格局发生了根本变化,形成了西欧、北美、东亚三大板块格局。其对全球经济格局影响极大,目前正朝着"三大经济圈"发展,可以看出区域经济一体化、区域集团化的强烈影响。以欧盟为核心的"西欧经济区"在经过接纳东欧国家后,形成了"全欧洲经济区",虽然形成一体的过程比较曲折,但整体轮廓依稀可见。以美国、加拿大和墨西哥为支撑的北美板块,在建立北美自由贸易区后形成了以美国为主导的泛美经济联盟,在某种程度上能够与西欧、东亚两大板块进行力量的再均衡。自20世纪50年代中期以来,东亚经济一直高速增长,被世界银行称为"东亚奇迹"。随着东亚经济持续高速发展,东亚、北美和西欧正由过去的不等边三角形逐步形成等边三角形,三足鼎立的世界经济格局正在形成。三大经济板块相互联系、影响与吸引,呈现出明显的区域经济一体化局面,直接影响着全球经济的发展格局。

（二）区域经济一体化促使世界贸易地区的重新分布以及产生不同的贸易效应

区域经济一体化在发展过程中逐渐形成了众多区域经济一体化组织与区域经济集团,它们相互联系、影响、接纳,对新的世界贸易格局的形成与全球经济的发展起到了关键作用。首先,从宏观方面上看,"二战"后区域经济一体化丰富了世界经济格局,产生了由原先少数发达国家逐渐辐射全球国家普遍参与的新局面。其次,随着区域经济一体化组织和集团内部市场不断扩大,各个成员国内部对外贸易扩大,自身的市场结构、贸易对象以及商品结构也会随之变化,结果引起生产规模的扩大,产生外部和内部的规模效益,从而实现贸易创造效应;区域集团内部由于关税与非关税壁垒的消除,使各国之间的商品、资金、技术等各种生产要素的自由流动,从而影响到成员国之间在区域经济一体化组织内部的分工与合作方式。最后,在微观层面上,区域经济集团会产生贸易偏转和比较贸易扩大两种贸易效应。如果区域经济一体化组织整体的贸易扩大总量等于该组织与非成员国之间贸易减少的总量,则贸易的创造效应的影响等于贸易偏转效应的影响,全球贸易总量不变。如果区域经济一体化组织整体的贸易扩大总量大于该组织与非成员国之间贸易减少的总量,则全球贸易总量增加从而产生积极影响,反之则全球贸易总量削减从而产生消极影响。

总之，世界区域经济一体化与集团化的进程会对全球经济和贸易产生重要和深远影响。它的积极意义在于消除区域内各国内各种市场壁垒，加强区域内部的国际分工与合作程度，加快各成员国的经济发展，使其在国际竞争中处于有利地位，从而进一步加速全球经济一体化和全球化再平衡的形成。不难看出，从更广泛的领域来探讨区域经济一体化的发展，区域经济一体化的模式将不断改善、不断创新，其积极影响会逐渐涉足世界的每个角落。基于这些思考，我们再探讨中国通过"一带一路"建设与沿线国家的区域经济一体化的问题。区域内国家之间将会形成更加紧密的利益共同体、命运共同体、责任共同体，这是中国与沿线各国共同开辟了区域经济一体化中又一合作共赢的新天地。

(三)区域经济一体化的消极影响

一是区域性经济集团都实行对内自由贸易、对外保护贸易的贸易政策，这种"内外有别"的政策明显背离多边贸易体制的非歧视原则，形成保护主义的贸易壁垒。

二是区域经济一体化组织都具有不同程度的"贸易转移效应"，背离比较优势原则，对区域外的国家造成损害，往往导致区域内外的贸易摩擦和冲突，使世界贸易组织经常处于"救急"状态。

三是区域经济一体化组织增加了国际市场上的垄断力量，抑制了竞争，削弱了WTO体制的作用。

四是区域经济一体化组织把各国追求自由贸易的目标由多边贸易协定转向区域性一体化组织安排，这不利于WTO体制发挥作用和进一步发展。

第二节 区域经济一体化理论

一、关税同盟理论

关税同盟理论是美国经济学家维纳(J. Viner)于1950年在其出版的《关税同盟问题》中提出的一种国家之间缔结的关税与贸易政策协定形式。国家之间通过协定的缔约划出统一的关境区，在此区域中缔约国家之间实行相互降低与取消关税壁垒的政策，对此区域以外的国家和地区实行共同税率的关税政策与外贸政策。协议内容通常包括降低和免除缔约国之间的关税，以至最终取消同盟内部各国的关境，实现缔约国之间的商品自由流通；协调各缔约国的关税税率，实行统一的对外关税，协商对外关税收入的分配，建立共同的关境，以加强同盟国在对外贸易中的竞争力量。此外，协议内容往往还涉及对贸易有限制作用的费用和限额。不同国家间的关税同盟虽然在内容形式上多有雷同之处，但是发展中国家之间缔结的关税同盟与发达国家之间缔结的关税同盟在性质上并不一样，前者是属于防御性的，而后者则是争夺性的，目的在于使参加同盟的国家在争夺国际市场的激烈贸易战中能够处于有利的地位。

关税同盟应具备以下三个基本特征：一是降低或取消同盟成员国之间的关税壁垒；二是协调各缔约国的关税税率，实行统一的对外关税的外贸政策；三是同盟成员国之间协商对关境外关税收入的分配。这使得关税同盟自始至终存在着一对矛盾：对内实行贸易自由化与对外实行贸易保护。同时，这也使得关税同盟对整个世界的经济福利的影响呈现双重性，即贸易创造和贸易转移并存。

随着世界区域经济一体化的发展，区域经济集团内部的经济合作进一步扩大与加深，同时集团也减少了各成员国与外部区域经济体和国家的经济联系。这种内外有别的国际贸易局面仍然会伴随着全球区域经济一体化与集团化的发展而一直存在下去。

（一）关税同盟的静态效应

关税同盟的静态效应是指各成员国在关税同盟内部的经济总量保持不变、生产技术条件没有改变的情况下，关税同盟对非成员国家和其他区域经济体、经济发展以及福利的影响。

关税同盟产生的静态效应具体可以概括为以下几点。

1. 贸易创造效应

贸易创造效应是指由原来国家内部生产的特定商品转为向关税同盟内部生产成本较低的国家进口这些商品所带来的利益。各成员国建成关税同盟后，借助各自生产的比较优势，通过专业化分工，提高生产效率，节省了成员国对商品的消费支出，实现了更大的消费剩余，扩大了社会需求，从而使同盟国的贸易量增加。

2. 贸易转移效应

贸易转移效应是指各成员国在缔约关税同盟之前，某个不生产特定商品的国家从世界上生产该种商品的生产效率最高、成本最低的国家进口；建立关税同盟后，同盟国转由同盟内部生产该种商品的生产效率最高、成本最低的国家进口。如果关税同盟内部生产效率最高且生产成本最低的国家不是世界上原先生产该商品综合成本最低的国家，则进口成本会增加，同盟国内部消费剩余减少，整个社会福利水平下降，这也是参加关税同盟所需的代价。

3. 贸易扩大效应

贸易扩大效应是从需求层面产生的概念，不同于贸易创造效应和贸易转移效应的概念。总而言之，不论是贸易创造效应还是还是贸易转移效应都能产生贸易扩大效应。由此可以看出，通过建立关税同盟可以创造贸易扩大效应，从而增加成员国内部的社会经济福利。接下来我们对此进行详细的图形说明，具体如图4-1所示。

假设世界上存在 X、Y、Z 三个国家且三国都具有生产某一特定商品的能力，但是各国之间的生产总成本存在差异且 X 国对商品 A 的需求弹性永远大于1。我们以 X 国为分析对象，通过图4-1可以看出，D_X 和 S_X 分别代表 X 国对 A 商品的需求曲线和供给曲线。假定 Y、Z 两国的生产 A 商品的成本是固定的，图中 P_2、P_3 分别代表 Y、Z 两国生产商品 A 的成本曲线,其中 Y 国的生产成本高于 Z 国,即 $P_2 > P_3$。在 X 国与 Y 国组成关税同盟之前,由于 Y 国该商品价格高于 Z 国,故 X 国只能向 Z 国进口 A 商品,同时 Z 国对向 X 国出口的 A 商品征收关税 T。A 商品在 X 国的价格为 P_{3+T},国内的供给量为 OQ_1,国内需求量为 OQ_2,从 Z 国进口量为 Q_1Q_2。

现在 X 与 Y 缔结关税同盟,两国间取消关税壁垒,并实行一致对外的关税率。由于两国之间的贸易商品不再被征收关税,而 Z 国贸易商品仍然被征以关税,因而 Y 国的 A 商品在 X 国的售价为 P_2,低于 Z 国该商品在 X 国的售价 P_{3+T},因此 X 国从 Z 国进口该商品转向从 Y 国进口。

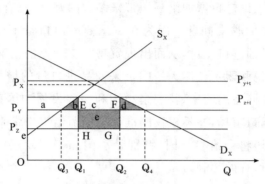

图 4-1　贸易创造与贸易转移效应的图示分析

伴随着 A 商品价格的下降,X 国国内生产量减少为 OQ_3。Q_3Q_1 是 Y 国替代 X 国生产 A 的一部分,由此产生生产效应,国内生产者剩余减少了 a。另一方面,由于价格的下降引起 X 国消费的增加,消费量由 OQ_2 增长到 OQ_4,净增额为 Q_2Q_4,此时消费者剩余较之前增加了 (a+b+c+d)。

X 国参与关税同盟之前的进口量为 Q_1Q_2,其关税收入为 c+e。结成关税同盟之后,X 国对 A 的进口量由 Q_1Q_2 扩增到 Q_3Q_4,同时失去了关税收入,其中 c 被转移到本国消费者,e 被支付给了 Y 国的生产者,这是由于贸易转向是 X 国遭受的贸易损失。X 与 Y 两国建立关税同盟后,Y 国 A 商品的价格变为 P_2,比 Z 国 P_3 加关税 T 后的价格还要低,从而使该国对 A 的进口由 Z 国转为 Y 国,产生了贸易方向的转移。尽管建立关税同盟使 X 国政府失去对商品 A 的税收收入,但是创造的社会福利净增额是为正的,因此参加关税同盟对两国还是有积极意义的。

总的来说,建立关税联盟之后给各成员国贸易方向的转移带来了两方面损失:首先是成员国贸易方向的转移,即由低价格的第三国转向生产成本较高的成员国进口,在进口量相同的情况下,X 国付出了较高进口支出;其次是 X 国失去了对该商品的税收收入。

对关税同盟内部的各成员国而言,创造贸易扩大效应是有条件的:一是特定的贸易商品在某成员国是富有需求弹性的;二是特定的贸易商品在成员国之间的生产成本是具有明显区别的;三是该国与关税同盟国内部其他成员国和第三国或非成员国在同种贸易商品上具有相近的生产技术水品。

4. 在增强集体的世界经济地位的同时减少了政府支出

成员国在关税同盟建立之后,整体的经济地位在国际上大大提高,以同一个声音一致对外,加强各成员国之间的政治联系,扩大成员国的国际影响力;同时降低各成员国之间贸易商品和生产要素的自由流动,扩大内部市场,简化贸易过程的行政手续,节省可观的政府支出。

(二)关税同盟的扩大出口效应

在分析关税同盟的静态效应时,我们只讨论了一国加入关税同盟前后对进口方面的福利影响。实际上,无论进口增加给一国带来多大的好处,总有一个现实问题存在着,那就是进口增加所带来的收支问题。因为在一国商品出口量不变的情况下,进口量的增加将给该国带来大量的进口支付,从而出现贸易收支逆差的情况。

在现实中,参与关税联盟不仅能为一国带来商品进口量的增加,还会带来出口量的增加。对于想参加关税同盟的国家,特别是小国和一些发展中国家,它们加入关税同盟往往更加看重其商品出口市场,并不仅仅瞄准关税同盟给进口带来的好处。

总之,组成关税同盟将会给参与国(特别是小国和一些发展中国家)带来更广泛的出口市场,并从中获取可观的福利。

下面来对关税同盟的扩大出口效应进行分析,如图 4-2 所示。

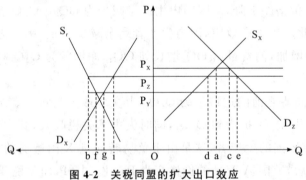

图 4-2 关税同盟的扩大出口效应

在图 4-2 中,左半部分是 X 国的生产、消费和出口情况;右半部分是 Y 国的生产、消费和进口情况。现在假定 Z 国的生产成本固定不变,在组成关税同盟之前的 A 商品价格为 P_a,为 Z 国的生产成本价格。B 国对一切国家进口的商品征收关税,商品税后价格为 P_T。这时,X 国 A 商品的出口量为 fg,Y 国进口数量为 ab 的 A 商品。Y 国进口量的一部分来自于 X 国,进口数量为 ac,即 ac=fg,剩余的进口缺口量 cb 则由 Z 国的进口来弥合。

在两国组成关税同盟后,Y 国豁免对 X 国进口 A 商品的关税,而对 Z 国仍然征收关税,因此,相同商品在 Z 国市场上的价格要高于在 Y 国市场上的价格,故而 Y 国转向 X 国进口该商品。但当 X、Y 两国取消对彼此的关税时,X 国 A 商品的出口供给量不能满足 Y 国的进口需求,使 Y 国该商品的价格上升,出口额增加。如果 X、Y 两国想要再次达到贸易平衡,即 Y 国的进口等于 X 国出口,则该商品价格会上升到均衡点 P_e 的价格。

因此,加入关税同盟对那些国内市场狭小的国家而言无疑有很重要的现实意义,利用该区域扩大商品出口市场,带动本国经济发展,不失为一个不错的选择。

(三)关税同盟的动态效应

关税同盟不仅会给参加国带来静态影响,还会给它们带来某些动态影响。有时,这种动态效应比其静态效应更为重要,对成员国的经济增长有重要的影响。动态效应包括优化各成员国的资源配置、扩大投资规模、驱动技术创新以及获得更加专业与扩大规模经济利益等积极影响。实践和研究表明,动态效应是静态效应的5~6倍。事实上,英国在1973年加入欧盟的主要的目的就是获取动态效应。

1. 关税同盟的建成引发了大市场效应(或规模经济效应)

关税同盟建成以后,各成员国的内部市场组成了统一的区域性大市场,同时排斥了外部贸易商品的进入,为相互出口创造了良好的条件。同盟成立后,所有成员国成为一体,自由市场扩大,可以获得专业与规模生产经济利益,并且可进一步增强同盟内的企业对外,特别是对非成员国同类企业的竞争能力。因此,关税同盟所创造的大市场效应引发了企业规模经济效应。这种市场扩大效应与幼稚产业论有一些相似之处,也比较适合狭小市场与比较依赖对外贸易的国家。

2. 关税同盟的建成促进了各成员国企业之间的竞争

各成员国建成关税同盟之前,许多部门已经形成了国内市场的垄断,不利于国内资源的有效配置和技术创新。在建成关税同盟后,各个成员国之间的国内市场相互开放,各种生产要素流动更加自由,企业生产制度更新速度加快,新技术的竞争朝着更广、更深的领域发展,各国企业由此面临着来自其他成员国企业的竞争,局面愈发激烈。如果企业想要在竞争中处于有利地位,必然会改善自己的生产经营状况,通过生产制度的不断创新和对新技术的研发投入,提高生产效率来获取自身生存与发展。

3. 关税同盟的建成有助于吸引外资

关税同盟可以从三个方面刺激投资:一是随着市场的扩大,风险与不稳定性降低,会吸引成员中新的厂商进行投资;二是为了提高竞争力,原有厂商也会增加投资以改进商品质量,降低生产成本;三是关税同盟迫使非成员到同盟区域内设立避税工厂,即以直接投资取代出口贸易,以绕开关税壁垒。

4. 关税同盟的建成可以优化各国的资源配置

关税同盟的成立在推动商品自由流通的同时,也促进了生产要素的自由流动,从而使资本、技术、劳动力、原材料等资源在市场机制的良好发挥下得到更加合理的配置,降低要素闲置的可能性,提高要素的利用率,最终提高了区域经济市场的效益。

(四)关税同盟的负面效应

关税同盟作为一个区域经济一体化组织,其本身就具有很强的对外排他性。它对区域外其他国家或经济区域采取苛刻的限制措施和歧视性的贸易保护政策,从而使得区域内各成员国之间的贸易比重不断增加而区域外贸易比重不断减少。在此基础上，关税同盟会产生以下消极影响：

1. 关税同盟的建成促成新形式的垄断

关税同盟发展到一定的程度后会打破原先已经达到的市场自由竞争局面，以致形成新形式的大垄断，反过来降低企业的生产效率，阻碍技术革新，使区域内经济的发展受限。除非关税同盟内部不断有新的成员加入，从而产生新的刺激，否则就会进一步丧失区域经济一体化的经济活力。

2. 关税同盟的建成可能会进一步拉大成员国之间经济发展水平的差距

关税同盟建成后，各生产要素会逐步向投资环境较好的地区流动。如果缺少促进地区经济再平衡的政策，可能会进一步拉大各成员国之间的经济差距。

二、自由贸易区理论

根据英国经济学家罗布森的理论分析，对比于关税同盟，自由贸易区有两个特点：一是各成员国对非成员国的进口商品有自主制定关税的权利；二是自由贸易区适用于原产地规则，即只有贸易商品原产于该区域或贸易商品的主要部分原产于此区域，贸易商品才可以被允许在自由贸易区内流通。

国际贸易会在自由贸易区的条件下出现贸易偏转现象，它是指区域内某成员国向其他成员国出口贸易商品，同时从自由区外进口相同商品以满足国内需求的一种贸易现象。这种贸易偏转现象无法用原产地规则来加以避免。

与关税同盟一样，自由贸易区也可以有贸易创造效应和贸易转移效应，但与关税同盟的两种效应在实际运作中存在着差异。我们先从一国角度对自由贸易区进行分析，用图4-3来加以说明。

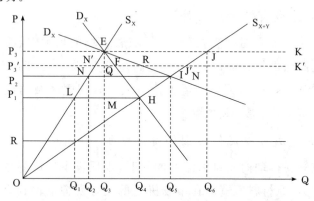

图4-3 从一国角度对自由贸易区的分析

假设存在X、Y两个国家（X成员国是我们分析的对象，Y为其他成员国），两国生产同种商品但关税水平不同。Y国关税较低，为RP_1，Z国关税较高，为RP_3。两国形成自由贸易区后，原产地原则防止了世界其他国家的商品通过Y国向X国流动，故而在X、Y市场内，仅有区内生产的商品可以自由流动。我们假定在自由贸易区形成之前，X国实行的禁止性关税排除了所有的进口,国内供给曲线为 S_a,关税为 RP_3。在价格为 OP_3 时此国该商品的产量为 OQ_3。Y 国的关税为 RP_1,将 X、Y 两国供给曲线水平地相加得到 D_{x+y},R 代表世界市场供给价格。如果自由贸易区形成且区内总体来说是净进口国,那么在 X 国该商品价格就不会低于 OP_1,也不会高于 OP_3。这样来看,X 国该商品的有效供给曲线(包括区内和区外商品)是 P_1HIJK。

上述分析还要考虑到两种情况。第一,如果 X 国对该商品的需求曲线为 D_x(与 D_x' 相比弹性较小),X 国的价格将是 OP_1,B 国在该价格水平的供给就为 Q_1Q_4。在这种情况下,$\triangle ELH$ 为贸易创造,$\triangle ELM$ 则为生产效应,$\triangle EMH$ 为自由贸易区的形成使该商品价格下降所产生的消费效应。第二,如果 X 国的需求为 D_x',X 国的价格就更接近上限 OP_3(如果高于 OP_3,区外商品就会进入 X 国)。这样,X 国就向自己的市场提供 OQ_2 的商品,Y 国向 X 国提供 Q_2Q_5 的商品,此时贸易创造为 $\triangle ENI$。

如果 X 国实行的不是禁止性关税 RP_3,而是 RP_3',那么自由贸易区形成后,X 国的有效供给曲线就是 $P_1HIJ'K$。需求曲线为 D_x 时的贸易创造就为四边形 $N'LHF$,其中 $H'LMQ$ 为生产效应,$QMHF$ 为消费效应。而需求曲线为 D_x' 时的贸易创造为四边形 $N''NIR$。通常来说,在自由贸易区内 Y 国将会以高于 OP_1 的任何价格水平上向 X 国供货,直到达到它的总供给能力上限为止,而 Y 国则通过进口区外的商品来弥补国内该商品的短缺。这样,不管 X 国市场价格是否提高,Y 国市场价格仍会维持在 OP_1 的水平,这是不能用原产地原则加以排除的情况。

如果自由贸易区各成员国对生产该商品的中间投入品的关税也不相同,则会引起区域内商品生产的扭曲。如加工成本相同,根据商品生产成本最低原则,区内生产就会集中在中间商品或原材料进口关税最低的国家。事实上,即使区内各国之间相互免除关税及其他贸易障碍,如果生产某一商品的中间投入品或原料需要从区外国家进口,而各成员国的进口关税不同,就会客观上造成区内各国间对本国产业的相对保护程度的差异。假定在上述分析中,X 国对从区外进口的中间品免税,而 Y 国则对从区外进口的中间品征收 10% 的关税。自由贸易区形成后,区内产业一般都是先满足区内市场,再向外扩张。这样 X 国的有效保护为零,而 Y 国的有效保护则为负值,即为负保护。如果加工成本相同,区内生产会自然地流向 X 国以寻求保护。而 X 国是否是一个效率更高的国家则是无法判明的。这种情况只能在关税同盟及更高级的一体化形式中才能加以排除。

现在我们从单个国家角度对自由贸易区分析扩展到对两国角度自由贸易区做进一步分析。如图 4-4(a)所示,我们仍假定有 X、Y 两国,供需如图所示,假定两国需求条件相当,但 X 国是一个效率较低的生产者,因此 Y 国的供给曲线相对更具有弹性,其生产更具有竞争力。P_w 为世界市场价格,P_wP_2 为 X 国的关税水平,P_wP_1 为 Y 国的关税水平。在自由贸易区形成之前,Y 国在价格 OP_1 的消费和生产均为 OQ_6,其关税限制了所有的进口。X 国生产 OQ_2,消费 OQ_3,其差额以 P_w 的价格从低成本的国家进口,X 国的关税

收入为 $Q_2Q_3 \times P_WP_2$。如果两国形成一个自由贸易区,会出现以下两种情况。

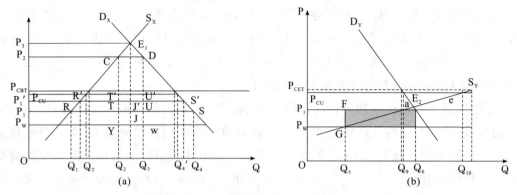

图 4-4 从两国角度对自由贸易区分析

第一种情况:自由贸易区内在价格 OP 时的供给(OQ_1+OQ_6)小于在此价格的需求(OQ_4+OQ_6),但其差额小于 Y 国在该价格水平的供给能力。在一个排除了来自最低成本国家的供给的自由贸易区内,Y 国将向 X 国市场以价格 OP_1 提供 Q_1Q_4(=Q_5Q_6)的商品,为本国市场提供 OQ_5 的商品,Y 国的其余需求 Q_5Q_6 将以 OP_W 的价格从世界其他国家进口来满足。在这种情况下,自由贸易区形成后,区内会有一个单一的均衡价格,此价格等于自由贸易区建立前两个成员国的价格中较低的一个。图中 △CRT 和 △DUS 表示贸易创造(△CRT 为生产效应,△DUS 为消费效应),矩形 TUWV 表示对最初的进口而言,X 国由从其他国家进口转为从 Y 国进口而使进口成本上升所引起的贸易转向。由上述分析可见,在 X 国贸易创造效应大于贸易转移效应,最初的关税收入与贸易转移效应之间的差额为 X 国从最初的国家财政收入到消费者的内部转移,而不是该国的实际收入损失。在 Y 国,价格水平、生产及消费量均未发生变化,但政府收入将增加阴影矩形部分,这反映了 Y 国国民收入有所增加。就世界其他国家而言,出口将比之前增加($Q_5Q_6 > Q_2Q_3$),这是由于 Y 国的供给转而去满足 X 国的需求而致。这样,自由贸易区对两国及世界其他国家而言均有益。

第二种情况:自由贸易区在价格 OP_1 时的供给小于在此价格的需求,但其差额大于 Y 国在该价格水平的供给能力。在这种情况下,X 国国内的均衡价格会达到 OP_1'(假定在此价格水平 $Q_1'Q_4'=OQ_8$)。同时,Y 国国内价格不可能超过 OP_1,一旦超过,则可以从世界其他国家进口。所以,该自由贸易区内存在两个均衡价格。此时,X 国的贸易创造效应为 △CR'T'+△DU'S',其中 △CR'T' 为生产效应,△DU'S' 为消费效应,X 国的贸易转向效应为四边形 T'U'WV。Y 国在这一情况中,生产和消费都不会产生额外成本,但政府财政收入却会增加,增加额等于右图中阴影部分再加上四边形 P_1P_WGF,这反映了 Y 国国民收入的增加。

有必要指出,如果 X 国在建立自由贸易区前也同 Y 国一样实行禁止性关税,则 X 国在上述情况下就只有贸易创造而没有贸易转向。其贸易创造为 △ERJ+△E_1JS(第一种情况)或 △E_1RJ'+△E_1JS'(第二种情况)。

为了进一步分析自由贸易区的经济效应,下面我们将人们较为熟知的关税同盟的经济效应从两国角度进行分析并将之与自由贸易区效应作对比。用图4-4(b)来进行分析,如果两国不是形成自由贸易区而是形成一个关税同盟,共同对外关税大多是按X、Y两国的原有关税的算术平均而确定,会出现以下两种情况。

第一种情况:在价格OP_{CET}(P_WP_{CET}为同盟共同对外关税)的供给大于需求。此时,共同对外关税只能决定价格的最高限,同盟内的均衡价格为OP_{CU},同盟内供需平衡($Q_7Q_8=Q_9Q_{10}$)。这样,由于P_{CU}在P_1之上,X国贸易创造效应会有所减少,而贸易转向效应却有所增加。就Y国的情况来看,在关税同盟情况下,该国的消费者会遭受损失,即反向的消费者剩余d。尽管Y国的生产者有一个净收益,但却有一个反向的生产效应e。由于共同对外关税的实施,从理论上讲,除不可替代的商品外,同盟与世界其他国家的贸易会被排除。

第二种情况:在价格OP_{CET}的供给小于或等于需求。此时,同盟内的价格为OP_{CET},即共同对外关税产生效果。此时,X国贸易创造效应进一步减少,而贸易转向效应则进一步增加。Y国则因为能以较高的价格向A国出口而获益,但却是以反向的生产和消费效应为代价的。

由上述分析可见,在只涉及最终商品的贸易以及与这种贸易有关的关税的情况下,自由贸易区是优于关税同盟这种一体化形式的。但如前文所述,如果在中间商品或原材料的贸易中也存在关税不一致的情况,自由贸易区形成之后,成员国对其他非成员国的这种关税差异会引致在该自由贸易区内生产模式的扭曲,这也会影响到自由贸易区内各成员国的有关利益。而这种情况在关税同盟的情况下是可以避免的。在此必须指出,本书的分析基本上是一个静态分析,所以尽管这种分析能够表明自由贸易区比关税同盟更优越,其意义也是有限的。另外,本书在分析时只考虑了关税这种贸易壁垒的存在,未考虑各种非关税壁垒措施的影响,这也是本书分析中的一个局限。如果再考虑进各成员国国内经济政策(如汇率、税率、利率等)的影响,资本的国际间移动等因素,情况就会更加复杂。

三、大市场理论

大市场理论是根据共同市场提出来的。其提出者认为:如果各国之间推行只顾本国利益的狭隘贸易保护政策,将市场过分分割而又缺乏适度弹性,只为本国企业提供狭隘的市场,那么将无法实现其生产经营的规模经济利益。大市场的核心理论有两个方面:一是通过国内市场向统一大市场延伸,扩大市场范围以获得规模经济利益;二是通过扩大市场范围,营造充分的竞争环境,进而达到实现规模经济效益和技术创新的目标。

共同市场比关税同盟的贸易合作程度更深、范围更广,具有坚定的制度目标。经过大市场的充分竞争,将分散、独立的小市场有机地拼接成一个大的市场整体,从而产生更大的经济福利。

共同市场将被保护的每个国家市场统一起来,在充分竞争的大市场环境下,实现规模化、专业化生产活动,从而带来可观的规模效益。

大市场理论的主要代表人物有西托夫斯基(T. Scitovsky)、德纽(J. F. Deniau)。西托夫斯基针对当时的西欧提出"小市场与保守企业家态度的恶性循环"的命题来说明大市场理论。当时的西欧和美国相比,正陷入高价格、高利润率、低资本周转率、小市场的经济困境。具体表现为:人们交往于狭小的国内市场,竞争乏力、市场发展停滞、新企业进入困难,同时高利润率持续、投资渠道受限产品价格昂贵,耐用消费品普及率低,不能大批量生产。而共同市场的介入可以打破这种局面,它可以促使充分竞争、商品价格下降、企业生产规模扩大、消费者实际收入增加,从而消费更多商品。其过程为:大市场化→充分竞争→大批量生产→生产成本降低→消费者消费增加(市场扩大)→进一步竞争→市场实现良性扩张。

德纽认为大市场化机器充分利用、生产扩大、新技术的研发、专业化生产等因素促使生产成本进一步降低,加之关税的取消会带来大众消费的增加,以及生活水平的提升使社会的投资增加,这些反过来又促进大市场经济的进一步发展。这种良性的循环往复给参与这些大市场的国家带来更加可观的经济福利。

进入大市场的国家应当具备一些条件:成员国地理位置相近,社会制度、发展水平、文化理念等方面要有一定的相似性。当然,大市场理论也存在着一些缺陷:一是无法解释国内市场存量大的国家也在同其他一般市场存量国家实行区域经济一体化。二是根据大市场理论,一方面建立共同市场理论能克服国内行业的垄断,但是实际上,各国可以制定相关的政治和经济政策来克服这些现象;而另一方面,大市场的建立会增加企业的竞争成本,使一些企业退出该市场,企业生产动力不足,与扩大市场规模相悖。三是竞争激烈的规模经济作为共同市场产生依据的认同度不是太高。

四、协议性国际分工理论

协议性国际分工是指在实行分工之前两国都分别生产两种产品,但由于市场狭小,导致产量很小、成本很高;两国经过协议性分工后,各自生产一种产品,导致市场规模扩大,产量增加,成本下降,协议各国都享受到了规模经济的好处。

协议性国际分工理论是由日本学者小岛清提出的。该理论说明经济一体化组织内部如果仅依靠比较优势来进行分工,不能完全获得经济规模效益,而这可能会引起各国企业的生产集中和垄断,影响组织内部分工的发展和贸易稳定。基于此,实行协议性国际分工会使竞争性贸易尽可能保持这种稳定状态。因为各国之间同质商品的进一步竞争会引发贸易冲突与对立,同时产生生产经营的集中以及垄断集团,不利于区域内贸易的稳定与发展,这就需要寻求一种与比较优势原理不同的新理论,即协议性分工理论。此外,传统的贸易和分工理论只研究了在成本递增的情况下,通过比较优势来实现国际分工,却对成本递减以及成本不变的情况没有研究。实际上,在世界经济中成本递减或不变的情况也是普遍存在的,经济一体化的目的之一是通过扩大市场来获取规模经济收益,因此具有很强的研究性。

协议性国际分工虽不同于市场价格机制,但都是调节国际分工能力的有效形式。现在我们对协议性国际分工理论进行具体分析,如图 4-5 所示。

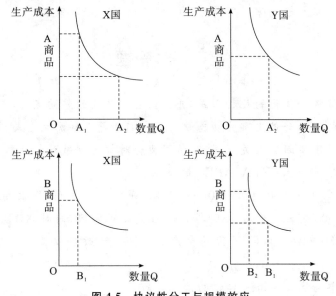

图 4-5　协议性分工与规模效应

假设分工之前国家 X 和国家 Y 都分别生产 A 和 B 两种商品,图中显示了两国的成本递减曲线。现 X 和 Y 两个国家达成市场协议,即 A 商品完全由 X 国生产,Y 国将国内 A_2 的市场供给量交给 X 国生产;B 商品全部由国家 Y 生产,X 国将国内 B_1 的产量让给 Y 国生产。两国分别生产协议商品,实行专业化生产后,如图所示,两种商品的生产成本降低。如果将成本、价格下降产生消费者收入效应所带来的两国对每种商品的需求量的增加考虑进去,实际效果更加明显。需要强调的是,X 国把 B 的市场让给 Y,同时,Y 国把 A 的市场让给 X 国,即必须达成互相提供市场的协议。

并不是任何国家都可以进行协议性国际分工,如果想通过协议使各国获得规模经济效益,需要具备下列三个条件。

一是两个或两个以上的国家之间的各种生产要素禀赋比率、资本总量和总体的生产技术水平相当,工业化水平与经济发展阶段大体相同,对象商品在任何国家都能被生产。在这种模式下,原本互相竞争的国家开始协作以扩大生产分工和商品贸易市场,即产生贸易效应,也是协议性国际分工所追求的目标。而对于各种要素禀赋比率和经济发展水平差距较大的国家之间,则并不需要这种协议分工,因为弥补这些差距所产生的成本可能会高于预期创造贸易效应所带来的效益,所以没有必要冒着这种风险去开展这种协议分工。

二是协议分工的对象必须是能够带来规模收益的商品。

三是对达成协议的任何国家而言,生产协议分工的商品利益在各个国家的差别并不是很大,否则就不会容易达成这种协议。

关键词

区域经济一体化　优惠贸易安排　关税同盟　自由贸易区　共同市场
协议性国际分工　欧共体　贸易创造　贸易转移　经济联盟

复习思考题

1. 列举区域经济一体化的几种形式,并指出它们之间的异同点。
2. 关税同盟的建立会产生哪些动态效应?它们又是怎样影响参与国的?
3. 随着新成员国不断加入关税同盟,该同盟会对贸易创造和贸易转移有何影响?
4. 分析和比较 EU、NAFTA、APEC 的特点。
5. 假设 X 国每年从 Y 国进口 120 万件西服,每件 400 美元,征收 50% 的关税后,每件西服的价格为 600 美元。假设 X 国与 Z 国组成关税同盟,同时 X 国只向 Z 国进口该西服,每年进口 150 万件。请问 X 国的生产者、消费者、政府以及全世界整体福利都有何变化?
6. 简述中国参与区域经济一体化的情况。

第五章　跨国公司与国际贸易

学习目标

掌握跨国公司的定义以及跨国公司包含的三要素；掌握跨国公司内部贸易的含义及成因、转移价格的含义及动机；掌握垄断优势论、内部化理论、国际生产折衷理论、边际产业理论、产品生命周期理论的主要内容；熟悉跨国公司的形成和发展、了解跨国公司的组织形式。

学习重点与难点

跨国公司定义及其包含的三要素；跨国公司内部贸易的含义及成因；垄断优势论、内部化理论、产品生命周期理论。

课堂导入

华为跨国经营

华为作为世界500强唯一一家没有上市的公司，在跨国投资的过程中表现出了不凡的业绩。21世纪初，华为以成本领先优势进入国际市场，因为当时通信设备的关税较低，而国际电信巨头的研发成本极高，因此电信巨头公司被迫与华为签署战略合作协议，国内市场竞争的格局发生巨变。

华为的成功是多方面战略选择的结果。在市场选择初期，华为主要是以发展中国家为主，依靠发展中国家的低成本制定低价，从而建设自主品牌，与发达国家与巨头公司坚持战略合作，积极进行商务谈判。市场拓展从非洲、东南亚到中东，最终挺进欧美市场。华为采用的具体方式为先后在全球建立12个研究所，并且对研发系统实行CMM管理，即软件的能力成熟度模型管理，这是当时最新的软件开发理念，能够提高公司的软件质量与市场竞争力。同时，华为以高价引进国际先进人才与技术，以实现全球同步开发为目标，打入国际市场。

(陈花.华为跨国经营案例分析[J].文教研究,2018年4月.)

讨论：什么是跨国公司？请对华为国际投资过程中的优劣势进行分析，它为我国企业跨国经营投资提供何种启示？

第一节　跨国公司概述

一、跨国公司的定义

（一）定义标准

跨国公司（Transnational Corporation），又称"多国公司"（Multinational Corporation）、"国际公司"（International Corporation）、"国际企业"（International Business）、"全球企业"（Global Corporation）。各种机构和学者根据不同的标准对其下了各种各样的定义，现介绍以下三种标准定义。

1. 结构标准

凡采用"企业经营的跨国程度""企业的所有权""企业高级经理人员的国籍"和"企业的组织形式"作为划分标准和尺度的，都属于结构性标准。在这种体系下，跨国公司需满足以下条件之一：

(1) 在两个以上的国家经营相关业务；

(2) 公司的所有权由两个以上不同国籍的人所拥有；

(3) 公司的高级经理人员分别来自两个以上的国家；

(4) 公司的组织形式以全球性地区和全球性产品为基础。

2. 营业实绩标准

营业实绩标准是指跨国公司在国外活动的生产值、销售额、盈利额、资产额和雇员人数要在整个公司业务活动中达到一定的比例。目前，对于百分比的具体值还没有统一的标准，但在实践中通常采用25%作为衡量标准。

3. 行为标准

行为标准是指跨国公司要具有全球战略目标和动机，即站在全球范围整体利益最大化的角度，公平对待世界各地的商业机会和分支机构。随着公司经营活动由一国走向多国，直到定位于全球化目标，它的行为决策也由以母国为中心到兼顾国外子公司的要求，再到以全球利益为目标。公司只有进入到"以全球为中心"的状态，才称得上是真正的跨国公司。

（二）基本要素

联合国经济和社会理事会在20世纪70年代初召开的会议上，较全面地讨论了跨国公司的定义及各种准则，并于1974年作出决定，统一采用"跨国公司"这一名称。

1986年联合国《跨国公司行为守则》里对跨国公司的定义是："本守则中使用的跨国公司一词系指在两国或更多国家之间组成的公营、私营或混合所有制的企业实体，不论此等实体的法律形式和活动领域如何;该企业在一个决策体系下运营,通过一个或一个以上的决策中心使企业内部协调一致的政策和共同的战略得以实现;该企业中各个实体通过所有权或其他方式结合在一起,从而其中的一个或多个实体得以对其他实体的活动实施有效地影响,特别是与别的实体分享知识、资源和责任。"

综合上述定义标准以及联合国的观点,我们认为跨国公司应该包括以下三种要素。

其一,在两个或两个以上的国家从事经营活动。

其二,有一个统一的中央决策体系和全球战略目标。

其三,其遍布全球的各个实体分享资源和信息并分担相应的责任。

二、跨国公司的形成和发展

跨国公司是垄断资本主义发展的产物,资本输出是其形成的基础。随着资本主义从自由竞争逐渐向垄断阶段过渡,"过剩资本"的大量形成直接成为资本国际流动的动力和源泉。

(一)早期跨国公司

一般我们将第二次世界大战之前形成的跨国公司称为"早期跨国公司",它的前身多为殖民地企业和贸易企业。早期跨国公司将业务活动的重心由各自的殖民地向其他国家扩张,由经营商品买卖转向投资生产活动,资本输出成了大规模的现象,真正意义的跨国经营已经形成。

17、18世纪重商主义时期,带有股份公司性质的大型殖民地贸易公司开始出现,如东印度公司、弗吉尼亚公司、马萨诸塞湾公司、哈德逊湾公司等。这些公司以经营贸易和航运为主,逐步扩大到银行和金融业,但它们的经营带有掠夺性,不利于各国民族工业的发展,因此遭到了各国强烈的抵制。

欧洲工业革命之后,西方国家为了获得原材料和争夺市场,改变股份公司的海外经营策略,在自己具有比较优势的产业领域积极开展对外直接投资。1865年,德国弗雷德里克·拜耳公司在美国纽约的奥尔班尼开设一家制造苯胺的工厂;1866年,瑞典制造甘油、炸药的阿佛列·诺贝尔公司在德国汉堡开设炸药工厂;1867年,美国胜家缝纫机公司在英国的格拉斯哥创办缝纫机装配厂。这三家公司被西方看作对外直接投资的先驱、早期跨国公司的代表。19世纪末到20世纪初,由于第二次科技革命的影响和现代企业组织的发展,欧美很多大企业都开始向海外投资、设立工厂或分公司,实行国内工厂和国外工厂同时生产、同时销售,成为现代跨国公司的先驱。代表的公司有美孚石油公司、通用电气公司、伊斯特曼·柯达公司、英荷壳牌公司、西门子公司、飞利浦公司、雀巢公司等。

(二)现代跨国公司

第二次世界大战以后特别是20世纪50年代末60年代初,跨国公司成为对外直接投资的物质载体,进入了空前发展的新时期。这一时期产生的跨国公司我们一般称之为"现代跨国公司"。

1."二战"后跨国公司迅速发展的原因

"二战"后跨国公司迅速发展的根本原因是第三次科技革命的发生和经济国际化的发展,具体来说有以下几点:

(1)科技革命提供了前提条件。"二战"后科技革命为跨国公司的迅猛发展提供了基本前提条件。现代交通技术使原料、劳动、产品能便捷安全地从一地移动到另一地,通讯技术则使以思想、指令、符号等体现的信息在各地之间输送,这两类技术使得要素与产品以前所未有的速度在世界范围内流动,全球市场得以形成。

(2)大量垄断资本寻求高利润。垄断资本主义国家经过半个多世纪的垄断统治,尤其经历了战后资本主义经济的黄金发展时期,积累了大量的垄断资本,国内有限的投资场所和相对昂贵的投资成本促使这些大量的过剩资本向外寻求发展机会,以获得更高利润。

(3)国际分工的深化提供了现实基础。第三次科技革命后,以自然资源为基础的传统国际分工已经逐步转变为以产品、零部件、工艺专业化为基础的国际分工,这种由垂直型逐渐变为水平型的国际分工为垄断资本主义各国在全球最佳地点配置生产力提供了现实基础。

(4)产业结构调整带动跨国生产与经营。科技革命使垄断资本主义国家从工业经济向信息经济转变,随着产业结构在国际上的梯度转移,发达国家可以将其相对落后的"夕阳"产业移出本土,使其在发展中国家进行生产和经营。

(5)跨国银行发展的推动作用。"二战"后跨国银行的迅速发展推动了跨国公司的发展。有些跨国银行通过投资或参股,本身成为跨国公司;有些跨国银行为跨国公司融资,使跨国公司突破资金限制实现快速发展。

(6)各个国家纷纷放宽对外资的限制。为了改善国内投资环境,"二战"后许多国家相继放宽对外资输入的限制,成为跨国公司迅速发展的一个促进因素。

▶▶▶▶ **拓展阅读 5-1**

吸收外资,我们更加有魅力

《2018世界投资报告》显示,2017年全球外国直接投资(FDI)为1.43万亿美元,同比下降23%。这不仅是该项数据历史上少见的连续两年下滑,还与加快增长的全球GDP及贸易形成鲜明对比,有些出人意料。尽管全球外国直接投资低迷,中国利用外资却不断亮出好成绩:2017年,中国吸引外国直接投资1360亿美元,创历史新高。2018年上半年,中国实际利用外资4462.9亿元人民币,继续保持增长态势。

劳动力成本上涨、资源土地约束加强、超国民待遇政策退出……近几年,我国利用外资传统比较优势发生的变化,一度引发有些人对外资是否会撤离的担忧。

然而,事实证明,中国不仅保持了对跨国公司投资的吸引力,还实现了规模质量双提升。在传统优势不断弱化的今天,中国利用外资又有了哪些新魅力?

1."市场牌"——中国机遇潜力巨大

"中国对外资的吸引力不减,很重要的一个因素是不断扩大的市场机遇。"对外经贸大学教授桑百川认为,在今后相当长时期,我国仍处于发展上升期,蕴含巨大内需。中国市场规模在扩张,结构也在快速升级。人均收入水平提高、消费结构升级会带来很多新需求,如居民需要更多优质的信息、医疗、健康、金融、文化等服务产品,跨国公司在这些领域有一定优势。

2."开放牌"——外企拥抱更多领域

大幅扩大服务业开放、基本放开制造业、放宽农业和能源资源领域准入……新修订的2018年版外商投资准入负面清单6月底正式出炉。与2017年版相比,新版负面清单从63条减少到48条,明确在22个领域大幅度放宽市场准入。

3."环境牌"——营商便利实实在在

2018年6月底之前,我国实现外商投资企业商务备案与工商登记"一口办理"。外资企业或外国投资者通过登录各地市场监管部门网站上的"单一窗口",在线填写"单一表格",就可以同时办理商务备案和工商登记手续,整个过程"无纸化""零见面""零收费",不用跑两个部门,也不用重复填报信息,节约时间成本、人力成本。

当前,随着世界经济复苏,跨国投资出现回暖迹象,各国对跨国投资的吸引力度不断加大。虽然面临激烈的国际引资竞争,但中国有持续增强的高水平产业配套能力、高素质的人力资源、持续优化的营商环境、巨大的市场潜力,我们有底气实现利用外资的高质量发展,让中国始终成为外商投资的热土。

2. 现代跨国公司的发展

现代跨国公司发展可以分为三个阶段:"二战"后初期至20世纪60年代末为第一阶段,美国跨国公司占绝对优势地位,是唯一有能力出口并在国外扩展的公司,可概括成"世界的美国化";自20世纪70年代初开始至80年代末为第二阶段,国际直接投资格局逐步由美国占绝对优势向多极化方向发展,西欧和日本经济在"二战"后得到迅速恢复,它们的对外直接投资也很快发展起来,跨国公司数量增加,可概括成"美国的世界化";自20世纪90年代初期至今为第三阶段,对外直接投资持续大幅增长,跨国公司数量空前增长,在全球经济一体化时代获得长足发展。

总的来说,"二战"后跨国公司的迅猛发展大大推动了资本国际化和生产国际化的进程,促进了各种生产要素在国家间的移动与重新组合。跨国公司是推动经济全球化和一体化的主要力量之一。

而随着国际经济环境的复杂变化,跨国公司的发展也会受到较大影响。联合国《世界投资报告2018》(下称"报告")日前在瑞士日内瓦发布,报告显示2017年全球跨国投资低迷,而中国吸收外资在世界排名第二,位居美国之后。报告指出,2017年全球外国直接投资(FDI)下降23%,为1.43万亿美元,这与全球GDP及贸易增长加快形成鲜明对比。外国直接投资下降主要是跨境并购大幅下降22%所造成的。报告显示,2017年除了大型并购减少之外,全球已宣布的绿地投资额也下降了14%,其原因系全球投资回报率下降。据统计,2017年外商投资的全球平均回报率为6.7%,低于2012年的8.1%。其中,非洲、拉美及加勒比地区的投资回报率的降幅最大。报告指出,资产投资回报率下降可能会影响外国投资的长期前景。此外,投资保护盛行导致目前比以前的投资限制措施更多。另外,主要国家贸易关系紧张和地缘政治风险加大,跨国公司对外投资更加谨慎。

(三)新时代背景下跨国公司发展的新趋势

随着互联网技术的高速发展,跨国公司的发展战略也做了新的调整,重视跨国公司中竞争与合作的关系尤为重要,新时代背景下跨国公司发展也出现了一些新趋势。

1.发展中国家作为跨国投资主体发展迅速

近年来,世界跨国投资主体发生了显著变化,由单一中心变为多极中心。所以,未来发达国家跨国公司相互之间的投资仍会继续增加,发展中国家之间不同层次的"水平式"投资也会迅速发展;发展中国家的跨国企业到发达国家投资的"逆向流动"会增多且向深度发展;亚洲仍是跨国公司直接投资最活跃地区;拉美、非洲等国家和地区跨国公司的直接投资也将继续增加。

> **拓展阅读 5-2**
>
> **"一带一路"日益成为中国跨国公司投资的重要方向**
>
> 2018年4月,以"中国跨国公司与'一带一路'建设"为主题的《中国跨国公司发展报告(2017)》在对外经济贸易大学发布。报告认为,自"一带一路"倡议提出以来,对"一带一路"的投资成为中国企业尤其是中国跨国公司海外投资的热点和重要方向。
>
> 报告指出,中国跨国公司从无到有、从小到大、从少到多,已经逐渐发展成为全球跨国公司大家庭的重要组成部分。在中国对企业对外投资进行管控、整体对外投资同比下降40%以上的背景下,对"一带一路"的投资成为热点,说明"一带一路"日益成为中国跨国公司海外投资的重要方向。中国跨国公司在世界的影响力不断增强,成为支持国内结构调整和转型升级的重要力量,也成为带动世界投资与发展的重要力量。
>
> "一带一路"倡议作为中国开放经济发展的重要战略,自提出以来,以其丰富的内涵和务实的合作实践,引发了全世界的关注和相关国家的积极响应,从而在复杂

多变的国际形势下为全球发展提供了可行的行动方案。"一带一路"建设成为世界各国推动全球化发展、反对保护主义的重要措施。中国跨国公司是"一带一路"倡议的实施者、建设者和重要主体之一,"一带一路"倡议也为中国跨国公司的发展提供了广阔天地和大好机遇。

2. 跨国并购是跨国公司对外投资的主要手段

跨国并购是跨国兼并和跨国收购的总称,是指一国企业(又称"并购企业")为了达到某种目标,通过一定的渠道和支付手段,将另一国企业(又称"被并购企业")的所有资产或足以行使运营活动的股份收买下来,从而对另一国企业的经营管理实施实际的或完全的控制行为。跨国并购相比于跨国创建有很多优势:可以绕开或降低进入新行业的壁垒;可以减少企业发展的风险和成本;可以迅速进入东道国市场、占领市场份额,缩短项目的建设或投资周期。因此,近些年来跨国并购成为跨国公司对外投资的主要手段。从1995年以来,全球跨国并购浪潮风起云涌,到2000年进入高潮,近些年则回归步入调整期。跨国并购额从1990年的1866亿美元增加到2000年1.1万亿美元,跨国并购额占全球直接投资的比重从1995年的57%上升到2000年的85%,近些来年跨国并购总额虽比2000年有所下降,但跨国并购在国际直接投资中的主体地位并未动摇。

3. 各大跨国公司实施国际战略联盟

面对国际经济中日益激烈的竞争,国际市场的进入方式也在不断创新。跨国公司之间缔结战略联盟,是指两个或两个以上的跨国公司在共同投入、互补优势资源的基础上,在某些方面(如研发、生产、开拓市场等)形成协力运作的战略合作伙伴关系。这种合作使双方既能从对方获得各自所需,又能保持经营上的独立性。目前,跨国公司战略联盟涉及的领域十分广泛,主要集中于国际竞争异常激烈的半导体、信息技术、电子、生物工程、汽车制造、仪器、食品饮料、航运和银行等资本、技术密集型行业,并且其战略合作覆盖从科研开发到生产、销售、服务的全过程。

4. 技术发展中更强调研究与开发(R&D)

技术一直被认为是跨国公司发展的核心动力。跨国公司必须使本企业的技术要素在全球各地优化配置,以此来面对复杂的国际市场,使得产品多样化,满足不同消费者的需要,同时增加研究与开发投入,利用不同国家的科技技术资源,降低开发成本和风险,使得技术利用最大化,从而带来最大的收益。

5. 互联网的组织结构得以实施

互联网的发展改变了传统的公司经营模式,让跨国公司的交易突破了交易地点和交易时间的限制。通过互联网的组织结构,跨国公司可以接触到更大的市场,从而获得更大的发展空间。互联网的组织结构可以使跨国内部资源得到有效整合,使交易成本得以下降,为跨国公司谋得更大的利润。

三、跨国公司的组织形式

(一)法律组织形式

跨国公司的主要法律组织形式有母公司、分公司和子公司。

1. 母公司

母公司是指通过拥有其他公司一定数量的股权,或通过协议方式能够实际上控制其他公司经营、管理、决策的公司,使其他公司成为自己的附属公司。

对于上述"一定数量的股权"各国有不同的规定。美国《公共事业法》规定是10%以上;法国规定控制一半以上的股本;英国法律规定,符合下列三项条件之一就能构成母公司与子公司的关系:

(1) A公司是B公司的在册股东,并能实际控制B公司的董事会。

(2) A公司拥有B公司一半以上的股票。

(3) B公司是A公司的子公司所拥有的子公司。

母公司具有独立的法人地位,对子公司承担有限责任。母公司实际控制子公司的经营管理权,以参股或非股权安排形式行使其对子公司的控制权。

2. 子公司

子公司是指一定比例的股份被另一家公司拥有或通过协议方式受到另一公司实际控制的公司。

子公司在经济上受母国公司的控制,但在法律上是独立的法人;子公司拥有自己的公司名称和章程,可独立进行诉讼活动;子公司财务独立、自负盈亏,可公开发行股票,并可独立借贷;子公司停业撤出时可出售股票或与其他公司合并或变卖资产。

设立子公司有很多有利之处。由于子公司在东道国是以一个"本国"公司的身份开展业务的,受到的限制较少,可以更好地开拓当地市场、进行融资和开展创造性的经营管理;子公司在避税方面也具有更大的灵活性,因为其财务独立、自负盈亏,可以不将利润汇回母公司,而汇到避税地的另一子公司,享受"合法"避税的利益。但是,子公司在东道国是一个独立法人,要建立东道国公司法所规定的行政管理机构,因而设立手续复杂,行政管理费用较高,这是设立子公司的不利之处。

3. 分公司

分公司是母公司的一个分支机构或附属机构,在法律上、经济上没有独立性,只是总公司的一个组成部分。

分公司不具有法人资格,不能独立承担法律责任,其一切后果及责任由总公司承担;分公司由总公司授权开展业务,自己没有独立的公司名称和章程;分公司没有独立的财产,其所有资产属于总公司,母公司对分公司的债务承担无限责任;分公司从东道国撤出时,只能出售其资产,不能转让其股权,也不能与其他公司合并。

设立分公司有一定的优势,其设立手续比较简单,便于母公司全面直接的管理;由于不是独立核算的法人,分公司与母国公司同属一个法律实体,故可享受税收优惠。但是,分公司在登记注册时需披露母公司的全部业务活动和财务收支状况,这会给母公司的业务保密带来损害;分公司在东道国被当作"外国公司",因此在当地开展业务有一定的困难。

(二)管理组织形式

跨国公司从事全球生产经营活动,业务内容丰富、分支机构众多、经营地区广泛、产品多种多样,所以要采用科学合理的组织结构以充分利用全球资源,实现公司全球利润最大化。跨国公司通常采用的管理组织形式包括:国际业务部、全球性产品结构、全球性地区结构、全球性职能结构和矩阵式结构。跨国公司会根据自身的规模、经营产品、地区等实际情况来选择适合自己的公司组织结构。

1. 国际业务部

跨国公司设立国内业务部和国际业务部,其中,国际业务部直接负责公司的出口、许可证贸易和对外直接投资业务,并负责协调公司所有的国际业务活动。它可以利用各种投资手段为子公司筹措资金,充当各子公司交流经验的渠道,还可以利用转移价格来减轻公司的纳税负担。

这种组织结构的优点在于能够加强对国际业务的管理,提高企业的国际市场意识,实现公司业务更好地与世界市场接轨;有利于培养国际型经营管理人才。它的缺点在于人为地将国内业务部与国际业务部分开,造成它们在内销外销、技术支持上的对立,容易引发争议,不利于公司有限资源的优化配置。

当一家公司处于由单纯出口走向国际经营的阶段时,适合采用这种组织方式。该组织形式有利公司搜集信息、探索经验、培养人才,为进一步开展全球性经营打下基础。

2. 全球性产品结构

跨国公司在全球范围内设立各种产品分部,每一个产品分部都具有较为完备的职能,负责与本部门产品相关的一切生产、销售、研发、人事及财务决策。

这种组织结构的优点在于强调产品制造和市场销售的全球性规划;有利于加强产品的技术、生产、销售和信息的统一管理;最大限度地缩小国内外业务的差别。它的缺点在于不利于公司对长期投资、市场营销、资源配置和利润分配等全局性问题进行集中统一的决策;不同产品机构设施重叠,造成人、财、物的浪费,并且增加了内部协调工作的困难。

那些产品种类繁多,产品的最终用户市场存在较大差异,以及产品类别之间生产技术自成体系的企业,比较适合采用全球性产品结构。

3. 全球性地区结构

跨国公司以地区为单位,设立地区分部从事经营活动,每一个地区分部均具有企业的所有职能,可以在主管的区域内调节销售、生产和财务方面的工作。

这种组织结构的优点在于有利于制定地区针对性强的产品营销策略,适应不同市场的需要,发挥各分支机构的积极性、创造性。缺点在于不能适应产品多样化的要求;地区利益与总体利益易产生冲突;地区之间难以展开新技术和新产品的研究和开发。

那些产品种类不多,产品的质量、包装、生产技术比较统一,同时销售市场分布比较广泛的企业,比较适合采用全球性地区结构。

4. 全球性职能结构

跨国公司按照生产、销售、科研、财务等主要职能分别设立职能部门,各个职能部门都负责该项职能的全球性业务。

这种组织结构的优点在于公司可以在世界范围内充分发挥其职能优势,提高效率;易于实行严格的规章制度;有利于统一成本核算和利润考核。它的缺点在于较难适应产品的多样化和经营区域的扩展;各个职能部门的分割可能导致各部门目标的分离和失调,不利于企业发展。

全球性职能结构主要适用于产品系列比较简单、市场经营环境比较稳定的跨国公司。

5. 矩阵式结构

跨国公司在明确权责关系的前提下,对公司业务实行交叉管理和控制,将产品分部与地区分部结合起来纵横交错,构成矩阵式,以在全球效率和地区适应性方面寻求平衡。

这种组织结构的优点在于增强了公司整体实力,有利于将产品生产和销售与市场竞争、环境变化、东道国政府政策等因素进行综合分析和处理,使公司具有较强的应变能力。它的缺点在于组织结构过于复杂,难以协调各层次之间的利益关系;产品经理和地区经理统一决策的过程缓慢而繁琐,地域、时间、语言、文化之间的差异会使他们相互之间产生很多的争论和矛盾,不利于管理。

当跨国公司的规模已经十分庞大、产品种类繁多、业务内容丰富、经营地区广泛时,矩阵式组织结构是较为理想的选择。

第二节　跨国公司内部贸易

一、跨国公司内部贸易的含义及其产生的原因

(一)跨国公司内部贸易的含义

跨国公司内部贸易是指在跨国公司内部产生的国际贸易,也就是母公司与国外子公司之间以及国外子公司之间在产品、技术和服务方面所进行的交易活动。这种交易虽然导致商品、原材料、技术等跨越国界进行流动,但是交易行为主体实际上是同一个

所有者,既具有国际贸易的特征,又具有公司内部商品调拨的特征,故称为"内部贸易"。

据统计,20世纪世纪70年代,跨国公司的内部贸易仅占世界贸易总额的20%,80—90年代上升到40%,目前这一数字已经达到80%,且有进一步上升的趋势。

跨国公司内部贸易与正常的国际贸易存在着很大的不同。

1. 交易动机不同

跨国公司内部交易动机不是以单次交易而是以综合交易为基础的,贸易的商品数量、商品结构以及地理流向等都要受公司长远发展战略计划、生产投资计划、市场营销计划和利润分配计划的控制和调节。

2. 交易价格的制定主体不同

交易价格不是由国际市场供求关系所决定的,而是由公司内部自定,公司通过实行转移定价来平衡跨国公司总体利益与各子公司局部利益之间的矛盾和冲突。关于转移定价的具体问题我们将在后文详细叙述。

(二)跨国公司内部贸易产生的原因

从总体来看,跨国公司内部贸易的开展是现代国际经济发展的一种必然趋势。当企业的发展扩展到国际范围时,贸易保护主义造成的国际贸易障碍和国际市场不完全,国内、外两个市场的差异造成的额外风险和不确定性,都会成为跨国公司谋求利润最大化的桎梏。同时,技术进步和国际分工的发展使传统的水平分工逐步让位于垂直分工,公司间分工转化为公司内部分工。因此,外部环境和内部因素都促使跨国公司将相当一部分的国际贸易转化为公司内部贸易。

具体来说,跨国公司开展内部贸易的原因有以下几个方面:

1. 降低交易成本

国际贸易在国际市场上运作必须付出成本代价,为寻找交易对象、获取价格信息形成搜寻成本,为达成有利的交易价格和条件形成谈判成本,为保证合同顺利执行形成监督成本。而在内部贸易中,交易双方都是一个统一经济利益主体的内部成员,所以可以避免上述外部交易市场所特有的成本支出。当然,为了组织和安排内部贸易也会产生一些额外成本,但这些成本却是少于外部市场交易成本的。正是出于这种考虑,跨国公司的部分交易就会优先选择以内部贸易的方式开展。

2. 消除外部市场的不确定性

在跨国公司的生产过程中,有些中间投入是高度特定的,在质量、性格、规格上都有特殊要求,如果由外部市场供应,会产生很多的不确定性。原材料的供应也有类似的问题,由于供给地点分散、质量差异大、自然条件不同以及人为限制,出现价格波动和供给中断的可能性比较大。只有把这些经营活动纳入整个跨国公司的体系,才能大大降低不确定性,确保中间产品和原材料的供应符合公司的整体要求,保证产品质量的稳定和生产过程的持续。

3.提高交易效率

跨国公司内部贸易的效率高于通过外部市场进行交易的效率。具体表现在：一是内部贸易可以消除因所有权独立所造成的利益对立，避免交易过程中因所有权交换引起的摩擦；二是面对内部贸易，跨国公司能有更强的决策能力和应变能力，使交易活动更顺畅。另外，信息的传递在跨国公司管理层级组织内部更具有权威性，从而减少了信息的不对称。

4.防止技术优势丧失

对技术的垄断是跨国公司的特有优势，也是其存在和发展的关键。但由于技术具有容易扩散和使用上的排他性等特点，公司高技术产品在外部市场交易中可能被仿制，因此只有通过内部转移和内部出口才能使跨国公司保持其技术优势。技术性产品交易多以内部贸易形势开展。

5.利用转移定价获得高利润

转移定价不受市场供求影响，只取决于公司经营管理上的需要。转移定价有很多优势，其中一个便是可通过转移高价和转移低价使公司获取高额利润，同时巩固自己的垄断地位。

二、跨国公司的转移定价

（一）转移定价的含义及定价方法

1.含义

转移定价是指跨国公司内部，在母公司与子公司、子公司与子公司之间相互销售货物、提供劳务、借贷资金以及租赁和转让有形或无形资产等时，人为确定相关价格的方法。这种价格通常不按市场供求关系变化，而是根据跨国公司的战略目标和整体利益最大化的原则由上层决策人直接确定。

2.定价方法

跨国公司实行转移定价的商品有两大类：一是有形商品，如零部件、半成品和机械设备；二是无形商品，如技术、咨询服务等。确定这两大类商品的转移定价的原则是不同的。

对于有形商品的转移定价，又可分为两种定价体系，一种是内部成本加调高（或调低）的转移价格的定价体系，这里的"内部成本"根据企业实际情况的不同可能是成本或成本加一定百分比毛利或成本加管理费用；另一种是外部市场价格加调高（或调低）的转移价格的定价体系，这里的"市场价格"一般为国际市场价格，当没有国际市场价格时则以中间产品按成本加成作为定价的基础。

对于无形产品（如专利费、佣金、技术服务费、管理费等）的转移定价，由于缺少相应的可比价格和定价基础,没有具体的定价方法,主要取决于掌握市场信息的情况和谈判中讨价还价的能力。

(二)转移定价的动机及其实现

转移定价所确定的价格是跨国公司的一种战略性价格,它为公司克服贸易障碍、减轻税收负担、降低交易风险以及提高经济效益提供了合法有效的手段,使跨国公司在国际市场中获得竞争优势。转移定价的动机具体有以下几点。

1. 减少所得税支出

企业所得税是跨国公司最大的税负,各子公司要根据其在经营业务中所取得的利润向东道国缴纳所得税。合理利用转移定价,跨国公司就可以把高税率国家子公司的利润转移到低税率国家或者避税地的子公司,以此来减少所要缴纳的所得税。下面举例说明,假设某跨国公司要把中间产品从英国子公司销售到日本子公司(假设两国的所得税率都较高),它就会先以低价将产品从英国子公司销售到避税地子公司,再由避税地子公司以高价销售到日本子公司。这样的话,英、日子公司的利润都由避税地子公司获得,公司整体的税负减少。当然,在实际业务中,产品可由英国直接发往日本。

> 拓展阅读 5-3

国际避税地

国际避税地通常是指那些可以被人们借以进行所得税或财产税国际避税活动的国家或地区,它的存在是跨国纳税人得以进行国际避税活动的重要前提条件。这些避税地通常具备无税或相对低税率,交通和通讯便利,银行保密制度严格,有稳定的货币和灵活的兑换管制,有一个重要且不合比例的金融业而实质性的交易活动相对比例较少等特征。通常跨国公司都会在避税地设立子公司,以方便进行国际业务和财务调动。

国际避税地的类型有:

1. 不征收任何所得税的国家和地区。如:巴哈马共和国、百慕大群岛、开曼群岛以及瑙鲁。

2. 征收所得税但是税率较低的国家和地区。如:瑞士、列支敦士登、海峡群岛。

3. 所得税课征仅实行地域管辖权的国家和地区。如:中国香港、巴拿马、塞浦路斯等。

4. 对国内一般公司征收正常的所得税。如:卢森堡、荷属安第列斯等。

5. 与其他国家签订有大量税收协定的国家。根据国际税收协定,缔约国双方要分别向对方国家的居民提供一定的税收优惠,主要是预提所得方面的税收优惠。如:荷兰。

2. 减少关税支出

子公司若处于高关税国家，跨国公司可以通过转移定价降低该公司的进货价格和进口额，从而减少进口关税。举例说明，假设某跨国公司要把一批半成品从英国子公司运往日本子公司（假设进口关税较高），制成成品后再销售到免税区，母公司就会压低半成品的售价，使产品尽可能在日本得以增值，这样整体所需缴纳的关税就会减少。

值得注意的是，若同时考虑所得税和关税，情况就会变得复杂。跨国公司应当通过仔细的计算和比较，选择使两种税负之和最小的转移定价方法。

3. 绕过东道国的价格管制

东道国政府为了维护本国市场，通常对于进口到国内的商品价格有一定的控制，这里主要针对倾销和垄断。

构成倾销的条件是商品在国外的销售价格低于正常价格。这里的正常价格有三种表示方式：一是出口国或原产地的国内市场销售价格；二是第三方国内市场价格；三是成本＋运费＋利润＋税收（成本加成）。如果可以争取到以第三种方式定价，母公司就可以将原材料等以低价出售到国外子公司，这样子公司产品的价格低未必就是倾销，而是由成本低造成的。

同理，母公司有时还可以提高出口到国外子公司的原材料、零部件、半成品等的价格，这样子公司产品的价格高未必就是垄断，而是由成本高造成的。

4. 方便调拨资金

跨国公司所实行的多国经营，需要利用众多资本市场，实现资金的自由调拨与配置。若直接通过国际市场调拨资金，会受到东道国的外汇管制和其他方面的限制，因此跨国公司选择通过转移定价在公司内部配置资金。

比如，某子公司急需资金来开发新技术和新产品，母公司在向其出售原材料等时，就可降低销售价格，使子公司有更多的利润和可利用资金。再比如，某子公司所在国的利率较高，那么母公司就可通过转移定价将利润转移出该子公司，使资金流向收益高的地方。

5. 在合资企业中占优势

假设某合资经营企业，东道国和跨国公司子公司的起初各持股分别为70%和30%，由于按投资比例分红，跨国公司获利较少。跨国公司可利用转移定价从一些子公司高价购买原材料，再低价出售给另一些子公司，长期下去合资企业就会表现为亏损。若此时追加资金进行生产，东道国往往会因为缺乏资金而力不从心，此时跨国公司便可以以资金换取股权，增大其持股比例直到超过东道国。

6. 其他动机

某些工会组织会代表工人利益，要求公司为职工增加工资和福利，公司可通过转移定价减少子公司利润，以缓解加薪压力。

某子公司出现资金短缺需要向银行借款时,可通过转移定价将利润集中在该公司,以提高它的信用评级,方便借款。

假设子公司 A 所在国的货币为硬币(汇率稳定或趋于升值),子公司 B 所在国的货币为软币(汇率不稳定或趋于编制),为了尽可能地减少汇率波动带来的风险,可通过转移定价增加子公司 A 的利润,减少子公司 B 的利润。

第三节 跨国公司对国际经济与贸易的影响

一、跨国公司对世界范围内国际经济与贸易的影响

跨国公司已成为当代国际经济、科学技术和国际贸易活动中最活跃、最有影响力的因素。从宏观角度看,跨国公司的演变和发展对世界经济的变化和政治格局的演变产生了战略性影响;从微观角度看,一国的国际收支增减、资本流动、传统工业的兴衰、新兴工业的崛起,都与跨国公司的经营相关。在世界范围内,跨国公司对经济与贸易产生的影响如下:

(一)积极方面

1. 跨国公司使国际分工演变为世界分工

"二战"之后,国际分工的深化加速了跨国公司的发展;反过来,跨国公司的巨大发展,也深刻影响着当代国际分工,使其向纵深发展,形成世界性的分工。

传统的国际分工只发生在最终产品之间,国际贸易是国际分工实现的唯一途径。而跨国公司可以在其占据的区域市场甚至全球市场内,将某一产品的生产过程进行更加细密的专业化分工,并将其部署在不同的国家,以充分利用当地的竞争力优势,实现资源、物流和市场的有机结合。这样的话,世界市场就会日益建立在由跨国公司统一指挥的整个生产体制之间的竞争之上,而不是在个别工厂或企业之间的竞争之上,公司体系内产品、技术和人员的跨国界流动程度也会更高,分工联系更为紧密。

2. 跨国公司是经济增长的引擎

跨国公司发展迅速,它们的资产额和销售额甚至可以与世界上很多国家的国民生产总值相比,而且规模仍在不断扩大。正如1973年联合国经社理事会在《世界发展中的多国公司》报告中所指出:跨国公司引人注目的发展已"成为国际经济关系中的一个重要现象"。1992年联合国跨国公司中心在《世界投资报告(1992)》中,进一步提出"跨国公司——世界经济的引擎"。

各国促进经济增长的基本要素是相同的:一国在生产活动中储蓄和投资的能力;开放、吸收和利用技术的效益;改善劳动者的素质以提高人力资源的生产力;参与国际贸

易的程度;实现工业化的同时,采取有效的环境保护措施等。这些要素的实现都与跨国公司全球经营战略密切相关。

另外,跨国公司还是当代各种形态的资本进行国际运动的主要承担者,大多数的国际贸易、国际直接投资、国际货币流动和国际技术转让都要通过跨国公司进行,由此可见其对世界经济增长的重要性。

3. 跨国公司有助于国际贸易规模的扩大

相当数量的跨国公司在国外不断新建、扩建子公司,兼并和收购国外企业,并向国外子公司提供必需的生产设备、原材料和半成品,这些做法大大带动了国内产品和技术的出口。母公司与子公司、子公司与子公司之间生产专业化和协作化程度较高,形成了各种生产要素的内部买卖,这不仅加强了国家间经济技术的合作与交流,还使得公司内部的贸易数额不断增加,从而促进世界贸易规模不断扩大。

4. 跨国公司优化了国际贸易结构

跨国公司对外投资主要集中在制造业部门,尤其是在资本、技术密集型产业,这直接影响着国际贸易商品结构的变化,使得制成品贸易所占比重上升,初级产品贸易所占比重下降。此外,跨国公司内部专业化协作的发展也使制成品贸易中中间产品贸易比重不断上升。随着经济的发展,服务行业吸收的对外直接投资所占比重越来越大,结果就是国际服务贸易迅速发展,增长速度甚至超过货物贸易。

5. 跨国公司促进了国际技术贸易的发展

国际技术贸易的快速增长在很大程度上得益于跨国公司的技术创新和技术转让活动。当代跨国公司为了在激烈的竞争中保持优势,需要不断地进行科学技术研究,推出新产品。而子公司一般不进行研究开发,都是利用公司内部技术转让从母公司引进新机器设备、半成品和技术服务。当技术处于生命周期即将结束的阶段时,跨国公司还会将技术出售给发展中国家的公司,以回收一部分费用,为下一阶段的科研活动做准备。

6. 跨国公司促进了国际贸易理论和国际直接投资理论的一体化

国际贸易理论是在一般均衡分析框架中探讨国家为什么进行国际贸易的问题,国际直接投资理论是解释企业为什么在特定的国家投资,采取了所有权、内部化和区位优势等概念解释投资选择问题。过去,人们分别研究这两个理论,但现在跨国公司的巨大发展要求把贸易与投资理论结合在一起分析贸易与投资利益与效益,而不再以单纯的贸易行为来衡量国家之间的经济利益。

(二)消极方面

1. 跨国公司加剧了世界市场的垄断

竞争和垄断是相辅相成的,竞争是跨国公司活力的源泉,但具有竞争优势的企业会逐步通过内部积累和外部兼并走向集中和垄断。跨国公司依仗其经济实力,操作垄断价格,在国际贸易中获取高额利润,而高额利润又增加了它在国际和国内进行扩张的能力。如此循环,跨国公司加剧了其对世界市场的垄断,特别是对技术的垄断。

2. 跨国公司扩大了世界范围内的贫富差距

跨国公司通常在全世界范围内配置资源,实现生产要素的最佳组合,但这种配置会导致财富、贸易利益的日益集中和两极分化的现象。一些发展中国家和地区出现了"贫困性的增长",在国际分工中的地位未取得实质性的改变,在国际贸易中的地位也没有显著提高。相反,它们还廉价出卖本国资源和劳动力,从而导致其更加贫穷。

3. 跨国公司干扰了贸易秩序

跨国公司在内部转移产品、服务、资金时,多采用转移定价以使公司利润最大化。但是,这种定价机制削弱了自由市场竞争赖以生存的价格机制,破坏了国际市场价格与供求之间的联系。同时,它减弱了价格作为市场信号的作用,在一定程度上干扰了原本以市场价格为基础的贸易秩序。

二、跨国公司对母国的影响

目前,跨国公司已经成为集全球生产、投资、贸易、金融与技术服务于一身的特殊而巨大的经济主体,其独特的组织形式和经营方式给企业和母国都带来了巨大的经济利益和社会效益。

(一)跨国公司对母国产业竞争力的影响

美国哈佛大学迈克尔·波特教授在继承传统的比较优势理论的基础上提出了"国际竞争优势"理论。他提出国家竞争优势实际上是行业竞争优势的问题,关键在理解一国经济的大环境如何影响企业和行业在世界市场上的竞争地位。而一国的特定产业是否具有竞争力取决于生产要素、需求条件、相关与辅助产业的状况和企业组织、战略、竞争程度等要素,外加受到政府行为和机遇的影响。

跨国公司对母国产业竞争力的影响通过前三个要素展开。

1. 生产要素

生产要素包括人力资源、自然资源、知识资源、资本资源和基础设施。生产要素又分为初级要素和高级要素,前者是指一个国家先天拥有的自然资源和地理位置等,后者是指社会和个人通过投资和发展而创造的因素。一个国家要取得竞争优势,高级要素比初级要素更重要。

传统的要素导向型跨国公司在东道国获取的是初级要素,其效果是增加了本国要素的存量,大大提高了资源匮乏型母国的竞争力。跨国公司的经营使母国能从事特定行业的生产,而这些生产原本由于要素的缺乏无法开展。比如,日本的钢铁工业和石油化工业分别依靠子公司在澳大利亚的铁矿和中东的石油。

当代跨国公司的优势更多地体现在高级要素上,技术、专利、管理技能等都掌握在母国的手中,就业结构中管理、科研人员的比例也有所上升,人力资本大增。

2. 需求条件

波特强调国内需求在刺激和提高国家竞争力优势中所发挥的作用,成熟、复杂的消费者会迫使本国企业努力达到产品的高质量标准和产品创新。比如,欧洲斯堪的纳维亚地区苛刻的消费者促使当地两大电信设备制造商——芬兰的诺基亚和瑞典的爱立信早在其他发达国家对移动电话需求形成之前就开始大规模投资移动电话技术。

跨国公司母国一方面可利用自身先进的科研技术,开发出新产品引导国内消费需求,另一方面可利用各国需求状况的时间差和需求结构的规模差,克服东道国的政治、经济、文化障碍,将本国的需求方式和偏好传递过去。美国的快餐业如肯德基、麦当劳,就凭借其品牌优势和成本优势,大规模挺进后进国家,从而在一定程度上影响当地的饮食习惯。

3. 相关及辅助产业的状况

在国内拥有具备国际竞争力的供应商和关联辅助性行业也是一个行业取得国际竞争优势的重要条件,这一点通常表现为在地理位置上相互靠近、技术上和人才上相互支持的产业链。比如,美国计算机硬件的发展离不开美国微软等一大批世界领先的计算机软件公司。

国外子公司在全球采购中会优先考虑母国的供应商,从而带动国内供应商和支持相关产业的发展,特别是高新技术产业发展。这样的话,跨国公司海外市场的扩大也就意味着国内供应市场的扩大,从长期看有助于母国的发展。

(二) 跨国公司对母国产业结构优化的影响

跨国公司在国际生产领域占据了支配地位,它们在企业内部为重新配置资源而进行的垂直直接投资,实际上是母国与东道国、东道国与东道国之间的资源配置,在外部则表现为产业的国际调整,对母国产业结构的优化产生重要影响。

1. 跨国公司兼顾传统产业的退出和新兴产业的发展

产业结构的优化必然伴随着新兴产业的兴起和传统产业的逐步衰退。如果生产要素不能及时从传统产业中转移出来,就会使人、财、物不能转移到新兴产业中去,这将会削弱产业升级的物质和技术基础,延缓升级的速度。但是,由于种种原因,传统产业的退出会遇到壁垒,如生产设备及人力资本的专用性、沉没成本、政策和法律等。跨国公司利用对外直接投资,可以同时兼顾传统产业的退出和新兴产业的发展。跨国公司向海外转移尚可利用的传统工业生产能力,既能释放出沉淀生产要素并用于支持新兴产业的发展,又能实现传统产业的扶持、改造或退出,减轻传统产业带来的负担。

2. 跨国公司经营能突破资源短缺的限制

产业结构的调整会受到关键性资源短缺的限制,在母国获取这些资源的成本太高,通过进口贸易又受国际供求关系的影响。而跨国公司进行对外直接投资生产,就可以在东道国获取短缺资源,克服母国自然禀赋不足的缺点。这样一来,产业结构的优化就回避了自身资源的缺陷,同时还可发挥在技术、管理方面的优势,形成经济发展与产业结构调整互动的良性循环。

3. 跨国公司有利于整个产业的提升

跨国公司通过产业间的供求关联、技术关联和竞争关联的交叉作用发挥极大的波及效应,甚至会影响到整个产业系统的供求关系和竞争关系,导致其原材料消耗水平降低、资源利用率提高,引起产业中间需求率和中间投入率的变化,促使产业间投入、产出关系变化,从而促进整个产业技术水平的提高和产业的升级。

4. 跨国公司对外投资容易造成"产业空洞化"

跨国公司的对外垂直直接投资在促进母国产业高度化的同时,不断把国内的劳动密集型、资源密集型以及部分资本密集型产业转移到海外子公司,使母国有形资本不断外移,国内产业实体空壳化,从而可能造成"产业空洞化",损害母国利益。所以,母国在对外投资时要注意产业的选择和投资的度。

(三) 跨国公司对母国技术创新能力的影响

技术创新能力是当代国家竞争力的重要内容之一,而跨国公司既是技术创新的主要来源,也是国际技术转移、扩散的重要渠道和载体。

母国能从跨国公司的跨国研发等活动中获得新技术,并运用新技术产生示范效应,使其他国内企业认识到新技术的市场,从而以各种方式掌握相同或相似的技术,产生技术效应,提升母国整体产业的技术水平。若对外直接投资是技术资源获取型的,便可直接增加跨国公司的技术能力,使得技术总量或质量发生变化,进一步研究和创新的基础就得到提高,国内的投资方向、技术资源形态、就业结构、劳动力技能的水平和结构也将逐步调整。若是母国向东道国转让已经进入生命周期的技术,既能获得转让收益,又能有充足的人、物、财力进行新的研究,从而有利于母国技术创新能力的提高。

三、跨国公司对东道国的影响

(一) 积极方面

首先,跨国公司母国对东道国的直接投资弥补了东道国资金缺乏、技术落后的缺陷,促进其国内生产和出口贸易的发展。东道国通常人口众多、劳动力成本低、资源丰富、原材料价格低廉,但往往缺乏资金和技术。而跨国公司最初的投资多半就是在劳动密集型和资源密集型地区。所以,东道国能在经济全球化过程中获得新的要素,实现现代化发展。

其次,东道国通过引进国外的资本、技术和管理经验,一方面可以大力发展资本密集型工业、技术密集型产业,促进产业结构和对外贸易商品结构的优化;另一方面可对母国技术的学习和模仿提供方便。

最后，跨国公司的进入或参与对东道国本国的就业有促进作用。经济的发展会带来大量的就业岗位，同时通过产业乘数效应带动第三产业（包括知识型服务业和一般型服务业）的发展和壮大，为东道国提供更多的就业岗位，同时还能培养大批本土业务人才、管理人才。

（二）消极方面

首先，跨国公司容易造成对某些行业的垄断，抑制东道国民族产业的发展。母国通常看中东道国巨大的消费市场和无限商机，在异地投资和跨国并购两种进入方式中多采用后者以达到垄断的地位。跨国公司凭借强大的经济实力挤压、吞并甚至是消灭民族企业，这就会威胁到东道国的经济安全。

其次，跨国公司内部贸易容易造成东道国的利益损失。跨国公司利用其垄断地位，抬高产品的销售价格，压低原材料价格，以获得垄断利润，但却经常使用转移定价将利润调出东道国。同样，转移定价还能弱化东道国的价格管制，绕过其关税壁垒，减少其税收收入，最终都是侵吞东道国的利润。

再次，跨国公司虽向东道国提供或转移技术和管理经验，但这些可能并不适用于东道国。它可能是处于技术生命周期标准期的相对"落后"技术，也可能会破坏生态、浪费资源、污染环境，跨国公司只是为了母国利益而将其转移过来的。长期使用这些技术和管理经验，不利于东道国本身的产业成长和技术创新。

最后，那些接受跨国公司并购和跨国公司的投资规模相对较大的东道国，其经济结构和主要产业会对母国有很强的依附性和从属性。当跨国公司母国发生经济危机时，传导机制会使这些东道国面临更大的风险；未发生危机时，跨国公司也可能通过自身的能力和行为影响一国产业或一国的政治，威胁东道国的国家安全。

第四节 跨国公司理论

第二次世界大战以后，跨国公司的快速崛起及其对外直接投资的迅速发展引起了西方经济学家的广泛关注，他们开始注意跨国公司的对外直接投资活动，并相继提出一系列理论对其进行解释。下面分别讨论几个主要的跨国公司理论。

一、垄断优势理论

（一）垄断优势理论的提出

1960年，加拿大经济学家斯蒂芬·赫伯特·海默在他的博士论文《国内企业的国际经营：对外直接投资研究》中率先提出"垄断优势"这一概念，并用其解释国际直接投资行为。20世纪70年代，海默的导师金德伯格补充完善了这一理论，形成所谓的"海默—金德伯格传统"。

在传统的经济学理论中,对外直接投资和间接资本输出都作为资本移动来处理,资本总是从资本充裕的国家流向资本稀缺的国家。但是,海默认为直接投资和间接资本输出的目的不同,前者的目的在于控制国外企业的经营活动,而后者的目的在于获得股息、债息和利息。所以,传统国际资本流动理论的套利假设无法解释跨国公司的对外直接投资行为。

自此,跨国公司对外直接投资理论首次以独立的理论形态从传统的理论中划分出来。

(二)垄断优势理论的主要内容

垄断优势理论认为,企业对外直接投资必须满足以下两个条件。

其一,企业必须拥有竞争优势,以抵消其与当地企业竞争中的不利因素。

其二,不完全市场的存在,使企业得以拥有和保持这些优势。

1. 竞争优势

海默认为,东道国的当地企业与跨国公司相比有其特定的优势:

(1)比较了解本国的市场需求、风俗习惯、法律规章,更能适应本国政治、经济、法律、文化诸要素所组成的投资环境;

(2)不必担负跨国公司无法逃避的费用和风险,如直接投资的开支、汇率波动的风险;

(3)经常得到本国政府的优惠和保护。

同样,跨国公司之所以面对种种不利因素,还能进入东道国市场并与当地企业进行竞争,也是因为它拥有特定的垄断优势:

(1)具有更多的高水平知识资产,如技术专利、融资能力、管理才能;

(2)具有产品市场不完全的优势,如产品差异、营销技巧、品牌商标;

(3)有内部和外部两种规模经济。

垄断优势使跨国公司能生产出当地无法供给的高质量、差异化产品,只有弥补了跨国公司与当地企业竞争中面临的不利因素,才能保证对外直接投资的顺利实施。

2. 不完全竞争

在不完全竞争这种市场结构中,众多生产者生产和销售同一类产品,但产品在质量、性能、规格、商标等方面仍具有差异性。不完全竞争市场是企业对外直接投资的决定因素,是企业拥有和保持垄断优势的前提。

市场不完全可分为几种形式:产品市场的不完全、资本和技术等生产要素市场的不完全、规模经济引起的市场不完全、政府的关税等贸易限制措施造成的市场不完全。前三种市场不完全使企业拥有如上文所列举的垄断优势,第四种市场不完全则导致企业对外直接投资以利用其垄断优势,进入东道国市场。

(三)对垄断优势理论的评价

垄断优势理论突破了传统的贸易理论框架,开创了一条研究跨国公司理论的新思路,对西方学者产生了深刻影响,为后续其他理论的发展奠定了良好基础。

然而,海默的理论并非尽善尽美,它也存在一些不足之处:其一,垄断优势论只解释了企业进行海外直接投资的原因,至于为何不采用商品直接出口或者许可证安排的方法,并没有作出解释;其二,该理论没有讨论投资区位的选择问题,故不能解释生产部门跨国化的地理布局问题和服务性跨国公司区位选择的问题;其三,该理论以美国为研究对象,对其他发达国家具有指导意义,但无法解释发展中国家企业的对外投资问题。

二、内部化理论

(一)内部化理论的提出

内部化的思想起源于1937年科斯所著的《企业的性质》一书,他认为,"市场的运行是有成本的,通过形成一个组织,并允许某个权威(企业家)来支配资源,就能节约某些市场运行成本",但在当时并未引起重视。

内部化理论形成于20世纪70年代中期,由英国学者伯克莱和卡森于1976年在两人合撰的《多国企业的未来》中提出,后来加拿大经济学家拉格曼对其作出进一步的发展。这个理论认为,跨国公司就是在将其资源在国际范围内进行内部转让的基础上建立的,并解释了企业为何不在外部市场上进行转让,而要在内部进行交易。

(二)内部化理论的主要内容

内部化理论认为,世界市场是不完全竞争的市场,跨国公司为了克服市场失效和某些产品(如知识产品)的特殊性质或垄断势力的存在,导致市场交易成本增加;而通过对外直接投资,可以将本来应在外部市场交易的业务转变为在跨国公司所属企业之间进行,降低交易成本和交易风险。

1. 内部化形成的原因

内部化理论认为,中间产品市场是不完全的,但这种不完全不是由规模经济、寡头行为、贸易保护主义和政府干预所引发的,而是由市场失效和中间产品的特殊性质所导致的。所谓"中间产品"不仅包括半加工的原材料和零部件,还包括专利、专用技术、商标、商誉、管理技能和市场信息等知识产品。

知识产品的形成耗时长、费用大。若通过外部市场交易,由于存在买方不确定性,买方不愿意支付令卖方完全满意的价格,在转让的过程中易产生知识外溢现象,大批效仿者的出现会使跨国公司失去独占优势,无法回收巨额的研发费用。

为追求最大限度的利润,跨国公司必须建立内部市场以替代外部市场,利用管理手段协调资源和产品在公司内部得到合理的分配和充分的利用,避免市场不完全对企业经营效率的影响。所以,外部市场失效是内部化形成的主要原因。

2. 内部化的交易成本及影响因素

内部化的目标是获得更大的利润,只有当跨国公司的内部交易成本低于外部交易成本,内部化才有意义。外部交易成本包括为寻找交易对象、获取价格信息所形成的搜寻成本,为达成有利的交易价格和条件所形成的谈判成本,为保证合同顺利执行所形成的监督成本。

内部交易成本则包括以下几个方面:一是将完整的市场分割为若干个独立的内部市场,只能在低于最优经济规模的水平上从事投资和生产经营活动,这就会造成资源浪费;二是要建立独立的通讯系统供遍布世界各地的分支机构进行联系,这会增加基础设施建设成本;三是东道国的干预会使跨国公司的投资和生产面临风险,从而增加风险成本;四是跨国公司需要对遍布世界的子公司进行严格的监督管理,这会增加管理成本。

影响企业交易成本的主要因素有:一是行业因素,包括产品的特性、产品外部市场的竞争结构、规模经济等;二是国别因素,包括东道国的政治制度、法律制度、经济制度,特别是财政金融政策对跨国公司经营的影响;三是地区因素,包括由于地理位置、社会心理、文化环境等不同所引发的交易成本变化;四是企业因素,包括企业的组织结构、管理经验、控制和协调能力等。

(三)对内部化理论的评价

内部化理论的出现标志着西方国际直接投资研究的重要转折,它站在内、外部市场差异的角度进行分析,开创了新思路。其一,该理论较好地解释了跨国公司的性质、起源和对外投资的形式,对发达国家和发展中国家的对外投资行为都能进行较为合理的解释,故被称为"一般理论"。其二,该理论较好地解释了跨国公司在对外直接投资、出口贸易和许可证安排三种方式之间选择的依据,而通过对外直接投资使市场内部化,能保持跨国公司的垄断地位,实现公司利润最大化,所以它在三种方式中占主导地位。其三,该理论还有助于解释战后跨国公司的增长速度、发展和盈利变动等事实。

然而,内部化理论也存在其不足之处:它不能科学解释跨国公司对外直接投资的区域分布,故经常受到奉行区域优势论的经济学家的抨击;同时,若按照内部化理论对知识产品实行内部化,就会阻碍新技术、新产品在全世界范围的迅速普及。

三、国际生产折衷理论

(一)国际生产折衷理论的提出

国际生产折衷理论是由英国经济学家邓宁在20世纪70年代提出来的。他运用折衷主义方法对各种跨国公司理论进行概括性和综合性的分析,在1976年发表《贸易、经济活动的区位与多国企业:折衷理论探索》一文中,提出在研究跨国公司国际生产活动中应吸收区位理论,并融入俄林的要素禀赋论和伯克莱、卡森的内部化理论,从而形成跨国公司折衷理论。1981年,邓宁又出版《国际生产与跨国企业》一书,进一步使折衷理论系统化、理论化、动态化。

国际生产折衷理论吸收了经济学中的各种思想,把国际贸易、对外直接投资和非股权转让三者合为一体,可以同时解释跨国公司国际经营的三种主要方式,即许可证安排、出口贸易和对外直接投资。

（二）国际生产折衷理论的主要内容

国际生产折衷理论认为，企业必须同时具有所有权优势、内部化优势和区位优势，才能从事有利的对外直接投资活动。

1. 所有权优势

所有权优势又称"厂商优势"或"竞争优势"，是指一国企业拥有或者能够获得其他企业所没有或无法获得的资产及其所有权。这种优势主要来源于海默的"垄断优势论"。

所有权优势可归于以下四类。

(1)技术优势，包括专利、专用技术、销售技巧、研究与开发能力。

(2)组织管理优势，包括在组织人才、协调管理方面的优势。

(3)企业规模优势，包括在节约生产费用、市场开拓能力等方面的优势。

(4)金融和货币优势，包括因良好的企业形象和优良的资信记录而产生的融资优势。

2. 内部化优势

内部化优势主要来源于伯克莱、卡森的内部化理论。跨国公司将其所拥有的各种所有权优势加以内部化的动机在于避免外部市场的不完全对企业所产生的不利影响，从而实现资源的优化配置，并且继续保持和充分利用其所有权优势。

邓宁认为，市场的不完全性同时存在于中间产品市场和最终产品市场，大致可分为两类。

(1)结构性市场不完全，主要是由东道国政府的贸易保护主义（如关税壁垒和非关税壁垒造成的市场不完全）引发的。

(2)知识性市场不完全，主要是由于企业的生产和销售信息不灵造成的高生产成本和高交易成本。

3. 区位优势

区位优势是指东道国固有的、不可移动的要素禀赋优势。它主要包括：各国生产要素的成本及质量、要素投入和市场的地理分布情况、运输成本、通讯成本、基础设施状况、政府干预范围与程度、国内外市场的差异、各国的金融制度、文化环境的差异程度、商业惯例等。

4. "三优势"模式

国际生产折衷理论认为：

对外直接投资＝所有权优势＋内部化优势＋区位优势。三个变量的不同组合直接影响企业的决策。

企业只有同时具有上述三种优势，才能从事有利的对外直接投资活动。若仅具有所有权优势和内部化优势，而缺乏区位优势，则只能将有关优势在国内加以利用，而后通过出口贸易供应到国外市场；若只具备所有权优势而无其他两种，则只能进行单纯的国际技术转让(许可证安排)。

邓宁还用表 5-1 来表示企业所具备的优势与其国际经营方案之间的关系,其中"√"意为具备该项优势,"×"意为不具备该项优势。

表 5-1　企业所具备的优势与其国际经营方案之间的关系

	所有权优势	内部化优势	区位优势
对外直接投资	√	√	√
出口贸易	√	√	×
许可证安排	√	×	×

(三)对国际生产折衷理论的评价

国际生产折衷理论一方面吸收了自海默以来的关于跨国公司理论各个流派的思想,另一方面利用产业组织理论、新厂商理论和区位理论中的某些观点,具有综合分析、宏观分析、区位分析和动态分析的特点,较好地回答了投资动因、方式选择、区位选择的问题。同时,该理论既可以适用于发达国家,也能适用于发展中国家。

然而,邓宁的国际生产折衷理论并无很多创新,其特色在于平庸的折衷和杂烩式的兼容,终究不能看作另辟蹊径的新理论。

四、产品生命周期理论

(一)产品生命周期理论的提出

"产品生命周期理论"由美国哈佛大学经济学教授雷蒙德·弗农最先提出,1966 年,他在《产品周期中的国际投资与国际贸易》一文中提出,美国企业对外直接投资与产品生命周期密切相关。

这里的"产品生命周期"不是指其使用价值磨损殆尽的过程,而是产品在市场上的营销寿命,是产品在市场上竞争地位的变化过程:产品向市场推出;产品逐渐扩大销路,充斥市场;产品由盛至衰,最终被新一代产品替代甚至退出市场。弗农理论将国际投资同国际贸易和产品生命周期结合起来,解释了美国"二战"后对外直接投资的动机和区位的选择,故称之为"产品生命周期理论"。

(二)产品生命周期理论的主要内容

根据产品生命周期理论,产品完成一次循环需要经历以下三个不同阶段:新产品阶段、成熟产品阶段和标准化产品阶段。

1. 新产品阶段

在新产品阶段,产品的技术还未成形,研究与开发的费用在成本结构中占据的比例最大。创新国如美国或者创新企业由于拥有较高的科技水平和较多的科技人员,在技术上具有垄断优势,新产品在国内生产,大部分在国内销售,一部分出口。在这个阶段,进出口贸易主要发生在少数先进国家与其他发达国家之间,因为这些国家的收入水平相对较高且比较接近。

2. 成熟产品阶段

在成熟产品阶段,产品进入成熟期,技术已经确定,产品类型从研究与开发密集型转化为资本(包括物质、管理、人力资本)密集型。这一时期产品需求扩大、产量增加、需求的价格弹性增大,同时市场竞争日趋激烈、替代产品增多,创新国企业的技术垄断和市场独占地位相对削弱。此时,创新国企业面临生产成本上升和国内市场日趋饱和的挑战,将扩大对外投资,开拓海外市场,从而弥补国内需求的减少和抑制国内外仿制的竞争。通常,其他发达国家会作为优先选择的投资区位,因为其资本相对丰富。

3. 标准化产品阶段

在标准化产品阶段,产品的生产技术、生产规模及产品本身已完全成熟,趋于标准化,原材料和劳动力成为最重要的成本。这时,创新国企业的垄断优势将完全消失,成本—价格因素在市场竞争中起了决定性作用。为了进一步降低成本,创新国开始在发展中国家投资生产,再将其生产的产品返销到母国或第三国市场。此时,产品创新国成为该产品的进口国。

4. 总结

随着产品生命周期的演进,比较优势呈一个动态转移的过程,贸易格局和投资格局随着比较优势的转移而发生变化;每个国家都可以根据自己的资源条件,生产其具有比较优势以及在一定生命周期阶段上的产品,并通过交换获得利益。

图 5-1 就体现了不同国家在产品生命周期各个阶段的变化情况:

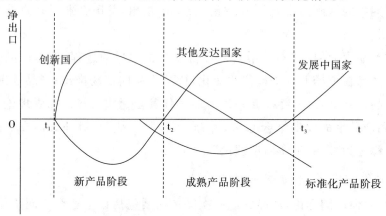

图 5-1 产品生命周期理论

(三)对产品生命周期理论的评价

产品生命周期理论反映了 20 世纪 50—60 年代的美国制造业对外直接投资的情况,较好地解释了美国对西欧和发展中国家的直接投资。它正确地评价了贸易、对外直接投资和企业增长之间的紧密联系,弥补了古典贸易理论的比较优势静态分析格局的不足,第一次从比较优势的动态转移角度将国际贸易和国际投资作为一个整体来考察企业的跨国经营行为。

同样,该理论也存在不少缺陷。很多跨国公司一开始就在国外研究开发、生产和销售新产品,或是在保持母国技术优势的同时,又进行大规模的国外直接投资,这都与产品生命周期理论不符。同时,该理论仅仅考察了美国企业的情况,不能解释发展中国家的对外直接投资,也不能解释日本的对外直接投资。

五、边际产业扩张论

(一)边际产业扩张论的提出

边际产业扩张论,又称"比较优势投资论""边际比较优势理论""小岛清模式",是由日本一桥大学教授小岛清在20世纪70年代中期根据国际贸易理论中的比较优势理论和日本的对外直接投资现实提出的。

20世纪70年代中期以前,日本学术界普遍接受的是以垄断优势论和产品生命周期理论为代表的主流跨国公司理论,但是在用这些理论研究日本大规模的对外直接投资时,却无法得出令人信服的结论。小岛清认为,垄断优势论等主流理论只适用于美国跨国公司的对外直接投资,但无法解释日本企业的对外直接投资,因此在其著作《对外直接投资论》《跨国公司的对外直接投资》《对外贸易论》和《外国直接投资的宏观经济方法》中,他根据日本对外直接投资的特点,创立了"小岛清"模式,用来解释和指导日本的对外直接投资活动。

(二)边际产业扩张论的主要内容

边际产业扩张论的核心思想是:一国应该从已经或即将处于比较劣势的产业开始对外投资,并依次进行。对母国来说,将比较不利的产业和产品分别放到别的国家生产,有利于本国产业结构的优化;不直接生产而从东道国进口,能降低生产成本、增加利润。对东道国来说,可以从母国获得自身所缺乏的资本、技术和管理知识,再与自身较富裕的劳动力等生产要素相结合,并加以合理利用,从而推动东道国的技术进步和经济增长;同时,母国还为东道国提供了市场,有利于增加东道国的出口,增强其国际购买力。

对于上述核心思想,小岛清用图为我们作出了明确的说明。通过分析图5-2,我们还可以知道为什么要从已经处于或者即将处于劣势的产业开始投资,而不从最具优势的产业开始投资。

图5-2中,Ⅰ—Ⅰ线是日本企业的商品成本线,并假设A、B、C…X、Y、Z均可用100日元生产出来。Ⅱ—Ⅱ实线是东道国商品成本线,a、b、c…x、y、z,成本由低到高,比如a为0.5美元,z为8美元。Ⅰ线与Ⅱ线相交于m点,此交点表示按外汇汇率计算(假设100日元=1美元)的两国m商品的成本比率相同。因此,A、B、C产业是日本的边际产业,X、Y、Z产业是日本的优势产业。

若从边际产业开始对外投资,投资的结果是东道国的生产成本降至a'、b'、c',这样对外直接投资就可以实现世界范围内降低生产成本,东道国增加出口量,母国从东道国进口,双方的贸易得到互补和扩大。若从优势产业开始对外投资,情况则不同。东道国的生产成本虽然降至 x'、y'、z',但仍高于母国本国生产的成本,一是母国还能自己生产,二是东道国会因为生产成本的降低而不再从母国进口产品。这对母国来说,相当于用国外的生产替代本国的出口贸易,不能达到节约生产成本的目的。

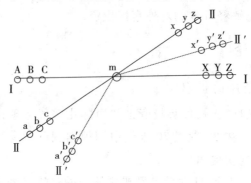

图 5-2　边际产业扩张论

(三) 对边际产业扩张论的评价

小岛清是从比较优势的原则将贸易和投资看成一个相互关联的整体活动来考察的第一人。边际产业扩张论较好地解释了对外直接投资的动机和区位选择的问题,符合日本在 20 世纪 70 年代的实际情况。小岛清强调直接投资的根本特点在于"资本、技术、管理经验、营销技巧等知识的总体转移",把直接投资看作"先进生产函数的移植",关键是转移技术在东道国的适应情况。

然而,该理论也存在其不足之处。该理论将母国整体作为主体,忽视了企业之间的差别。比如,一个国家的边际产业并不代表一个企业的边际产业。同时,该理论未能解释为什么要以直接投资的方式进行分工,而不采用出口贸易和许可证安排。

关键词

跨国公司　内部贸易　转移价格　垄断优势论　内部化理论　产品生命周期论

复习思考题

1. 联合国对跨国公司的定义是什么?它包括哪几种要素?
2. 大家熟悉的跨国公司有哪些?跨国公司对外投资的目的是什么呢?
3. 跨国公司未来发展的新趋势和新动向主要体现在哪些方面?
4. 中国的跨国公司与早年的"走出去"有哪些不同?中国的跨国公司还要在哪些方向努力?
5. 什么是转移定价?转移定价的动机有哪些?

6. 简述主要跨国公司理论，试比较它们的内容和异同？

7. 中国企业和资本"走出去"对我国经济发展有哪些意义呢？如何理解"一带一路"举措的实施，使得我国以产业转移为目的的对外投资有了契机？

8. 试用生命周期理论阐述电视机在国际间的循环过程。（提示：创新国：美国；其他发达国家：德国；发展中国家：中国）

第六章　国际服务贸易

学习目标

掌握国际服务贸易的概念、分类及特点；比较国际服务贸易与相近概念；了解国际服务贸易的产生与发展；掌握国际服务贸易发展的特点；了解国际服务贸易迅速发展的原因、国际服务贸易在世界经济中的地位；了解中国服务贸易发展概况；掌握当代中国服务贸易发展的特点。

学习重点与难点

GATS中国际服务贸易的概念；国际服务贸易的特点；中国服务贸易的特点。

课堂导入

微信支付在巴黎发布"智慧生活零时差"全球战略

2019年1月22日，微信支付在法国巴黎发布了以"智慧生活零时差"为主题的全球战略，以跨境支付为依托，更好地连接境外商业与中国游客，为处于不同时区的中国游客带去与境内一致的便捷服务。微信支付当天还联合法国巴诗威百货在巴黎发布微信支付智慧百货。通过引入微信支付智慧生态解决方案，巴诗威百货将实现零售业态的数字化升级，为中国游客提供多样化和个性化的产品与服务。

据介绍，以微信支付为核心的"智慧生活解决方案"，已经覆盖线下各行各业的数千万门店，实现了对用户日常生活场景的全覆盖。很多中国人在国内早已习惯了不带钱包出门的日子，而微信支付则希望让大家在出境旅游的时候，也能有与国内一样的便捷体验。腾讯公司微信支付副总裁李培库在当天的发布活动上说，以微信生态为代表，中国数字创新、智慧生活的发展为世界所瞩目。与巴诗威百货的强强联手是微信生态能力出海欧洲的重要里程碑。我们期望与我们的合作伙伴一同努力，让微信支付便捷的服务遍及大街小巷，无论中国游客走到哪一个时区，都能过上如在家门口一样的智慧生活。法国巴诗威百货经理阿芒迪娜·德苏扎表示，中国游客和其他群体的文化与消费习惯有着很明显的差异。巴诗威百货借助微信生态的社交与营销能力，为中国游客提供更完善的服务，期望能进一步深化与微信支付的合作，探索微信生态的更多可能。

据悉，目前微信支付跨境业务已支持49个境外国家和地区的合规接入，支持

16个币种的交易,并自2019年起加大力度布局欧洲市场。

(记者 李洋 2019—01—23 文章来源:中国新闻网 http://www.chinanews.com/m/cj/2019/01-23/8737370.shtml?f=qbapp)

第一节 国际服务贸易概述

随着世界经济的发展,20世纪80年代,世界经济中心开始转向服务业,服务经济成为经济增长的主要动力,服务贸易竞争力逐渐成为衡量一国国际竞争力的重要指标。服务贸易在全球贸易往来中发挥越来越重要的作用,是国际贸易的重要组成部分。国际服务贸易额已相当于国际货物贸易额的四分之一,并且这一比例还会继续上升。

一、国际服务贸易的概念

服务业作为一个传统的产业部门已经有数千年的发展史,但"服务贸易"(Trade Services)是相对于古老的"货物贸易"而言的。到目前为止,国际上对服务贸易的精确定义还没有统一的表述,现有出版物对其的基本定义也都属于描述性的,且各自的侧重面不同。

(一)传统定义

传统国际服务贸易的定义是传统货物贸易概念的延伸,以服务进口或出口(服务的提供与消费)的活动方向为基本框架的定义形式,其贸易额为服务总出口或总进口额。当一国(地区)的劳动力向另一国(地区)的服务需求者(自然人、法人或其他组织)提供服务时,按照自愿有偿的原则取得外汇收入的过程,为服务的出口;与之相对应,一国的服务需求者对另一国的服务者提供的服务进行消费的过程,为服务的进口。

按照这样的定义,显然会涉及具体的国籍、国界、居民及非居民等问题。如电讯服务,只需服务"过境",而无需"国民移动";而医疗服务、旅游服务则必须是"国民移动"。又如在境外设立分支机构的跨国公司,雇用当地人,向当地居民或组织提供服务,这样的服务既未发生"国民移动",也未发生服务"过境"。劳动力本人或团体的智力成果,也视作劳动力提供的服务,如学术论坛交流等。

(二)《服务贸易总协定》的定义

有关"无形贸易项目"的观念到20世纪60年代才开始引起人们的关注。随着世界经济的发展,20世纪70年代末80年代初,这一概念才开始真正引起人们的重视。1972年9月,经济合作与发展组织(OECD)首次把"服务贸易"作为一个独立的经济学概念,在《高级专家对贸易和有关问题报告》中正式提出。该报告探讨了关税及贸易总协定(GATT)"京东回合"谈判所涉及的内容。美国在《1974年贸易法》第301条款中首次使用了"服务贸易"的概念。

1994年4月15日,关税与贸易总协定下的乌拉圭回合谈判签订了《服务贸易总协定》(General Agreement on Trade in Services,缩写为《GATS》)。它是历史上第一个关于国际服务贸易发展的多边规范,它所确立的基本原则和贸易规则有力地推动了全球服务贸易的自由化进程。1995年1月1日,WTO正式运行并取代GATT成为国际贸易管理的主要组织,GATS将更有效地发挥其对国际服务贸易的协调和规范作用。

在GATS的谈判过程中,在有关服务贸易的重要问题上,发展中国家和发达国家之间始终存在着冲突和矛盾,有关国际服务贸易的概念就是各国争论的焦点之一。最终,该协定的第1条第2款将"国际服务贸易"定义为通过以下四种方式提供的服务:

1. 过境交付(Cross-Border Supply)

过境交付是指从一成员方境内向任何其他成员方境内提供服务,也就是服务的提供者和消费者没有离开居住地,跨越国境和边界的只是服务产品。比如,在中国境内通过电信、邮政、计算机网络等手段实现对境外的外国消费者的服务。

2. 境外消费(Consumption Abroad)

境外消费是指在一成员方境内向任何其他成员方的服务消费者提供服务,即服务提供者没有超越边界提供服务,而是消费者到境外接受服务。比如,中国公民在其他国家享受国外的医疗服务、旅游服务、教育服务等。

3. 商业存在(Commercial Presence)

商业存在是指一成员方的服务提供者在任何其他成员方境内设立商业存在形式提供服务,即一成员方的服务提供者在任何其他成员方境内设立商业机构或专业机构,为后者境内的消费者提供服务,主要涉及市场准入和对外直接投资。这种方式既可以是在一成员方境内组建、收购或维持一个法人实体,也可以是创建一个分支机构或代表处。服务人员可以来自母国或是东道国,服务消费者可以来自东道国或第三国。这种方式强调通过生产要素流动到服务消费者所在地提供服务。比如,外国服务类企业在中国设立公司为中国企业或个人提供服务。一般认为,商业存在是这四种服务提供方式中最为重要的方式。

4. 自然人流动(Movement of Natural Persons)

自然人流动是指一成员方的服务提供者在任何其他成员方境内以自然的存在提供服务,即一成员方的服务提供者过境到其他成员方境内提供服务。比如,中国公民到国外当教师、医生、护士、司机等。

服务的提供有时不是一种方式能够完成的,而是由几种方式联合完成。该协定第1条第3款指出,"服务"包括任何部门的任何服务,但在行使政府职权时提供的服务除外。

(三)《美加自由贸易协定》的定义

1989年,美国和加拿大签署了《美加自由贸易协定》(UA-Canada Free Trade Agreement,简称FTA)。这是世界上第一个在国家间贸易协议上正式定义"服务贸易"

的法律文件，其基本表述为：服务贸易是指由或代表其他缔约方的一个人（包括自然人和法人），在其境内或进入另一缔约方境内提供所指定的一项服务。这里的"指定"包括以下几个方面。

其一，生产、分配、销售、营销及传递一项所指定的服务及其进行的采购活动。其基本类型有：农业和森林服务（agriculture and forestry services）、矿业开采服务（mining services）、建筑服务（construction services）、分销贸易服务（distributive trade services）、保险和不动产服务（insurance and real estate services）、商业性服务（commercial services）和其他服务（other services）。

其二，进入或利用国内的分配系统，即要受到缔约方国内分配制度的约束。

其三，形成或确定一个商业存在（commercial presence），为分配、营销、传递或促进一项指定服务，这里的商业存在，并非是一项投资，而是一个综合过程。

其四，根据国际投资法的规定，任何为提供指定服务的投资及任何为提供指定服务的相关活动。比如，公司、分公司、代理机构、代表处和其他商业经营机构的组织、管理、保养和转让活动；再比如，各类财产的接管、使用、保护及转让，以及资金的借贷等活动。

（四）国际收支统计的定义

国际收支平衡表（Balance of Payments，BOP）中，一成员方的"居民"通常被理解为在该成员方境内居住一年以上的自然人和设有营业场所并提供货物或服务的企业法人。按照国民经济核算（SNA）的观点，对外贸易是发生在居民与非居民之间的交易，因此服务贸易就是发生在常住单位和非常住单位之间的服务产品的交易。在国际货币基金组织第四版的《国际收支手册》中，劳务、非金融财产收入和投资收入都一并放在服务贸易项下，第五版则明确区分了国际服务交易和投资收入交易，从而使得基于国际收支的定义与国民经济核算的定义统一起来，统称为BOP定义。

将BOP定义与GATS定义进行对比，后者把国际服务贸易由前者的居民和非居民之间的跨境交易延扩到作为东道国居民的外国商业存在与东道国其他居民之间的交易，即居民与居民之间的交易。

二、国际服务贸易的分类

国际服务贸易的形式多样、内容复杂，各国对服务的界定和统计并无统一的标准，下面介绍几种有代表性的服务类型。

（一）按移动与否划分

经济学家桑普森和斯耐普根据服务是否在提供者与消费者之间移动，将国际服务贸易分为以下四类。

1. 分离式服务（Separated Services）

分离式服务也称"跨境贸易"，指服务的供应者与消费者不需实际接触，可通过一定的载体进行跨国交易。比如,通过计算机、通信技术的应用,A 国的公民可以通过网上购物来购买 B 国的产品。GAST 中定义的第一种服务提供方式"跨境交付"类似于这一类服务。

2. 提供者所在地服务(Supplier-Located Services)

提供者所在地服务也称"当地贸易",指服务提供者与消费者双方实际接触后进行的交易,接触方式是消费者流向提供者。比如,A 国的学生到 B 国留学。

3. 消费者所在地服务(Demander-Located Services)

消费者所在地服务也称"要素收益贸易",指服务提供者与消费者双方实际接触后进行的交易,接触方式是提供者流向消费者。比如,美国的花旗银行在世界各地设立分支机构,向当地企业和居民提供金融服务。

4. 流动的服务(Footloose Non-Separated Services)

流动的服务也称"第三国贸易",指服务提供者与消费者双方实际接触后进行的交易,接触方式是双向流动。比如,设在意大利的美国旅游公司为在意大利的德国游客提供服务等。

		服务提供者	
		不移动	移动
服务消费者	不移动	分离式服务	消费者所在地服务
	移动	提供者所在地服务	流动的服务

这种分类方法的本质是资本和劳动力等生产要素在不同国家间的移动问题。由于这种生产要素的跨国界移动往往涉及各国国内立法或地区性法律的限制,并涉及需求者所在国的开业权问题,因而研究这类问题用这种分类方法比较合适。但此分类法难以准确、彻底地将服务贸易进行划分,如各国间相互开业提供的旅游服务就很难加以划分。

(二)以生产过程为标准划分

在企业生产经营过程中存在着各类生产性服务,围绕着生产过程可以将服务分为生产前服务、生产性服务和生产后服务。

1. 生产前服务

生产前服务是指在生产过程开始前提供并完成的服务,对于企业的生产规模、制造过程、产品质量以及经营绩效等有着重要的影响。比如,国际市场调研、市场预测、可行性研究、产品设计、研发以及风险融资等。

2. 生产性服务

生产性服务是指在产品生产或制造过程中提供并完成的服务,确保生产的顺利进行。比如,企业内部的质量管理、软件开发、人力资源管理、生产过程之间的各种服务等。

3. 生产后服务

生产后服务是指在生产完成后需要将产品推向市场和消费者的服务。通过这种服务，企业与市场进行接触，便于研究产品是否适销、设计是否需要改进、包装是否满足消费者需求等。比如，广告、营销、销售包装、运输、销售和售后跟踪服务等。

这种以"生产"为核心划分的国际服务贸易，其本质涉及应用高新技术提高生产力的问题，并为产品的生产者进行生产前和生产后的服务协调提供重要依据。这使生产者能够对国际市场的变化迅速作出反应，以便改进生产工艺，进行新的设计或引入新的服务，最终生产出令消费者满意的产品或服务。

（三）按服务内容包含的生产要素不同划分

1. 劳动密集型服务

劳动密集型服务主要有旅游、建筑、维修、消费服务等。

2. 资本密集型服务

资本密集型服务主要有航运、通信、工程建设服务等。

3. 技术与知识密集型服务

技术与知识密集型服务主要有银行、金融、法律、会计、审计、信息服务等。

这种分类以生产要素密集程度为核心，涉及产品或服务竞争中的生产要素，尤其是当代高科技的发展和应用问题。目前，发展中国家科技研发能力差、产品技术含量低、资金不足，一般从事的是劳动密集型服务贸易，其所提供的服务技术含量小、附加值低、产出小，比如出国务工；发达国家科技研发能力强、产品技术含量高、资金充裕，主要从事的是资本密集型和技术、知识密集型服务，其所提供的服务技术含量高、附加值大、产出高，比如银行服务。

（四）按《服务贸易总协定》划分

GATS和世界贸易组织统计与信息系统局从实践和统计角度对国际服务贸易分类做出了规定，基本是以《联合国中心产品分类系统》（United Nations Central Product Classification System，CPC System）为基础的，并在对以货物为中心的服务贸易分类基础上，结合服务贸易统计和服务贸易开放的要求，提出了以部门为中心的服务贸易分类方法。按《服务贸易总协定》中的"服务部门参考清单"划分，服务分为12大类、20个领域、160多项内容，即商业服务、通讯服务、建筑服务、销售服务、教育服务、环境服务、金融服务、健康及社会服务、旅游及相关服务、文化、娱乐及体育服务、交通运输服务和其他服务。

1. 商业服务（Business Services）

商业服务指在商业活动中涉及的服务交换活动。服务贸易谈判小组列出6类这种服务，其中既包括个人消费的服务，也包括企业和政府消费的服务，分别是专业性（包括咨询)服务、计算机及相关服务、研究与开发服务、不动产服务、设备租赁服务和其他服务。

专业性服务可分为法律服务;会计、审计和簿记服务;税务服务;建筑服务;工程服务;综合的工程服务;城市规划和土地建筑服务;内科和牙医服务;兽医服务;助产士、护士、理疗师和医务辅助人员提供的服务;其他。

计算机和有关服务可分为有关计算机硬件安装的咨询服务;软件安装服务;数据处理服务;数据库服务;其他。

研究和发展服务可分为自然科学的研究和发展服务;社会科学和人文科学的研究和发展服务;跨学科的研究和发展服务。

不动产服务包括有关自己的或租赁财产的不动产服务;在收费或合同基础上的不动产服务。

不配备技师的租赁或出租服务包括涉及船只服务;涉及航空器服务;涉及其他运输工具服务;涉及其他机械和设备服务;其他。

2. 通讯服务(Communication Services)

通讯服务主要指有关信息产品、操作储存设备和软件功能等服务,主要有邮政服务;信使服务;电信服务;音像服务;其他。

电信服务又可分为语音电话服务;交换数据传送服务;电路交换数据传送服务;电传服务;电报服务;传真服务;私人出租线路服务;电子邮件;话音服务;联机信息和数据库检索;电子数据交换(EDI);增强/增值的产值服务。包括存储和转发;存储和检索;编码和协议转换;联机信息和/或数据处理(包括交易处理);其他。

音像服务包括电影和录像带的制作和发行服务;电影放映服务;无线电广播和电视服务;无线电和电视传送服务;录音;其他。

3. 建筑服务(Construction Services)

建筑服务主要指工程建筑从设计、选址到施工的整个服务过程,具体包括选址服务(涉及建筑物的选址);国内工程建筑项目(如桥梁,港口,公路等的地址选择等);建筑物的安装及装配工程;工程项目施工建筑;固定建筑物的维修服务和其他服务。

4. 销售服务(Distribution Services)

销售服务指产品销售过程中的服务交换,主要包括商业销售(主要指批发业务);零售服务;与销售有关的代理费用及佣金等;特许经营服务和其他销售服务。

5. 教育服务(Educational Services)

教育服务指各国间在高等教育、中等教育、初等教育、学前教育、继续教育、特殊教育和其他教育中的服务,如互派留学生、访问学者等。

6. 环境服务(Environmental Services)

环境服务包括污水处理服务;废物处理服务;卫生及相似服务等。

7. 金融服务（Financial Services）

金融服务指银行和保险业及相关的金融服务活动。

(1)银行及相关服务。它包括存款服务、与金融市场运行管理有关的服务、贷款服务、与证券市场有关的服务（经纪业、股票发行和注册管理、有价证券管理等）、附属于金融中介的其他服务（贷款经纪、金融咨询、外汇兑换等）。

(2)保险服务。它包括货物运输保险（含海运、航空运输及陆路运输中的货物运输保险等）、非货物运输保险（人寿保险、养老保险或年金保险、伤残及医疗保险、财产保险、债务保险）、附属于保险的服务（保险经纪、保险类别咨询、保险统计和数据服务）和再保险服务。

8. 健康及社会服务（Health-related and Social Services）

健康及社会服务包括医疗服务、其他与人类健康相关的服务及社会服务等。

9. 旅游及相关服务（Tourism and Travel-related Services）

旅游及相关服务包括旅馆、饭店提供的住宿、餐饮服务及相关的服务；旅行社及导游服务。

10. 文化，娱乐及体育服务（Cultural，Entertainment and Sports Services）

文化、娱乐及体育服务指不包括广播、电影、电视在内的一切文化、娱乐、新闻、图书馆、体育服务，如文化交流、文艺演出等。

11. 交通运输服务（Transport Services）

交通运输服务主要包括海运服务、内陆水道运输、空运服务、空间运输、铁路运输服务、公路运输服务、管道运输、所有运输形式的辅助服务和其他运输服务。

海运服务包括客运、货运、配备船员的船只租赁、船只的保养和修理、推和拖服务、内陆水道运输支助性服务。

内路水道运输包括客运、货运、配备船员的船只租赁、船只的保养和修理、推和拖服务、内陆水道运输支助性服务。

空运服务包括客运、货运、配备机组人员的航空器的租赁、航空器的保养和修理、空运支助性服务。

铁路运输服务包括客运、货运、推和拖服务、铁路运输设备的保养和修理、铁路运输服务支助性服务。

公路运输服务包括客运、货运、配有驾驶员的商业货运车出租、公路运输设备的保养和修理、公路运输服务的支助性服务。

管道运输包括燃料运输、其他货物运输。

所有运输形式的辅助服务包括货物装卸服务、储存和仓储服务、货运代理行服务和其他。

12. 其他服务(Other Services not Included Elsewhere)

（五）按服务贸易与货物贸易的关联程度划分

1. 国际核心服务贸易

国际核心服务贸易是指和有形货物的国际贸易与国际投资无直接关联的国际服务贸易。在国际服务贸易市场上，这类服务是市场需求和市场供给的核心对象。

(1)国际核心服务贸易按照供给者和需求者的接触方式可以分为两种，即远距离服务和面对面服务。

远距离服务(Long Distance Services)是指无须服务提供者和需求者跨越国界进行实际接触，而是通过一定的载体实现服务的跨国界交易。比如，以通信卫星为载体进行传递的国际视听服务贸易，包括国际新闻报道、国际文艺、体育及娱乐活动等。

面对面服务贸易(Face to Face Services)是指需要服务的提供方和消费方实际接触才能完成交易，既可以是提供方向需求方移动，也可以是需求方向提供方移动，还可以是双方双向移动。但无论是哪一种直接接触方式，通常都伴随着人员或生产要素的跨国界流动。比如，金融业的输出就存在资本跨国界移动，许多发达国家的国际金融联合企业，像美国花旗银行，通过供给者移动与服务消费者的接触，在世界各地设立分支机构，并凭借电子化和信息化的技术将业务范围延伸至国际经济生活的各个角落。

(2)以服务的领域为依据，国际核心服务贸易还可以分为两种，即生产性服务贸易和消费性服务贸易。

生产性服务贸易(Trade in Productive Services)的形式主要有金融服务贸易、企业管理知识与技能服务贸易、国际咨询、国际技术贸易和国际人才交流与培训等，是构成核心服务贸易的主要部分。由于生产性服务是作为其他商品和服务进一步生产的中间环节，因而这种服务实际上是人力资本、知识资本和技术资本进入生产过程的桥梁，涉及市场、交通、能源、金融、投资、通信、建筑、矿业、农业、经营等与生产有关的一切领域。生产性服务贸易的扩大必然能够全面提高世界各国的总生产效率和能力。

消费性服务贸易(Trade in Consumer Services)进入国际贸易领域，在逻辑上是由于国内消费性服务业的供给(生产)能力的增长和国外对该国消费性服务需求的扩大；而在实践上是由于随着现代科学技术的发展，世界各国人民的交往愈加频繁，到国外花钱买食品、住宿、旅游、娱乐等活动已为各国人民所熟悉。显然，世界各国居民对于外国消费性服务的需求，一方面取决于自己的收入水平，另一方面取决于服务供应的相对价格和质量，这同人民对有形商品的需求是完全一致的。

2. 国际追加服务贸易

国际追加服务同有形货品的国际贸易和国际投资之间有着不可分离的密切联系。国际追加服务贸易是分配服务的国际化延伸，它本身并不向其需求者提供直接的、独立的服务效用，而是围绕着货品的核心效用而衍生、追加或附加的派生效用。所以，国际追加服务贸易市场的需求和供给都属于派生的需求和供给。不过,在现代科技革命的推动和国际货品竞争日益激烈的条件下,追加服务往往在很大程度上影响着消费者对其所需核心效用的选择,对产品的服务要求已变得比商品的价格更加重要了。与此相适应,各国企业都大力发展这类服务,尤其是知识密集型的追加服务,这类服务正在被广泛地应用于有形商品的各个阶段。

从国际投资涉及的跨国货品流动看,国际追加服务贸易尤其知识密集型追加服务正被广泛应用于商品生产的上游、中游和下游阶段。

(1)上游阶段。此阶段的追加服务投入包括可行性研究、风险资本筹集、市场调研、产品构思和设计等服务。

(2)中游阶段。此阶段追加服务要求与有形商品融为一体,包括质量控制与检验、设备租赁、后期供给以及设备保养和维修等。它还要求与有形商品生产平行的追加服务投入,包括财务会计、人员聘用和培训;情报和图书资料等软件的收集整理与应用;不动产管理;法律、保险、通讯、卫生安全保障以及职工后勤供应等内容。

(3)下游阶段。此阶段要求的追加服务项目包括广告、运输、商品使用指导;退货索赔保证以及供应替换零件等一系列售后服务。

以上这些追加服务很难与某一特定生产阶段脱离,只能与一定比例的生产要素相结合,从而完全附着于有形商品的价值体,而并不形成一种独立的市场交易对象。另外,一些追加服务虽然与有形商品有关,但可以外在化而成为独立的市场交易对象。随着社会分工的深入发展,追加服务的这两种形式之间的界线已变得很难划分了。

从国际商品贸易涉及的跨国货品流动看,最主要的国际追加服务项目仍然是运输业,包括海运、空运和陆运。随着国际贸易、运输方式的发展,国际货运代理已渗透到国际贸易的每一领域,成为国际贸易中不可缺少的重要组成部分。市场经济的迅速发展使社会分工更加趋于明显,单一的贸易经营者或单一的运输经营者都没有足够的能力亲自经营处理每一项具体业务,他们需要委托代理人为其办理一系列商务手续,从而实现各自的目的。国际货运代理的基本特点是受委托人的委托或授权,代办各种国际贸易、运输所需要服务的业务,并收取一定报酬,或作为独立的经营人完成并组织货运、保管等业务,因而被认为是国际运输的组织者,也被誉为"国际贸易的桥梁"和"国际货物运输的设计师"。此外,作为国际运输服务体系的基本要素,原属于生产性服务的保险服务、银行服务以及信息服务也越来越深入地渗入到国际货物贸易,成为国际追加服务的组成部分。

三、国际服务贸易的特点

与国际货物贸易相比,国际服务贸易有其独特的特点。

(一)贸易标的的无形性

国际货物贸易的标的是有形的。一方面,国际服务贸易的标的一般是无形的,不可触摸、不可储存、不易运输;另一方面,消费者在购买服务前,不能感知服务,在购买之后也只能觉察到服务的结果而不是服务本身。随着科学技术的进步,在服务无形化的基础上产生了"物化服务",即可以把无形的服务物化成拥有商品的状态,服务就被认为是被"物化"了。例如:电影碟片作为服务产品的载体,其自身物质形态的价值很小,价值主体是物化在其上的服务;音乐磁带、光盘、期刊、报纸、图书也是如此。因此,企业必须善于宣传其所提供服务的价值,以感染、吸引顾客,还可通过化无形为有形,使无形的服务通过有形的证据表现出来

(二)交易过程与生产和消费过程的同步性

国际货物贸易的生产、交换和消费可以在时间、空间上分离;国际服务贸易的交易过程与生产、消费则不可分离,而且往往是同时发生的,通常无法将服务进行转让。服务的提供者和消费者是不可分割的,不管是在时间上还是在空间上,因而生产过程就是消费过程。也就是说,服务价值的形成和使用价值的创造过程,与服务价值的实现和使用价值的让渡过程,以及服务使用价值的消费过程往往是在同一时间和地点完成的。服务交易在整个服务再生产过程中具有决定性意义。服务交易与生产和消费的同步性要求服务交易必须具备不同于货物交易的条件,那就是要有两个主体(提供者和消费者)的实体接近。

(三)国际服务贸易市场具有高度垄断性

由于世界经济发展不平衡,国际服务贸易在发达国家和发展中国家的发展也严重不平衡,加上服务市场的开放涉及银行、通信工程、航空运输、教育、自然人跨国界流动等重要领域,并直接关系到输入国主权、安全、伦理道德等敏感领域的问题。因此,国际服务贸易市场具有很强的垄断性,受到国家有关部门的严格控制。全球服务贸易总额的70%以上主要被少数发达国家所垄断,全球服务贸易壁垒多达2000多种,远远超过货物贸易。

(四)国际服务贸易管理的复杂性

第一,国际货物贸易的进出口都经一国海关统一管理和统计,而服务进出口不经过海关,各国的海关进出口统计中没有服务贸易的统计数据,只在各国国际收支表中显示。因此,对国际服务贸易的监控不能通过海关监督和征收海关关税的方式进行,而只能通过国家立法和制定行政法规来达到目的。同时,因各国的统计范围划分不一致,很多实际上已经发生的服务贸易并没有真实反映出来,所以对国际服务贸易的统计也较为复杂。

第二,国际服务贸易涉及服务行业众多,服务生产者和消费者跨界移动带来的信息不对称、不同国家法律法规不同等,都给各国国际服务贸易的管理带来难度和挑战。

(五)贸易保护方式更具有刚性和隐蔽性

国际货物贸易的保护方式是关税壁垒和非关税壁垒。而各国政府无法对服务产品征收关税,通常是采用非关税壁垒的形式,包括采用市场准入和国内立法的形式,具有更高的刚性和隐蔽性。非关税壁垒措施繁多,如外汇管制、移民法、工作许可、技术标准、资格认证

等,涉及许多部门和行业,任何一种行业标准的改变都可能影响服务贸易的发展。

四、国际服务贸易与相近概念的比较

(一)国际服务贸易与国际货物贸易

现代国际贸易主要由货物贸易和服务贸易组成。两者的区别主要在于贸易标的不同,货物贸易的标的是货物品,服务贸易的标的是服务,后者可以不跨越国境实现,前者则必须跨越国境才能实现。服务贸易的完成往往只需各生产要素(人员、资本、技术、知识)中的一项移动即可实现,而货物贸易则需要其生产要素结合后的产品(商品)的移动才能实现。两者的联系是:部分服务贸易伴随着货物贸易的发生而实现,这就是通常所称的"追加服务贸易",如运输服务、售后服务等。

(二)国际服务贸易与国际无形贸易

英国无形产品出口协会认为,无形贸易(Invisible Trade)是指直接向国外居民提供无形产品获得收入的过程。其主要形式有:本国居民或厂商投资外国厂商获得的利润、利息或股息;向外国服务消费者提供服务获得的收入。

国际服务贸易与国际无形贸易大致相同,很多国家将两者混用。例如,经济合作与发展组织(OECD)签订的第一个服务贸易自由化法典就命名为《当代无形业务和资本移动自由化》。英国为准备服务贸易多边谈判而专门成立了英国无形出口理事会。国际货币基金组织(IMF)的国际收支统计在1993年调整前一直把服务贸易计入无形贸易一栏。但严格来说,无形贸易比服务贸易范围更广,除包括服务贸易中的所有项目外,还包括国际直接投资收支以及捐赠、侨汇和赔款等无偿转移。在整个国际无形贸易中,直接投资项目目前所占的比例最大。有数据显示,国际直接投资中有60%的收支归于国际服务贸易。从统计口径上看,服务贸易与无形贸易也是存在差异的,不可完全等同看待。

(三)国际服务贸易与国际服务交流

在国际上服务人员的流动大致可分为三类。

第一类是政府间为了政治、经济、文化交流的需要互派的各种免费服务。实际上这些免费服务并非免费,而是对等的"不收费"的"收费",如教育培训、合作医疗、联合研究等,由于不发生商业性收益,故不构成服务贸易。

第二类是指一国(地区)的服务人员到另一国(地区)谋取工作,为境外雇主所雇佣,获得工资报酬并只在当地消费(没有汇回母国),由于未发生支付的过境流动,也不构成服务贸易。

第三类是指一国(地区)的法人或自然人对外提供服务并获得服务收入,有收支的过境流动,从而构成服务贸易。

总体来看,前两类称为国际服务交流,后一种称为国际服务贸易,当然后一种并不是国际服务贸易的全部。

(四)国际服务贸易与国际劳务合作

国际劳务合作是指劳务提供者与劳务消费者根据合作契约开展的国际交易,包括境外劳务合作与境内劳务合作两种形式。境外劳务合作又称为"劳务输出",指一国劳动力到他国谋取就业机会,被国外雇主雇佣而获得劳动报酬。例如,对外工程承包、船员输出和出国技术合作等。境内劳务合作是指在劳务提供者所在地进行的各种劳务输出活动,如来料加工、来件装配,以及在国内开展的国际旅游和在国内举行的国际性学术文化交流活动等。显然,国际劳务合作既包括国际服务贸易的内容,也包括国际劳动力流动的内容。

第二节 国际服务贸易的产生与发展

从世界经济发展的历史来看,服务业取代农业和工业成为国民经济的第一大产业是经济发展的必然趋势。国际服务贸易是在一个国家国内服务经济的基础上,通过服务业的国际化和国际分工而发展起来的。随着经济生活的国际化和国际分工的发展,它不仅使国内的服务提供者获得了报酬,还使各国经济相互依赖、彼此渗透,使得各国的服务业随着其他要素一起国际化了。

一、国际服务贸易的产生和发展

在人类社会的发展过程中,早期的服务贸易在原始社会末期、奴隶社会初期就开始具备雏形。这一时期,在简单的商品经济条件下,国际贸易以物物交换的货物贸易为主,同时辅以追加服务为主要形式的服务贸易,如运输、仓储、器械维修、商业、餐饮等。由于其在国际贸易中所占的份额很小,因而还不能成为真正意义上的国际服务贸易。具有一定规模的、真正意义上的近代国际服务贸易形成于资本主义大工业时代,它是在近代工业国际化延伸的发展的过程中形成的。

(一)国际服务贸易的萌芽——地理大发现时代

15世纪,具有一定规模的国际性服务贸易开始于航运事业,带动了国际劳务贸易的发展。从1492年哥伦布发现新大陆到17世纪资本主义原始积累时期,欧洲殖民统治者以暴力和其他超经济手段对美洲、亚洲、非洲进行掠夺,建立了以奴隶劳动为基础、面向国外进行专业化生产的殖民主义经济体系。

>>> **拓展阅读 6-1**

葡萄牙、西班牙、英国、法国等开始殖民扩张,他们在新大陆美洲创建种植园,开发金银矿,由于需要大量的廉价劳动力,在利润的驱使下,殖民者于是将贪婪的目光投向未开发的非洲大陆,开始了人类历史上大规模的远距离劳动力迁移的罪恶的奴隶贸易,形成了以劳务输出与输入为主的国际性服务贸易。欧洲奴隶贩子从本国出发装载盐、布匹、朗姆酒等,前往非洲换成奴隶,再沿着所谓的"中央航线"通过大西洋,在美洲换成由黑人生产的糖、烟草和稻米返航。由于在欧洲西部、非洲几内亚湾附近、美洲西印度群岛之间航线大致构成三角形状,且所贩运的奴隶为黑色人种,因而在贸易史上被称为"黑三角贸易"。一直到1890年,布鲁塞尔国际会议通过反奴隶贸易的总决议书,才标志着数百年的黑奴贸易的终结。但是这种具有强烈的殖民主义色彩、以劳动力买卖为主的服务贸易带有明显的掠夺性,与我们今天所讲的服务贸易有着实质性的差别。

(二)国际服务贸易的形成——蒸汽时代

18世纪60年代至19世纪40年代,英国和其他欧洲国家相继发生了第一次工业革命,资本主义生产完成了从工场手工业向机器大工业过渡的阶段。这史无前例的革命开始了城市化进程,加速了国际间的货物贸易和服务贸易的增长,推动了世界的经济发展。1765年,英国工人詹姆斯·哈格里夫斯发明了珍妮纺纱机,揭开了工业革命的序幕,引发了发明机器、进行技术革新的连锁反应,先后出现了骡机、水利织布机等机器。1785年,英国格拉斯哥大学的技师詹姆斯·瓦特改良的蒸汽机投入使用,标志工业革命正式开始。随着工业生产中机器生产逐渐取代手工操作,一种新型的生产组织形式——工厂出现了。1840年前后,英国的大机器生产已基本取代了工厂手工,工业革命基本完成。工业革命传播到整个欧洲大陆,19世纪传播到北美地区。后来,工业革命传播到世界各国。

新的棉纺机和蒸汽机需要铁、钢和煤的供应量增加,这一需要通过采矿和冶金术方面的一系列改进得到满足。纺织工业、采矿工业和冶金工业等主导产业的发展引发对改进运输工具的需要,同时发展的还有运输业、通讯联络、金融业等服务业。几十年的时间,以农业与乡村为主体的经济体制变成了以工业与城市为主体的经济体制,人的生活和国家的经济地理状况发生了大规模的改变。新城市兴起、旧城市改观,人口由农村流向城市,工业产值远远超过农业产值,国家出现向城市化社会迈进的大趋势。纺织工业、采矿工业和冶金工业等主导产业的发展引发对改进运输工具的需要,并凭借电缆在通讯联络方面引起了一场革命。在这一时期,跨境支付、商业存在、自然人移动等服务贸易的形成已基本具备。

>>> 拓展阅读6-2

由于种种新发展的结果,英国到1800年时生产的煤和铁比世界其余地区合在一起生产的还多。英国的煤产量从1770年的600万吨上升到1800年的1200万吨,进而上升到1861年的5700万吨。同样,英国的铁产量从1770年的5万吨增长到1800年的13万吨,进而增长到1861年的380万吨。铁已丰富和便宜到足以用于一般的建设,因而,人类不仅进入了蒸汽时代,还跨入了钢铁时代。

纺织工业、采矿工业和冶金工业等主导产业的发展引发对改进运输工具的需要,这种运输工具可以运送大宗的煤和矿石。1761年,布里奇沃特公爵在曼彻斯特和沃斯利的煤矿之间开凿了一条长7英里的运河,随后曼彻斯特的煤的价格下降了一半,引起运河开凿热,使英国到1830年时拥有2500英里的运河。与运河时代平行的是伟大的筑路时期,1850年以后,一批筑路工程师约翰·梅特卡夫、托马斯·特尔福德和约翰·麦克亚当等发明了修筑铺有硬质路面、能全年承受交通的道路的技术,从爱丁堡到伦敦的旅行,以往要花费14天,这时仅需44小时。钢轨或铁轨被普遍使用,将煤从矿井口运到某条水路或烧煤的地方。采矿工程师乔治·斯蒂芬孙将蒸汽机安装在货车上,并在1825年试车成功,短短数年内,铁路支配了长途运输,能够以比在公路或运河上所可能有的更快的速度和更低廉的成本运送旅客和货物。到1838年,英国已拥有500英里铁路;到1850年,已拥有6600英里铁路;到1870年,拥有15500英里铁路。

第一次工业革命不但在交通运输方面,而且在通讯联络方面引起了一场革命。以往,人们一向只有通过运货马车、驿使或船才能将一个音信送到一个遥远的地方。然而,19世纪中叶,一个英国人查尔斯·惠斯通与两个美国人塞缪尔·莫尔斯和艾尔弗雷德·维耳发明了电报。1866年,人们铺设了一道横越大西洋的电缆,建立了东半球与美洲之间直接的通讯联络。

(三)国际服务贸易的初步发展——电气时代

1870年至20世纪初,科学技术的发展突飞猛进,各种新技术、新发明层出不穷,迅速应用于工业生产,促进了经济的发展,这就是第二次工业革命。当时,科学技术的发展主要表现在三个方面,即电力的广泛应用、内燃机和新交通工具的创制、新通讯手段的发明。第二次工业革命对国际贸易的影响深远。其一,新能源的大规模应用,如电力、煤炭等,直接促进了重工业的大踏步前进,使大型的工厂能够方便廉价地获得持续有效的动力供应,进而使大规模的工业生产成为可能,并为之后的经济垄断奠定了基础。其二,内燃机的发明解决了机器动力不足的问题,又促进了发动机的出现,解决了交通工具的问题,推动了汽车、远洋轮船、飞机的迅速发展,使人类的足迹遍布了全世界,也让各个地区的文化、贸易交流更加便利。其三,通讯工具的发明。自从1876年美国人贝尔发明了电话之后,人与人之间的交流就不再局限于面对面的谈话。其四,化工业的迅猛发展。炸药的发明大大促进了军工业的进步,并导致第一次世界大战的爆发。从煤炭中提取各种化合物,如塑料、人造纤维先后被投入实际生活。

到19世纪资本主义经济自由竞争时期,制造业的发展使运输业、批发业、零售业、金融业、保险业和房地产业等也得到了迅猛发展。经济的发展和居民人均收入水平的提高,使社会成员的消费结构发生了变化,用于家庭基本生活支出部分开始下降,服务消费逐步增加。这一变化为个人及家庭服务的行业,如旅游、汽车、文化娱乐、医疗、保险等行业的发展。伴随世界商品市场范围的扩大和产业分工的深化,服务业成为基础生产制造业以外的独立产业,但服务业与工业、农业等生产部门的关系却更加紧密。工业革命以前,国际服务贸易很难得到发展,但是工业革命以后,社会分工细化,生产率大大提高,生产力得到了巨大发展。随着社会分工进一步深化,各主要资本主义国家在工业发展的同时,服务业也得到了相应的发展,以国际分工为基础,一些资本主义国家借助于国际交通运输和通信工具,通过商品输出和资本输出,资本主义商品经济关系扩展到了世界各地,国际商品贸易的扩大直接带动了相关追加服务的扩张,从而刺激了世界服务贸易的发展。

两次世界大战期间,由于战争的需要,出现了军需产品的生产和运输、军事培训、伤病救护、情报信息传递等多种国际服务交换,并且发展迅速。

这一时期,国际服务贸易的特点是服务贸易额少,技术知识含量低,是货物贸易的附属形式。

(四)"二战"后服务贸易迅速发展

第二次世界大战结束后,第三次科学技术革命以原子能技术、航天技术、电子计算机技术的应用为代表,还包括人工合成材料、分子生物学和遗传工程等高新技术,推动了社会生产力的发展。在第三次科技革命条件下,人们主要是通过生产技术的不断进步、劳动者的素质和技能的不断提高、劳动手段的不断改进,来提高劳动生产率。第三次科技革命促使社会经济结构和社会生活结构发生重大变化,第一产业、第二产业在国民经济中比重下降,第三产业的比重上升。

在第三次科技革命的迅速发展的形势下,世界经济不断恢复,世界服务业市场逐步从世界商品市场和金融市场中分离出来,形成世界服务市场,为商品市场提供各种服务,服务贸易越来越成为国际贸易的重要组成部分。比如,航海航空运输、咨询、会计等专业化服务,为世界金融市场提供金融保险、通信等服务,为世界技术市场提供科技开发、软件设计、工程承包和信息服务。

1970年至1980年间,世界服务贸易的年平均增长率为18.7%,世界服务贸易出口与货物贸易出口均保持快速增长并且大体上持平。1994年4月,关税与贸易总协定下的乌拉圭回合谈判正式签署了《服务贸易总协定》(《GATS》),这成为世界服务贸易全球化发展的标志性事件。1980年至2010年间,世界服务出口总额从3673亿美元扩大到36639亿美元,占世界贸易出口的比重从1/7增长到1/5。2000年以来,世界服务贸易年均增速9.3%,超过货物贸易8.8%的增速。当前,服务业占世界经济总量的比重达到70%,低收入国家服务业的比重达到50%。

国际服务贸易发展势头强劲,特别是进入21世纪以来,服务贸易在结构性调整中爆发新的增长力。服务业与其他产业融合趋势增强,服务贸易与投资合作的广度和深度不断拓展,开放合作仍然是世界各国发展服务经济的战略选择。数字化时代的服务可贸易性大大提高,服务贸易企业形态、商业模式、交易方式发生深刻变革,服务贸易形式的创新也不断加快。与此同时,国际金融危机的影响依然存在,世界经济持续调整、增速放缓,贸易保护主义抬头。服务贸易国际竞争加剧,发达国家纷纷抢占服务贸易国际竞争制高点,发展中国家也纷纷加大服务贸易扶持力度。服务贸易领域的国际经贸规则面临重构,国际规则制定权争夺更加激烈。

二、当代国际服务贸易的特点

1. 国际服务贸易规模扩大、发展迅速

金融危机以来,全球服务贸易虽然呈现跌宕起伏的态势,但总体是优于货物贸易的,成为拉动世界贸易增长的主要引擎。"二战"后20世纪60年代国际服务贸易总额为700亿美元左右,1990年为16011亿美元,2000年为29718亿美元,2010年为74330亿美元,2017年为102904.9亿美元,增长了150倍。2009年至2016年,全球服务贸易出口年平均增长率为4.55%,高出货物贸易出口1.07个百分点。据世界贸易组织统计,2016年全球服务出口规模为4.8万亿美元,相当于2005年的1.8倍;增速为0.38%,与2015年相比有所回升;尤其是在当年全球货物出口和全球贸易出口负增长的情况下一枝独秀,成为世界贸易增长的推动力。

服务贸易占世界贸易总量的比重稳步上升,对国际贸易贡献度日益提高。20世纪70年代初服务贸易出口约占世界贸易总额的10%,2005年占19.82%,2010年占20.09%,2017年占23.16%。随着制造业和服务业加速融合,技术知识密集型服务成为影响国际分工和贸易利益分配的关键因素,制造业跨国公司纷纷向综合服务提供商转型。服务贸易与投资合作的广度与深度不断拓展。目前,服务业投资占全球直接投资存量的比重已经超过60%,其中服务业跨境并购占比超过50%[1]。

表6-1 2005—2016年全球服务出口、货物出口及贸易出口情况　　　　（单位:十亿美元,%）

年份	全球服务出口		全球货物出口		全球贸易出口		服务贸易在全球贸易中的占比
	出口额	增速	出口额	增速	出口额	增速	
2005	2597	—	10509	—	13106	—	19.82
2006	2932	12.87	12131	15.43	15063	14.93	19.46
2007	3510	19.74	14.023	15.60	17533	16.40	20.02
2008	3948	12.47	16160	15.24	20108	14.68	19.63
2009	3521	−10.82	12555	−22.31	16076	−20.05	21.90

---

[1] 王晓红,柯建飞.全球服务贸易形势分析及展望[J].国际贸易,2018(1):52—59.

续表

年份	全球服务出口		全球货物出口		全球贸易出口		服务贸易在全球贸易中的占比
	出口额	增速	出口额	增速	出口额	增速	
2010	3847	9.26	15301	21.87	19148	19.11	19.09
2011	4328	12.50	18338	19.85	22666	18.37	19.09
2012	4451	2.85	18496	0.86	22947	1.24	19.40
2013	4743	6.56	18952	2.47	23695	3.26	20.02
2014	5078	7.06	19005	0.28	24083	1.64	21.09
2015	4790	−5.68	16489	−13.24	21277	−11.65	22.51
2016	4808	0.38	15955	−3.24	20763	−2.42	23.16

资料来源：根据 WTO 网站的 International Trade Statistics(BPM6)资料整理。

2. 国际服务贸易结构不断优化，信息化和数字化水平快速提高

(1)传统服务贸易稳中有降，新兴服务增长较快。旅游、运输等传统服务贸易部门保持稳定增长，服务贸易结构逐渐向新兴服务贸易部门倾斜。1980 年，全球运输服务出口额为 1339 亿美元，占全球运输服务出口比重为 36.48%；旅游服务出口额为 1035 亿美元，占全球旅游服务出口比重为 28.19%，两者相加比重为 64.67%。2000 年，全球运输服务出口额为 3464 亿美元，占比 23.23%；旅游服务出口额为 4762 亿美元，占比 31.94%，两者相加比重为 55.17%。2016 年，全球运输服务出口额为 8525.5 亿美元，占比 17.73%；旅游服务出口额为 12054.8 亿美元，占比 25.07%，两者相加比重为 42.8%。传统服务贸易在服务贸易中的比重总体呈现稳中有降的态势。

表 6-2　世界服务贸易部门构成　　　　　　　　　　　（单位：亿美元，%）

项目	出口额	比重(%)		
	2016 年	1980 年	2000 年	2016 年
世界服务贸易出口总额	48076.8	100	100	100
其中：运输服务	8525.5	36.48	23.23	17.73
旅游服务	12054.8	28.19	31.94	25.07

资料来源：根据 WTO 网站的 International Trade Statistics(BPM6)资料整理。

新兴服务是指"二战"后新产生的或者发生升级换代的并且技术知识含量较高的服务，具体是指技术服务、计算机和信息服务、通讯服务、建筑服务、教育服务、保险、金融服务、医疗卫生、咨询、会计、法律律师、环境保护服务、专有权利使用和特许、广告及文体娱乐服务等，这类服务的发展已经超越了传统服务的发展。由建筑、保险与养老、金融、知识产权、信息技术服务、文化娱乐和商务服务等构成的其他商业服务贸易已经占主导地位且份额连年扩大，2014 年、2015 年和 2016 年占总量比重分别为 52.75%、53.3%和 53.74%。2016 年其他商业服务贸易出口额 25836.4 亿美元，同比增速 1.2%。其中，其他商务服务占 22.74%、电信计算机与信息服务占比 10.25%、金融服务占比 8.74%、知识产权使用费占比6.53%。这也反映出知识密集型服务贸易逐步占主导地位,服务贸易的价值链不断向高端延伸的特征越来越鲜明[①]。

表6-3　2014—2016年全球服务贸易出口分类统计　　　　(单位:十亿美元,%)

年份	2014			2015			2016		
	出口额	占比	增速	出口额	占比	增速	出口额	占比	增速
一、与货物有关的服务	169.13	3.33	2.30	161.32	3.37	−4.62	166.01	3.45	2.91
(一)制造服务	95.67	1.88	−5.21	86.97	1.82	−9.09	85.14	1.77	−2.10
(二)维修与保养服务	73.47	1.45	14.08	74.35	1.55	1.20	80.87	1.68	8.77
二、运输	989.62	19.49	5.43	890.63	18.59	−10.00	852.55	17.73	−4.28
三、旅游	1240.67	24.43	4.01	1184.68	24.73	−4.51	1205.48	25.07	1.76
四、其他商业服务	2678.71	52.75	9.50	2553.03	53.30	−4.69	2583.64	53.74	1.20
(一)建筑	109.14	2.15	12.39	96.10	2.01	−11.95	87.73	1.82	−8.71
(二)保险与养老服务	136.79	2.69	8.07	119.10	2.49	−12.93	121.59	2.53	2.09
(三)金融服务	455.38	8.97	8.55	437.45	9.13	−3.94	420.27	8.74	−3.93
(四)知识产权使用费	311.99	6.14	7.02	310.52	6.48	−0.47	314.06	6.53	1.14
(五)电信、计算机与信息服务	493.32	9.71	11.88	471.72	9.85	−4.38	493.05	10.25	4.52
(六)其他商务服务	1113.35	21.92	9.76	1065.13	22.24	−4.33	1093.27	22.74	2.64
(七)个人、文化、娱乐服务	50.96	1.00	0.08	44.12	0.92	−13.42	45.34	0.94	2.77

资料来源:根据WTO网站的International Trade Statistics(BPM6)资料整理。

(2)服务贸易的信息化和数字化水平快速提高。随着数字经济蓬勃发展,互联网、大数据、云计算、移动互联网、人工智能等新技术广泛应用,以信息技术为主导的技术服务贸易、数字贸易成为新的增长点。根据2017年1月美国国会研究服务局(Congressional Research Service)发布的《数字贸易与美国的贸易政策》报告,2005—2014年全球数据流量增长了45倍,2016年全球涉及互联网的经济为4.2万亿美元。2016年金融、保险等服务业纷纷加大信息技术投入和应用,旅游、运输、建筑等传统服务业与互联网、大数据、人工智能等技术加速融合。数字贸易呈现大规模发现,目前跨境交易服务有一半以上已经实现了数字化。数字化使服务贸易的交易成本降低,交易领域更加丰富,全球区域范围大大拓展,为服务贸易增长带来了巨大空间。

3.国际服务贸易的区域发展不平衡格局有所加剧

(1)从区域结构来看,全球服务贸易主要集中在欧洲、亚洲、北美三大区域。如表6-4所示,2016年,欧洲、亚洲和北美三大地区的服务出口占全球服务出口总额的89.50%,服务进口占全球服务进口总额的85.45%。其中,欧洲服务出口额22499.4亿美元,占全球服务出口的46.8%;服务进口额为19820.3亿美元,占全球服务进口的42.22%。

[①] 王晓红,柯建飞.全球服务贸易形势分析及展望[J].国际贸易,2018(1):52—59.

亚洲服务出口额 12151.7 亿美元,占全球服务出口的 25.28%;服务进口额为 14202.4 亿美元,占全球服务进口的 30.26%。北美服务出口额 8376.6 亿美元,占全球服务出口的 17.42%;服务进口额为 6089.9 亿美元,占全球服务进口的 12.97%[①]。相对来说,中东地区和非洲地区的出口和进口份额所占比重较小。

表 6-4 全球服务贸易各地区和主要国家的进出口情况 （单位：十亿美元,%）

地区或国家	出口				进口			
	2010年	占比	2016年	占比	2010年	占比	2016年	占比
全球	3847.05	100	4807.69	100	3699.30	100	4694.09	100
北美	635.42	16.52	837.66	17.42	498.04	13.46	608.99	12.97
加拿大	75.30	1.96	79.75	1.66	97.24	2.63	96.47	2.06
美国	543.55	14.13	732.55	15.23	377.35	10.20	481.96	10.27
南、中美洲及加勒比	117.88	3.06	144.06	3.00	143.35	3.88	166.02	3.54
巴西	29.27	0.76	35.27	0.68	57.81	1.56	61.45	1.31
欧洲	1888.47	49.09	2249.94	46.80	1627.07	43.98	1982.03	42.22
欧盟(28)	1704.72	44.31	2045.03	42.54	1484.16	40.12	1807.54	38.51
独联体	85.60	2.23	91.68	1.91	111.29	3.01	114.88	2.45
俄罗斯	48.64	1.26	49.68	1.03	73.23	1.98	72.87	15.59
非洲	90.12	2.34	90.29	1.88	140.93	3.81	135.36	2.89
摩洛哥	14.33	0.37	14.68	0.31	5.66	0.15	7.36	0.16
南非	15.68	0.41	13.97	0.29	19.16	0.52	14.55	0.31
中东	105.11	2.73	178.89	3.72	192.63	5.21	266.57	5.68
以色列	25.36	0.66	38.89	0.81	18.54	0.50	23.49	0.50
沙特阿拉伯	10.35	0.27	15.27	0.32	51.00	1.38	50.97	1.09
亚洲	924.45	24.03	1215.17	25.28	986.00	26.65	1420.24	30.26
澳大利亚	45.84	1.19	53.18	1.11	50.77	1.37	55.49	1.18
中国	177.38	4.61	207.28	4.31	192.25	5.20	449.83	9.58
印度	116.58	3.03	161.25	3.35	114.23	3.09	133.03	2.83
日本	131.83	3.43	168.73	3.51	162.92	4.40	182.69	3.89
新加坡	100.58	2.61	149.36	3.11	101.02	2.73	155.36	3.31

资料来源：WTO,International Trade Statistics

注：WTO 统计贸易额时将澳大利亚、新西兰两国并入亚洲。

(2) 从国别构成来看,发达经济体占主导地位。目前,发达经济体的服务贸易额在世界服务贸易总额中占 70% 左右,而发展中经济体占 30% 左右。发达国家凭借科技创新能力、经济实力的领先优势,在服务贸易高端价值链中占据优势地位,成为高端服务贸易产品的主要输出国。发达国家生产性服务贸易增长较快,比如金融、保险、通讯、信息、

[①] 王晓红,柯建飞.全球服务贸易形势分析及展望[J].国际贸易,2018(1):52-59.

专利许可、咨询、法律、广告服务等资本、知识和技术密集型行业，而发展中国家发展较快的是运输、旅游、建筑工程承包、劳务输出等自然资源和劳动力密集型行业。2017年世界服务出口前十位中除中国（排第5位）和印度（排第8位）外均是发达国家或地区；服务进口前十位中除中国（排第2位）和印度（排第10位）外也均是发达国家或地区。发达经济体更容易出现服务贸易顺差状态，比如美国、英国、法国、荷兰等；发展中经济体更容易出现服务贸易逆差状态，比如中国常年处于逆差状态。发展中国家正在成为国际服务贸易的新生力量，在全球服务贸易出口中的占比超过30%，而且在运输、旅游、建筑、其他商业服务、计算机与信息服务五大产业出口中占比为40%左右。

表6-5 2017年全球服务出口额TOP10

排序	国家/地区	服务出口额（亿美元）	对全球增长贡献（%）	占全球比重（%）	同比增速（%）
1	美国	7617.2	7.7	14.5	3.8
2	英国	3250.2	−0.8	6.2	−0.9
3	德国	2998.3	6.4	5.7	8.5
4	法国	2642.6	8.1	5.0	12.6
5	中国	2263.9	4.9	4.3	8.7
6	荷兰	2040.3	4.6	3.9	8.9
7	爱尔兰	1860.8	8.3	3.5	19.7
8	印度	1833.6	6.0	3.5	13.7
9	日本	1800.1	3.1	3.4	6.6
10	新加坡	1562.0	1.9	3.0	4.6
	全球	52465.1	100.0	100.0	7.5

数据来源：世界贸易组织数据库。

表6-6 2017年全球服务贸易总额排名

排序	国家	服务贸易进出口总额（亿美元）	服务贸易差额（亿美元）
1	美国	12777.4	2457
2	中国	6905.2	−2377.4
3	德国	6215.7	−219.1
4	英国	5269.6	1230.8
5	法国	5089	196.2
6	荷兰	4018.8	61.8
7	爱尔兰	3849.2	−127.6
8	日本	3688.7	−88.6
9	印度	3367.4	299.8
10	新加坡	3199.6	−75.6

数据来源：世界贸易组织数据库。

4. 全球服务外包市场向纵深发展

离岸服务外包成为推动服务全球化发展的新引擎。从表6-7中可以看出，全球离岸外包增速均高于全球GDP、服务贸易和服务外包增速水平。据国际数据公司（IDC）数据,2016年全球 IT 服务、业务流程(BPO)、研发设计三大服务支出合计约 18006.2 亿美元,增长 5.1%。其中 IT 服务支出 9439.5 亿美元,增长 4.2%,占 52.4%;BPO 服务支出 4861.4 亿美元,增长 5.8%,占 27%;研发设计支出 3705.3 亿美元,增长 6.9%,占 20.6%。2016年全球离岸外包市场规模为 2697.7 亿美元,增长 15%[①]。

表 6-7 全球 GDP、货物贸易、服务贸易、服务外包增速比较 (单位:%)

年份	GDP	货物贸易	服务贸易	服务外包	离岸外包
2011	2.8	19.9	12.5	5.0	14.0
2012	2.3	0.9	2.9	5.0	18.6
2013	2.4	2.5	6.6	4.8	17.9
2014	2.6	0.3	7.1	5.4	8.6
2015	2.4	−13.2	−5.7	5.4	18.0
2016	3.0	−3.2	12.9	—	15.0

注:表中全球 GDP 增速均采用世界银行数据,全球货物贸易和服务贸易增速均采用 WTO 数据,服务外包和离岸外包均采用 IDC 数据。

资料来源:根据世界银行、WTO、IDC 统计数据整理。

到目前为止,全球服务外包市场的产业格局依旧较为稳定,服务外包的需求方——美、日、欧等发达国家(地区)仍然主导整个产业的发展。从发包国来看,美国、日本、欧洲等国是主要的发包方,提供了全球服务外包业务的绝大多数份额。2016年美国离岸发包额占了全球市场的 64%,居首位;欧盟位居第二,占 19%;日本位居第三,占了 11%,其他国家占比不到 10%。美日欧凭借巨大的国内市场、发达的科技和创新能力以及数量众多的大型公司的优势,仍然是全球服务外包市场上重要的需求方。美国是全球主要的软件生产和出口大国,国内软件公司占据了 2/3 以上的世界软件市场,目前其提供了大约 70% 的全球服务外包合同。日本拥有索尼、夏普、佳能等国际 IT 巨头,国内信息服务产业销售额已经超过 1000 亿美元。全球服务外包市场严重依赖于美国、日本、欧洲等国,产业格局呈现出一种"中心-外围"的发展格局。因此,在未来相当长的时间内,全球服务外包的主要需求方仍然是发达国家,并通过需求控制服务外包行业。

从承接国来看,亚太、拉美地区的服务外包行业发展极为迅速,正在成为服务外包行业发展的重要引擎。亚太地区已经成为全球最具吸引力的服务外包投资地,印度、中国、马来西亚、菲律宾承接了全球服务外包 60% 以上的份额。其中,印度、中国承接离岸外包分别占全球总额的 43.4% 和 15.9%。印度 90% 的市场来自美国和欧盟,且承接金融、高科技等高端外包业务有明显优势。拉美地区的巴西、墨西哥等国也是世界上重要的服务外包承接国。目前以印度、中国为代表的新兴国家快速崛起,其国内产业发展迅速。如果这些国家通过发展,国内需求能得到进一步的释放,则很可能成为新的服务外包需求方,打破现在的垄断格局。印度 IT 行业发展迅速,目前已经开始与中国、蒙古

---

① 王晓红,柯建飞.全球服务贸易形势分析及展望[J].国际贸易,2018(1):52—59.

等周边国家合作,共同发展服务外包行业,其国内的离岸自建中心发展迅速,保持着21%的年复合增长率。中国国内市场巨大,国内服务外包行业的发展主要依靠自身的需求,随着市场规模的扩大,中国将成为世界上重要的服务外包发包国。

发包方看重成本优势,那些拥有大量低廉、质高劳动力的发展中国家成为服务外包重点发展的地区,这就导致承接国数量的急剧增多,不可避免地导致承接国之间竞争的加剧。为了实现发展,避开同质化竞争,承接国必须找准自身的优势和特点,把握整个行业的发展趋势,向特色化、差异化的方向发展。例如,乌克兰、俄罗斯等国的信息技术比较发达,国内相关行业的人力资源比较丰富,就选择 IT 行业作为重点发展方向。埃及拥有地缘、多文化汇集的优势,因此其大力发展针对英国、法国、德国等欧盟国家的服务外包产业。南非的基础设施优越、英语人口巨大、金融服务世界一流,因此通过重点发展语音业务,打开英国、美国、澳大利亚、欧洲地区的市场。澳大利亚、爱尔兰等发达国家虽然不具有人力成本优势,但是凭借产业成熟度、地缘等优势,开始向高端服务外包业务的方向转移。那些刚刚进入服务外包行业的国家,如斯里兰卡、柬埔寨等国,则凭借成本优势,承接低端的服务外包业务。

服务外包产业已经进入产业上升期,未来发展将十分迅猛。随着新兴国家的兴起,产业格局有可能得到修正,出现多极化的发展趋势。服务外包推动制造业向智能化、数字化、网络化和绿色低碳化发展,商贸、旅游、金融、物流等传统服务业向信息化和现代化发展,研发、设计、传媒、教育、咨询等新兴服务贸易向规模化发展。

5. 国际服务贸易自由化与贸易壁垒并存

1995 年 1 月 1 日《服务贸易总协定》正式生效,WTO 成为统辖当今国际贸易中货物、知识产权、服务贸易等领域的重大的政府间国际组织。其在世界范围内正式推动实施服务贸易自由化的进程,通过服务贸易的逐步自由化来促进所有贸易伙伴的经济增长和发展中国家的经济发展水平,并通过不断进行多边谈判,将世界服务贸易的自由化程度发展到一个新的阶段,扩大服务贸易的市场准入程度。服务贸易促进措施主要涉及通过商业存在和自然人流动来影响服务供给,也涉及金融服务和通信部门。2016 年 9 月至 2017 年 5 月期间 G20 共出台了 30 项服务贸易促进措施,其中涉及金融服务 7 项、航空运输服务 8 项、信息通信技术服务 7 项、其他服务部门 8 项。为了优化服务贸易环境,有些 G20 成员国对影响服务业的外国投资政策进行了修改,例如,通过加强自然人流动影响扩大供给;电子交易和数据相关的通信领域采取新的措施等。

同时,各国为了保护本国的服务业,纷纷采取诸如入境限制、技术壁垒、外汇管制等非关税壁垒措施。例如,以国家安全为借口的限制、针对商业存在和自然人的限制、行业限制等壁垒措施仍普遍存在。金融危机之后服务贸易保护主义倾向有所增强。例如,有些国家出台"购买本地服务",对外国服务提供者进入本国市场和服务活动设置障碍、减少服务外包、对本国服务出口实行隐性补贴等。数字贸易发展也将出现新的贸易壁垒,给贸易政策带来了新的挑战。除了关税壁垒外,数字贸易壁垒还包括本地化要求、跨境数据流量限制、知识产权侵权、独特标准或繁重的测试、网络过滤或阻断、网络犯罪曝光、国家主导的商业秘密盗窃等[①]。

世界正处于新型全球化和逆全球化交替发展时期,服务贸易促进政策和限制措施并行发展,但总体上看,贸易促进政策高于限制措施,反映出服务贸易自由化仍是大势所趋。

三、国际服务贸易迅速发展的原因

"二战"之后,当代国际服务贸易迅速发展的根本原因在于世界经济结构发生了历史性的变化。20世纪60年代兴起的新科技革命加速了这种历史演变的进程。具体说来,当代国际服务贸易的发展主要有以下几个方面的原因。

(一)世界产业结构的调整、服务业的发展促进了服务贸易的发展

按照发展经济学的经济增长阶段论,随着国家经济能力的增长,该国的产业结构将依次提升,逐步从农业经济过渡到工业经济,再由工业经济发展到服务经济。"二战"后,在第三次科技革命的推动下,生产的社会化分工不断深化,原先存在于企业内部的服务性机构开始分离出来,成为服务性公司,各国的服务业也随之得到发展,其在国民经济中的份额和从业人员数量也大幅增加。传统制造业比重相对下降,服务业地位提升,在各国 GDP 和就业中的比重不断提高。美、英、法等发达国家的服务业占 GDP 的比重基本超过 70%。发展中国家的比重要小得多,但也都超过了 50%,并呈快速增长态势。尤其是美国,作为服务贸易最为发达的国家,服务贸易规模和发展水平均居世界领先地位。发达国家的产业结构逐渐向资本密集和技术知识密集的高科技产业转移,把劳动密集型产业转移到新兴工业化国家和部分发展中国家和地区;而发展中国家和地区能够利用本地区丰富廉价的劳动力资源,赚取外汇服务收入,形成大规模的境内服务输出。

(二)国际货物贸易的增长带动了服务贸易的发展

随着经济全球化和世界经济的发展,国际货物贸易额不断增长,1950 年总计为 611 亿美元,1990 年达 33949 亿美元,40 年时间增长了 56 倍。货物贸易与服务贸易之间存在着螺旋式的上升关系。国际货物贸易流量不断扩大,以世界货物贸易出口总值为例,在货物贸易高速增长的带动下,国际运输服务、国际货物保险、国际结算服务等,都相应地在规模上、数量上成倍增长。而国际投资的迅速扩大和向服务业倾斜,不仅带动了国际货物贸易的增长,还带动了国际服务贸易的迅猛增长。特别是以国际投资收益作为要素服务项目,其迅速扩张本身就构成海外服务贸易流量的扩大。

(三)跨国公司和国际投资促进了国际服务贸易的发展

在 20 世纪 60 年代以后,全球的跨国公司进入高速发展阶段而且谋求全球扩张,直

---

① 王晓红,柯建飞.全球服务贸易形势分析及展望[J].国际贸易,2018(1):52—59.

接推动了国际服务贸易的发展。很多跨国公司在银行、金融理财、保险、法律、技术、运输、计算机和信息咨询等方面在全球范围内向他国公众提供服务,出售产品。国际投资的迅速扩大和向服务业倾斜,不仅带动了国际货物贸易的增长,还带动了国际服务贸易的迅猛增长。20世纪90年代以来,全球海外直接投资(FDI)总额的一半以上流向了服务业。一些制造型的跨国公司在海外直接投资,随着技术和设备的转移,技术和管理人员也随之转移,这个过程也带动了服务贸易的出口和转移。跨国投资也加强了各国经济间的依存度,增加了相互对服务产业的需求。

(四)科技发展促进了新兴服务贸易的产生发展

科技是国家发展的动力。20世纪60年代兴起的信息技术革命,有力地推动了国际服务贸易尤其是新兴服务贸易的迅猛发展。通讯、信息技术、交通运输等行业的迅速发展和世界范围内的广泛应用,为服务贸易的发展提供了必要和坚实的基础。首先,高科技的应用,使许多原先"不可贸易"的服务转化成"可贸易"的服务,国际服务贸易的种类随之增加,范围扩大。例如,一些传统的教育培训服务、医疗服务,现今可被储存在磁盘或软件中进行买卖。其次,科技革命也加快了劳动力和科技人员的国际流动,特别是促进了专业科技人员和高级管理人才向他国流动,推动国际服务贸易流量的扩大。最后,随着科技的进步,发达国家的产业结构逐渐向技术密集和资本密集的高科技产业转移,把劳动密集型产业转移到新兴工业化国家和部分发展中国家,使这些国家和地区能够利用本地区丰富廉价的劳动力资源,赚取外汇服务收入,形成大规模的境内服务输出。

(五)世界各国政府的重视和支持

随着服务贸易自由化进程的加快,无论是发达国家还是发展中国家,都在普遍采取措施开放本国的服务领域的投资,大力扶植和发展本国的服务业,同时也会采取措施保护本国服务市场不受别国的冲击,这可以提升本国经济实力、保护国民利益。

四、国际服务贸易在世界经济中的地位

(一)国际服务贸易是世界贸易的重要组成部分

20世纪60年代以来,随着全球经济的发展,科技革命的加剧和产业结构不断调整,国际服务贸易额不断增加,增幅高于传统的国际货物贸易。1979年,国际服务贸易的增速首次超过国际货物贸易。从1990年开始,国际服务业占GDP的比重超过60%,这标志着全球服务经济的形成。在发达国家,该比重可高达70%以上,发展中国家也达到50%以上。

(二)国际服务贸易是提高国家和企业竞争优势的重要因素

服务贸易的繁荣已经成为判断国家现代化水平的重要标志。在产业链中,附加值曲线由研发、生产、流通诸环节组成,呈现两端高而中间低的形态,即"微笑曲线"就是一条两端朝上的曲线。研发和流通环节附加值高、制造加工环节附加值低。该曲线得到大

量国际贸易数据的印证。在全球产业链中,高端环节获得的利润占整个产品利润的90%~95%,而低端环节只占5%~10%。目前,我国一些加工贸易企业获得的利润甚至只有1%~2%。

虽然发达国家和发展中国家的经济发展阶段和发展水平各不相同,但也有着自己的比较优势。目前,发达国家主要是输出资本密集型和知识、技术密集型服务,而发展中国家主要是输出劳动密集型服务。发展中国家的服务贸易比重较小,并且总体呈逆差的状态。目前,发展中国家已经充分意识到抓住新一轮国际产业转移趋势对本国经济发展的重要性,开始利用比较优势大力发展服务业和服务贸易。

具体来看,在全球分工体系中,发包国集中在北美、西欧和日本等发达国家和地区,美国占有比例最大约为三分之二,其他部分几乎全部来自欧洲和亚太地区的日本等国。而发展中国家占据了大部分承包商市场的主要是印度、爱尔兰、中国、菲律宾等国家。印度因其语言、文化相容性、国际化服务等方面的独特优势使其成为服务外包最大目的地。而中国基于其人才及成本优势,仅次于印度,成为全球第二大离岸外包承接地。

(三)国际服务贸易可以促进一国经济发展和改善民众生活水平

在服务业国际化的过程中,以世界贸易组织为核心的多边贸易体制以及区域经济合作共同推动的贸易自由化进程,为服务贸易的发展创造了一个稳定的、具有可预见性的自由贸易框架,各国部分降低了服务市场的进入壁垒,促进了服务业国际化进程。

跨国公司加快全球资源整合,通过离岸服务外包、服务业跨国投资加快了服务业国际化进程。服务业发达国家,通过大力扶持服务贸易发展,巩固和增强了本国服务业在国际市场上的竞争优势。新兴经济体通过大力扶持服务外包等新兴领域的发展,抓住服务业跨国转移机遇,创造了新的比较优势。

联合国认定,2008年为世界城市人口超过农村人口的第一年。随着人均收入水平的增加和全球城市化进程的加快,需求结构升级,服务消费成为消费需求的重要内容。在发达国家,服务消费已经是私人消费的主要形式,服务消费支出迅速扩张,成为拉动经济增长的强劲动力;在发展中国家,收入增长以及公共服务和社会保障的逐步完善,也增强了服务消费方面的有效需求,优化了消费结构,改善了民众的生活水平。

第三节 中国服务贸易的发展

一、中国服务贸易发展概况

2017年,我国商务部在《服务贸易发展"十三五"规划纲要》中指出,服务贸易已成为我国外贸转型升级的重要支撑、培育新动能的重要抓手以及大众创业、万众创新的重要载体;同时,我国服务贸易发展也面临一些问题,服务贸易国际竞争力相对较弱,贸易逆差较大,出口规模和质量有待提升。"十三五"时期,我国服务贸易将迎来全面发展的黄金期,但机遇与挑战并存。

新中国成立后,中国国际服务贸易发展大致可分为三个不同阶段。

(一)第一阶段(1949—1978年)服务业起步较晚,发展迟缓,服务贸易发展处于低谷期

1949年,中华人民共和国建立,工业基础几乎为零,受"物质生产部门优先发展战略、服务部门为非生产性寄生部门"的指导思想和计划经济体制的影响,把现代化的目标单纯地理解为工业化,从中央到地方政府并未重视服务业的发展,因此服务业十分落后。1978年,服务业增加值仅为860.5亿元人民币,占全国GDP的比重为23.4%,就业人数只有4890万人。该阶段的服务贸易仅是与苏联和东欧等国家有一些服务贸易,规模小、范围窄,仅限于旅游服务和货运服务,呈顺差状态。直到20世纪70年代,中国与西方发达国家外交关系改善以后,对外服务贸易市场才开始拓展到发达国家。

(二)第二阶段(1979—2001年)改革开放以后服务业的发展得到政府支持,服务贸易迅速发展

1. 1979—1990年

中国服务业对外开放总体滞后,开放程度较低,开放时间较晚,受的限制也很多,处在服务业对外开放的初始阶段[1];服务贸易一直处于顺差状态。1978年,中国共产党十一届三中全会决定把全党工作重点转移到社会主义现代化建设上来,1992年国务院颁布了《关于加快发展第三产业的决定》,服务业开始全面改革,为服务业和服务贸易开放发展开启了新征程,我国服务业从封闭走向开放。航空运输和酒店行业成为我国首批对外开放的服务产业。之后,经济特区建立后,特区城市的服务业开放进一步拓展到了银行、交通、融资租赁等领域。当时,我国对外服务贸易主要体现在技术引进、劳务输出和旅游等少数领域。

1979—1990年利用外资的总量中,服务业超过了1/3。1982年我国服务贸易出口额和进口额分别是25亿美元和19亿美元,总额为44亿美元,出口额和进口额分别位列世界第27位和第39位,服务进出口总额位列世界第32位。1990年,中国服务贸易出口额和进口额分别为57亿和41亿,分别占世界服务贸易出口额和进口额的0.7%和0.5%,分别位列世界第25位和第32位,顺差16亿美元。

2. 1991—2001年

这一时期,中国服务业对外开放迅速,政策和实践层面都从初始期的较多限制转向

---

[1] 夏杰长,姚战琪.中国服务业开放40年——渐进历程、开放度评估和经验总结[J].财经问题研究,2018(4):3—14.

鼓励开放,服务贸易发展迅速并一直呈现逆差状态。当时外资进入中国市场热情较高,主体为制造业,但金融保险、交通运输、商贸流通、房地产也吸纳了不少外资。这个时期服务贸易发展迅猛,主要有两个重要原因:一是党的十四大正式确定"中国经济体制改革目标是建立社会主义市场经济体制",党的十五大又提出了"有步骤地推进服务业的对外开放"。两次党代会的重要精神是鼓励服务业改革开放的行动指南,打破了服务业封闭运行的状况,使服务要素的国际流动开始活跃起来,境外资本纷纷试水中国市场。二是20世纪90年代初,在"乌拉圭回合"谈判之时,中国参与"乌拉圭回合"服务贸易谈判的全过程,积极申请恢复中国的GATT初始缔约国地位。而GATT初始缔约国地位的恢复,需要申请国递交服务业自由化初步承诺开价单并承诺开放大多数服务业部门,为此,中国政府出台了一系列服务业开放的政策文件和措施。例如,2000年9月,出台了《外资电信管理规定》,允许外资以合资的方式进入中国电信业;2001年中国入世后,进一步修订完善了相关政策,颁布了新的《外商投资产业指导目录》和其他法规,进一步扩大了服务业开放范围并严格限制低水平、高消耗、高污染的外资项目进入。入世后,中国接受了《服务贸易总协定》,并承诺在入世后的3至5年内逐步开放服务业市场,放宽服务业的市场准入限制,并给予外国投资者国民待遇。这个时期,基于政府的政策激励和对中国市场前景看好,外资进入中国市场的力度显著增大,进入服务业的领域明显拓宽[①]。

这一时期,中国服务贸易进口增长大大快于出口速度。1993年,中国服务贸易首次出现了逆差,1994年为微弱顺差。伴随着服务业的开放,从1995年之后持续出现逆差。到2001年,我国服务业增加值为32254亿元,占GDP的比重为33.6%,与中等收入国家的46%~65%、高收入国家的59%~65%相比,差距很大。同时服务贸易的发展也受制于服务业的水平,服务贸易进出口总额为719亿美元,占世界服务出口总额的2.2%,在全球排名第11位,其中出口额和进口额分别为329亿美元、390亿美元,逆差61亿美元。从贸易结构来看,传统服务项目仍然占据重要地位。1991年,旅游出口和货运出口分别占服务出口额的35.1%和18.8%。

(三)第三阶段(2002—至今)入世后,中国服务贸易得到蓬勃发展

1. 2002—2006年

按照入世协议,此时期是全面开放的过渡阶段。这个时期,中国要打破服务业垄断和壁垒,逐步开放服务业市场,且开放的广度和深度逐年递增。2006年以后,中国在入世谈判中服务业开放的承诺已全部到位,扩大开放的领域不仅包括金融、保险、贸易、零售商业、房地产等外资已经进入较多的行业,还包括通讯、会展、旅游、国际货运代理、专

---

① 夏杰长,姚战琪.中国服务业开放40年——渐进历程、开放度评估和经验总结[J].财经问题研究,2018(4):3—14.

业商务服务（会计、审计、资产评估）等众多以往开放程度较低的行业。这个时期中国服务业对外开放取得了凸显的成绩，服务业利用外资的增长速度和占比明显提升，服务业外商直接投资流入额的增长速度超过了12%，占外资总额的比重也从2001年的23.85%提高到2006年的31.60%。服务业的开放带动了这一时期的服务业快速增长，提高了服务技术含量，优化了服务结构，也增强了服务出口能力。根据世界贸易组织的统计数据，2002年，我国服务贸易进出口总额为660亿美元，占全球服务贸易总额的2.3%。2006年，中国进出口总额世界排名迅速上升为第8位；其中，服务出口额为910亿美元，占世界服务出口总额的3.4%，在全球排名第8位；进口额为1000亿美元，占世界服务进口总额的3.7%，在全球排名第7位。但是由于中国服务业基础差，加之这个时期服务业外商直接投资过多地集中于房地产等利润较高的传统服务业，影响了服务业的知识含量。

2. 2007年—至今

服务业全面开放新格局期，服务贸易迅速发展。这个时期中国服务业开放迈入了新的阶段，开放范围不断扩大，开放质量显著提升，服务业开放从过去的"配角"逐渐步入"主角"且成为中国对外开放战略的关键支点。

2007年3月，国务院颁布了《关于加快发展服务业的若干意见》，提出了中国服务业进一步扩大开放的战略任务和要求。十八届三中全会提出，要构建开放型经济新体制，应着力推进金融、教育、文化、医疗等服务业领域有序开放，放开育幼养老、建筑设计、会计审计、商贸物流、电子商务等服务业领域外资准入限制。2010年7月，财政部、国家税务总局、商务部联合印发《关于示范城市离岸服务外包业务免征营业税的通知》，为促进服务外包提供更多的优惠政策。2011年，废止《外商投资产业指导目录（2007年修订）》，施行《外商投资产业指导目录（2011年修订）》，增加了鼓励类条目，减少了限制类和禁止类条目，对外商投资铁路货物运输公司、粮食收购和其他农产品批发、零售、配送以及普通高中教育机构等服务业进行了限制。2015年3月，国家发改委与商务部公布《外商投资产业指导目录（2015年修订）》，放宽了对外商投资房地产的限制，对此前关于外商投资房地产的全部限制类条款予以删除，从而拉开了中国取消房地产"限外令"的序幕。2017年3月，国家发改委和商务部发布了《外商投资产业指导目录（2016年修订）》，将限制类数量减少一半，并进一步放宽了外资股比限制。2016年版目录分为鼓励和外商投资准入负面清单两部分，其中外商投资准入负面清单分为限制外商投资产业和禁止外商投资两部分，未列入目录的为允许类项目。外商投资负面清单管理模式的实施，大幅提高了自贸试验区投资便利化和规范化水平。2016年10月1日起，中国开始实行备案加负面清单的管理模式。随着对外开放步伐的加快，中国开始建立市场准入负面清单制度和政府权力清单管理制度。2017年7月28日起，施行《外商投资产业指导目录（2017年修订）》，积极主动扩大开放，提出外商投资准入负面清单、删除内外资一致的限制性措施。

在中国对外直接投资增长迅速的背景下,2015年商务部出台了《对外投资合作国别(地区)指南(2015版)》,为中国企业"走出去"提供了公共服务的平台。2017年8月,商务部出台了《国务院关于促进外资增长若干措施的通知》,进一步减少了外资准入的限制,并在12个领域进一步放宽外资准入。在国家产业政策的支持、巨大的市场吸引力以及信息技术进步的影响下,服务品的跨国贸易或跨境流动更加便利,中国进入了服务经济时代[①]。

党的十九大以来,中国服务业对外开放步伐进一步加快。2017年10月,习近平总书记在十九大报告中强调:"推动形成全面开放新格局""中国开放的大门不会关闭,只会越开越大""中国坚持对外开放的基本国策,坚持打开国门搞建设""实行高水平的贸易和投资便利化政策,全面实行准入前国民待遇加负面清单管理制度,大幅度放宽市场准入,扩大服务业对外开放,保护外商投资合法权益""赋予自由贸易试验区更大的改革自主权,探索建设自由贸易港,创新对外投资方式,促进国际产能合作,形成面向全球的贸易、投融资、生产、服务网络,加快培育国际经济合作和竞争新优势"[②]。在金融业市场准入方面,中国将大幅放宽金融业的外资投资比例限制,主要包括中方决定将单个或多个外国投资者直接或间接投资证券、基金管理、期货公司的投资比例限制放宽至51%,并在3年后取消限制;中方将取消对中资银行和金融资产管理公司的外资单一持股不超过20%、合计持股不超过25%的持股比例限制,实施内外一致的银行业股权投资比例规则;中方3年后将单个或多个外国投资者投资设立经营人身保险业务的保险公司的投资比例放宽至51%,5年后投资比例不受限制,鼓励已进入中国市场的外资保险公司进入健康、养老、巨灾保险等业务领域,同时,进一步优化准入政策,引入更多优秀的境外保险机构进入中国[③]。

2017年,我国服务业增加值427032亿元,占GDP的比重为51.6%,超过第二产业11.1个百分点,成为我国第一大产业。服务业增加值比上年增长8.0%,高于全国GDP增长1.1个百分点,连续5年增速高于第二产业。服务业对经济增长的贡献率为58.8%,比上年提高了1.3个百分点,成为推动我国经济增长的主动力。服务业已成为吸纳就业的主渠道。2013—2016年,服务业就业人员年均增长5.1%,高出全国就业人员年均增速4.8个百分点。2017年,服务业就业人员比重比上年提高了1.4个百分点,达到44.9%,高于第二产业16.8个百分点。按照国家外汇管理局统计,2017年我国服务贸易收入2275亿美元,支出4664亿美元;服务贸易逆差2389亿美元;高技术服务出

---

① 夏杰长,姚战琪.中国服务业开放40年——渐进历程、开放度评估和经验总结[J].财经问题研究,2018(4):3—14.
② 习近平.决胜全面建成小康社会,夺取新时代中国特色社会主义伟大胜利——在中国共产党第十九次全国代表大会上的报告[M].北京:人民出版社,2017.22—35.
③ 朱光耀.详解中美经济领域合作成果:互利共赢 影响深远[EB/OL]. http://economy.caijing.com.cn/20171110/4358846.shtml,2017—11—10.

口增长明显加快,知识产权使用费、技术相关服务出口分别增长316.6%和30.0%;我国吸纳外商投资和对外投资,服务业占比均超过50%。瑞士洛桑国际管理发展学院(IMD)发布《2017年IMD世界竞争力年鉴》,从经济表现、政府效率、企业效率、基础设施四大指标来评选,中国上升了7个排位,从2016年的25名上升为2017年的18位,排名上升源于中国经济发展和国际贸易的转型升级。其中,前4名分别是中国香港、瑞士、新加坡和美国。

二、当代中国服务贸易发展的特点

(一)服务贸易规模快速扩大,数字化成新趋势

2010—2017年,我国服务进出口总额整体呈增长态势,2016年中国服务进出口总额增速为负值,其余年份皆为正值。2017年,我国全年服务进出口总额为6939.87亿美元,同比增长5.55%;其中进口4664.52亿美元,出口2275.35亿美元;贸易逆差2389.17亿美元,与上年基本持平。服务进出口平稳发展,贸易结构持续优化,高质量发展特征逐步显现。我国服务进出口规模连续四年保持全球第二位。

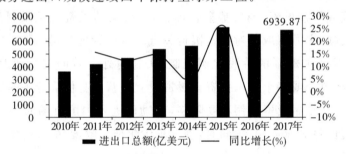

图6-1　2010—2017年中国服务贸易进出口金额及增速(单位:亿美元,%)

资料来源:商务部综合司　前瞻产业研究院整理

服务进出口平稳发展的同时,在对外贸易(货物和服务进出口额之和)中的比重也持续攀升。2011—2016年,我国服务贸易在对外贸易中的占比由11.51%增长至17.84%。2017年小幅下降,但仍然保持16.91%的占比。

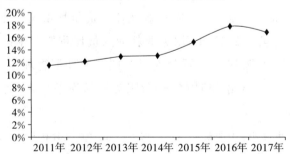

图6-2　2011—2017年中国服务贸易占对外贸易总额的比重(单位:%)

资料来源:商务部综合司　前瞻产业研究院整理

数字贸易成为发展趋势,大数据、云计算、人工智能等为服务贸易发展提供了新的技术手段,数字化、智能化、网络化已成发展方向。新一代信息技术与实体经济快速融

合,加快了对传统服务业进行信息化、数字化改造,企业形态、商业模式、交易方式发生深刻变革,提高了传统服务可贸易性,实现了数据作为新型资源禀赋的跨境流动,使得服务的远程交付更容易实现。出现了在线旅游、远程医疗、网络教育等新型服务模式。同时,数字技术产业化发展加速,不断丰富着服务贸易细分领域,数字游戏、数字音乐、数字电影等数字服务形态不断涌现。据初步调查,5年前依靠传统经验提供服务的占70%以上,如今利用数字化、智能化、网络化提供服务的占70%以上。根据商务部研究院发布的《全球服务贸易发展指数报告2018》显示,2017年中国网络游戏海外发行市场规模超过60亿美元,预计2018年将增长至70.7亿美元。2017年,中国在线出境游市场规模达到730.3亿元,较2016年增长72.2%。

(二)服务贸易长期呈现逆差状态且有扩大之势

与货物贸易的长期巨额顺差不同,服务贸易长期处于逆差状态。1995年以来,中国服务贸易连年逆差,而且逆差额不断攀升。2017年,中国服务贸易逆差2389亿美元,比起刚入世的2001年逆差61亿美元,增加了将近40倍。不过在2017年,我国服务出口增速显著高于进口。随着我国制造能力向生产性服务能力的逐步扩展,专业服务领域竞争力的逐步提升,2017年我国服务出口增幅达10.6%,是2011年以来出口的最高增速;出口增速比进口高5.5个百分点,7年来我国服务出口增速首次高于进口,服务出口的后发优势正在逐步显现。

表6-8　中国服务业比重和服务贸易总额　　　　　　　　　　　　　(单位:亿美元)

年份	服务业占GDP比重	服务贸易总额	服务贸易差额	服务贸易总额在世界排名
1982	25.20%	44	6	32
2001	33.60%	719	−61	11
2006	41%	1917	−89	8
2017	51.60%	6940	−2389	2

数据来源:中国统计年鉴、中国商务部

逆差行业主要集中在旅游、运输、知识产权使用费、保险、个人文化和娱乐服务等领域。庞大且不断增长的服务贸易逆差说明,我国服务业的国际竞争力还比较弱,还难以成为我国经济社会发展唯一的主引擎,我国经济社会发展仍然需要发挥工业与服务业"双引擎"作用[1]。在全球价值链背景下,服务业与制造业的界限日益模糊,形成了"你中有我,我中有你"的格局,经济发展更需要工业与服务业"双轮驱动、融合发展";应避免从过去片面强调工业主导地位转向单纯强调服务业主导地位[2]。

---

[1] 姜长云.中国产业发展报告:2016—面向"十三五"的产业经济研究[M].经济科学出版社,2016.
[2] 夏杰长,倪红福.中国经济增长的主导产业:服务业还是工业?[J].南京大学学报,2016(3).43—52.

表 6-9　2017 年中国服务进出口情况　　　　　　　　　　　　　　（单位：亿元人民币）

服务类型	进出口 金额	进出口 同比增长(%)	出口 金额	出口 同比增长(%)	进口 金额	进口 同比增长(%)	贸易差额
总额	46991.1	6.8	15406.8	10.6	31584.3	5.1	−16177.4
运输	8784.4	15.5	2506.2	11.4	6278.2	17.2	−3771.9
旅行	19831.0	−2.4	2620.8	−11.3	17210.2	−0.9	−14589.5
建筑	2194.8	55.7	1616.1	91.4	578.7	2.3	1037.4
保险服务	976.4	−13.5	273.3	1.1	703.1	−18.1	−429.8
金融服务	358.8	3.6	249.5	18.2	109.2	−19.2	140.3
电信、计算机和信息服务	3170.9	22.0	1875.6	6.3	1295.3	54.9	580.3
知识产权使用费	2251.8	34.7	321.7	316.6	1930.1	21.0	−1608.5
个人、文化和娱乐服务	237.3	23.8	51.3	3.9	186.0	30.6	−134.7
维护和维修服务	553.6	16.2	400.2	15.7	153.3	17.5	246.9
加工服务	1232.4	−0.9	1220.4	−1.0	12.0	14.0	1208.4
其他商业服务	7051.4	4.8	4156.7	7.9	2894.6	0.7	1262.1
政府服务	348.4	28.3	114.9	42.9	233.5	22.2	−118.6

注：1. 数据来源于国家外汇管理局；
　　2. 分类遵照《国际服务贸易统计监测制度》2016 年 12 月修订版。

（三）服务贸易结构进一步优化，传统服务领域稳中有降，新兴服务领域快速增长

现代信息技术的飞速发展将带动知识密集型和技术密集型服务业迅速扩张，全球价值链日益向服务环节拓展的趋势仍将延续，服务业将朝着高附加值方向发展，服务贸易也向高增值型服务转移。

2017 年，运输、旅行、建筑三大传统服务行业进出口总额为 30810.2 亿元，占服务贸易总额的 65.6%，比 2016 年下降 1.1 个百分点。其中，建筑服务进出口规模创历史新高，达 2194.8 亿元，增速为 55.7%，出口增速高达 91.4%。得益于货物贸易的增长，运输服务进出口额也增长了 15.5%，规模达 8784.4 亿元。旅行服务贸易规模较上年下降 2.4%，规模达 19831 亿元，在服务贸易总额中所占比重为 42.2%。新兴服务进出口额为 14600.1 亿元，增长 11.1%，高于整体增速 4.3 个百分点，占比 31.1%，提升 1.2 个百分点。其中，电信、计算机和信息服务进出口增长 22%，个人、文化和娱乐服务增长 23.8%，维护和维修服务增长 16.2%。知识产权使用费服务进出口额增长 34.7%，知识产权使用费进口额接近出口额的 6 倍，逆差规模扩大至 1608.5 亿元，比上年增长 6%。中国知识产权使用费存在巨额逆差，表明中国企业技术升级步伐加快，知识产权市场蓬勃发展，为各国高科技企业创造了巨大的市场机遇。

第六章 国际服务贸易

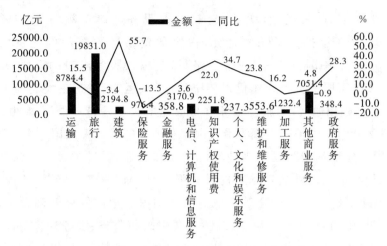

图 6-3 2017 年中国分行业服务进出口额及增速

资料来源：商务部服贸司

（四）服务外包不断发展

2017 年底，我国服务外包的业务范围已经遍及 5 大洲 200 多个国家和地区，服务外包执行额超亿元的国家和地区达到 130 个，我国企业全年承接服务外包合同额 12182.4 亿元人民币，执行额 8501.6 亿元，均创历史新高，同比分别增长 26.8% 和 20.1%；其中，离岸服务外包合同额 7495.5 亿元，执行额 5369.8 亿元，同比分别增长 18.3% 和 14.7%。离岸服务外包占新兴服务出口的比重达 73.3%，对服务出口增长的贡献率达 46%。在"互联网+"、大数据、人工智能等国家战略推动下，服务外包企业广泛应用新一代信息技术，加快与传统产业的跨界融合，数据分析、电子商务平台、互联网营销推广和供应链管理等服务新业态新模式快速发展，执行额同比分别增长 55.4%、44%、40.6% 和 17.8%，逐步形成相互渗透、协同发展的产业新生态。2017 年，中国研发、设计、维修维护服务等生产性服务外包执行额 2902.6 亿元，同比增长 24%。一批领军 IT 企业提供云外包服务达到 200 亿元，服务外包正成为推动"中国制造"向"中国智造"迈进的重要因素。2017 年，中国承接离岸服务外包执行金额 796.7 亿美元，同比增长 13.2%。其中，信息技术外包（ITO）执行金额 364.2 亿美元，增长 10.2%，占 45.8%；业务流程外包（BPO）执行金额 129.3 亿美元，增长 10.9%；知识流程外包（KPO）执行金额 303.3 亿美元，增长 18%。商务服务、研发服务、运营和维护服务、信息技术服务等领域的离岸服务外包均实现较快增长，业务不断向价值链中高端转型升级。

（五）国际传统市场稳定，"一带一路"新兴市场开拓成效明显

中国的服务贸易伙伴高度集中，对前 10 名服务贸易伙伴的收支占服务贸易总收支的 3/4。中国服务进出口仍集中于中国香港、欧盟、美国、日本、东盟等国家（地区）。

自"一带一路"倡议提出以来，中国与相关国家的服务贸易合作持续推进，势头良好。2017 年，中国与"一带一路"沿线国家服务贸易总额达 6603.4 亿元，同比增长 18.4%，占服务贸易总额的 14.1%。其中，服务出口 2086.5 亿元，增长 6.2%，占服务出口总额的

13.5%;服务进口4516.9亿元,增长25.1%,占服务进口总额的14.3%;中方逆差2430.4亿元,比2016年扩大784.9亿元,占服务贸易逆差总额的比重由2016年的10.0%升至15.0%。中国正成为"一带一路"沿线国家服务出口的重要市场。中国与"一带一路"沿线国家服务贸易合作仍以传统的旅行、运输、建筑三大类为主,2017年占比为75.5%。"民心相通"带动旅行服务贸易快速增长,"一带一路"沿线国家每年吸引中国游客超过2500万,中国已经成为沿线国家和地区的最大客源国。中国游客在"一带一路"沿线国家的旅游消费带动了当地经济增长和就业,促进了民间交流和经贸合作。在对外承包工程和重大对外援助项目的带动下,中国与"一带一路"沿线国家和地区建筑服务贸易合作成效突出,中国建筑企业为沿线国家和地区发展基础设施建设作出了重大贡献。同时,中国与"一带一路"沿线国家在中医药服务、服务外包等高附加值的新兴领域合作也取得了显著成绩①。其中,我国在新加坡、沙特阿拉伯、巴基斯坦和哈萨克斯坦4国的外向服务业附属机构销售收入排名居前十位,且同比增速均在30%以上。

(六)区域发展渐趋协调,东部地区率先发展、中西部地区快速增长,试点地区引领作用明显

2016年,国务院批准《服务贸易创新发展试点方案》,同意在天津、上海、海南、深圳、杭州、武汉、广州、成都、苏州、威海和哈尔滨新区、江北新区、两江新区、贵安新区、西咸新区等15个省市(区域)开展为期两年的服务贸易创新发展试点。经过两年多时间,服务创新发展已经形成29条可复制、可推广的经验,涉及管理体制、监管模式、新业态新模式等方面。2018年6月,国务院正式批复同意《深化服务贸易创新发展试点总体方案》,是今后两年我国服务贸易试点地区探索创新发展之路的指导性文件。2017年,15个服务贸易创新试点地区服务进出口合计24405.5亿元,进出口、出口和进口分别同比增长8%、11.1%和7.4%,均高于全国平均水平。试点地区对全国服务贸易创新发展的引领作用不断增强。

在中国区域服务贸易发展上,已形成东部地区率先发展,中西部地区竞相发展,东部、中部、西部各具特色的服务贸易发展新格局。从中国区域服务贸易发展指数(省级)上看,北京、上海、广东位居第一梯队,江苏、天津、浙江等10省市位居第二梯队。从城市层面看,北京、上海、广州、深圳位居第一梯队,南京、杭州、苏州、武汉、成都、天津、厦门位居第二梯队②。2017年,东部沿海11个省市服务进出口合计39986.8亿元,占全国比重85.9%。其中上海、北京和广东服务进出口额分别为10200.5亿元、9677.5亿元和8316亿元,居全国前三位。中西部地区服务进出口合计6575.7亿元,增长8%,高于全国增速1.2个百分点,其中出口增速达23.5%。这主要得益于中西部地区服务产业实力稳步提升,各地积极探索服务贸易发展新模式与新思路,为服务贸易发展奠定了坚实基础。

---

① 商务部综合司《中国对外贸易形势报告(2018年春季)》
② 商务部国际贸易经济研究院《全球服务贸易发展指数报告2018——数字贸易的兴起:机遇与挑战》

拓展阅读 6-3

我国境内服务贸易展会名录

序号	展会名称	简称	举办地
1	中国(北京)国际服务贸易交易会	京交会	北京
2	中国(上海)国际技术进出口交易会	上交会	上海
3	中国国际软件和信息服务交易会	软交会	大连
4	中国国际服务外包交易博览会	服博会	杭州
5	中国(深圳)国际文化产业博览交易会	文博会	深圳
6	中国—阿拉伯国家博览会	中阿博览会	银川
7	中国—中东欧国家投资贸易博览会	中东欧博览会	宁波
8	中国—东盟博览会	东博会	南宁
9	中国—亚欧博览会	亚欧博览会	乌鲁木齐
10	中国—俄罗斯博览会	中俄博览会	哈尔滨
11	中国西部国际博览会	西博会	成都
12	丝绸之路国际博览会暨中国东西部合作与投资贸易洽谈会	丝博会暨西洽会	西安
13	中国天津投资贸易洽谈会暨PECC国际贸易投资博览会	津洽会暨PECC博览会	天津
14	中国重庆国际投资暨全球采购会	渝洽会	重庆
15	中国兰州投资贸易洽谈会	兰洽会	兰州
16	中国(太原)国际能源产业博览会	能博会	太原
17	中国国际高新技术成果交易会	高交会	深圳
18	中国中部投资贸易博览会	中部博览会	合肥
19	中国国际投资贸易洽谈会	投洽会	厦门
20	北京国际教育装备科技展	北京科博会 教育装备展	北京
21	中国进出口商品交易会	广交会	广州
22	中国国际健康产品展览会、亚洲天然及营养保健品展	HNC展会	上海

三、中国服务贸易发展展望

我国改革开放 40 年来,在很长一段时间内,经济增长主要靠制造业和货物贸易,但随着其发展得越来越充分,其面临的瓶颈和问题也越来越多,货物贸易瓶颈越来越明显,这就需要我们在服务贸易领域打开一个新的增长空间。推动服务贸易领域供给侧结构性改革,努力扩大服务贸易出口,统筹利用国际国内两个市场两种资源,促进服务出口与进口协调发展,是优化我国外贸结构,促进外贸转型升级的重要支撑。

"十三五"期间,中国政府将继续探索服务贸易创新发展模式,推动新技术、新模式、新业态、新产业与服务贸易融合发展,建设更多服务贸易功能聚集区,强化服务贸易平台载体建设,探索扩大服务贸易双向开放政策和便利化措施。"十三五"期间力争服务贸易年均增速高于全球服务贸易平均增速。技术、知识密集型和高附加值服务出口占比持续提升,人力资源密集型和中国特色服务出口优势进一步巩固,服务贸易在开放型经济发展中的战略地位显著提升。预计未来几年我国服务进出口的增速将有所趋缓,整体将保持7%左右的年均复合增长率,到2023年我国服务进出口额在12000亿美元左右。

统筹利用国际国内两个市场两种资源,着力优化境外市场布局、境内区域布局,形成内外联动、开放发展的服务贸易新格局。围绕国家区域发展总体战略,打造北京、上海、广东服务贸易核心区和环渤海、长三角、泛珠三角服务贸易集聚圈,在此基础上积极发展"两横一纵"服务贸易辐射带,努力形成三核引领、区域集聚、纵横辐射、全面发展的服务贸易地域布局。优化境外布局,积极与"一带一路"沿线重点国家和地区签订服务贸易合作协议,扩大服务业相互开放;进一步提升与港澳台服务贸易合作水平。落实内地与香港、澳门《关于建立更紧密经贸关系的安排》(CEPA)及《CEPA服务贸易协议》,巩固与港澳服务贸易合作,不断提高合作层次;进一步加强与欧美发达国家在旅游、运输、建筑等传统服务贸易领域合作,着力引进先进技术,开展研发设计合作,发展节能环保、环境服务等先进生产性服务贸易;积极推进中日韩自由贸易协定谈判,加强与日本在工业设计、技术服务、节能环保、运输、旅游、文化等领域的合作,加强与韩国在文化贸易、服装设计等领域合作,扩大服务业双向投资;从优势互补、互利合作出发,进一步加强与丹麦、爱尔兰、以色列和瑞士等国的经贸合作关系,在知识产权、工业设计、机器人技术、环保技术、农业技术等领域促进双方合作,促进我国产业升级。依托中国-拉美和加勒比共同体论坛,强化中拉服务领域贸易投资合作,不断丰富中拉经贸合作内涵;依托中国-拉美和加勒比共同体论坛,强化中拉服务领域贸易投资合作,不断丰富中拉经贸合作内涵[①]。

关键词

GATS　过境交付　境外消费　商业存在　自然人流动　生产性服务
国际追加服务贸易　国际服务贸易结构　服务贸易逆差　服务外包
数字服务贸易

复习思考题

1. 《GATS》对国际服务贸易的定义是如何规定的?
2. 按《GATS》确定的部门、行业标准,国际服务贸易包括哪些方面的内容?
3. 当代国际服务贸易发展的特点是什么?
4. "二战"后国际服务贸易迅速发展的原因是什么?
5. 当代中国服务贸易发展的特点是什么?

---

① 商务部等13部门《服务贸易发展"十三五"规划纲要》

第七章　国际技术贸易

学习目标

掌握国际技术贸易的相关概念、分类以及特点;通过了解国际技术贸易的产生与发展,理解国际技术贸易的意义、地位和作用;掌握国际技术贸易的内容和方式;了解国际技术贸易中的知识产权保护机制。

学习重点与难点

国际技术贸易的相关概念、分类和特点;国际技术贸易的内容和方式;知识产权的国际保护。

课堂导入

第七届中国(上海)国际技术进出口交易会在浦东落幕[①]

近日,由商务部、科技部、国家知识产权局和上海市政府共同举办的第七届中国(上海)国际技术进出口交易会(下称"上交会")在上海世博展览馆落下帷幕。此届上交会的主题是"汇聚全球科创新智慧,共谱技术贸易新华章",916家境内外知名科技企业和交易服务机构参展,成为深化国际创新合作和技术贸易发展的重要窗口。据不完全统计,2018年4月20日,技术进出口促进交易平台累计发布项目信息5665条,其中供方信息4471条,需方信息1194条。

据了解,在全国知识产权宣传周到来之际,此届上交会现场专门设立240平方米左右知识产权宣传区域,通过知识产权宣传片、宣传展板等多形式,围绕"高质量创造、高水平保护、高效益运用,开创上海知识产权工作新局面"主题,集中展示和宣传上海知识产权工作发展成效。宣传区设置宣传展板51块,内容涉及司法保护作用突显、行政保护力度持续加大、推动高质量发展、营造一流营商环境、日益完善服务体系、进一步深化涉外交流、进一步加强文化建设等。宣传区也对上海地区第二十届中国专利奖获奖情况、行政保护和司法保护相关数据、中小学知识产权教育成果等进行了集中展示。此外,宣传区还设置了2018年上海知识产权十大典型案件、

---

① http://www.sipo.gov.cn/mtsd/1138607.htm

2018年度上海市"销售真牌真品,保护知识产权"案例宣传展板,起到以案说法、以案宣法的效果。

同时,此届"上交会发布"设置现场发布专区,为技术供需方对接打通"最后一公里",更为参展上交会的企业搭建寻找投资机会与合作伙伴,以及产业转型与项目落地的平台。此届上交会共推出人工智能、长三角联动、境外技术项目、全国省市联合、上海区县园区等五大发布专场,来自人工智能、生命科学、机器人、智能制造等领域的67家和机构共发布77个项目,其中40%的项目来自沪苏浙皖四省市,20%来自境外。

第一节 国际技术贸易及发展

一、国际技术贸易的概念

技术贸易以技术为交易对象。国际技术贸易是指世界不同国家之间有偿的或商业性的技术转让。要了解技术贸易,首先应了解"技术"的概念。

(一)技术

1. 技术的含义

何谓"技术"?我国《辞海》中将"技术"定义为劳动工具和技能的总和,强调技术是人们在生产或服务过程中运用的经验、知识、技能和物质手段所结合成的系统。国际工业产权组织认为:"技术是指制造一种产品或提供一项服务的系统知识。"联合国贸发组织(United Nations Conference on Trade and Development,简称 UNCTAD)建立于1964年,是一个永久性的政府间组织,它是联合国大会在贸易和发展领域的主要机构。从世界范围看,联合国贸发组织对"技术"的定义较具有代表性:技术是指人类制造某种产品,应用某种工艺或提供某种服务的系统知识。

2. 技术的特点

(1)技术是无形的知识。技术是精神产物,它是一种看不见、摸不着的知识性的东西,它可以以文字、语言、图表、公式、数据、配方等有形形态表现出来,也可以表现为实际生产经验、个人专门技能或头脑中的观念等无形形态。

(2)技术是一种系统知识。零星的技术知识不能成为技术,技术应包括产品的生产原理、设计、生产、操作、安装、维修、服务、管理、销售等各个环节的一整套知识。

(3)技术具有商品的属性。技术既可供发明者使用,也可通过转让等方式,供其他人使用,并取得报酬。因此,技术是一种既有使用价值,又有交换价值的商品,能够充当技术贸易的交易标的,是一种无形的特殊商品。

3.技术的分类

技术可以从不同角度加以分类。

(1)按技术的法律地位分类。

①公有技术。它又称为"普通技术",指向全社会公开的科学理论和实践知识,如一般的科学技术原理、报纸杂志刊载的学术论文、各种学术会议宣读的学术报告等。公有技术可以不受任何限制地自由传播和运用。

②工业产权技术。它是指经申请得到批准后受到国家法律保护且具有法定专有权的专利技术和商标。工业产权技术的内容虽向社会公开,但所有者在一定时期内拥有独占权,任何机构或个人未经允许不得任意使用。

③专有技术。它又称为"技术诀窍",指未通过法律程序申请批准,不受法律保护而靠发明人的保密手段加以保护的技术。

专利技术和专有技术的区别是在于前者是公开的,但由于取得了有关政府所赋予的专利权,因而受法律保护,不可侵犯;后者则是秘密的,发明者通过保密手段加以独占。

(2)按技术发展的生命周期分类。

①发展阶段的技术。它是指刚刚发明创造但需要进一步研究和完善的技术,其价值、使用价值未得到充分展现。

②成熟阶段的技术。它是指已经完善的技术,其使用价值和经济效益已得到实践证明。

③衰老阶段的技术。它就是淘汰的技术,指逐渐被改进和发明所代替的技术,已经或将被淘汰的技术。

(3)按技术的表现形态分类。

①软件技术。它是指无形的技术知识,如,专利技术、注册商标、专有技术,其中包括理论配方、计划、培训、技术咨询服务、管理服务及工厂设备的安装、操作等所需要的技术知识。

②硬件技术。它是指作为软件技术实施手段的机器设备、测试仪器等物化技术。在国际技术贸易中,软件技术和硬件技术密不可分,在硬件贸易中必须含有软件贸易的内容,才能被视为技术贸易,否则仅被视为一般商品贸易。但在国际技术贸易的实务操作中,发达国家之间的技术贸易才会有单纯的软件贸易,而发展中国家在引进技术时,往往需要伴随着硬件贸易。比如,引进进口设备,某发展中国家只从国外购入机器设备而不买入软件技术,一般称之为"设备进口";若只从国外购入软件技术或与此同时又附带购进一些设备,这种行为才能称为"技术引进"。

(二)国际技术贸易

技术贸易的概念与技术转移和技术转让的概念相关,因此在理解国际技术贸易概念之前需先了解国际技术转移和国际技术转让的含义。

1. 国际技术转移

技术转移是指技术的地理位置的变化,既可以是技术在同一国家内不同地区移动,也可以是在世界范围内不同国家间移动。国际技术转移则指技术在不同国家间的移动。

技术转移有的是人们为了生存或生产活动有意识地进行,有的则是无意识而为之。比如,技术人员为了自身的发展,到工作和生活条件更为优越的地区或国家谋生,其作为技术的载体,就会无意识地将技术转移到其他地区或国家。

2. 国际技术转让

技术转让是指拥有技术的一方通过某种方式将其技术出让给另一方使用的行为。国际技术转让则是指按照当事双方约定的条件,将某种内容的技术从一国转让给另一国的行为,包括国际技术无偿转让(如国际技术交流、双边与多边的技术援助等)以及国际技术有偿转让。其中有偿的国际技术转让,我们通常称之为"国际技术贸易"。由此可见,国际技术转让是国际技术转移的一种特殊形式,前者强调技术所有权或使用权的转让,而后者只强调技术在不同国家间的移动。

3. 国际技术贸易

国际技术贸易是指不同国家的当事人之间按一般商业条件进行的跨越国境的技术转让或许可行为,是一种有偿的国际技术转让。国际技术贸易可分为技术进口贸易即技术引进,和技术出口贸易即技术输出,其业务包括:各种形式的工业产权的许可证贸易;提供工程设计、技术设备的安装及使用的交易;作为技术交易组成部分的机器设备、中间产品和原材料、配套件的交易;提供技术秘密和技术专门知识的各种协议;各种工业和技术合作安排,包括国际工程承包、"交钥匙"协议等。

二、国际技术贸易的特点

(一)国际技术贸易的标的物与货物贸易不同

货物贸易的标的物是各类有形产品即物品,比如纺织品、箱包、五金、机电等,这些产品都是看得见、摸得着的有形商品。技术贸易的标的物则是无形的技术知识,也就是知识产权。它们不以物质产品形态表现,其计量、论质和定价的标准都是很复杂的。技术贸易的标的物主要是专利(Patent)、商标(Trade Mark)和专有技术(Know-how)。在国际贸易实务操作中,技术贸易的进行依托于机械设备和相关的无形技术知识的结合。

(二)国际技术贸易是使用权的转让,而不是所有权的转让

从有形贸易来看,双方达成协议后,一件商品只能完整地转让给另一方,即商品所有权和使用权同时转让给买方,卖方一旦出售了商品,就失去对该商品的使用权和所有权。而技术贸易则不同,技术转让是指拥有技术的一方通过某种方式将其技术出让给另一方使用的行为,只不过是把技术使用权由供给方转让给使用方,所有权依然是技术发明方的。所以,技术贸易是所有权和使用权分离的一种贸易活动,一项技术可同时完

整地转让给多个对方,且原有技术的持有者并不因转让而失去对该技术的所有权。

技术转让按其是否跨越国界,可分为国内技术转让和国际技术转让;按其是否有偿,可分为商业性技术转让和非商业性技术转让;按其转让方向,可分为横向技术转让(即企业之间的技术转让)和纵向技术转让(即大公司向其子公司或科研机构向企业转让技术)。

(三)国际技术贸易的协议具有长期的有效性

有形商品贸易是进行实物移交,合同履约期限一般时间较短(最多不过2~3年),而技术贸易所签订技术合同的履约期限一般时间较长,许多国家规定5~7年,甚至长达10年。在合同有效期内,双方当事人传授和使用技术知识、经验和技艺是个复杂而又漫长的过程,从而构成长期的技术合作和限制关系。

(四)国际技术贸易同效益挂钩的作价原则

技术贸易中的标价或作价一般根据技术使用后的效益情况而定,如通过使用某项贸易技术效益显著,则技术使用费高,反之技术使用费就低,这与有形商品贸易标价也是不同的(根据商品价值大小以及供求关系确定)。

(五)国际技术贸易涉及的法律内容广泛

技术贸易涉及的问题较多,因而涉及的国内法律、国际法律和公约也比有形商品贸易多。适用的法律除了国内外货物购买法和合同法外,还涉及各类知识产权法规,如专利权法、商标法、著作权法、《与贸易有关的知识产权协议》(Agreement on Trade-Related Aspects of Intellectual Property Rights,缩写为TRIPS)等。

三、国际技术贸易的产生与发展

(一)国际技术贸易的产生

自古以来各国之间就存在着技术交流,如四大文明古国(中国、埃及、印度、巴比伦)的技术发明通过贸易的开展和人员的交往不断传播、扩散到世界各地。我国古代的指南针、造纸术、火药和活字印刷术等,就是通过丝绸之路传到中亚、西亚和欧洲等地。在18世纪以前,人们并不具备知识产权的概念,技术转移只是一种自然的技术传播,远非现代意义上的技术贸易,表现在两个方面:一是技术转让的手段落后,主要靠工匠技能的传播,而非许可权的转让,基本上都是无偿的;二是技术传播的速度缓慢,技术转移的周期都很长,如德国的机械表制作技术经历了100多年才传到了我国。

18世纪初至19世纪中叶,英国的工业革命使技术贸易发生了革命性的变化,它是技术贸易方式的转折点。此前的技术转让主要依靠"人的流动"实现,而工业革命后,技术转让则更多依赖于贸易来实现。此外,随着以英国工业革命中蒸汽机为标志的一系列技术发明的产生,专利、版权的概念逐渐为人们所认识和强调,专利制度和专利法也得以形成和颁布,专利买卖的产生使技术有偿转让开始出现,但主要还是局限于国内技术贸易。当世界各国基本上都实施了专利制度,具备了良好的国际环境和条件后,技术发明才得以跨越国界进行交换流通,形成了现代意义上的国际技术贸易。但是,"二战"之前国际技术贸易量还不大,商业性技术转让真正形成规模并扩大,成为国际贸易中重要组成部分,则是出现在"二战"以后。

第二次世界大战后,面对世界政治经济新格局,美国与苏联间的军备竞赛大大刺激了国际科学技术的发展,而其他各国政府,如战败国德国、日本,为恢复经济发展,也掀起了自我研发或大规模引进技术吸收学习为主的科技革命浪潮。随着以信息技术、生物技术、新材料技术、新能源技术、空间技术、海洋开发技术等高新技术为代表的第三次科技革命的推动下,国际技术贸易得到快速发展,成为"二战"后国际贸易发展的一个显著特征。

(二)当代国际技术贸易的发展现状与趋势

1. 国际技术贸易规模不断扩大,技术产品种类不断拓宽

近年来,全球技术贸易额保持较高的增速,平均不足5年规模就翻一番,增速不仅高于全球货物贸易的增速,还快于服务贸易的平均增速,国际技术贸易已经成为世界贸易的主要加速器。在贸易规模不断增加的同时,全球技术贸易领域也在不断拓宽。在贸易形式方面,技术贸易逐渐趋向于多样化,除了传统的技术转让、技术许可、技术咨询等模式外,还出现了企业兼并、国际BOT、国际合作生产、内部化贸易等多种模式。同时,国际技术贸易的结构正在升级,技术贸易载体趋向软件化,技术转移内容趋向信息化、技术转移渠道趋向多元化。

2. 发达国家依然是国际技术贸易的主体,新兴国家地位不断提升

目前,全世界参与国际技术贸易的国家有100多个,但由于发达国家拥有雄厚的经济实力、高水平的科学技术开发能力、良好的市场环境等原因,国际技术贸易主要在发达国家之间进行。据IMF统计显示,20世纪90年代,仅占全球15%的发达国家获得全球技术转让和许可收入的98%,从技术贸易额占世界技术贸易总额比重来看,发达国家之间成交额比重占80%以上,发达国家与发展中国家之间的成交额比重约为10%,而发展中国家之间的成交额占比还不到10%[①]。从20世纪70年代开始,技术贸易逐渐受到许多发展中国家(地区)的重视,它们纷纷通过引进境外先进技术发展民族经济,如"亚洲四小龙""亚洲四小虎",包括中国的崛起都受到境外先进技术引进的重要影响。此外,由于发展中国家(地区)相互间的经济条件与技术适用条件接近,一些实用性较强的技术以相对较低的价格在发展中国家和地区进行交流,发展中国家和地区之间的技术贸易也在日益加强。

3. 战略联盟成为技术转移的新方式

以专题研究、产品开发、技术合作为目的,以协定、条约为纽带,不同国家的大型企

---

① 薛伟贤.国际技术贸易[M].西安:西安交通大学出版社,2008.

业、尤其是工业发达国家技术水平、管理水平相近的大集团公司和相关科研机构之间进行跨区域、跨行业、跨学科的战略联盟正在发展成为一种新的技术转移方式,以充分利用自主技术诀窍、技术特长,实现技术优势互补,形成更强的研究开发和竞争能力。例如,美国福特汽车公司与日本马自达公司间进行了长期的技术合作,福特负责大部分汽车式样设计,马自达则负责关键部件的设计;美国 IBM 公司与德国西门子公司、日本东芝公司建立了联合开发高能 DRAM 产品的战略联盟;韩国电器公司与日本东芝公司间的联盟等。它们以联合开发新技术产品为目的,通过技术的互相渗透,获取技术市场垄断份额。

4. 国际技术贸易实施法制化管理

世界各国都对技术的输出与输入实施政策引导和法律调节,并形成了一整套国家法律以及供各国共同遵守的国际行动准则。在当代技术转移中,知识产权保护制度肯定了科技创新成果的商业价值,并与国际贸易相结合逐渐成为各国强化贸易竞争的手段。在此形势下,各国纷纷制定了与技术创新、转移、扩散有关的法律,对技术进出口进行法制化管理。一方面,推动产权制度逐步健全,趋向成熟;另一方面,不断完备知识产权保护对象,扩大范围,特别是专利法律体系日渐完善。同时,各国通过积极参加国际性或者区域性组织,签订知识产权保护国际公约,在寻求统一的保护制度的同时,扩大有关知识产权保护的地域范围,从而达到更为有效地保护知识产权的目的。

5. 国际技术贸易成为构建新型国际关系的重要因素

随着技术转让频率的增高、交易内容的复杂化,再加上交易双方国家经济、法律、政治、文化、科技等多方面环境因素的不尽相同,围绕技术贸易出现了许多新问题,进而演变成一些新型的国际贸易摩擦。例如,知识产权问题、技术市场准入问题、技术垄断问题、政府管制问题等。这些问题往往会制约正常的技术转移与技术扩散,引起国际贸易争端。其中,知识产权保护制度正逐步取代传统贸易保护手段,成为技术出口国重要的贸易保护措施,也成为一种新的技术性贸易壁垒。此外,科技创新与国际经济政治格局、军事国家安全等问题间的联系逐渐紧密,出于对国家安全、经济安全、产业安全等方面的考虑,各国政府对技术转移的干预要比对普通商品贸易的干预重视的多。在国际外交因素的影响下,技术转移与技术外交成为国际政治舞台的一项重要活动内容,尤其是在高科技领域技术贸易的发展也成为构建新型国际关系的重要因素。

四、国际技术贸易对一国经济发展的作用

第二次世界大战以后,世界技术贸易得到了迅速发展,已成为国际间经济活动的重要组成部分。无论是科学技术比较落后的发展中国家,还是科学技术已得到迅速发展的西方发达国家,都非常重视国际技术贸易,这是因为国际技术贸易对一国的经济发展具有巨大的促进作用。不过,值得注意的是在国际技术贸易实践中,技术出口方往往凭借其技术上的优势地位而迫使引进方接受种种不公平的限制条件。这种现象在国际上

逐渐被普遍化,从而使之成为国际技术贸易中限制性商业惯例,其越来越阻碍国际技术贸易的发展。

(一)技术输出对输出国的作用

技术输出,即本国向别国提供先进技术的活动。技术输出有三种基本形式:一是物质技术输出,向别国提供成套设备、主机和重要零部件等;二是设计技术输出,向别国提供设计图纸、计算公式和技术资料等,技术受援国可以按照这些设计生产自己所没有或需要的产品;三是技术能力输出,向别国传授科学知识和技术经验,派遣科学家和技术人员,帮助受援国形成具有自身特点的适用技术。

1. 通过技术输出能够获得较高的外汇收入

通过技术输出,不仅可以补偿研究用的投资,还可以获得高额利润用于新的技术研究。发达国家将较低端的制造技术向发展中国家进行产业化转移,比如,以纺织品为代表的传统劳动密集型产品,以中、低档汽车制造为代表的低端资本密集型制造业。

2. 通过技术输出可以带动商品出口

技术贸易中专利和专有技术的转让常常伴随着成套设备或关键设备的出口。例如,日本每年输出技术超过几亿美元,但随之出口的设备的价值却达数百亿美元。技术输出积极推动了贸易的发展。

3. 通过技术输出寻求新的贸易机会,开辟新市场

尤其是对进口限制较严的国家,可以通过技术输出,打破其贸易壁垒,开拓新的市场。

4. 通过技术输出可在国外建立稳定的能源或原料供应基地

尤其是对科技发达而资源贫乏的国家而言,通过技术输出,可在国外建立本国所缺乏的能源供应基地,以保证本国工业的迅速发展。

5. 通过技术输出可以挖掘科技潜力,促进新技术发明

当前技术更新速度加快,发达国家通过技术输出,淘汰旧技术,刺激新技术再生,挖掘了科技潜力。近年来,技术出口增长较快,一批先进成熟的科技成果在国际市场推广应用,并取得成功,这实现了资源的有效配置,大大推动了国内相关产业科技成果的产业化和商品化进程。

(二)技术引进对输入国的作用

技术引进,就是把国外的技术转让到国内。具体地说,技术引进是指一个国家或企业引入国外的技术知识和经验,以及所必须附带的设备、仪器和器材,用以发展本国经济和推动科技进步的做法。

1. 引进技术可以节省研究与开发费用,可以加快提高本国的技术水平

任何一项新技术的研制和开发都需要时间,需要投入大量的人力、物力和财力。若

不重视技术引进,一切从头开始,不仅会付出大量重复劳动,还会延滞技术的更新和改造。相反,若能充分重视引进先进技术,不仅可以大量节省科研费用,还可以加快技术更新和改造的过程。

2. 引进技术可以加速本国的发展

通过引进先进技术,经过本国的吸收、消化和创新,可以加速本国科技的发展,提高本国科技水平,促进经济结构的调整和优化。

3. 技术引进有利于降低生产成本,提高劳动生产率,提高国际竞争力

引进国外先进的技术可以增强本国的生产能力,扩大生产规模,产生规模效益;同时,有利于降低生产成本,提高劳动生产率,改进产品质量,增强商品在国际市场上的竞争能力。

第二节　国际技术贸易的内容与方式

一、国际技术贸易的内容

国际技术贸易是以技术知识作为交易对象的特殊的国际贸易活动,主要包括专利、商标以及专有技术使用权的转让。

(一)专利权

1. 专利

专利(Patent)是指发明创造依法所享有的专属权利。专利分为三类:发明专利(Invention Patent)、实用新型专利(Utility Model Patent)、外观设计专利(Design Patent)。

(1)发明专利。发明是指对产品、方法或其改进所提出的新的技术方案或技术思想。发明有三种表现形态:一是产品发明,即制造各种新产品;二是方法发明,即制造某种物品或解决某一问题的前所未有的方法,如测量方法、通信方法等纯方法发明以及应用方法的发明;三是改进发明,即发明人对已有产品发明和方法发明所提出的具有实质性改革及创新的技术方案。

(2)实用新型专利。实用新型是指对产品的形状、构造或者其结合所提出的实用的、新的技术方案。实用新型专利只保护产品,该产品应当是经过工业方法制造的、占据一定空间的实体。一切有关方法(包括产品的用途)以及未经人工制造的自然存在的物品不属于实用新型专利的保护客体。此外,实用新型一般不涉及产品制造原理的改革,只是在原有基础上对产品形状、构造进行局部性改革,因而与发明专利相比,实用新型对创造性要求不太高,更注重实用性,亦被称为小发明或小专利。

(3)外观设计专利。外观设计是指对产品的形状、图案、色彩或者其结合所做出的富有美感并适用于工业应用的新设计。与实用新型不同,外观设计虽然也涉及物品的形状,但前者强调物品形状的设计技术,后者则注重对物品外观(包括形状、图案或其结合以及色彩与形状、图案的结合)富于美感和艺术性的创造,与所采用的工业技术无关。

▶▶▶ **拓展阅读 7-1**

"一种一体式自拍装置"实用新型专利权无效宣告请求案①

【案情介绍】

请求人深圳市韵美饰界科技有限公司、东莞市品耀五金有限公司就专利权人源德盛塑胶电子(深圳)有限公司(下称源德盛公司)的 ZL201420522729.0 号实用新型专利权分别提出无效宣告请求。

本案专利涉及自拍杆,在使用时无须临时组装,折叠收纳无须额外占用空间。该专利获得第二十届中国专利奖金奖,并为源德盛公司创造了数以亿计的销售业绩。与此同时自拍杆市场也出现了大量仿制侵权产品,源德盛在全国展开大规模诉讼维权行动,目前多方请求人针对本专利共提出了 26 次无效宣告请求,引起了社会各界的广泛关注。

原专利复审委员会经审理作出第 35919 号无效宣告请求审查决定,继续在权利要求 2—13 的基础上维持专利权有效。

【典型意义】

本案对网络证据公开日期的认定提供了具有指导意义的审查思路,也是创新主体运用专利制度维权的典型案例,体现了专利行政确权程序在维护专利权人合法权益方面的重要作用和价值。

本案的另一层典型意义在于,启发创新主体在撰写专利申请文件时重视平衡专利保护范围与技术贡献之间的关系,对专利权进行分层保护,使权利要求的保护范围清晰合理。

2. 专利权

(1)专利权(Patent Right)是指一国或地区的政府主管部门或机构,根据发明人(设计人)就其发明创造所提出的专利申请,经审查认为符合法律规定而授予发明人在一定时期内对其发明创造享有的专有权。专利贸易则是指专利权的所有方将专利技术通过签订专利许可协议或合同方式转让给另一方使用。在我国,专利权是以申请在先原则授予的。专利权的特点包括:①专利权是一种法律赋予的权力。发明人通过申请,专利

---

① 国家知识产权局 http://www.sipo.gov.cn/mtsd/1138630.htm

机关经过审查批准,使他的发明获得了法律地位而成为专利发明,而他自己同时也因此获得了专利权。②专利技术是一种知识财产、无形财产。③专利权是一种不完全的所有权。专利权的获得是以发明人公开其发明的内容为前提的,而公开了的知识很难真正为发明人所独有。④专利权是一种排他性(独占性、专有性)的权力。对特定的发明,只能有一家获得其专利权,也只有专利权人才能利用这项专利发明,他人未经专利权人的许可,不能使用该专利发明。⑤专利权是一种有地域性的权利。专利权只在专利权批准机关所管辖的地区范围内发生效力。⑥专利权是一种有时间性的权利。专利权的有效期一般为10~20年。超过这个时间,专利权即失去效力。

(2)持有专利权者被称为专利权人(Patentee)。专利权人拥有的专利权包括:①实施权,即专利权人对其专利产品(专利方法)依法享有制造、使用、销售、允许销售的专有权利;②排他权,即专利权人拥有排除他人未经许可而实施专利发明的权利;③许可权,即专利权人拥有许可他人实施其专利的权利;④转让权,即专利权人拥有根据自己的意愿依法转让专利使用权或所有权的权利;⑤标记权,即专利权人拥有在其产品包装上标明专利标记和专利号的权利;⑥受保护权,即当专利受到侵犯时,专利权人拥有向专利管理机构提出寻求法律保护的权利。

(二)商标权

1. 商标

商标(Trade Mark)是指商品生产者或经营者为使其生产或销售的商品有别于他人,而在其商品或包装上使用的标志。它通常由文字、图形、字母、数字、三维标志和颜色组成,或由其组合构成。

商标的首要功能就是表示商品的来源,帮助人们识别不同企业的商品,保护消费者利益。此外,商标能够显示商品的质量水平,反映企业的品牌,因此一方面促使企业注重提高产品质量,维护企业的信誉和知名度;另一方面起到宣传企业、开拓市场、扩大销路、提高商品竞争力的作用。

拓展阅读7-2

"湘西古方"商标驳回复审案[①]

【基本案情】

[第18896732号]"湘西古方"商标(下称申请商标)由自然人田娟娟(下称申请人)于2016年1月15日提出注册申请,指定使用在第5类药茶等商品上。经审查,原国家工商行政管理总局商标局(下文均称原商标局)以申请商标中"湘西"系我国县级以上行政区划名称,不得作为商标使用,违反了商标法第十条第二款的规定为

---

① 国家知识产权局. http://www.sipo.gov.cn/mtsd/1138631.htm

由驳回申请商标注册申请。申请人不服上述驳回决定,依法提出复审请求。

经审理,原商评委认为,申请商标虽含有"湘西"二字,但与"古方"相结合整体已形成强于地名的其他含义,未构成商标法第十条第二款规定之情形;但申请商标整体作为商标指定使用在药茶等商品上,易使消费者对商品的原料、配方等特点产生误认,已构成商标法第十条第一款第(七)项所指之情形。

【典型意义】

我国商标法第十条第一款第(七)项规定,带有欺骗性,容易使公众对商品的质量等特点或者产地产生误认的,不得作为商标使用。这一规定是为了促进市场主体诚信、规范使用商业标识,避免误导性宣传,保护消费者权益。商标的本质特征是区别商品来源,描述商品特点的标志本身不具有商标应有的显著特征,但可以通过使用取得显著特征。而如果标志除缺乏显著特征外还带有欺骗性并易误导公众,则可能对公共利益和消费安全产生不利影响,这种标志应禁止作为商标使用。

2. 商标的分类

(1)按商标的结构分类。商标按其结构可分为:①由各种语言文字、字母、数字构成的文字商标。②由平面或立体的图形构成的图像商标。③将文字和图形或记号结合组成的组合商标,包括:由某种色彩或不同色彩构成的颜色商标;由产品的外形或包装特型构成的立体商标;一些新型商标如气味商标、音响商标、激光全息商标,它们是无固定形态、由特殊气味或固定声响或激光全息标示某种商品的无形商标,广播电台开播节目以前的台标音乐就属于这一类型。

(2)按商标的使用者分类。商标按其使用者可分为:①由产品生产者在其生产的产品上使用的制造商标。②由商品的销售者在其销售的商品上使用的销售商标。③由商会、协会等组织注册的为该组织所有的或几个不同所有人共同占有的集体商标。

(3)按商标的用途分类。商标按其用途可分为:①用于生产产品上,以区别同类产品,便于消费者认牌选购货物的商品商标。②用于服务行业如金融业、旅游业、运输业等所提供的服务上,以区别不同企业所提供服务的服务商标,如中国民航的"CAAC",中国远洋运输总公司的"COSCO"。③专门为证明商品等级、质量、性质、产地、功能、原材料或服务质量的证明商标。④同一商标所有人在同一种商品上申请注册两个或两个以上近似商标称为联合商标。⑤同一商标所有人在不同类型商品上注册同一个驰名商标称为防御商标,目的是为防止他人在近似商品上使用与其相同的商标,避免混淆商品的来源,通常只有驰名商标才有权注册防御商标,如美国可口可乐就属于在一切商品上都注了册的防御商标。

3. 商标权

商标权是商标所有人对其注册的商标依法享有的专有使用权。商标权具有独占性、时间性、地域性的特点。独占性是指商标的所有人对其注册的商标享有排他的使用权,其他任何单位或个人未经许可都不得使用。时间性是指商标的保护是有时间限制的,一般为 7 年,我国为 10 年,保护期满以后可以申请续展,且续展次数不限。地域性是指商标权只在注册国范围内受法律保护。

(三)专有技术

1. 专有技术的概念

专有技术的英文名称为"Know-how",其中文意思是"知道如何做某事",对其译法还包括:技术诀窍、技术秘密、专门知识等,或者直接译成"诺浩",但最常用的名称是"专有技术"。它是指在生产、管理和财务等活动领域的一切符合法律规定条件的秘密知识、经验和技能,包括配方、公式、技术规范、工艺流程、管理和销售的技巧和经验等。其表现形式包括以文字图形表现的专有技术,如图纸、照片等;以口头或者操作演示形式表现的专有技术,如存在于少数专家或私人笔记本中的一些关键数据、配方等;以实物形式表现的专有技术,如未公开的产品的样品、模型等。专有技术贸易指拥有专有技术的一方将其专有技术通过签订专有技术许可协议或合同方式转让给另一方使用。

2. 专有技术的特征

(1)知识性。专有技术是人类智力劳动的产物,具有非物质属性。尽管专有技术通常以图纸、配方、公式、操作指南、关键设备等有形的物质形式表现出来,但这些物质形式仅仅是专有技术的物质载体,其本身是一种无形的技术知识。

(2)保密性。专有技术是一种不公开的、没有经法律授权的秘密技术。因此,凡是以各种方式为公众所知的技术都不能称为专有技术,且专有技术一旦被公开,便丧失其专有性。由于专有技术没有经法律授权得到保护,因而只能依靠专有技术所有者自身的保护措施来维持其技术的专有权。

(3)实用性。专有技术是可应用于生产实践并能够产生经济效益的技术知识。专有技术若没有实用价值,不能为技术使用人带来经济效益,则失去了转让的意义,也不会成为国际技术贸易的标的。

(4)可传授性。专有技术必须能以图纸、公式、配方等有形形式或以试听、技术培训等无形方式传授给他人,并不依附于个人的天赋条件而存在。

3. 专有技术与专利技术的区别

专有技术和专利都是人类创造性思维活动成果,都是非物质形态的知识,具有技术价值和产权价值的特性,两者通常共处于实施一项技术所需的知识总体中。在技术贸易中,一项技术转让合同往往同时包括专有技术和专利技术许可两项内容,两者相互依存,共同完成一项技术转让交易。但是,专有技术与专利技术也有着明显的区别,如表 7-1。

表 7-1 专有技术与专利技术的区别

区别\项目	专有技术	专利技术
存在条件	自行保密	法律保护
时效性	无	有
地域性	无	有
保密性	技术内容保密	技术内容公开
技术要求	不一定是发明创造,但必须是成熟的、行之有效的	必须具有新颖性、创造性、实用性
技术形态	动态,内容可发展改进、可改变	静态,内容固定不变
存在方式	以书面形式表示或存在于人们的头脑中	以书面形式表示
诉讼程序	对人权,适用属人法	对物权,适用物之所在地法

资料来源:武振山.国际技术贸易[M].大连:东北财经大学出版社,1990年.

二、国际技术贸易的方式

(一)许可贸易(Licensing)

1. 概念

许可贸易又称"许可证贸易",是指知识产权或专有技术的所有人作为许可方将技术使用权通过许可证协议或合同转让给技术接受方,并由被许可方支付一定数额的技术使用费的一种贸易方式。这是国际技术贸易中使用最为广泛的贸易方式。

2. 内容

在国际技术贸易实践中,许可贸易的基本内容包括专利许可、商标许可和专有技术许可。其中专利、商标、专有技术等两项以上内容的许可,称为"一揽子"许可或混合许可,比较普遍的是专利技术与专有技术捆绑在一起成为许可贸易对象的混合许可。此外,随着信息技术贸易的迅速发展,计算机软件也成为许可对象,若想得到计算机软件的使用权,需要同计算机软件所有人签订许可协议,即计算机软件许可。

3. 类型

许可贸易依据许可方授予被许可方的权利范围划分为五种类型。

(1)独占许可,是指技术接受方享有在一定时间和一定区域范围内独自使用这项转让技术的权利;同时,技术的许可方不得在该地区使用该技术制造和销售商品,更不能把该技术再授予该地区的任何第三方。因此,技术接受方支付的技术转让费较高。

(2)排他许可,是指技术接受方和技术转让方共同享有在一定时间和一定区域范围内使用这项专门技术的权利;但许可方不得将此种权利给予该地区的任何第三方。排他许可是授权范围仅次于独占许可的一种许可,技术接受方支付的使用费比独占许可低一些。

(3)普通许可,是指技术接受方使用这项转让技术,但对许可方无任何限制,技术转让方还可以把该项技术转让给另外的第三方和第四方。普通许可是许可方授予被许可方权限最小的一种授权,因而其技术使用费比独占许可和排他许可要低。

(4)分许可,又称为"再许可、从属许可、可转让许可",是指在合同规定的时间和地域范围内,许可方允许被许可方将其从许可方得到的权利部分或全部再转让给第三方。

(5)交叉许可,是指交易双方将各自拥有或持有的技术相互许可使用,互为技术的供方和受方。在合同期限和地域内,合同双方对对方的许可权利享有使用权、产品生产和销售权。许可各方的权利可以是独占的,也可以是非独占的。双方权利对等,一般不需要支付使用费。

(二)技术咨询和技术服务

1. 技术咨询(Technology Consultancy)

技术咨询是由咨询公司应委托人的要求,派遣专家或以书面形式向委托人提供技术方面的建议或解决方案,并由委托方支付一定数额的技术服务费的活动。技术咨询和服务的范围、内容相当广泛,如项目的可行性研究、技术方案的设计和审核、招标任务书的拟定、生产工艺品的改进、工程项目的监督指导等。技术咨询通常包括三个基本要素:一是技术内容,主要指产品工艺、材料、设备和系统;二是技术存在形态,即专利、专有技术等;三是咨询方法,包括对技术、经济信息分析、技术预测、技术选择、经济效益分析等。

由于发展中国家生产的技术力量不足,或对某些技术课题缺少经验,请外国技术咨询公司提供咨询服务可以避免走弯路或浪费资金。咨询公司掌握丰富的科学知识和技术情报,可以协助雇主选择先进适用的技术,找到较为可靠的技术供方,以较合理的价格获得质量较好的机器设备。雇主虽然要支付一笔咨询费,但所节约的资金远远超过支付的咨询费。总体看来,对雇主仍是有利的。咨询费一般可以按工作量计算,也可采用技术课题包干定价方式。一般所付的咨询费相当于项目总投资的5%左右。

2. 技术服务(Technology Service)

技术服务是指一方受另一方委托,利用自己掌握的技术经验和技术条件,协助另一方处理和完成某项特定的经济技术业务,从而达到一定的目标。提供技术服务的方式有两种:一种是由接受方派出自己的技术人员和工人,至技术出让方的工厂或使用其技术的工厂进行培训实习;另一种是由出让方派遣专家或技术人员到接受方工厂,调试设备、指导生产、讲授技术。

技术咨询和服务与许可贸易是不同的:其一,许可贸易是以技术成果为交易对象的,而技术咨询和服务则是以技术性劳务为交易对象的;其二,许可贸易的技术供方所提供的技术是被其垄断的、新的、独特的技术,这些技术属于知识产权或专有技术,而在技术咨询和服务中,服务方所提供的技术多是一般技术,也就是知识产权和专有技术以外的技术。

（三）合作生产（Cooperation Production）

合作生产是指不同国家的企业通过订立生产合同，在合同有效期内，一方或各方提供有关生产技术，共同生产某种产品。合作生产产品的过程是技术转让的过程，持有技术的一方或各方允许其他合作者共同使用该技术，从而使其获悉并掌握此项技术，由此产生跨越国境的技术转让。与单纯的技术转让或许可贸易相比，合作生产的特点是时间较长且可能涉及多方当事人。但正是由于较长时间的合作，技术接受方能够逐步掌握和消化供方的先进技术，产生实际效益。

（四）国际工程承包（Engineering Contract for Project）

国际工程承包是指一国政府或企业委托另一国工程承包人，按规定条件包干完成某项工程任务，在完工后交付给委托人。为此，承包人要负责工程设计、施工、提供机器设备、施工安装、原料供应、提供技术、培训人员、投产试车、质量管理等全部过程的工作和任务。国际工程承包是种综合性的国际经济合作方式，也是国际劳务合作的一种方式，在项目建设过程中包括大量的技术转让内容，尤其是承包人要培训业主的技术人员，提供所需的技术，因此成为国际技术贸易的一种方式。国际工程承包的交易内容复杂，项目营建时间长，项目投资大、涉及面广，期间可能遭遇政治风波、自然灾害、经济危机等，因而当事人双方都承担较大的风险。

（五）BOT方式（Build Operate Transfer）

BOT是指政府吸引非官方资本进行基础设施投资的一种投资、融资方式，有时被称为"公共工程特许权"。其运行特征是：政府与非官方资本签订项目特许权经营协议，将基础设施项目的建设和投产后一定时间内的经营权交给非官方资本组建的投资机构，由该投资机构自行筹集资金进行项目建设和经营，在特许经营期内非官方投资机构收回项目建设成本，并取得合理利润，经营期满后将该基础设施无偿移交给政府。

由于公共项目一般集中在电力、交通、通信、环保、市政等基础产业和公共事业上，且投资大、投资回收期长，政府或私营部门都难以单方面完全独立承担。基于此，BOT方式通过利用外资减少了政府直接财政负担，分散了政府的投资风险，避免了政府的债务风险。此外，BOT方式还有助于吸收先进的设计、施工和管理技术，提高项目运作效率，减少公共产品生产过程中"寻租"活动带来的负面影响。

综上可见，BOT方式不仅是一种投资方式，还是一种融资方式，且融资性质比投资性质更加明显。BOT方式在基础设施项目建设方面具备的优越性使其在世界各国得到了迅猛发展。

（六）特许经营（Franchising）

特许经营是特许人与被特许人（也称受许人）之间的一种契约关系。根据契约，特许人将其商标、商号、专利、专有技术、服务标志和经营模式等授予被特许人使用，并给予人员训练、组织结构、经营管理、产品采购等方面的指导与帮助，受许人向特许人支付相应的费用。

特许经营的领域主要有三类。一是零售商业,包括食品、衣料、家庭用品、文化用品等零售专门店、便利店、综合超市等。二是饮食服务业,包括快餐、餐厅、咖啡屋、酒吧等。例如,1955年4月15日,麦当劳兄弟以270万美元创立1号店,而目前麦当劳已遍布全球六大洲119个国家,拥有约32000间分店。三是服务业,包括宾馆、保洁服务、汽车租赁、运动健身俱乐部等。

特许经营是以特许经营权的转让及运作为核心的一种经营方式,其特点包括:①利用自己的品牌、专有技术、经营管理模式等与他人的资本相结合来扩大经营规模的一种商业发展模式。②特许经营是以经营管理权控制所有权的一种商业组织方式。特许人拥有管理决策权。被特许人服从特许人的控制,且拥有加盟店的所有权和管理执行权,但不拥有管理决策权。③特许经营是一种双赢的商业模式。特许人通过特许经营权的转让获取报酬,被特许人虽支付费用,但因拥有了品牌、技术、管理等优势将能够获得比独自经营更多的利益。④特许经营是一种特殊交易,其交易的是诸如产品、专利、经营模式等一系列有形无形的商品。特许经营合同一经签订,特许人与被特许人将开始较长期的交易,且双方在合同期限内要保持紧密持续的相互支持与配合。⑤特许经营是一种智能型的商业组织形式。特许经营使特许人能够充分地组合利用自身的优势,并最大限度地吸纳广泛的社会资源;受许人则降低了创业风险、时间、资金等创业成本。

第三节 知识产权与国际技术贸易

一、知识产权概述

(一)知识产权的概念

知识产权(Intellectual Property)一词源自十七八世纪的欧洲,最初含义并不明确。1967年,在瑞典斯德哥尔摩签订的《建立世界知识产权组织公约》首次将"Intellectual Property"译为"知识产权",并将其定义为"工业、科学、文学或艺术领域中的智力创造活动所产生的权利",此后"知识产权"这一术语就为世界各国立法者和法学家所广泛采用。1986年我国颁布的《民法通则》中使用了"知识产权"一词,在此之前一直将知识产权称为"智力成果"。在我国台湾和香港地区的很多学术专著还将知识产权称为"智慧财产权"或"智力财产权"。

关于知识产权的概念,学界尚未达成一致,主要有两种比较流行的表达方法:一是通过列举知识产权的主要内容;二是对其进行概括性定义。就前一种来说,主要源自《建立世界知识产权组织公约》第2条(8)款和《与贸易有关的知识产权协议》的第一部分第1条。这两个国际公约对知识产权划定的范围,是当今世界各国知识产权法律制度的通例。针对后一种,目前主要有三种观点:一是认为知识产权是人们可以就其智力创造的成果所依法享有的专有权利,主要包括专利权、商标权和版权;二是将知识产权定义为人们将其创造性的智力成果和商业标记依法享有的专有权利的总称,包括著作权和工业产权;三是认为知识产权是民事主体支配其智力成果、商业标志和其他具有商业价值的信息,并排斥他人干涉的权利[①]。

(二)知识产权的范围

早期知识产权所涵盖的内容主要有两类:一类是文学产权,即文学、艺术和科学作品的创作者和传播者所享有的权利,主要包括著作权以及与著作权相关的邻接权;另一类是工业产权,即工业、农业、商业、服务业和采掘业各个专业领域的智力成果,经申请和审批,依法享有的一种专有权,主要包括专利权和商标权。1883年《巴黎公约》规定,工业产权的保护对象为:专利、实用新型、工业品外观设计、商标、服务标记、厂商名称、产地标记或原产地名称、制止不正当竞争以及商业秘密、微生物技术、遗传基因技术等12项内容。

1967年《建立世界知识产权组织公约》签订后,知识产权的范围有所扩展,涵盖了一切人类智力创作的成果,其第2条(8)款规定知识产权包括:关于文学、艺术和科学作品的权利;表演艺术家的演出、录音和广播节目的权利;人类一切活动领域内的发明;科学发现的权利;工业品外观设计(式样)的权利;商标、服务商标、厂商名称和标记的权利;制止不正当竞争的权利;在工业、科学、文学或艺术领域内由于智力活动而产生的一切其他权利。

1996年关贸总协定乌拉圭回合谈判中缔结的《与贸易有关的知识产权协议》(TRIPS)在其第一部分第1条中规定知识产权的范围为:版权及相关权利;商标权;地理标志权;工业品外观设计权;专利权;集成电路布图设计(拓扑图)权;未披露信息专有权(即商业秘密权)。

1986年我国颁布的《民法通则》对知识产权的范围进行了界定,规定受我国法律保护的知识产权包括:著作权、专利权、商标权、发现权、发明权以及其他科技成果权。

(三)知识产权的特点

1. 知识产权的无形性

由于知识产权的客体是基于智力活动形成的创新成果,因而它不具备物质形态、不占有特定空间,可以脱离其所有者而存在,是一种无形财产。这种无形性使得知识产权可以同时被多个主体所使用,易脱离其所有人的控制,且知识产权所有权人即使在其权利全部转让后,仍有其他人利用其创造的智力成果获取利益的可能。

2. 知识产权的专有性

知识产权的专有性表现为独占性和排他性。一方面,权利人对其权利的客体——

---

① 赵春明等.国际技术贸易[M].北京:机械工业出版社,2007.

智力成果享有独占权,非经权利人许可,其他任何人都不得任意使用;另一方面,对同一个智力成果,不允许有两个以上相同的知识产权并存。例如,一项发明的专利权已经授予某人,就不可能再将专利权授予同样发明的另一人。

3. 知识产权的时间性

知识产权在法定期限内受法律保护,期限届满,这种法律保护会自动失效。该智力成果将进入公共领域,任何人都可以使用且免受专利权的限制。由于知识产权制度的设计既要保护权利人的合法权益,又要促进科学文化知识的普及和运用,因而对知识产权法律效力进行时间上的限制可以有效协调这两方面的矛盾。

4. 知识产权的地域性

根据一国法律取得的知识产权仅在该国领域内有效,在其他国家则不发生法律效力。该特性包含两方面内容:一是知识产权可分地域获取,即同一信息可以依照法律规定的程序,同时在不同的国家分别取得相应的知识产权;二是知识产权可分地域行使,即同一项知识产权可以在受保护的地域范围内分别行使。

5. 知识产权的可复制性

知识产权作为无形的智力劳动成果,需要通过一定的载体表现出来,因而可以被以平面的或立体的、有形的或无形的(如声音)形式无限复制。这里的复制包括严格意义上的复制和严格保持同一性的重复使用,如按照图样制作产品。此外,这种复制体现了知识产权的价值,如基于一项专利技术生产出来的专利技术产品表现了专利技术本身,而通过这种专利技术产品的复制、批量生产则体现了该项专利发明的价值。

拓展阅读 7-3

"光伏电池 337 调查案"专利分析及启示[①]

2019 年 3 月 4 日,韩国光伏组件制造商 Hanwha Q-Cells(下称"韩华新能源")对来自中国的企业晶科能源、隆基股份发起"337 调查",宣称这两家公司在美出口、在美进口和在美销售的光伏电池及其下游产品侵犯了其拥有的美国专利(专利号:US9893215),请求美国国际贸易委员会(ITC)发布有限排除令、禁止令。ITC 在 2019 年 4 月 3 日同意该申请启动"337 调查"。据了解,该案件涉及的美国专利 US9893215 不是韩华新能源自行研发获得,而是通过收购的方式而获得。该美国专利是以德国专利 DE102007054384 作为优先权基础的专利,该专利家族中的 9 件专利权利全部处于有效状态,涉及美国、欧洲、中国、澳大利亚等 5 个国家和地区。

数据显示,2018 年全球光伏组件出货量前三名为晶科能源、晶澳(中国)、韩华新能源(韩国)与天合光能(中国)(并列第三)。韩华新能源在光伏产业的市场占有

---

① 中国保护知识产权网.chttp://www.ipr.gov.cn/article/gjxw/ajzz/zlajzz/201904/1935104.html

率小于被告晶科能源和隆基股份,而这三家企业在全球的专利布局情况和市场占有率相差甚远。笔者经过专利检索后发现,从数量上来看,晶科能源和隆基股份的数量相当,且明显高于韩华新能源,但是在全球地区分布上,韩华新能源更占优势。特别是在作为光伏产业主要市场的美国和欧洲(含德国)的申请数量明显高于晶科能源和隆基股份,韩华新能源的专利布局策略和市场布局策略的结合度明显高于中国企业,其专利的市场竞争力也强于中国企业。

2018年9月,欧盟针对中国的光伏产业中止了反倾销措施。2019年伊始我国光伏企业又迎来海外的专利战,这对中国的光伏企业来说,既是挑战又是机遇。此次调查矛头指向了中国光伏企业,一方面,充分表明中国光伏企业的海外市场竞争力、品牌影响力显著增强,甚至威胁到海外厂商,才会被他人运用专利诉讼狙击策略,阻止或者延缓中国光伏企业的海外扩张步伐。另一方面,从以上三家公司全球专利布局情况的比较不难看出,中国光伏企业在欧美国家和地区的专利竞争力明显落后于海外厂商,在这次"337调查"中,缺乏反击韩华新能源的杀手级专利,处于被动防守态势。

在这种被动防守的情形下,中国企业面临的挑战是:一旦败诉,该相关系列产品将不能进入美国市场,势必导致市场份额的萎缩。同时,并行的地方法院专利侵权诉讼,又会使企业面临巨额的经济损失,企业经营将雪上加霜。而光伏行业中其他未涉诉的企业和其他产业链关联的企业都可能会受到案件败诉的负面影响,使中国整个光伏产业受到重创。

笔者认为,在面对"337调查"时,相关企业不仅要积极应对,还要看清相关"337调查"给中国光伏产业的反思和启示:即中国光伏产业应当建立知识产权战略规划,以及集中式知识产权管理架构;加大海外专利储备的投入力度,加快海外专利布局步伐,用3年时间追平韩华新能源的专利竞争力;重视专利情报监测力度,预警专利风险,收购高价值专利。由此,中国光伏企业才能在国际竞争中为自己创造新的机遇,让知识产权发挥其经济价值,保证中国的光伏企业长久发展。(华进联合专利商标代理有限公司 李露)

二、知识产权的国际保护

(一)知识产权国际保护的主要方式

知识产权保护发源于欧洲,以"专利法"为开端。1623年英国的《垄断法规》是近代专利保护的起点。继英国之后,美国于1790年、法国于1791年、荷兰于1817年、德国于1877年、日本于1885年先后颁布了本国的"专利法"。随着各国贸易活动的不断增加,知识产权的国际市场也逐步形成和发展起来,但由于知识产权地域性的限制,与技术知识的国际交流活动之间产生了巨大矛盾,从而产生对法律调整的需要。基于此,自 19 世纪末开始,各主要资本主义国家先后建立了一些全球性或地区性的国际组织,签订了一些保护知识产权的国际公约,形成了一套系统的国际知识产权的保护制度,主要由两部分组成:

1. 各国国内的法律

目前世界上大多数国家在主要知识产权领域都制定了知识产权的专门法律及有关法律,对其取得、维持、保护知识产权等都作出了规定。各国的知识产权法一般具备两个特点:一是地域性,即根据某国法律所取得的知识产权只在该国地域范围内有效,就工业产权而言,若要在两个或两个以上的国家取得法律保护,就必须依照每个国家的法律逐一办理申请手续,并获得该国批准;二是独立性和差异性,在不同国家取得的知识产权是相互独立的,且因各国政治经济制度、科研发展水平和文化背景的不同,在知识产权的立法和执法上也存在极大的差异性。正是由于知识产权的上述特点,建立有关知识产权的国际保护制度以适应国际贸易中知识产权保护的需要也就变得尤为必要。

2. 国际性和地区性公约与协定

自 19 世纪末起,签订了一系列知识产权保护方面的国际性和地区性的公约或条约。目前,国际上针对知识产权保护有两个世界性公约组织:一是世界知识产权组织(WIPO),二是世界贸易组织(WTO)。

世界知识产权组织管辖着一个由知识产权相关的双边、多边或地区性协定、条约构建的规则体系,对不同的知识产权主体设立了基本的保护标准,包括:保护工业产权的《巴黎公约》,保护文学和艺术作品的《伯尔尼公约》,保护演出及音像制品的《罗马公约》,保护半导体芯片上电路设计的《保护集成电路知识产权的华盛顿公约》以及 1996 年的《互联网公约》等。

在世贸组织知识产权协议产生之前,虽然已经产生很多知识产权保护方面的法律法规,但存在一些明显缺陷,如:国际保护体系不够完善,仅涉及某一领域或程序方面的问题;签约国很少,因而无实际效力;保护标准不统一,且缺乏有效的争端解决程序和制裁机制而无法实质性地保护知识产权等。为此,在以美国为代表的发达工业国家的大力推动下,乌拉圭回合谈判达成了《与贸易有关的知识产权协议》(Trade-related Aspects of Intellectual Property Rights,缩写为 TRIPS)。至此,TRIPS 为国际贸易中的知识产权保护确立了一系列新的标准与制度。

(二)知识产权保护主要的国际公约

1.《保护工业产权巴黎公约》

《保护工业产权巴黎公约》(简称《巴黎公约》),于 1883 年 3 月 20 日由法国、比利时等 11 个国家在巴黎签署,1884 年 7 月 7 日正式生效。我国于 1985 年 3 月 19 日成为该公约第 95 个成员国。截至 2017 年 5 月 14 日,随着阿富汗的正式加入,该公约缔约方总数已达177个国家。《巴黎公约》自签订以来已作过多次修订,现行的是1980年2月在日内瓦修订的文本。共30条,分为3组,第1~12条为实质性条款,第13~17条为行政性条款,第18~30条是关于成员国的加入、批准、退出及接纳新成员国等内容,称为"最后条款"。由于各成员国之间的利益矛盾和立法差别,巴黎公约没能制定统一的工业产权法,而是以各成员国国内立法为基础进行保护,因此它没有排除专利权效力的地域性。公约在尊重各成员国的国内立法的同时,规定了各成员国必须共同遵守的四个基本原则,以协调各成员国的立法,使之与公约的规定相一致。

(1)国民待遇原则。各成员国必须在法律上给予其他成员国相同于其本国国民的待遇;即使是非成员国国民,只要他在公约某一成员国内有住所,或有真实有效的工商营业所,亦应给予相同于该国国民的待遇。

(2)优先权原则。缔约国国民向一个缔约国第一次提出专利和商标权申请后,又在一定的期限内就同一发明和商标向其他成员国提出同样的申请时,其后来申请的日期可视同首次申请的日期。发明和实用新型优先权期限为12个月,工业品外观设计的优先权期限为6个月。优先权的作用在于保护首次申请人,使他在向其他成员国提出同样的注册申请时,不会因为两次申请日期的差异而被第三者钻空子抢先申请注册。

(3)独立性原则。该原则规定成员国国民向另一成员国申请的专利,与在其他国家就同一发明所取得的专利是相互独立的,即各成员国独立地按该国的法律规定给予或拒绝、或撤销、或终止某项发明专利权,不受其他成员国对该专利权处理的影响,比如已经在一成员国取得专利权的发明,在另一成员国不一定能获得;反之,在一成员国遭到拒绝的专利申请,在另一成员国则不一定遭到拒绝。同样,在一成员国正式注册的商标,与他在其他成员国(包括申请人所在国)注册的商标,也是相互独立的。商标在一成员国取得注册之后,就独立于原商标,即使原注册国已将该商标予以撤销,或因其未办理续展手续而无效,但都不影响它在其他成员国所受到的保护。

(4)强制许可原则。各成员国可以采取立法措施,规定在一定条件下可以核准强制许可,以防止专利权人可能对专利权的滥用。强制许可的条件是自专利申请日起满四年,或者自批准专利日起满三年,专利权人未予实施或未充分实施,有关成员国有权采取立法措施,核准强制许可证,允许第三者实施此项专利。

2.《与贸易有关的知识产权协议》

《与贸易有关的知识产权协议》(Trade-related Aspects of Intellectual Property Rights,缩写为TRIPS)是关贸总协定乌拉圭回合中所签署的"一揽子"协议中的一部分。TRIPS的生效标志着知识产权的保护进入了一个新的历史时期,因为TRIPS不仅是第一个明确与贸易有关的知识产权协议,还在《巴黎公约》《伯尔尼公约》等世界知识产权公约基础上,第一次将专利、商标、著作权等各种知识产权保护融为一体。TRIPS作为乌拉圭回合"一揽子"成果之一,任何WTO成员都必须履行其规定的义务,从而大大扩展了国际知识产权保护制度的适用范围。

TRIPS 分为七大部分，共 73 条。第一部分为总则和基本原则；第二部分为知识产权效力、范围和利用的标准；第三部分为知识产权的执法；第四部分为知识产权的取得、维持和相关程序；第五部分为争端的防止和解决；第六部分为过渡协议；第七部分为机构安排和最后条款。

在 TRIPS 的第二部分明确了要保护的知识产权客体范围。

(1) 版权与邻接权。TRIPS 要求成员必须遵守《伯尔尼公约》的规定。《伯尔尼公约》是目前世界上保护版权水平最高的国际公约。

(2) 商标权。TRIPS 规定任何能够将一企业的商品或服务与其他企业的商品或服务区分开的标记或标记组合，均应能够构成商标。商标的获得必须经过法定的注册程序。

(3) 地理标志权。即能够表明某种产品源自一个特定地域的标识。在一般情况下，这种标识能够证明该产品的质量或名誉，能带来商业利益，因此享受自动保护。

(4) 工业品外观设计权。TRIPS 规定受保护的外观设计所有人有权在 10 年内禁止他人制造、销售或进口含有该外观设计的产品。

(5) 专利权。TRIPS 规定任何技术方面新颖的、具有创造性步骤和工业实用性的产品与工序都应享有专利权。

(6) 集成电路布图设计权。TRIPS 规定各成员国按《保护集成电路知识产权的华盛顿公约》的有关规定对集成电路的布图设计提供保护。

(7) 未披露过的信息专有权。TRIPS 规定受保护的条件有三：一是该信息属于商业秘密，未被公开过；二是因为保密才具有商业价值；三是合法控制该信息的人，已采取了合法措施保密。

(8) 对限制性竞争行为的控制。TRIPS 规定 WTO 成员须采取必要措施，避免滥用合同许可中的知识产权权利及对竞争产生消极作用等内容。

TRIPS 是第一个将知识产权与贸易挂钩，将知识产权保护纳入世界贸易体系的一个具有法律约束力的国际条约。该协议一方面采用了世界贸易多年来形成的共同原则，另一方面又针对保护知识产权的需要，制定了一系列基本原则和具体规定。在全面提高了知识产权保护标准的同时，也使国际知识产权公约的实施力度增强。

关键词

国际技术贸易 专利权 商标权 专有技术 许可贸易 技术咨询和技术服务 合作生产 国际工程承包 BOT 方式 特许经营 知识产权
《保护工业产权巴黎公约》《与贸易有关的知识产权协议》(TRIPS)

复习思考题

1. 技术有哪些分类及特点?
2. 什么是国际技术贸易?其有哪些特点?
3. 国际技术贸易有哪几种主要方式?
4. 国际技术贸易与国际货物贸易有何区别与联系?
5. 《与贸易有关的知识产权协议》(TRIPS)与已有的知识产权国际公约有何不同?
6. 试述知识产权与国际技术贸易之间的关系。

第八章　国际贸易政策

学习目标

掌握对外贸易政策的含义、类型及影响对外贸易政策制定的因素;熟悉对外贸易政策的演变;理解各种对外贸易政策的理论基础。

学习重点与难点

自由贸易政策和保护贸易政策的概念;制定对外贸易政策应考虑的因素;国际贸易政策的演变及理论基础;理解当代国际贸易政策的运用。

课堂导入

战略性贸易政策在现实中的运用——以美国和欧盟为例

美国在农业和高科技产业尤其是国防科技方面采取了类似战略性贸易政策与措施。在农业方面,美国一直予以扶持。其主要措施包括:政府主导灌溉设施等大型农业项目的建设,大力支持先进农业技术的研究开发和推广,对农业采取各种补贴。在高科技产业方面,美国政府特别注重"官产学研"结合,对高校的基础研究和企业的R&D提供直接的资金支持或者实施优惠的税收政策。为了促进高科技的发展,1993年11月,当时的克林顿政府成立了国家科技委员会,由克林顿总统亲自担任主席。美国政府在高科技军事研究和开发方面也给予了大力支持,并将研究成果转化为民用产品,如美国波音707飞机是波音公司最成功的民用产品之一,而波音707飞机的制造在很大程度上依靠以前开发的B—52军用轰炸机的制造技术,美国政府就是利用巨额的防务订货合同来支持波音公司的发展。

欧盟也在一些至关重要的产业运用了战略性贸易政策。例如,在高科技公司的研发和成果转化方面提供补贴,其中最典型的案例就是对空中客车公司的补贴,据统计,仅开发机型一项,政府就给予超过100亿欧元的补贴。大量的补贴使空中客车公司的市场占有率大大提高,从20世纪70年代中期开始生产商用飞机时,其市场占有率不足5%,到1990年,其市场占有率超过30%,成为美国波音公司强有力的竞争对手。

第一节　国际贸易政策概述

一、对外贸易政策的含义与目的

(一)对外贸易政策的含义

国际贸易政策是世界各国或地区间进行商品和服务交换时所采取的政策。从单个国家角度出发,有关的国际贸易政策就是一国的对外贸易政策。因此,关于国际贸易政策的分析即是对各国对外贸易政策的分析。

具体来说,对外贸易政策是一国在一定时期内根据国家发展总的战略目标和其参加的有关贸易条约、协定,对货物和服务等对外贸易进行组织、协调与管理所制定的法规、原则和措施。一国的对外贸易政策是各国总的经济政策的组成部分,它为各国经济服务,体现了这个国家的经济利益。

(二)对外贸易政策的目的

各国制定对外贸易政策的目的主要有如下几点。

第一,保护本国市场,促进本国工业的发展,特别是培育一些幼稚工业的竞争力。例如,一国通过征收关税等贸易保护措施,限制外国商品的进口,把本国市场留给民族企业。

第二,扩大本国货物和服务出口。例如,一国通过对出口企业的补贴,降低出口成本,从而提高本国商品在国外市场上的竞争力。

第三,推进本国产业结构升级。例如,一国通过引进国外先进技术和管理经验,促进本国产业结构的改善。

第四,积累资本或资金,例如,一国通过鼓励引进外资,弥补经济发展过程中的资金不足。

第五,维持国际收支平衡,达到外部均衡。

第六,维护本国与他国或地区的政治和经济贸易关系。

二、对外贸易政策的构成

一国的对外贸易政策一般应包括三个层次的内容。

1. 对外贸易总政策,其中包括进口总政策和出口总政策

对外贸易总政策是从本国国民经济的总体情况出发,在较长时期内实行的对外贸易政策,是总的原则、纲领和策略。制定对外贸易总政策一般要考虑本国的经济发展战略、资源禀赋、商品和服务的竞争力、产业结构等因素,还要综合考虑本国所处的国际环

境,以及本国在世界舞台上的政治和经贸地位。

2. 对外贸易国别(或地区)政策

对外贸易国别政策是根据对外贸易总政策及世界政治经济形势,与他国(或地区)的外交关系,区别对待不同国家(或地区)的对外贸易政策。

3. 对外贸易具体政策,又称"进出口商品政策"

对外贸易具体政策是在对外贸易总政策的基础上,根据各种商品在国内外的需求和供应情况以及在世界市场上的竞争能力,给予各种商品不同待遇的对外贸易政策。

在现实经济生活中,这三个层次的内容是互相交织和相辅相成的,并不是截然分开和完全独立的。

三、对外贸易政策的类型

对外贸易政策是随着时代的发展而不断发展变化的,但是不管如何变化,基本上离不开两种政策类型:自由贸易政策和保护贸易政策。

(一)自由贸易政策

自由贸易政策主张的是国家"不直接干预",既不鼓励出口,也不限制进口。其主要内容是:政府取消对进出口货物和服务的限制和障碍,取消对本国货物和服务贸易的各种特权和优待,使货物自由进出口,服务贸易自由经营,在国内外市场上自由竞争。

(二)保护贸易政策

保护贸易政策主张的是国家"直接干预",其实质是"奖出限入"。其主要内容是:政府广泛利用各种限制进口和控制经营领域与范围的措施,保护本国货物和服务在本国市场上免受外国货物和服务的竞争,并对本国货物和服务的出口给予优待和补贴,以增强其在国际市场上的竞争力。

在同一历史阶段内,经济发达、实力雄厚、产品竞争力强的国家倾向于采取自由贸易政策;而经济发展缓慢、实力较差、产品竞争力弱的国家则倾向于采取保护贸易政策。另外,同一个国家在不同的历史阶段会根据世界政治经济形势的变化、在国际分工中的地位等因素对贸易政策进行调整。当然,自由贸易政策和保护贸易政策并不是完全对立的。事实上,一国实行自由贸易政策,并不意味着完全的自由;同样,实行保护贸易政策,也并不是完全闭关自守,二者的主要区别在于:在贸易政策中是自由的成分更多还是保护的成分更多。

四、对外贸易政策的制定与执行

(一)制定对外贸易政策应考虑的因素

对外贸易政策属于上层建筑,它反映了当权阶级的利益与要求,既体现一国经济基础,又反过来促进经济基础的发展,还会影响一国对外贸易规模、结构、地理方向和利益分配。各国在制定对外贸易政策时,需要考虑以下两个方面的因素。

1. 本国因素

(1)本国经济发展阶段、经济结构。

(2)本国货物和服务在国际市场上的竞争能力。

(3)本国就业状况。

(4)本国国内物价。

(5)政治和社会因素,其中包括:多数选民的支持程度,利益密切阶层的集体行动和有效的游说等。

(6)政府领导人的经济思想与贸易理论倾向。

2. 国际相关因素

(1)本国在世界贸易组织、区域经济一体化等组织中所享受的权利与应尽的义务。

(2)本国与他国经济和投资方面的合作情况。

(3)本国与他国的政治关系。

(二)对外贸易政策的制定

各国对外贸易政策的制定是由国家立法机构进行的。如中国的全国人民代表大会及其常务委员会、美国的国会、英国的议会等,这些拥有立法权的机构制定、修改、通过和颁布有关对外贸易政策及有关规章制度的各项法令。

立法机关在制定和修改对外贸易及其相关规章制度前,要征询企业、经济集团的意见。比如,发达国家一般要征询大企业的意见。大企业通过各种半民半官方机构(如各职能部门自己组建的政策咨询委员会)、民间机构(如企业家联合会)反映其对现行贸易政策的看法和建议。类似企业家联合会、商会、工会等民间组织还经常协调、商定共同的立场,向政府提出各种建议,直至派人参与制定或修改有关对外贸易政策的法律草案等。

最高立法机构所颁布的各项对外贸易政策和法令,往往是一国较长时期内对外贸易政策的总方针和基本原则,也授予行政机构如总统、国务院等对某些重要措施的修改、制定的权力。例如,美国国会往往授权美国总统在一定范围内制定某些对外贸易法令、进行对外贸易谈判、签订贸易协定、增减关税、确定数量限制等。

(二)对外贸易政策的一般执行方式

第一,通过海关对进出口贸易进行管理。海关是设置在对外开放口岸的国家行政机关,负责进出口的监督管理。它的主要职能包括:对进出口货物、旅客行李和邮递物品、进出境运输工具等实施监督管理,征收关税和其他税费,查禁走私。

第二,国家广泛设立各种机构,负责促进出口和管理进口。比如,中国国际贸易促进委员会和美国国际贸易委员会等机构。

第三,政府出面参与各种国际机构与组织,进行国际经济贸易等方面的协调与谈判

第二节　15世纪—"二战"前国际贸易政策的演变及理论基础

在不同的历史时期,各国根据其经济发展水平和国际竞争力,采取了不同的贸易政策。下面主要分析从15世纪至第二次世界大战前国际贸易政策的演变及其理论基础。

一、15世纪—17世纪:古老的保护贸易政策——重商主义

(一)重商主义的产生时间和背景

重商主义产生于15世纪—17世纪资本主义生产方式准备时期,它代表的是新兴的商业资产阶级利益,最初兴起于意大利,后来流行到西班牙、葡萄牙和荷兰等国,16世纪末叶以后又在英国和法国得到了重大发展。

重商主义的产生有着深刻的历史背景。15世纪以后,特别是地理大发现极大地刺激了商业、航海业、工业,世界市场扩大了,导致西欧封建主义经济基础逐渐瓦解,封建主阶级力量不断削弱,商品货币经济关系得到快速发展,商业资产阶级的力量不断增强。与此同时,社会财富的重心由土地转向了货币,全社会上至国王下至农民都开始追逐货币。除了开采金银矿,金银货币主要来自于商业资产阶级所经营的内外贸易,尤其是对外贸易。另外,西欧一些国家运用国家力量支持商业资本的发展,从而形成了重商主义政策。

(二)重商主义政策的主要内容

根据对待金银的态度和获取金银的手段不同,重商主义可以分为早期和晚期两个阶段,早期重商主义约从15世纪至16世纪中叶,晚期重商主义从16世纪下半叶至17世纪。

1. 早期重商主义

早期重商主义称为"货币差额论",以英国的斯塔福为代表,高度重视金银,视金银为国家财富的象征和一国最有用的宝藏,所以早期重商主义又被称为"重金主义"。

早期重商主义反对进口和禁止货币出口,它一方面以高关税限制商品尤其是奢侈品的进口,以防止金银流出;另一方面,以补贴鼓励出口,换取金银流入。而且,在对外贸易中必须使每笔交易和对每一个国家的贸易都保持顺差。一些国家还要求外国人来本国进行交易时,必须将其销售货物的全部款项用于购买本国货物或在本国花费掉。

2. 晚期重商主义

晚期重商主义注重贸易差额,所以又叫作"贸易顺差论",代表人物是英国的托马斯·孟,他的主要著作是1644年出版的《英国得自对外贸易的财富》,该书被认为是重商主义的"圣经"。

晚期重商主义者在认识上前进了一大步。他们认识到把金银放在柜子里并不会增加财富,而流通中的货币却会不断增值,即"货币产生贸易,贸易增多货币"。所以,他们认为不应当过分限制货币的运动。而在发展对外贸易时必须遵循一条原则,就是保持贸易顺差,即卖给外国人的商品总值应大于购买他们的商品总值,若一国出口值不能超过进口值,则该国的经济就不能繁荣,所以,欲增加国民财富必须促进出口。但一国追求贸易顺差的办法应是保持本国对外贸易总额的顺差,而不必使对每个国家的每笔交易都要求顺差,否则容易招致对方国家的报复,从而导致贸易损失,也不能达到积累金银的目的。

晚期重商主义政策的主要内容如下。

(1)限制进口政策。第一,禁止某些商品进口,尤其是奢侈品的进口。第二,对进口货物征收保护关税,达到限制进口的目的。

(2)鼓励出口政策。第一,对本国商品出口给予津贴。第二,降低或免除出口关税。第三,出口退税,制成品用于出口时会退回进口原料时征收的关税,或直接对原料免税进口。

(3)其他政策。第一,货币政策。贸易差额论的货币政策不是主张严禁金银出口,而是把对货币的追求寓于对贸易顺差的追求之中。第二,对外贸易垄断政策。葡萄牙和西班牙在16世纪实行对外贸易垄断,葡萄牙国王直接掌握并垄断对东方的贸易,西班牙则垄断其与美洲殖民地的贸易。通过贸易垄断,西欧国家在其殖民地取得廉价的原料,运回本国加工成制成品,再高价向殖民地或其他国家出售。第三,发展本国航运业政策。重商者认为,建立一支强大的商船队是一个国家经济力量的重要组成部分,因此应禁止外国船只从事本国沿海航运和殖民地之间的航运。第四,发展本国工业政策。为了实现贸易顺差,必须使本国产品在世界市场上有竞争能力,他们认为发展本国工业能保持出口优势,因此各国都制定了鼓励本国工业发展的政策。例如,有些国家高报酬聘请外国工匠,禁止熟练技术工人外流和机器设备输出,给工场手工业者发放货款和提供各种优惠条件。

(三)对重商主义的评价

1. 积极意义

重商主义推动了社会生产力的发展,在当时是符合商业资产阶级利益的,促进了资本的原始积累,在一定程度上推动了资本主义生产关系的建立和发展。

2. 局限性

第一,重商主义对经济现象的探索仅限于流通领域,而未深入到生产领域,并且重商主义认为货币是衡量一个国家富强程度的尺度,因而得出对外贸易是财富的源泉,而价值是在生产过程中创造的,流通只不过是使价值得以实现,因此它无法揭示出财富的真正来源。

第二,重商主义认为对外贸易的目的就是从国外获得货币,无法全面认识到国际贸易有促进各国经济发展的重要意义。

二、18世纪中叶—19世纪末:自由贸易和保护贸易并行

(一)英国自由贸易政策的兴起

1. 自由贸易政策兴起的背景、表现及成效

从18世纪中叶至19世纪末,资本主义进入自由竞争时期,以英国为首的少数国家宣扬自由贸易思想。由于产业革命,英国工业得到迅速发展,在世界上处于绝对领先地位,成为名副其实的"世界工厂"。为了大量进口自己所需的工业原料和粮食,并向外推销物美价廉的制成品,英国新兴的工业资产阶级迫切需要政府放松对外贸活动的管制,废除重商主义政策,实现贸易自由,为此他们进行了长期的斗争,并最终取得了胜利。

自由贸易政策的胜利主要表现在:

(1)废除《谷物法》。《谷物法》限制粮食进口以维持国内粮食高价,代表了地主贵族阶级利益。1846年,国会废除了《谷物法》,实现了粮食的自由贸易。

(2)关税税率和税目逐步减少。1841年,进口须纳税的商品项目高达1163种,至1882年已减少至20种,关税税率也降低至20%~30%,禁止出口的法令完全废除。

(3)废除《航海法》终止了英国船只垄断对外贸易运输的局面,将外贸运输业务全部对外国开放。

(4)对殖民地贸易政策的改变。首先,取消了垄断殖民地贸易的特权公司,将对印度和中国的贸易开放给所有的英国人。其次,对殖民地的贸易逐步采取了自由放任的态度。例如,废止了对殖民地的特惠税率,英国不直接干预殖民地与外国建立直接的贸易关系等。

(5)与外国签订贸易条约,以实现普遍的关税减让。例如,1860年英国与法国签订了"科伯登"条约,英国承诺降低法国葡萄酒和烧酒的进口税,同时不禁止英国煤炭的出口,而法国则保证对英国的一些制成品征收不超过30%的进口关税。

英国采用自由贸易政策后,本国的工业和对外贸易迅速发展。至1870年,英国对外贸易额已占世界贸易总额的近1/4,工业产量占世界工业总产量的32%,伦敦也成为国际金融中心。英国经济跃居世界首位,英国成为当时世界上最强大的国家。

在英国的带动下,19世纪中叶,荷兰、比利时相继实行了自由贸易政策,许多国家也降低了关税。

2. 自由贸易政策理论

第一,亚当·斯密的绝对优势理论。亚当·斯密在其名著《国富论》中严厉批评了重商主义视金银为财富的错误观念,认为国富不能以货币多寡来衡量,而应重视货币所购买的物品,货币只是便于财富的交换,它并非真正的财富。亚当·斯密认为各国应该集

中力量生产并出口本国具有"绝对优势"的产品,进口本国具有"绝对劣势"的产品,其结果是双方都能从自由贸易中获利。

第二,大卫·李嘉图的自由贸易理论。李嘉图认为,在国际分工和国际贸易中起决定作用的不是绝对优势,而是比较优势。他认为每个国家都应根据"两利相较取其重、两劣相较取其轻"的原则,集中生产并出口本国具有"比较优势"的产品,进口本国具有"比较劣势"的产品,这样都能获利。李嘉图认为各国必须实行自由贸易政策,这样才能使各国从国际分工中获得比较利益。

(二)美国与德国的保护贸易政策

1. 美国与德国传统保护贸易政策的实现

美国建国之初,政治上虽然独立,但经济上非常落后,仍属于殖民地经济形态,工业基础薄弱,还停留在家庭手工业阶段。美国第一任财政部长汉密尔顿于1791年12月向国会提交了《关于制造业的报告》,他在报告中提出为使经济自立,有必要发展本国的工业,其主要方式是高关税保护政策,以使新建立起来的工业得以生存、发展和壮大。美国于1816年首次通过具有保护性质的关税法案,它使棉花、羊毛制品和某些铁制品的进口关税税率达到30%~40%。1890年,美国关税税率之高已居世界之首。

19世纪初,德国还是一个政治上分裂、经济上落后的农业国,工业上仍是以手工业和分散的小手工业为主。为了发展德国经济,使其能够与英国开展竞争,德国从1871年统一之始就采取了强有力的保护贸易政策,主要是为使新兴的产业免受外国工业品的竞争。1879年,铁血宰相俾斯麦改革关税,对钢铁、化学品、纺织品及谷物等征收进口税,而且与法国、奥地利及俄罗斯等进行关税竞争。1898年,又乘关税法修订之机,再次提高关税,从而德国成为欧洲高度贸易保护的国家之一。

2. 传统保护贸易政策的理论依据

保护贸易理论的先驱、德国经济学家李斯特(1789—1846)受到汉密尔顿的启发和影响,积极呼吁德国实行保护贸易政策。他于1841年出版了代表作《政治经济学的国民体系》,在这本书中,他系统地阐述了"保护幼稚工业"理论,对德国及其他落后国家制定贸易政策产生了深远的影响。

(1)保护幼稚工业理论的主要内容。

保护幼稚工业理论是指经济发展较为落后的国家,采用保护关税政策,培育或扶持其国内具有潜力的幼稚工业,使之发展到能与先进工业国家竞争的程度,从而提高国家的地位。

第一,李斯特的"生产力理论"。李斯特以其"生产力理论"批判英国古典经济学家的价值理论。"生产力理论"即要借助于关税的保护,以发展一个国家的生产力。李斯特主张为培养经济落后的德国生产力,宁可暂时承受实行保护关税初期工业品价格偏高的不利,以保护关税的暂时不利为代价,换来生产力的增长。

第二,李斯特的"经济发展阶段论"。李斯特批判了英国古典经济学家忽视各国经济发展的历史特点。他认为,从经济发展方面看来,每个国家都必须经历以下几个发展阶段:原始未开化时期、畜牧业时期、农业时期、农工业时期、农工商业时期。在这五个不同的发展阶段,应采用不同的经贸政策。在原始未开化时期、畜牧业时期和农业时期,为实现迅速的转变,应对先进国家实行自由贸易政策,特别是在农业时期,实行自由贸易政策,有利于进口工业品,培育本国的工业。但在农工业时期,为扶持本国弱小的工业,应实行保护贸易政策,以提高本国工业的竞争力。待工业有了较快、较大规模的发展,经济发展进入了农工商业时期,本国工业已具有较强的竞争实力,则又应该实行自由贸易政策。李斯特认为,当时的英国已处于农工商时期,因而英国极力提倡自由贸易,而当时的德国和美国尚处于农工业时期,因此,德国和美国必须实行保护贸易政策。

第三,保护的对象与时间。李斯特认为保护的目的在于促进生产力的发展,保护的对象是具有强大竞争对手的幼稚工业。首先,农业不需要保护;其次,一国工业虽然幼稚,但在没有强有力的竞争者时,也不需要保护;最后,不是所有的幼稚工业都需要保护,而是要保护有发展潜力的幼稚工业。李斯特提出的保护时间以30年为最高限期,因为他认为被保护的工业生产出的产品能与国外竞争时,就不需要继续保护,如果被保护的幼稚工业在一段时间内扶持不起来,就应放弃对其保护。

第四,保护的手段。李斯特主张在国家干预和扶持下,采取禁止输入和提高关税的办法来保护幼稚工业,同时用减免关税的办法来鼓励复杂机器设备的进口,以加速幼稚工业的发展。

(2)对李斯特保护贸易理论的评价。

第一,积极意义。首先,李斯特的政策主张不仅促进了德国资本主义的发展,还促进了德国经济的发展。美国对外贸易政策的制订也以其为依据,并对美国工业的发展、经济实力的增强起到了积极作用。其次,李斯特的保护贸易理论对如今某些发展中国家制定对外贸易政策和产业政策仍然具有借鉴意义,对经济不发达国家有重大指导意义和参考价值。

第二,片面性。李斯特的贸易保护理论在具有合理性和进步性的同时,仍然具有缺陷。首先,他对生产力这个概念的理解是不科学的,对影响生产力发展的各种因素的分析也很混乱。其次,他以经济部门作为划分经济发展阶段的基础是片面的,歪曲了社会经济发展的真实过程。

三、19世纪末—20世纪初:超保护贸易政策

(一)超保护贸易政策产生的背景

从19世纪末至20世纪初,科技革命促使了世界市场的扩大和国际分工的深化,而科技进步又使生产高度集中,资本主义进入垄断阶段,从而垄断代替了原来的自由竞争,各国垄断资本的扩张又强烈需求独占国外原料产地、商品销售市场和投资场所,市

场争夺越演越烈。另外，1929—1933年资本主义世界爆发了空前严重的大危机，主要资本主义国家先后出现了需求不足、生产过剩、失业骤增等经济问题，从而使市场问题进一步尖锐化，各国包括英国为了在激烈的竞争中取胜，纷纷放弃了自由贸易政策，竞相采用带有侵略性质的超保护贸易政策。

（二）超保护贸易政策的内容和特点

超保护贸易政策是在两次世界大战之间盛行，指国家以高额关税和外汇限制、数量限制等非关税措施限制进口，垄断国内市场并维护垄断高价；以出口补贴、关税减免等方式鼓励出口，追求贸易顺差，夺取国外市场，具有进攻性或侵略性质。

超保护贸易政策的特点如下。

1. 保护的对象扩大了

超保护贸易不但保护幼稚工业，而且更多地保护国内高度发达或出现衰落的垄断工业。

2. 保护的目的变了

超保护贸易的目的不再是培养自由竞争的能力，而是巩固和加强对国内外市场的垄断。

3. 保护转入进攻性

以前贸易保护主义是防御性地限制进口，而超保护贸易主义是要在垄断国内市场的基础上对国内外市场进行进攻性的扩张。

4. 保护的阶级利益从一般的工业资产阶级转向保护大垄断资产阶级

5. 保护的措施多样化

保护的措施不仅有关税，还有其他各种各样的奖出限入的措施，比如商品倾销、外汇管制、外汇倾销等非关税壁垒措施。

6. 组成货币集团，划分世界市场

1931年，英国放弃了金本位制，引起了统一的世界货币体系的瓦解，主要资本主义国家各自组成了排他性的相互对立的货币集团。1931年后，资本主义世界的货币集团有英镑集团、美元集团、法郎集团、德国双边清算集团及日元集团等。

由于超保护贸易政策带有进攻性，许多国家在遭受别国贸易保护主义的同时采取了针锋相对的报复措施，致使关税战、贸易战、货币战愈演愈烈，各国之间的关系剑拔弩张，也催化了第二次世界大战的爆发。

（三）超保护贸易政策的理论基础

超保护贸易政策的实施与当时各国经济学者提出的各种支持超保护贸易政策的理论是分不开的。其中，有重大影响的是凯恩斯主义有关推崇重商主义的学说，即超保护贸易学说。

凯恩斯(1883—1946),英国著名的经济学家,是凯恩斯主义和宏观经济学的创始人。1936年,他的代表作《就业、利息和货币通论》出版。

1. 对古典派自由贸易理论的批评

在资本主义1929—1933年大危机以前,凯恩斯是一个自由贸易论者。当时,他坚决否认贸易保护主义会促进国内就业和经济繁荣。在大危机以后,凯恩斯彻底改变了立场,他对重商主义重新评价,并大为推崇。凯恩斯及其追随者认为古典派自由贸易理论已经不适用于当代经济贸易发展的新情况。

首先,自由贸易理论关于"充分就业"的前提条件不现实。事实上,20世纪30年代存在大量失业,美国等发达国家的失业率高达25%。

其次,自由贸易论者认为,国际收支能自动调节最终实现均衡,但凯恩斯认为他们忽略了国际收支在调节过程中对一国国民收入和就业所产生的影响。凯恩斯认为应当仔细分析贸易顺差与逆差对国民收入和就业的作用,他认为贸易顺差能增加国民收入,扩大就业,而贸易逆差则会减少国民收入,加重失业。因此,他赞成贸易顺差,反对贸易逆差。

2. 投资乘数理论

凯恩斯为证明增加投资能提高就业和增加国民收入,提出了投资乘数理论,即:投资对于国民收入增长具有乘数作用或倍数作用,即投资增加一倍,可以使国民收入增长若干倍。投资的增加之所以会产生乘数作用,是因为各经济部门是相互联系的。新增加的投资引起生产资料需求的增加,从而引起生产资料部门的人们的收入增加,他们的收入增加又引起对消费资料需求的增加,从而又导致消费资料生产部门就业和收入的增加。如此推演,最终使国民收入成倍增长。

凯恩斯认为,增加的倍数取决于"边际消费倾向",即增加的收入中用于消费的部分与增加的收入的比值。如果"边际消费倾向"为零,就是说人们将增加的收入全部用于储蓄,一点也不消费,那么,国民总收入就不会增加。如果"边际消费倾向"为1,即人们把增加的收入全部用于消费,一点也不储蓄,那么,国民收入增加的倍数将为$1+1+1+1$……到无限大。如果"边际消费倾向"介于零与1之间,即人们将增加的收入以1/2或1/3或1/4用于消费,则国民收入增加的倍数将在1和无限大之间($0 < 倍数 < \infty$)。

用K表示国民收入增加的倍数,用ΔY表示国民收入增量,ΔI表示投资增量,则存在以下关系:

$$\Delta Y = K \cdot (\Delta I)$$

其中$K = 1/(1-c)$,c为边际消费倾向。

3. 对外贸易乘数理论

在国内投资乘数理论的基础上,凯恩斯的追随者们引申出对外贸易乘数理论。他们认为:一国出口额的增加同投资额的增加一样,也可以起到增加国民收入的作用;一国进口额的增加则与国内储蓄增加一样,有减少国民收入的作用。因为出口额增加使出口产业部门的收入增加,消费也跟着增加,这必然引起其他产业部门生产增加和就业增加,以及收入增加……如此反复下去,收入增加量将为出口增加量的若干倍。

他们得出结论,只有当贸易为出超或国际收支为顺差时,对外贸易才能增加一国就业量,提高国民收入,此时国民收入的增加量将为贸易顺差的若干倍。这就是对外贸易乘数理论的涵义。

用 ΔY 代表国民收入的增加额,ΔI 代表投资的增加额,ΔX 代表出口的增加额,ΔM 代表进口增加额,K 代表乘数。则计算对外贸易顺差对国民收入的影响倍数公式为:

$$\Delta Y=[\Delta I+(\Delta X-\Delta M)] \cdot K$$

在 ΔI 与 K 一定时,则贸易顺差越大,ΔY 越大;反之,如果贸易差额是逆差,则 ΔY 要缩小。因此,一国越是扩大出口,减少进口,贸易顺差越大,对本国经济发展作用越大。由此,凯恩斯和其追随者的对外贸易乘数理论为超保护贸易政策提供了理论根据。

由于贸易顺差能增加就业和国民收入,超保护贸易理论主张奖出限入,以取得贸易顺差。

4. 对凯恩斯对外贸易乘数理论的评价

(1)取得的成就。凯恩斯主义不仅是经济学理论的重大发展,还是贸易保护理论的重大发展。它用定量的宏观经济分析方法说明了对外贸易与国民经济发展之间的内在规律性,这在一定程度上有助于认清国民经济体系运行的规律,对制定切实有效的宏观经济政策有重要的指导意义。

(2)局限性。第一,凯恩斯主义没有充分考虑到贸易伙伴国的反应,若一国不加节制地实行保护贸易政策,势必导致贸易伙伴国的报复,引起关税和非关税壁垒盛行,贸易障碍增多,从而爆发各种贸易战,最终会阻碍整个国际贸易的发展。

第二,贸易顺差对国民收入和就业产生的乘数效应对不同产业部门的影响是不同的,不同的产业部门之间对其他产业部门的传递作用有较大差异,这样贸易保护政策对国内产业结构的影响就必须给予关注,而凯恩斯主义没有对国内产业问题进行深入分析。

第三,凯恩斯主义旨在通过对外贸易出超来解决国内经济停滞,摆脱周期性经济危机。但是,在资本主义制度下,要从根本上解决经济危机和就业问题是不可能的。

第三节 "二战"后国际贸易政策的演变及理论基础

"二战"后,随着世界经济的恢复和发展,经济全球化、贸易自由化成为国际贸易政策的主流,但因各国经济贸易发展不平衡及经济危机,不时地会出现新的贸易保护政策和措施。

一、20世纪50年代—70年代：贸易自由化

从20世纪50年代到70年代初,资本主义世界经济处于恢复和迅速发展时期,发达资本主义国家出现了贸易自由化趋势。

(一)贸易自由化的主要表现

1. 大幅度降低关税

第一,在关税与贸易总协定缔约国范围内大幅度地削减关税。在这一时期,关贸总协定共举行了7轮多边贸易谈判,各缔约方的平均进口最惠国关税税率从"二战"后初期的50%左右降到5%以下。

第二,各区域经济贸易集团对内实行减免关税,对外通过谈判达成关税减让的协议。比如,欧洲经济共同体(现欧盟)内部实行优惠关税或免除关税,外部与非洲、加勒比海和太平洋地区的46个发展中国家达成《洛美协定》,对这些地区的全部工业品和96%的农产品进口给予免税的优惠待遇。

第三,发达国家对发展中国家和地区实行普遍优惠制。普遍优惠制简称"普惠制",是指发达国家对来自发展中国家或地区的制成品和半制成品给予普遍的、非歧视和非互惠的关税优惠待遇,于1968年联合国贸易与发展会议第二届会议上通过。

2. 削减或撤销非关税壁垒

"二战"后初期,一些发达国家为了保护本国经济对许多商品进口实行严格的进口许可证制、进口配额和外汇管制等措施,而在贸易自由化时期,这些非关税壁垒得到了不同程度的削减或取消。比如,到20世纪60年代初,经济合作与发展组织(OECD)成员国之间的进口数量已经取消了90%。另外,随着经济的恢复与国际收支状况的改善,发达资本主义国家都不同程度地放宽或解除了外汇管制,恢复了货币自由兑换。

(二)贸易自由化的主要特点

1. 美国是贸易自由化的积极推行者

"二战"后美国拥有强大的政治影响力,成为资本主义世界头号经济和贸易强国。为了加快对外经济扩张的步伐,美国既有需要也有能力推行贸易自由化,它积极主张削减关税和取消数量限制。"二战"后初期,日本和西欧等国为了战后重建,曾一度实行保护贸易政策,但在美国的压力下,加上经济的恢复和发展,日本和西欧等主要资本主义国家也纷纷实行贸易自由化。

2. 贸易自由化是经济全球化发展的需要

"二战"后资本主义各国间的相互依存度提高,联系越来越紧密,国际分工向广度和深度发展。战后贸易自由化不仅反映了经济全球化的需要,还反映了各国经济和生产力发展的内在需求。

3. 贸易自由化代表了垄断资本的利益

"二战"后,伴随着生产国际化和资本国际化的是跨国公司的大量涌现,它们为了更多地占领国外市场和追求更高利润,积极促使本国政府推行贸易自由化并要求别国开放市场,因此"二战"后贸易自由化主要反映了垄断资本的利益。

4. 贸易自由化是在多边贸易体制框架下进行

"二战"后,贸易自由化主要是通过1947年关税与贸易总协定在世界范围内谈判进行的。关税同盟、自由贸易区、共同市场等区域性一体化组织,也均以促进货物的自由流通和扩展自由贸易为宗旨。

5. 贸易自由化是不平衡的

各发达资本主义国家在实行贸易自由化政策时,往往根据自身经济情况、各利益集团的诉求以及对外关系的变化,有选择地实行和适时地调整,因此贸易自由化是不平衡的。其不平衡主要表现在:第一,发达资本主义国家之间贸易自由化超过它们对发展中国家的贸易自由化;第二,区域性贸易集团内部的贸易自由化超过集团对外的贸易自由化;第三,不同商品的贸易自由化也不一致,工业制成品的贸易自由化超过农产品的贸易自由化,机械设备的贸易自由化超过了工业消费品的贸易自由化。

(三)支持贸易自由化的观点

为了推动贸易自由化,1983年11月,关贸总协定总干事邓克尔邀请了七名国际知名专家和学者,对世界贸易政策和制度进行了深入的研究。他们用了将近两年的时间,发表了《争取较好未来的贸易政策》的报告,引起了世界的广泛关注。

该报告指出,贸易保护主义只顾眼前利益,因而要付出经济和政治代价,而"开放性的国际贸易是经济持续延长的关键"。其理由是:各国可以集中资源从事于效益最佳的生产,贸易将许多国家的个别优势变为所有国家的最高生产率;贸易曾将各国新技术、发明创造和新的管理理念等传递到全世界,因此贸易是作为传递新技术和其他形式革新的媒介;世界贸易的扩大可以缓和各国间的摩擦,并可加强在其他领域的国际合作;贸易可以帮助世界经济进行变革。七人小组认为各国政府应采取一致行动,为世界经济争取较好的未来。

二、20世纪70年代中后期:新贸易保护主义

新贸易保护主义(New Trade Protectionism)是20世纪70年代中后期以来形成的,它起始于美国并迅速向其他国家扩展,保护手段主要是技术壁垒、绿色壁垒、反倾销和知识产权等非关税壁垒措施。

(一)新贸易保护主义产生的原因

1. 经济发展缓慢,失业严重

1974—1975年出现的"二战"后最严重的经济危机使得市场问题又一度紧张,西方

国家陷入"滞胀"状态,通货膨胀、经济衰退和失业率居高不下的问题给发达资本主义国家带来巨大的压力。

2. 主要发达国家的国际收支失衡

1971年,美国出现了78年来的首次贸易逆差,随后贸易逆差急剧上升,尤其是日本、西德等国家对美国的贸易顺差不断扩大,美国国内实行贸易保护的呼声越来越高,美国一方面迫使日本等国开放市场,另一方面加强限制进口,美国是新贸易保护主义的重要发源地。

3. 国际货币关系的失调

以美元为中心的布雷顿森林体系于20世纪70年代初瓦解,此后资本主义国家普遍实行浮动汇率制,汇率的长期失调和频繁波动影响了国际贸易的正常发展。

4. 贸易政策的相互影响

随着世界经济依存性的加强,贸易政策的连锁反应也更敏感,美国采取许多保护贸易措施,而这些措施反过来也会遭到其他国家的报复,使新贸易保护主义在世界范围内蔓延。

(二)新贸易保护主义的主要表现

新贸易保护主义突出反映了当国内外经济环境发生变化时,各国对外贸易政策的调整。新贸易保护主义具有新特点,主要表现在以下几个方面。

1. 被保护的范围不断扩大

新贸易保护主义不仅保护传统产品和农产品,还保护高级工业品和服务部门。

2. 被保护的商品种类不断增加

以制成品中受限制商品为例,从1980年到1983年,美国从6%提高到13%,欧盟从11%提高到15%。

3. 以非关税措施为主,种类繁多

根据GATT的统计,从20世纪60年代到80年代末,发达资本主义国家实行的非关税措施从850多项增加到3000多项,如进口配额、自动出口配额、外汇倾销、专断的海关估价、歧视性政府采购等。还有加强了实施反倾销和反补贴措施,从1980年到1985年涉及反倾销案件的国家或地区共有44个,多达283起。

4. 把贸易政策法制化,歧视性明显

美欧等国纷纷给其贸易保护措施以法律地位,而制定法律法规为一国主权内行为,更能为其"合法性"找到依据。这种手段是以本国单边规则来裁量与他国的贸易行为,具有很强的歧视性。以美国贸易法案中"301"条款为例,美国凭借此条款,可以对其他国家给予美国"不公平"或"不合理"待遇的国家进行单方面的制裁。

5. 奖出限入措施的重点从限制进口转向鼓励出口

随着国际竞争的愈演愈烈,发达资本主义国家依靠各种贸易壁垒来限制进口,不仅满足不了扩大国外市场的需求,还容易引起别国的不满和报复,甚至可能引发贸易战。因此,很多国家把奖出限入的重点转向鼓励出口,从税收、财政、金融、精神等方面促进商品和服务的输出。

(三)支持贸易保护主义的主要观点

新贸易保护主义的论据种类繁多,下面介绍一些主要论据。

1. 维持国内高水平的工资

各国工资水平不同。一般来说,发达国家工资水平较高,而发展中国家劳动力相对丰富,工资水平较低,故其生产成本也较低。若发达国家自由进口发展中国家的产品,则本国产品处于不利的地位,产品销量可能减少甚至为零,其结果是本国员工难以维持较高的工资水平。这些发达国家实施了保护贸易政策,可以避免与国外廉价的劳工产品直接竞争,维持本国员工较高的工资福利。

2. 增加国内就业

如果实行自由贸易,固然出口部门会扩大生产,能创造一些就业机会,但进口部门则会受到外国产品的冲击,有一些企业可能会破产,从而使一些人失业。这时,政府就会在社会压力下采取进口限制措施,以增加就业机会。

3. 保证公平竞争

为了公平贸易,当发现进口产品存在倾销和补贴等行为时,避免倾销和补贴等对国内产业和企业的伤害,需要采取反倾销和反补贴等保护措施。

4. 改善贸易收支或国际收支

当一国贸易收支或国际收支出现较大逆差时,采取进口限制措施可减少进口,有助于改善贸易收支或国际收支。

5. 保护知识产权

知识产权是指人们就其智力劳动成果依法享有的所有权。知识产权是一个企业、行业乃至一个国家提高核心竞争力的战略资源。知识产品具有外溢性,以专利、专有技术、商标等为核心的知识产权如果被侵权、模仿和仿冒等,既会影响创新者的积极性,也可能影响一国企业或某行业的国际市场地位,所以需要实行保护贸易政策。

6. 作为贸易谈判和报复的手段

当其他国家违反已有贸易协议或采取歧视性贸易做法时,一国可采取报复手段,维护国家利益,保护受损的行业和企业。

7. 为了维护国家的安全

在和平时期,自由贸易能使各国获得所需物品,但一旦爆发战争,国外供给剧减或断绝时,其国防力量必然会大受影响,因而对有关生产战略物资的产业要加以保护,以维护国家的安全。

8. 保护人类和动植物的生命和健康以及生态环境

有些商品的质量直接关系到人类和动植物的生命和健康,还有些商品会破坏生态环境,为了防止传播疾病和向他国输出污染,也需要采取保护措施。

三、20世纪80年代以后:战略性贸易政策

1. 战略性贸易政策理论的提出

20世纪80年代以后,为了在激烈的国际市场竞争中取胜并缓解国内失业的压力,一些发达国家纷纷对一些战略性产业进行干预,给予扶持和赞助。加拿大不列颠哥伦比亚大学的詹姆斯·布朗德教授和美国波士顿学院的巴巴拉·斯潘塞教授率先提出了战略性贸易政策理论。这个理论的出现打破了传统的以完全竞争和规模报酬不变的假设前提的贸易理论,引起了学术界和发达国家政府的高度重视。

2. 战略性贸易政策的含义

战略性贸易政策(Strategic Trade Theory)是指在不完全竞争市场中,并存在规模经济的前提下,国家运用出口补贴、关税等政策手段,对现有或潜在的战略性部门或产业给予扶持,增强其在国际市场上的竞争力,并把市场份额和超额利润从外国转移给本国,提高贸易利益和国民福利。

3. 战略性目标产业的确定

(1)高附加值产业。高附加值产业是指投入少而产出价值高的产业。通过扶持理想的具有战略性的目标产业,提高该产业的竞争力,扩大市场,从而提高整个国民的福利水平。因此,政府要把高附加值的产业作为优先考虑的战略性产业。

(2)高科技产业。高科技产业发展快,对其他产业的渗透能力强,具有知识和技术密集型的特点。目前,普遍认可的高科技产业有生物工程、新型材料、信息技术、人工智能等。

4. 战略性贸易政策的理论构成

(1)"利润转移"理论。在不完全竞争尤其是寡头竞争市场上,寡头厂商可以凭借其垄断力量获得超额利润。在这类国际寡头竞争中,一国政府可以通过两种方式实现国外厂商利润向国内厂商的转移:一种方式是给予生产补贴或出口补贴,包括减免税或直接的资金转移等方式,降低生产成本,提高产品的竞争力,帮助本国厂商获得更大的市场份额,获得规模经济;另一种方式是利用关税等手段保护本国市场,把外国厂商从本国消费者身上赚取的超额利润转移到国内,国内厂商可以利用本国封闭市场扩大生产,降低成本,获取规模经济效益。

(2)"外部经济"理论。一国政府对战略性产业给予适当的保护和扶持,促进它的发

展,提高其国际竞争力,可以形成技术外溢效应,也可以通过关联效应带动相关产业的发展,因为这些战略性产业一般具有显著的外部性,比如半导体产业的发展能够使通信、飞机等产业产生更高的生产力。

5. 对战略性贸易政策理论的评价

(1)积极方面。

第一,战略性贸易政策理论精巧的论证了一国在不完全竞争条件下通过运用适当的关税、补贴等贸易政策来转移他国经济利润从而提升自身的福利水平,在实践中确实起到扶持相应产业发展的作用,具有积极意义。

第二,传统自由贸易理论的假设前提是完全竞争和规模报酬不变,而在现实世界中,不完全竞争和规模经济是普遍存在的,市场本身的运行处于一种"次优"的状态,该理论认为通过政府干预可以改善扭曲的竞争环境,优化市场运行结果,具有一定的积极意义。

第三,从方法论上来说,战略性贸易政策理论广泛借鉴和运用了产业组织理论与博弈论的分析方法和研究成果,特别是博弈论的运用是国际贸易理论研究方法上的突破。

(2)片面性或缺陷方面。

第一,该理论的实施具有一系列严格的限制条件,有些是客观存在的,有些条件不一定能够满足,这种状况会使该理论在现实中运用的效果大打折扣。

第二,该理论的保护措施具有进攻性,其劫掠他人的市场份额和经济利益容易招致别国的强烈反应甚至是报复,从而恶化全球贸易环境。一些经济学家指出,实施这一政策时必须慎重,不可片面夸大其功效,防止贸易保护主义泛滥。

第三,在研究方法上,该理论还缺乏不完全竞争条件下政策干预效应的统计分析,需要进行更多的定量分析和实证研究。

第四,即使通过战略性贸易政策的实施使某个产业得到了发展,但另一个问题是国内资源的配置有可能扭曲,因为该产业的成功可能是以其他行业的损失为代价。

四、20世纪90年代以后,贸易自由化的深化

20世纪90年代以后,随着科学技术的进步,世界经济得到恢复与发展,生产和资本日益国际化,国际间的交流日益广泛,联系也日益紧密,贸易自由化向纵深发展,成为各国对外贸易政策的主流,主要表现在:

1. 区域经贸集团主动推动贸易自由化

以欧盟为例,欧共体于1992年建立内部统一大市场,实现了商品、人员、劳务和资本的自由流通,1993年,《马斯特里赫特条约》正式生效,欧洲联盟成立,开始由经济实体向政治实体过渡,1998年欧洲中央银行成立,1999年欧元开始运作。欧盟极大地促进了欧洲内部的贸易自由和生产要素流动,也对其他地区经济一体化的发展产生了强大的示范效应。

2. 世界贸易组织的建立

WTO 于 1995 年 1 月 1 日正式成立,取代成立于 1947 年的 GATT,成为全球性的管理多边贸易秩序的组织,倡导并积极推动贸易自由化,要求各成员方大幅度削减关税及其他贸易障碍,开放市场,为国际贸易提供便利。

3. 发展中国家和地区以及转型国家也主动推行贸易自由化

20 世纪 80 年代到 90 年代初,58 个发展中国家实施了贸易自由化的改革。20 世纪 90 年代初,印度、巴基斯坦等实行严格进口限制的国家也开始实行倾向于自由化的经济改革,中国、俄罗斯、越南等国也纷纷由计划经济体制转向市场经济体制,主动参与经济全球化,扩大对外开放,加大贸易自由化的步伐。

五、2008 年金融危机后,新贸易保护主义重新抬头

(一)新贸易保护主义重新抬头的背景与原因

虽然经济全球化是大势所趋,但国际市场竞争越来越激烈,世界经济起伏不定,各国经济发展不平衡并且贸易利益分配不均,尤其是 2008 年金融危机后,为了应对经济衰退的不利影响,各国不断调整经济与贸易政策,出现了逆全球化思维。新贸易保护主义开始抬头,其原因错综复杂,主要有以下几点。

1. 世界经济增速放缓

2008 年,美国发生次贷危机并迅速向其他国家蔓延,对世界经济造成巨大破坏。2009 年希腊首先发生债务危机,2010 年起比利时、葡萄牙、德国等欧洲其他国家也相继陷入危机,主要发达资本主义国家的经济先后呈现疲软状态。各国为了促进经济复苏和就业,保护国内企业和产业,实行新贸易保护主义政策。

2. 英美国家政治变动对新贸易保护主义的兴起也造成了一定影响

2016 年 6 月,英国举行了脱欧公投,脱欧阵营以微弱得票优势胜出,但至 2019 年 8 月,脱欧事件还没有得到彻底解决,从而给英国蒙上了不确定性的阴影,影响了投资和消费,导致经济的不景气,也影响了欧洲经济一体化的进程和全球经济一体化的进程。2017 年 1 月,美国总统特朗普上台,他强烈反对自由贸易,奉行"美国优先"政策,宣布退出 TPP 协议和联合国教科文组织,2018 年 3 月美国对中国发动贸易战,2018 年 6 月美国还对其盟友欧盟、加拿大、墨西哥等发动贸易战,而一旦某个国家出台了保护贸易政策,会引起连锁反应,其他一些国家会采取相应报复措施,实施贸易保护的国家也将增多。

3. 一些发展中国家的经济兴起对发达国家形成挑战

以中国为代表的广大发展中国家的经济兴起,正在重塑全球经济贸易格局。自入世以来,中国经济取得举世瞩目的成就,中国于 2010 年超越美国成为世界头号制造业大

国,同年超越日本成为世界第二大经济体,于2013年超越美国成为世界第一货物贸易大国,中国在全球产业链中的地位日益提高,是世界经济增长的重要推动力,中国进一步推行改革开放,积极倡导全球合作,谋求互利共赢,推行经济全球化,中国表现出越来越强的竞争力,这成为一些发达国家人士反对全球化的重要原因,他们希望通过贸易保护主义遏制中国等发展中国家的崛起。

（二）新贸易保护主义呈现新的特点

新贸易保护主义的新特点主要有如下几点。

1. 保护目的发生变化

新贸易保护主义不仅保护国内产业,还引导制造业回流。新一轮科技革命正在兴起,一些发达国家为了振兴实体经济,纷纷实行支持制造业尤其是先进和高端制造业发展的战略。例如,美国实行"再工业化战略"、德国实行"工业4.0战略",以财政、税收、人力等方面的优惠政策,促进跨国公司回流和吸引全球制造业投资,从而期望在新一轮产业革命中依然占据制高点。

2. 保护范围不断扩大

新贸易保护范围从传统的货物领域,到服务领域以及与贸易有关的知识产权领域。以货物领域为例,保护范围扩展至新材料、电子计算机、智能制造等高新技术领域。

3. 保护手段多样化

新贸易保护手段除关税措施以及进口配额限制、进口许可证制等传统的非关税壁垒之外,还有一些新的非关税壁垒,比如信息技术标准、产品包装标准、蓝色壁垒、动物福利壁垒等,其中蓝色壁垒是指发达国家为了保护本国市场在进口中设立的严格的劳工标准和社会责任标准,从而达到限制某些商品进口的目的。

4. 保护的措施具有欺骗性

一些非关税措施打着维护民族利益、保护生态环境和人类、动植物健康等名义,行贸易保护之实,名义上合理且形式上具有隐蔽性和欺骗性。

5. 保护的进攻性增强

以美国对中国实施的贸易保护主义措施为例:据统计,2016、2017和2018年美国对全球企业发起的"337调查"分别为54、59和50起,而其中对中国企业发起的"337调查"分别为18、22和19起,所占比例高达33.3%、37.3%和38.0%;2016—2018年中国是全球遭遇美国337调查最多的国家;特朗普上台后对中国发动的贸易战就是企图利用贸易保护主义使中国永远处于全球价值链的中低端,美国对中国的外贸政策比以前更具有进攻性。

6. 利用WTO规则,实行贸易保护

WTO规则有很多地方不完善甚至是漏洞,从而被一些保护主义者利用,他们并不直接违背 WTO 的规则。以利用 WTO 公平贸易原则为例,该原则允许 WTO 成员在遭受别国倾销或补贴等不公平做法时可以采取贸易补救措施,一些国家就以维护公平竞争为借口对一些出口国实行持久的反倾销、反补贴调查。至 2017 年底,中国已连续 23 年成为全球遭遇反倾销调查最多的国家,连续 12 年成为全球遭遇反补贴调查最多的国家。2017 年,中国共遭遇 21 个国家(地区)发起贸易救济调查 75 起,涉案金额 110 亿美元。

关键词

国际贸易政策　对外贸易政策　自由贸易政策　保护贸易政策　重商主义　保护幼稚工业理论　凯恩斯乘数理论　战略性贸易政策

复习思考题

1. 重商主义的理论观点和政策主张是什么?
2. 简述古典政治经济学派的自由贸易理论的政策。
3. 李斯特的保护贸易学说的主要内容是什么?
4. 请分析凯恩斯乘数理论。
5. 试述"二战"后,贸易自由主义的基础、表现和主要特征。
6. 简述 20 世纪 70 年代后新贸易保护主义的特点和起因。

第九章 国际贸易措施

学习目标

了解国际贸易政策措施中关税与非关税措施的含义、特点及作用;掌握关税的保护程度及非关税措施的种类;理解倾销、反倾销、技术性贸易壁垒等含义及界定。

学习重点与难点

关税的含义与特点;名义关税与有效关税的区别;非关税措施的种类及具体内容。

课堂导入

【财新网】(驻华盛顿记者 张琪)在新一轮中美经贸磋商筹备之际,美国特朗普政府宣布,将于9月24日起对约2000亿美元的中国产品加征关税,税率为10%,并将在2019年1月1日起上升至25%。中国政府此前曾表示将对美国600亿美元产品加征5%~25%不等的关税。

美国东部时间9月17日收市后,白宫发布声明宣布了这一决定,还称如果中国针对美国农民或其他行业采取报复措施,将会立即启动"第三阶段",对约2670亿美元的中国产品加征关税。而就在本周一(8月20日),美国政府举行为期6天的听证会,对向中国2000亿美元商品加征最高25%关税一事征求意见。听证会将于下周一(8月27日)结束,届时美国政府将会公布是否对中国2000亿美元商品加收10%(可能增至25%)的关税。

讨论:美国为何向中国加征关税,美国加征关税对中国国际贸易产生什么影响?

第一节 关税措施

一、关税概述

(一)关税定义

关税(Customs Duty or Tariff)是指进出口商品经过一国关境时,由政府所设置的海关向其进出口商所征收的税收。一般而言,关境与国境是一致的,但是有时也会出现不一致的情况。当一国境内设有自由港、自由贸易区、保税区和出口加工区时,该国的关境小于国境;当一些国家组成关税同盟时,关境大于国境。

关税的执行主体是海关,而海关是国家政府设在其关境上的行政机构。它的主要任务是对进出口货物、旅客行李和邮递物品、进出境运输工具,实施监督管理,征收关税,进行罚款、查禁走私物,临时保管通过货物和统计进出口商品等。海关还有权对不符合国家规定的进出口货物不予放行、罚款,直到没收或销毁。

(二)关税的主要特点

首先,关税的税收主体和客体分别是进出口商和进出口货物,这与国内关税征收的主客体不同。

其次,关税具有较强的涉外性和统一性。关税是一个国家的重要税种,国家征收关税不单纯是为了满足政府财政上的需要,更重要的是利用关税来贯彻执行统一的对外经济政策,实现国家的政治经济目的。在我国现阶段,关税被用来争取实现平等互利的对外贸易,保护并促进国内工农业生产发展,为社会主义市场经济服务。

再次,关税是一种间接税。进出口商人先代理消费者将关税交给国家,并将关税转嫁到商品价格中,最后承担关税的仍然是消费者。现在我国的税收管理主要有两种:一种是直接税,主要是指企业所得税和个人所得税;另一种是间接税,是除直接税之外的税收。我国实行是价内税即间接税,也就是说我们的每一次消费行为都在为国家纳税。

最后,关税具有强制性和无偿性,不管愿意不愿意,它必须交给国家。同时它是预定的,每年年初海关会通知当年的关税税率,因此,它也是透明的。关税还是一个国家执行经济政策的手段。如果我国想让某种产品进入国内,关税一定就很低,反之关税就比较高。关税也反映了一国的经济发展水平。目前,美国的进口关税税率平均是2%,发展中国家的平均税率是11%,我国已经降到了发展中国家平均税率水平以下。为适应产业升级、降低企业成本和群众消费等需求,从2017年11月1日起,我国降低1585个税目工业品等进口关税税率,将部分国内市场需求大的机电设备的平均税率由12.2%降至8.8%,纺织品、建材等商品的平均税率由11.5%降至8.4%,纸制品等部分资源性商品的平均税率由6.6%降至5.4%。至此2017年降关税措施预计减轻企业和消费者税收负担近600亿元,我国关税总水平由上年9.8%降至7.5%。

二、关税主要作用

(一)可以增加财政收入

最初征收关税的目的主要是获得财政收入,以此为目的而征收的关税称为"财政关税"(Revenue Tariff)。财政关税又称"收入关税",是指以增加国家财政收入为主要目的而征收的关税。随着社会经济的发展和其他税源的增加,财政关税在国家财政收入中的比重已经相对下降,而对于经济落后的国家来说,财政关税仍然是其财政收入的重要来源。

(二)可以保护国内产业和国内市场

关税可以限制外国商品进入本国市场,尤其是高关税可以大大减少有关商品的进口数量,减弱以致消除进口产品对国内进口竞争企业的竞争,从而保护国内同类产业和相关产业的生产与市场。这种以保护本国产业和国内市场为主要目的而征收的关税称为"保护关税"。在其他条件不变的情况下,保护关税的税率要高,越高就越能达到保护的目的。

关税的保护程度可以用两种方法表示:一种是关税对一国经济整体或某一经济部门的保护程度,通常用关税水平来衡量;另一种是关税对某一类个别商品的保护程度,通常用保护率来衡量,包括名义保护率与有效保护率。

1. 关税水平

关税水平是指一国的平均进口税率。它有不同的计算方法,但基本上不外乎使用简单平均法和加权平均法两种。

(1)简单算术平均法。它是单纯根据一国的税则中税率(法定税率)来计算的,即不管税目实际的进口数量,只按税则中的税目数求其税率的平均值。其计算公式为:

$$关税水平 = \frac{税则中所有税目的税之和}{税则中的税目} \times 100\%$$

(2)加权平均法。它是以进口商品的价值作为权数,结合税率进行平均,按一个时期内所征收的关税税款总金额占所有进口商品价值总额的百分比计算。由于统计的口径不同,进行比较的范围不同,又可有以下两种计算方式。

①关税水平=进口税款总额/所有进口商品总价值(包括有税商品和免税商品)×100%

②关税水平=进口税款总额/有税进口商品总价值×100%

2. 关税保护率

关税保护率包括名义保护率和有效保护率两种方式。

(1)名义保护率(Nominal Rate Protection,NRP),也叫"名义关税率"。它是指一类

商品在各种贸易保护措施作用下,其国内市场价格超过国际市场价格部分与国际市场价格的百分比,是衡量一国对某类商品的保护程度的一种方法。其计算公式如下。

$$名义保护率\ NRP = \frac{P-P^*}{P^*} \times 100\%$$

其中,P^*为国际市场价格;P是进口商品的国内价格,包括国内关税,即$P=P^*+T$。

例如,某商品的进口税率为10%,其进口价格为50美元,加收进口关税5美元,实际进口价格为55美元,多出的5美元即是按10%计征的关税,这10%的税率就是名义保护率。

以名义保护率衡量关税保护率的高低,有一定的局限性。对制成品而言,在其生产过程中会涉及不同的原材料或中间品,因此,只考察对最终产品征收关税是无法真正衡量关税对这些制成品的保护程度。因此,我们有必要介绍有效保护率的概念。

(2)有效保护率(Effective rate of protection,简称ERP),又称"实际保护率"。它是指整个关税制度(含有效保护措施)对某类产品在其生产过程中给予净重增值的影响,即一种产品在国内外加工增值差额与国外加工增值的百分比,也就是整个关税制度引起的国内增值的提高部分与自由贸易条件下增值部分相比的百分比。其计算公式如下。

$$有效保护率\ ERP = \frac{国内加工增值-国外加工增值}{国外加工增值} \times 100\%$$

式中,国外加工增值为在自由贸易条件下,国外成品价格减去投入品费用;国内加工增值=国内市场价格减去投入品费用。

最终产品在不征收关税时的单位产品的附加价值为V,征收关税后的附加价值增加到V',那么附加价值的增加率,也就是有效保护率G。其计算公式为:

$$ERP = \frac{V'-V}{V} \times 100\%$$

其中,V'为征收关税后的附加值增值,V为不征收关税时的附加值。

案例 9-1

假定在自由贸易情况下,一辆汽车的国内价格为10万元,其中8万元是自由进口的钢材、橡胶、仪表等中间投入品的价格,那么2万元就是国内生产汽车的附加价值。现在假定对每辆汽车的进口征收10%的名义关税,而对钢材等仍然免税进口,同时假定进口汽车价格上涨的幅度等于名义税率,即10%。求国内汽车的有效保护率。

解:国内汽车价格为$10+10\times10\%=11$(万元)。

保护关税使国内制造的汽车的附加价值为:$11-8=3$(万元)。

如果现在对进口投入品钢材等征收5%的名义关税而汽车仍为10%的名义关税,钢材等的国内价格为8.4万元,汽车的附加价值v为$11-8.4=2.6$(万元),这时,有效保护率为:$(2.6-3)/3\times100\%=-13.3\%$。

如果对汽车和钢材等同时征收10%的名义关税,成本和汽车价格将按同一比例上升,实际保护率也是10%。

如果进口汽车名义税率仍旧是10%,而进口钢材等中间投入品的名义税率增加到20%,钢材等的国内价格为9.6万元,汽车的附加价值为11－9.6＝1.4(万元),这时,有效保护率则为:(1.4－3)/3×100%＝－53.3%

结论:

当最终产品的名义税率大于原材料等中间产品的名义税率时,最终产品的有效保护率大于它征收的名义税率。

当最终产品和中间产品的名义税率相同时,最终产品的有效保护率才和名义税率相同。

当最终产品的名义税率小于原材料等中间产品的名义税率时,最终产品的有效保护率小于它征收的名义税率,甚至会出现负保护的情形。

三、关税的主要类型

(一)以国际贸易商品的流向为标准分类

按照征收商品的流向,关税可分为进口税、出口税和过境税

1. 进口税(Import Duties)

进口税是指外国商品进入一国关境时,由该国海关根据海关税则对本国进口商所征收的关税。这种进口税在外国货物直接进入关境时征收,或者外国货物由自由港、自由贸易区或海关保税仓库提出运往进口国的国内市场销售,在办理海关手续时根据海关税则征收,因此又称为"正常关税"(Normal Tariff)或"进口正税"。

征收进口税提高了进口商品的价格,进口国家并不是对所有进口商品都一律征收高额关税。一般来说,进口税税率随着进口商品加工程度的提高而提高,即工业制成品税率最高,半制成品次之,原料等初级产品税率最低甚至免税,这称之为"关税升级"(Tariff Escalate)。

2. 出口税(Export Duties)

出口税是指出口国家的海关在本国商品输往国外时,对本国出口商征收的一种关税。由于征收出口税会提高出口商品的销售价格,削弱出口商品在国外市场上的竞争能力,不利于扩大出口,大多数国家对绝大部分出口商品都不征收出口税。但是在一些特殊情况下,一国也会征收出口税。这时,征收出口税的目的首先是保护本国购买者的利益,使本国市场不致受到国外购买者的冲击,以防止在本国出现较高的国际价格;其

次是改善贸易条件,提高出口效益,防止"贫困化增长"[①];最后是一些发展中国家利用出口税作为与发达国家跨国公司斗争的武器。

3. 过境税(Transit Duties)

过境税又称"通过税"或"转口税",是指一国海关对于通过其关境再转运第三国的外国货物所征收的关税。

在中世纪,欧洲一些国家封建割据,关卡林立,纷纷征收通过税,以增加财政收入。这种关税在资本主义生产方式准备时期最为盛行。随着经济的发展,交通运输事业日益发达,各国在货运方面竞争激烈。同时过境货物对本国生产和市场没有影响,所以征税率很低,财政收入意义不大,因此过境税相继被废除。第二次世界大战之后,大多数国家都不征收过境税,仅仅在外国商品通过时,征收少量的准许税、印花费、签证费和统计费。

(二)按照征收关税的依据分类

1. 进口税

进口税是指进口商品进入一国关境或从自由港、出口加工区、保税仓库进入国内市场时,由该国海关根据海关税则中颁布的税率对本国进口商所征收的一种关税,即称为"进口关税"或"正常关税"。

2. 进口附加税

进口附加税是指对进口商品征收正常关税后,再额外征收的关税。一些国家对进口商品,除了按公布的税率征收正常进口税外,往往根据某种目的再加征进口税。这种对进口商品征收正常关税外再加征的额外关税,就称为"进口附加税"。进口附加税主要有以下几种。

(1)反倾销税(Anti-dumping Duties)。反倾销税是对实行商品倾销的进口商品所征收的一种进口附加税。其目的在于抵制倾销,保护国内产业。通常由受损害产业有关当事人提出出口国进行倾销的事实,请求本国政府机构再征。政府机构对该项产品价格状况及产业受损害的事实与程度进行调查,确认出口国低价倾销时,即征收反倾销税。政府机构认为有必要时,在调查期间,还可先对该项商品进口暂时收取相当于税额的保证金。如果调查结果倾销属实,即作为反倾销税予以征收;倾销不成立时,即予以退还。

①倾销(Dumping)是指一国(地区)政府或企业以低于正常价值的价格将商品出口到另一国(地区)市场的行为。关于执行1994年关贸总协定第6条的协议规定,如果在正常的贸易过程中,一项产品从一国出口到另一国,该产品的出口价格低于在其本国内

---

① 贫困化增长是某些特定发展中国家发生的情况,它的含义为:当一国由于某种原因(一般总是单一要素供给的极大增长)使传统出口商品的出口规模极大增长,其结果是不仅导致该国贸易条件严重恶化,还使得该国国民福利水平绝对下降。

消费的相同产品的可比价格,也即以低于其正常的价值进入另一国的商业渠道,则该产品将被认为是倾销。

②反倾销(Anti-Dumping)是指对外国商品在本国市场上的倾销所采取的抵制措施。一般是对倾销的外国商品除征收一般进口税外,再增收附加税,使其不能廉价出售,此种附加税称为"反倾销税"。世贸组织WTO的《反倾销协议》规定,一成员要实施反倾销措施,必须满足三个条件:确定倾销的事实存在;确定对国内产业造成了实质损害或实质损害的威胁,或对建立国内相关产业造成实质阻碍;确定倾销和损害之间存在因果关系。即征收反倾销税的条件应是外国商品以低于正常价值的办法进入另一国,并因此对该国的某项工业造成重大损害或产生重大威胁,或对该国的新建工业产生严重阻碍。且征税幅度应该遵循对倾销产品征收数量不超过这一产品的倾销差额。

③正常价格的确定,一般有三种方法。

第一种,企业在本国国内市场通常贸易过程中的确定价格。若长期以低于平均总成本的价格销售大量产品,则该价格不被视为通常贸易中的价格。

第二种,若在出口国国内市场的正常贸易过程中不存在该同类产品的销售,或由于出口国国内市场的销售量太小,以至于不能进行价格比较,则用同类产品出口至一适当第三国的最高可比出口价格作为正常价格。

第三种,原生产国的生产成本加合理金额管理、销售和一般费用以及合理的利润之和作为正常价格。

一般情况下,西方发达国家在确定正常价格时,把所有国家分为市场经济和非市场经济国家两类。对市场经济国家采用上述方法,而对非市场经济国家则采用第三替代国价格。

(2)反补贴税(Counter-Veiling Duties)。反补贴税又称为"抵消税",是对于直接或间接接受任何津贴或补贴的外国商品在进口时所征收的一种进口附加税,其目的在于抵消国外竞争者得到奖励和补助产生的影响,从而保护进口国的制造商。

(3)报复关税(Retaliatory Tariff)。它是指一国为报复他国对本国商品、船舶、企业、投资或知识产权等方面的不公正待遇,对从该国进口的商品所征收的进口附加税。通常在对方取消不公正待遇时,报复关税也会相应取消。

(4)紧急关税(Emergency Tariff)。它是指为消除外国商品在短期内大量进口对国内同类产品生产造成重大损害或产生重大威胁,而征收的一种进口附加税。

(5)惩罚关税(Penalty Tariff)。它是指出口国某种商品违反了它与进口国之间的协议,或者未按进口国海关规定办理进口手续时,由进口国海关向该进口商征收的一种临时性的进口附加税。

3. 差价税(Variable Levy)

差价税又称"差额税",是指当某种本国生产的产品的国内价格高于同类进口商品价格时,为了削弱进口商品的竞争能力,保护国内生产和国内市场,按国内价格与进口商品价格之间的差额征收的一种关税。

(三)按照关税优惠条件分类

1. 普通关税

普通关税适用于与该国没有签订贸易协定的国家或地区所进口的商品。普通关税的税率最高(属于歧视性关税)。

2. 最惠国待遇

最惠国待遇是指缔约国各方实行互惠政策,凡缔约国一方现在和将来给予任何第三方的一切特权、优惠和豁免,也同样给予对方。最惠国待遇又分为无条件最惠国待遇和有条件最惠国待遇。最惠国待遇内容很广,但主要是关税待遇。其税率比普通税率低。

3. 特惠税(Preferential Duties)

特惠税是指从某个国家或地区进口的全部商品或部分商品,给予特别优惠的低关税或免税待遇,但它不适用从非优惠国家或地区进口的商品。特惠税有的是互惠的,有的是非互惠的。

互惠的特惠税不一定是对等的相同税率。互惠的特惠关税主要是区域贸易协定或双边自由贸易协定成员间根据协定实行的特惠税。欧盟成员之间、北美自由贸易协定成员之间、中国与东盟国家之间实行的特惠税。

(四)普遍优惠制(Generalized System of Preferences,GSP)

普遍优惠制简称"普惠制",它是发达国家对来自于发展中国家和地区的某些产品,特别是工业制成品和半制成品给予的一种普遍关税减免优惠制度。普惠制的主要原则是普遍的、非歧视的和非互惠的。

普惠制的目的有:增加发展中国家或地区的外汇收入,促进发展中国家或地区的工业化,加速发展中国家或地区的经济增长。

普惠制是一项重要的贸易政策,是发展中国家长期努力的结果,在1968年通过建立普惠制决议之后取得。根据联合国贸发会议的决定,普惠制的实施期限以10年为一个阶段,1971年至1981年为第一阶段,1981年至1991年为第二阶段,1991年后为第三阶段。

实行普惠制的发达国家在提供关税优惠时,还规定了各种限制措施。这些措施主要有以下几个方面。

一是对受惠国家或地区的限制。如美国公布的受惠国名单中不包括石油输出国组织的成员国。

二是对受惠商品范围的限制。普惠制应对受惠国的制成品和半制成品普遍实行关税减免,但是实际上许多给惠国在公布的受惠商品名单中却把许多对发展中国家出口有利的一些"敏感性"商品,如纺织品、鞋类、皮革制品及石油产品,排除在许多发达国家受惠商品的范围之外。一些发达国家和集团还在普惠制的实行中引入了"毕业条款"。

三是对受惠商品关税削减幅度的限制。普惠制减税幅度＝最惠国税率－普惠制税率。给惠国对受惠国受惠商品的减税幅度要根据最惠国税率和普惠制税率之间的差额确定,而且商品不同,减税程度也不同。一般来说,农产品减税幅度小,工业产品减税幅度大。

四是对给惠国保护措施的限制规定。给惠国一般都规定一些保护措施,以保护本国某些产品的生产和销售。这些措施主要包括:免责条款,即当受惠国的受惠商品输入给惠国的数量增加到可以对给惠国国内同类产品或有竞争关系的产品的生产厂家造成或将要造成重大损害时,给惠国保留完全取消或部分取消关税优惠待遇的权利;预定限额,即受惠国受惠商品输入到给惠国的数量不得超过预先规定的限额,超过部分按最惠国税率征收关税,主要表现在例外条款(Escape Clause)、预定限额(Prior Limitation)及毕业条款(Graduation Clause)

五是原产地规则(Rules of Origin)。这项规定是指受惠产品必须全部产自并直接运自受惠国家或地区,受惠产品所包含的进口原料及零件须经过加工并产生实质性变化后,才能享受关税优惠待遇。原产地规则一般包括三个部分:原产地标准(Origin Criteria)、直接运输规则(Rule of Direct Consignment)和原产地证书(Certificate of Origin)。

制定受优惠待遇的标准,其目的是确保发展中国家或地区的产品能利用普惠制扩大出口,防止非受惠国的产品利用普惠制的优惠待遇扰乱普惠制下的贸易秩序。原产地规则要求产品只有全部产自受惠国,或产品中所包含的进口原料或零件经过高度加工后发生了实质性变化,才能享受关税优惠待遇。同时,受惠商品必须由受惠国直接运到给惠国,受惠国只有向给惠国提交原产地证书和托运的书面证书,才能享受优惠关税待遇。

（四）按关税的征收标准分类

1. 从量税(Specific Duties)

从量税是指按商品的重量、数量、容量、长度和面积等标准征收的税。计算公式是:从量税税额＝商品数量×每单位从量税额。

2. 从价税(Ad Valorem Duties)

从价税是指按商品的价格为标准征收的税,其税率表现为货物价格的百分率。计算公式是:税额＝商品总值×从价税率。

3. 混合税(Mixed Duties)

混合税又叫"复合税",它是指对某一进出口货物或物品既征收从价税,又征收从量税,即采用从量税和从价税同时征收的一种方法。混合税综合了从量税和从价税的优点,使税负更合理、适度。在进口商品价格变动时,既可以保证有稳定的财政收入,又可以起到一定的保护作用。但混合税中从价税与从量税的比例难以确定。

4. 选择税(Alternative Duties)

选择税是指对某一进出口货物或物品根据规定的条件,征收从价税或征收从量税。即对同一种物品同时订有从价税和从量税两种税率,海关在征税时选择其税额较高的一种征税。有时,为了鼓励某种商品进口,也可选择其中税额较低的一种征收。

案例 9-2

2014年1月20日,商务部发布2014年第5号公告,决定对原产于美国和韩国的进口太阳能级多晶硅实施最终反倾销措施,实施期限为自2014年1月20日起5年。2017年11月21日,商务部发布2017年第78号公告,决定调整对原产于韩国的进口太阳能级多晶硅的反倾销税率。

2018年10月9日,商务部发布2018年第77号公告,宣布对原产于美国和韩国的进口太阳能级多晶硅的反倾销措施将于2019年1月19日到期。根据《中华人民共和国反倾销条例》规定,经复审确定终止征收反倾销税有可能导致倾销和损害继续或再度发生的,反倾销税的征收期限可以适当延长。自该公告发布之日起,国内产业或代表国内产业的自然人、法人或有关组织可在反倾销措施到期日60天前,以书面形式向商务部提出期终复审申请。

2018年11月16日,商务部收到江苏中能硅业科技发展有限公司等6家公司代表中国太阳能级多晶硅产业正式递交的反倾销措施期终复审申请书。申请人主张,如果终止反倾销措施,原产于美国和韩国的进口太阳能级多晶硅对中国的倾销行为可能继续或再度发生,对中国产业造成的损害可能继续或再度发生,请求商务部裁定维持对原产于美国和韩国的进口太阳能级多晶硅实施的反倾销措施。

依据《中华人民共和国反倾销条例》有关规定,商务部对申请人资格、被调查产品和中国同类产品有关情况、反倾销措施实施期间被调查产品进口情况、倾销继续或再度发生的可能性、损害继续或再度发生的可能性及相关证据等进行了审查。现有证据表明,申请人符合《中华人民共和国反倾销条例》第十一条、第十三条和第十七条关于产业及产业代表性的规定,有资格代表中国太阳能级多晶硅产业提出申请。调查机关认为,申请人的主张以及所提交的表面证据符合期终复审立案的要求。根据《中华人民共和国反倾销条例》第四十八条规定,商务部决定自2019年1月20日起,对原产于美国和韩国的进口太阳能级多晶硅所适用的反倾销措施进行期终复审调查。现将有关事项公告如下。

一、继续实施反倾销措施

根据商务部建议,国务院关税税则委员会决定,在反倾销期终复审调查期间,继续按照商务部2014年第5号公告公布的征税范围和反倾销税税率,对原产于美国的进口太阳能级多晶硅征收反倾销税,继续按照商务部2017年第78号公告公布的征税范围和反倾销税税率,对原产于韩国的进口太阳能级多晶硅征收反倾销税。

二、复审调查期

本次复审的倾销调查期为2018年1月1日至2018年12月31日,产业损害调查期为2014年1月1日至2018年12月31日。

三、复审调查产品范围

本次复审调查产品范围与商务部2014年第5号公告公布的反倾销措施所适用的产品范围一致。

四、复审内容

本次复审调查的内容为:如果终止对原产于美国和韩国的进口太阳能级多晶硅实施的反倾销措施,是否可能导致倾销和损害的继续或再度发生。

五、参加调查登记

利害关系方可于本公告发布之日起20天内,向商务部贸易救济调查局登记参加本次反倾销期终复审调查。参加调查的利害关系方应根据《登记参加调查的参考格式》提供基本身份信息、倾销调查期内向中国出口或进口本案被调查产品的数量及金额、生产和销售同类产品的数量及金额以及关联情况等说明材料。《登记参加调查的参考格式》可在商务部网站贸易救济调查局子网站(http://trb.mofcom.gov.cn)下载。

本公告所指的利害关系方是《中华人民共和国反倾销条例》第十九条规定的个人和组织。

六、查阅公开信息

利害关系方可在相关网站下载或到商务部贸易救济公开信息查阅室(电话:0086-10-65197856)查找、阅览、抄录并复印本案申请人提交的申请书的非保密文本。调查过程中,利害关系方可通过相关网站查阅案件公开信息,或到商务部贸易救济公开信息查阅室查找、阅览、抄录并复印案件公开信息。

七、对立案的评论

利害关系方对本次调查的产品范围及产品分类、申请人资格、被调查国家及其他相关问题如需发表评论,可于本公告发布之日起20天内将书面意见提交至商务部贸易救济调查局。

八、调查方式

根据《中华人民共和国反倾销条例》第二十条的规定,商务部可以采用问卷、抽样、听证会、现场核查等方式向有关利害关系方了解情况,进行调查。

为获得本案调查所需要的信息,商务部通常在本公告规定的参加调查登记截止之日起10个工作日内向登记的外国出口商或生产商、国内生产者和国内进口商发放调查问卷。参加调查登记的利害关系方也可以从相关网站下载调查问卷。未进行调查登记的其他利害关系方可直接从相关网站下载,或向商务部贸易救济调查局索取以上调查问卷,并按要求填报。

所有公司应在规定时间内提交完整而准确的答卷。答卷应当包括调查问卷所要求的全部信息。

九、保密信息的提交和处理

利害关系方向商务部提交的信息如需保密的,可向商务部提出对相关信息进行保密处理的请求并说明理由。如商务部同意其请求,申请保密的利害关系方应当同时提供该保密信息的非保密概要。非保密概要应当包含充分的有意义的信息,以使其他利害关系方对保密信息能有合理的理解。如不能提供非保密概要,应说明理由。如利害关系方提交的信息未说明需要保密的,商务部将视该信息为公开信息。

十、调查期限

本次调查自 2019 年 1 月 20 日起开始,于 2020 年 1 月 19 日前结束。

第二节 非关税措施

一、非关税措施概述

(一)非关税措施的含义

非关税措施是指除关税以外影响一国对外贸易的主要政策措施。它包括限制进口措施、鼓励出口措施、鼓励进口措施、出口管制措施、贸易制裁措施等。

(二)非关税措施的特点

关税措施是通过提高进口商品的成本,提高其价格,降低其竞争力,从而间接起到限制进口的作用。非关税措施则是直接限制进口,与关税措施相比,非关税措施的特点如下。

1. 非关税措施具有较大的灵活性和针对性

关税税率的制定往往需要一个立法程序,一旦以法律的形式确定下来,便具有相对的稳定性,且受到最惠国待遇条款的约束,进口国往往难以做到有针对性的调整。非关税措施的制定和实施通常采用行政手段,进口国可根据不同的国家作出调整,因而具有较强的灵活性和针对性。

2. 非关税措施更易达到限制进口的目的

关税措施是通过征收高额关税,提高进口商品的成本来削弱其竞争力。若出口国政府对出口商品予以出口补贴或采取倾销的措施销售，则关税措施难以达到预期效果。非关税措施则能更直接地限制进口。

3.非关税措施具有隐蔽性和歧视性

一国的关税一旦确定下来之后，往往以法律法规的形式公布于世，进口国只能依法行事。而非关税措施往往不公开，或者规定为复杂的标准或程序，且经常变化，使出口商难以适应。有些非关税措施就是针对某些国家的某些产品设置的。

二、非关税措施的种类

（一）进口配额制（Import Quotas）

进口配额制又称"进口限额制"，是一国政府在一定时期（如一季度或一年）内，对某些商品的进口数量或金额加以直接的限制。在规定的期限内，配额以内的货物可以进口，超过配额不准进口，或者征收更高的关税或罚款后才能进口。它是多数国家实行进口数量限制的重要手段之一。

进口配额制主要有绝对配额和关税配额两种。

1.绝对配额

绝对配额是在一定时期内，对某些商品的进口数量或金额规定一个最高额数，达到这个额数后，便不准进口。这种进口配额在实施中又有全球配额、国别配额和进口商配额三种方式。

（1）全球配额（Global Quotas），属于世界范围的绝对配额，对于来自任何国家和地区的商品一律适用。它是指主管当局通常按进口商的申请先后或其过去某一时期的实际进口额批给一定的额度，直至总配额发放完为止，超过总配额就不准进口。

（2）国别配额（Country Quotas），又称"地区配额"，是进口配额制的一种，是在总配额内按国别或地区分配给固定的配额，超过规定的配额便不准进口。一般来说，国别配额可以分为自主配额和协议配额两种。

①协议配额（Agreement Quotas），又称"双边配额"，是由进口国家和出口国家政府或民间团体之间协议确定的配额。如果协议配额是通过双方政府的协议签订的，一般需在进口商或出口商中进行分配；如果配额是由双边的民间团体达成的，应事先获得政府许可，方可执行。协议配额是双方协调确定的，通常不会引起出口方的反感与报复，较易执行。

②自主配额（Autonomous Quotas），又称"单方面配额"，是由进口国家完全自主地、单方面强制规定的在一定时期内从某个国家或地区进口某种商品的配额。这种配额不需征求输出国家的同意。这种配额方式往往由于分配额度差异容易引起某些出口国家或地区的不满或报复，有些国家便采用协议配额，以缓和彼此之间的矛盾。

（3）进口商配额（Importer Quotas）。为了区分来自不同国家和地区的商品，在进口商品时进口商必须提交原产地证明书。实行国别配额可以使进口国家根据它与有关国家或地区的政治经济关系(即国家或企业、个人的收支状况,比如国民生产总值、社会总产值、企业的产量与效益、个人的收入与支出等)分配给予不同的额度。配额的份额有的是由进口国单方规定的,有的是由进出口双方协商规定的。如果有针对性地规定在一定时期内只从某些国家或地区进口某种商品的配额,则称"选择性配额";若并非专对某些国家或地区,而是对所有来源国家或地区都分别确定一个不同的具体限额,则称"分配限额"。

2. 关税配额

关税配额是一种进口国限制进口货物数量的措施。进口国对进口货物数量规定数量限制,对于凡在某一限额内进口的货物可以适用较低的税率或免税,对于超过限额所进口的货物则适用于较高或一般的税率或征收附加税或罚款。

(二)自动出口配额限制(Voluntary Restriction of Export)

自动出口配额制又称"自动限制出口",也是一种限制进口的手段。它是指出口国家或地区在进口国的要求或压力下,自动规定某一时期内(一般为3~5年)某些商品对该国的出口限制,在限定的配额内自行控制出口,超过配额即禁止出口。

自动出口配额制一般有非协定的出口配额和协定的出口配额两种形式。非协定的自动出口配额不受国际协定的约束,出口国迫于来自进口国方面的压力,自行单方面规定出口配额,限制商品出口。协定的自动出口配额是指进出口国双方通过谈判签订"自限协定"或"有秩序销售协定"。在协定中规定有效期内某些商品的出口配额,出口国应据此配额实行出口许可证制或出口配额签证制,自行限制这些商品出口。

(三)进口许可证制度(Import license System)

进口许可证制度是指一国为加强对外贸易管制,规定某些商品的进口需由进口商向进口国有关当局提出申请,经过审查批准获得许可证后方可进口的一种制度。进口许可证制度是国际贸易中的数量限制措施,是一种非关税措施,是各国管制贸易特别是进口贸易的常用做法。

各国实施的进口许可证制度通常分为两种。一是自动进口许可证制度,即把进口许可证毫无数量限制地签发给进口商,也就是说,凡是列入许可证项下的商品清单中的货物,进口商只要申请,就可进口。自动进口许可证通常用于统计目的,有时也用于监督目的,为政府提供可能损害国内工业的重要产品的进口情况。二是非自动进口许可证,也称为"特种进口许可证"。它是指对列入特种进口许可证项下的商品,进口商必须向有关当局提出申请,经逐笔审核批准并发给许可证后才能进口。通常情况下,非自动进口许可证是与数量限制结合使用的,即进口国主管当局或按照商品来源的国别和地区,或按进口商申请顺序,在总的进口限额中批准给予一定的额度,进口商只有取得进口配额和进口许可证后才能进口。

(四)汇价低估(Exchange Rate Undervalued)

汇价低估是指低估本币价值，有意识地使本国货币对外币贬值。汇价低估提高了进口产品的价格，其经济效应类似于对进口产品征收了相应的关税，起到限制进口的作用。

在一国的进口需求弹性较大而国外的出口供给弹性较小的情况下，汇价低估对一国外汇收支的平衡是有利的，也有利于保护本国民族工业的发展。但是，汇价低估对进口的限制是隐蔽的和无选择性的，它在限制了本国需要限制的产品如高档消费品等最终产品进口的同时，也限制了本国急需的技术设备和原材料的进口，妨碍本国经济的发展。汇价低估还会造成对民族工业的过度保护，使本国产品成本的降低和质量的提高失去国际竞争的刺激。

(五)外汇管制(Foreign Exchange Control)

外汇管制是指一国政府通过法令对国际结算和外汇买卖实行限制来平衡国际收支和维持本国货币的汇价的一种制度。外汇与对外贸易关系密切，若对外汇进行管制，进口商和消费者不能自由兑换外汇，也就不能自由进口。

(六)进口押金制(Advanced Deposit)

进口押金制又称"进口存款制"。在这种制度下，进口商在进口商品时，只有预先按进口金额的一定比率和规定的时间，在指定的银行无息存入一笔现金，才能进口。这样就增加了进口商的资金负担，影响了资金的流转，从而起到了限制进口的作用。

(七)歧视性政府采购(Discriminatory Government Procurement Policy)

歧视性政府采购政策是指国家制定法令，规定政府机构在采购时必须优先购买本国产品，从而导致对国外产品歧视的做法。

(八)国家垄断(State Monopoly)

国家垄断也称"国营贸易"，是指在对外贸易中，某些商品的进出口由国家直接经营，或者把这些商品的垄断权给予某些组织。经营这些受国家专控或垄断商品的企业称为"国营贸易企业"，一般为政府所有，但也有政府委托私人企业代办。

(九)海关估价制(Customs Valuation)

海关为了征收关税，确定进口商品价格的制度为"海关估价制"。有些国家根据某些特殊规定，提高某些进口货的海关估价，以此来增加进口货的关税负担，从而阻碍商品的进口，就成为专断的海关估价。用专断的海关估价来限制商品的进口，采取这种方式的国家以美国最为突出。

(十)技术性贸易壁垒(Technical Barriers to Trade-TBT)

技术性贸易壁垒是指进口国通过颁布法律、法令和条例，对进口商品建立各种严格、繁杂、苛刻而且多变的技术标准、技术法规和认证制度等方式，对外国进口商品实施技术、卫生检疫、商品包装和标签等标准,从而提高产品技术要求,增加进口难度,最终达到限制外国商品进入、保护国内市场的目的。

(十一)最低限价(Minimum Price)

最低限价是指进口国对某一商品规定最低价格,进口价格如低于这一价格就征收附加税。例如,规定钢材每吨最低限价为 320 美元,进口时每吨为 300 美元,则进口国要征收 20 美元的附加税,以抵消出口国的补贴或倾销。这一最低限价往往是根据某一商品生产国在生产水平最高的情况下生产出的价格而定出的。

(十二)企业社会责任标准"SA8000"

企业社会责任标准"SA8000"是 Social Accountability 8000 的英文简称,它是全球首个道德规范国际标准。其宗旨是确保供应商所供应的产品皆符合社会责任标准的要求。SA8000 标准适用于世界各地任何行业不同规模的公司,其依据与 ISO9000 质量管理体系及 ISO14000 环境管理体系一样,皆为一套可被第三方认证机构审核之国际标准。许多学者都认为 SA8000 在我国的推行对我国的外贸出口的冲击首当其冲。我国产品的比较优势主要体现在低廉的劳动力成本上,如果实行严格的劳工标准与企业社会责任标准,人力成本提高是无疑的。例如,如果企业按 SA8000 标准或者一些跨国公司自行制定的标准执行,某些劳动密集型生产商的平均人力成本会上升 50%~100%,生产成本的上升对发展中国家企业的打击将是灾难性的,无异于将发展中国家的产品逐出国际市场。

>>> **拓展阅读 9-1**

日前,记者从国家质量监督检验检疫总局获悉,"海尔"洗衣机对《家用洗衣机 ERP 法规草案》的三条修改意见提案被欧盟采纳,成为取得该草案提出修改意见"话语权"的唯一中国企业。据记者了解,欧盟 ErP 指令原为 EuP 指令(2009 年欧盟委将其升级为 ERP 指令),是继 WEEE、ROHS 指令之后,欧盟另一项主要针对能耗的技术壁垒指令,即"能耗产品生态设计要求指令"。该指令聚焦于产品对资源能量的消耗和对环境的影响,侧重对耗能产品从整个生命周期进行规范。通常情况下,EuP 指令会对洗衣机产品出口造成影响,它要求产品从设计开始,一直到生命周期结束都必须遵循绿色环保的要求,这就使得很多不达标企业被淘汰出局。

国际标准委员会专家告诉记者,欧盟的这种家电法案的制定或修改一般只有世界顶尖级的检测检验机构或技术水准达到世界一流的企业才能参与进来。此次,欧盟能够采纳"海尔"洗衣机的修改提案,是对"海尔"洗衣机技术研发实力的认可。比如,我们所熟知的双动力、不用洗衣粉以及最新的复式系列,这些产品及技术都在国际上具有超前的领先性,是中国制造的骄傲。同时,自 2006 年"海尔"洗衣机全球总工吕佩师成为亚洲首位 IEC 国际电工委员会专家组专家起,"海尔"洗衣机的专家就开始与欧美的专家共同参与制定全球洗衣机行业的通用国际标准。比如，今年2月份刚刚出炉的IEC60456国际洗衣机标准中，就充分融入了"海尔"洗衣机的智慧。"海尔"洗衣机全球总工吕佩师在接受记者采访时说："为了更好地参与国际标准及法案的制定，海尔洗衣机已成立了专门的实验中心，用于研究新技术、新材料、新工艺等，并与全球顶尖企业展开跨界合作，将技术研发水平提升到一个新的高度。"国家质量监督检验总局相关负责人也表示：作为取得该草案提出修改意见"话语权"的唯一中国企业，"海尔"洗衣机提出的修改意见都被采纳，也代表了中国应对技术性贸易壁垒方面能力的进步。通过采访，记者看到，伴随着在技术领域的不断突破，"海尔"洗衣机在拥有全球洗衣机行业绝对话语权的同时，带动了整个中国制造国际地位的提升。我们也希望能有更多的中国企业能像"海尔"洗衣机一样，成为中国制造的骄傲。(http://www.baixingjd.com/2010/0928/17191.html)

第三节　鼓励出口措施和出口管制

一、鼓励出口措施的含义

鼓励出口措施是指出口国家的政府通过经济、行政和组织等方面的措施，包括出口信贷、出口信贷国家担保制、出口补贴、经济特区等，以促进本国商品的出口，开拓和扩大国外市场。

二、鼓励出口措施的种类

（一）出口信贷（Export Credit）

出口信贷是一个国家的银行为了鼓励商品出口，加强商品的竞争能力，对本国出口厂商或外国进口厂商提供的贷款。出口信贷一般低于相同条件下资金贷放的市场利率，利差由国家财政补贴，并与国家信贷担保相结合。

出口信贷按借贷关系可以分为卖方信贷和买方信贷两种。

1. 卖方信贷

卖方信贷是出口商的联系银行向出口商（卖方）提供的信贷，出口商可以利用这笔资金向外国进口商提供延期、分期付款的一种贷款形式。

贷款程序一般是进出口商签订商品买卖合同后，买方先支付一部分定金，通常为贷款的10%～15%，其余货款在出口商全部交货后的一段时间内陆续偿还，比如每半年或一年支付一次,包括延付期间的利息。出口商将用从进口商手中分期收回的贷款陆续归还银行贷款,如图 9-1 所示。

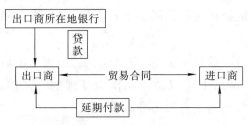

图 9-1 卖方(出口商)信贷程序图

卖方信贷的程序具体如下。

①出口商(卖方)以延期付款的方式与进口商(买方)签订贸易合同,出口大型机械设备。

②出口商(卖方)向所在地的银行借款,签订贷款协议,以融通资金。

③进口商随同利息分期偿还出口商的货款后,出口商再偿还银行贷款。

2. 买方信贷

卖方信贷是指由出口商国家的银行向进口商或进口商国家的银行提供的信贷,用以支付进口货款的一种贷款形式。其中,由出口方银行直接贷给进口商的,出口方银行通常要求进口方银行提供担保;如由出口方银行贷款给进口方银行,再由进口方银行贷给进口商或使用单位的,则进口方银行要负责向出口方银行清偿贷款。目前,我国国内银行提供的买方信贷分为两种:一种是用于支持本国企业从国外引进技术设备而提供的贷款,这种贷款习惯上称之为"进口买方信贷";另一种是为支持本国船舶和机电设备等产品的出口而提供的贷款,这种贷款称之为"出口买方信贷"。这两种买方信贷的利率、期限、偿期等都不相同,如图 9-2 所示。

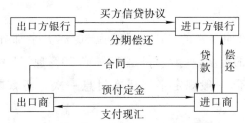

图 9-2 买方(进口商)信贷程序图

进口买方信贷有两种形式。一种是由出口商国家的银行向进口商国家的银行提供一项总的贷款额度,并签订一项总的信贷协议,规定总的信贷原则。进口商欲进口技术设备而资金不足需要融资时,可向国内银行提出出口信贷要求,银行审查同意后,按总的信贷协议规定,向出口商国家的银行办理具体使用买方信贷的手续。另一种是不需签订总的信贷协议,在进出口商签订进出口商务合同的同时,由出口商国家的银行和进口商国家的银行签订相应的信贷协议,明确进口商品的贷款由国内银行从出口国银行提供的贷款中支付,贷款到期由国内银行负责偿还。

(1) 直接贷给进口商(买方),这种买方信贷的程序与做法如下。

①进口商(买方)与出口商(卖方)签订贸易合同后,进口商(买方)先缴相当于货价15%的现汇定金。现汇定金在贸易合同生效日支付,也可在合同签订后的60天或90天支付。

②在贸易合同签订后至预付定金前,进口商(买方)再与出口商(卖方)所在地的银行签订贷款协议,这个协议是以上述贸易合同作为基础的,若进口商不购买出口国设备,则进口商不能从出口商所在地银行取得此项贷款。

③进口商(买方)用其借到的款项,以现汇付款形式向出口商(卖方)支付货款。

④进口商(买方)对出口商(买方)所在地银行的欠款,按贷款协议的条件分期偿付。

(2) 直接贷给进口商(买方)银行,其做法与程序如下。

①进口商(买方)与出口商(卖方)洽谈贸易,签订贸易合同后,买方先缴15%的现汇定金。

②签订合同至预付定金前,买方的银行与卖方所在地的银行签订贷款协议,该协议虽以前述贸易合同为基础,但在法律上具有相对独立性。

③买方银行以其借得的款项,转贷予买方,使买方以现汇方式向卖方支付货款。

④买方银行根据贷款协议分期向卖方所在地银行偿还贷款。

⑤买方与卖方银行间的债务按双方商定的办法在国内清偿结算。

(3) 买方信贷的贷款原则。

① 接受买方信贷的进口商所得贷款仅限于向提供买方信贷国家的出口商或在该国注册的外国出口公司进行支付,不得用于向第三国支付。

②进口商利用买方信贷,仅限于进口资本货物,一般不能以贷款进口原料和消费品。

③提供买方信贷国家出口的资本货物限于本国制造的,若该项货物系由多国部件组装,本国部件应占50%以上。

④贷款只提供贸易合同金额的85%,船舶为80%,其余部分需支付现汇,贸易合同签订后,买方可先付5%的定金,一般须付足15%或20%现汇后才能使用买方信贷。

⑤贷款均为分期偿还,一般规定半年还本付息一次。还款期限根据贷款协议的具体规定执行。

⑥还款的期限对富国为5年,对中等发达国家为8.5年,对相对贫穷的国家为10年。

(4) 买方信贷与卖方信贷的不同点包括以下几个方面。

①借款人不同。卖方信贷的借款人是承包商(卖方);买方信贷的借款人是业主(买方)委托的银行(借款银行)。

②担保情况不同。卖方信贷是业主委托银行依据工程总承包合同直接给承包商开出还款保函或信用证;买方信贷是借款银行与中国进出口银行签订借款协议,由第三家金融机构(银行、保险公司或所在国家财政部)担保。

③付款方式不同。卖方信贷相当于工程总承包合同项下的分期付款。建设期工程承包企业从中国进出口银行贷款是人民币,业主的还款是外汇;买方信贷对承包商来讲就是现汇项目。

④融资风险管理情况不同。卖方信贷存在利率风险(中国进出口银行的人民币贷款利率每年按中国人民银行公布利率情况调整)、汇率风险(人民币有升值的可能性,如果发生,企业将难以承受)、收汇风险(对于非承包商责任业主和担保银行到期不还款,中国出口信贷保险公司赔付率为90%,剩余10%要由承包商承担);买方信贷对承包商来讲不存在上述风险,或上述风险发生对企业影响不大(出现不还款情况,承包商要协助银行和保险公司追讨)。

⑤对企业财务状况影响程度不同。卖方信贷是承包企业的长期负债,需要找信誉好且有实力的单位为贷款担保,对企业的压力很大;买方信贷不存在上述问题。

⑥前期开拓工作量不同。卖方信贷的融资条件是由承包商直接与业主谈判,所有融资条款都在工程总承包合同中明确,如贷款条件、保函格式、信用证格式等;买方信贷是由承包商协调和安排业主指定的借款银行与中国进出口银行谈判贷款合同,或安排业主指定的担保金融机构与中国进出口银行和中国出口信用保险公司谈判担保条件(保函格式)。

⑦前期工作周期和投入不同。卖方信贷项目融资条件的谈判,收汇保险和信誉担保单位的落实,都由承包商自己完成,所以一般情况下工作周期较短,前期费用投入较少;买方信贷的融资、担保、保险条件由中国进出口银行和中国出口信用保险公司与各方商定,承包商要从中斡旋,并承担相应公关协调费用。

⑧对项目的控制程度不同。卖方信贷的融资条件以及商务条款、技术条款确定后,承包商就顺理成章地与业主签订工程总承包合同;买方信贷则存在业主公开招标的可能性。

⑨业主对卖方信贷和买方信贷的倾向不同。卖方信贷业主委托一家金融机构担保还款即可,操作简便,且融资条件双方可讨论变通,如利息可计入合同总价中等。业主一般倾向卖方信贷的方式融资;买方信贷业主要委托两家金融机构介入,工作难度大,银行费用高,既要支付担保费,又要支付转贷费。

(二)出口信贷国家担保制(Export Credit Guarantee System)

出口信贷国家担保制是国家为了扩大出口,对于本国出口商或商业银行向国外进口商或银行提供的信贷,由国家设立的专门机构出面担保。具体包括以下几点内容。

其一,风险与金额。风险包括政治风险和经济风险,其承保金额分别为合同金额的85%~95%和70%~85%。

其二,担保对象主要包括出口商和出口银行。

其三,担保期限有短期与中、长期,费用一般都不高。

(三)出口补贴(Export Subsidy)

出口补贴又称"出口津贴",是一国政府为了降低出口商品的价格,增加其在国际市场的竞争力,在出口某商品时给予出口商的现金补贴或财政上的优惠待遇。出口补贴有直接补贴和间接补贴两种形式。

直接补贴是指政府在商品出口时,直接付给出口商的现金补贴。其目的是弥补出口商品的国际市场价格低于国内市场价格所带来的损失。有时候,补贴金额还可能大大超过实际的差价,这就包含出口奖励的意味。这种补贴方式以欧盟对农产品的出口补贴最为典型。据统计,1994年欧盟对农民的补贴总计高达800亿美元。

间接补贴是指政府对某些商品的出口给予财政上的优惠。例如,退还或减免出口商品所缴纳的销售税、消费税、增值税、所得税等国内税,对进口原料或半制成品加工再出口给予暂时免税或退还已缴纳的进口税、免征出口税,对出口商品实行延期付税、减低运费、提供低息贷款、实行优惠汇率以及对企业开拓出口市场提供补贴等。其目的仍然在于降低商品成本,提高国际竞争力。

世界贸易组织中的《补贴与反补贴协议》将出口补贴分为禁止性补贴、可申诉补贴和不可申诉补贴三种。

禁止性补贴指不允许成员政府实施的补贴,如果实施,有关利益方可以采取反补贴措施。

可申诉补贴指一成员所使用的各种补贴如果对其他成员国内的工业造成损害,或者使其他成员利益受损时,该补贴行为可被诉诸争端解决。

不可申诉补贴指对国际贸易的影响不大,因而不可被诉诸争端解决,但需要及时通知成员的补贴行为。实施不可申诉补贴的主要目的是对某些地区的发展给予支持,或对研究与开发、环境保护及就业调整提供的援助等。

补贴在很大程度上可以被利用为实行贸易保护主义的工具,成为国际贸易中的非关税壁垒。在国内行政法律制度上,授予利益的行政行为不会构成违法受到追究,但在国际贸易中,对国内相关人的利益行为可能构成对其他成员方贸易商的不利。补贴可以影响国际市场的货物流向,因而经常被作为刺激出口或限制进口的一种手段。

目前共有25个WTO成员对428种农产品使用出口补贴,包括:澳大利亚、巴西、保加利亚、加拿大、哥伦比亚、塞浦路斯、捷克、欧盟、匈牙利、冰岛、印度尼西亚、以色列、墨西哥、新西兰、挪威、巴拿马、波兰、罗马尼亚、斯洛伐克、南非、瑞士、土耳其、乌拉圭、美国、委内瑞拉。

欧盟的补贴几乎涉及所有产品分类,南非、土耳其次之,东欧国家的补贴范围也较广;从出口补贴使用的分布上看,使用国家较多的产品依次包括:水果和蔬菜、其他奶产品、牛肉、禽肉、粗粮、其他农产品、蔬菜油、乳酪、糖、小麦和面粉。

(四)外汇倾销(Exchange Dumping)

(1)外汇倾销的含义。利用本国货币对外贬值的机会,向外倾销商品和争夺市场的行为称为"外汇倾销"。

一些国家之所以搞外汇倾销,是因为本国货币贬值后,出口商品用外国货币表示价格降低,提高了该国商品在国际市场上的竞争力,从而有利于扩大出口;而本国货币贬值,进口商品的价格上涨,削弱了进口商品的竞争力,从而限制了进口。

外汇倾销需要一定的条件,主要是本国货币对外贬值速度要快于对内贬值以及对方不进行报复等。本国货币对外贬值,可以起到提高出口商品竞争能力和降低进口商品竞争能力的作用。货币贬值意味着本国货币兑换外国货币比率的降低,在价格不变的情况下,出口商品用外国货币表示的价格降低,故提高了出口商品的竞争能力;反之,进口商品用本国货币表示的价格则提高,降低了进口商品的竞争能力。因此,本国货币贬值可以起到扩大出口和限制进口的作用。

(2)外汇倾销产生的效应有以下两点。

其一,外汇倾销的本币贬值会降低本国出口产品的价格水平,从而提高出口产品的国际竞争力,扩大出口。

例如,1987年6月至1994年6月,美元与日元的比价由1美元=150日元下跌到1美元=100日元,美元贬值了33.3%。假定一件在美国售价为100美元的商品出口到日本,按过去汇率折算,在日本市场售价为15000日元,而美元贬值后售价为10000日元。

这时候出口商有三种均对自身有利的选择:一是把价格降至10000日元,增强出口商品价格上的优势,在保持收益不变的情况下大大增加了出口额;二是继续按15000日元的价格在日本市场出售该商品,按新汇率计算,每件商品可多收入5000日元(合50美元)的外汇倾销利润,出口额不变;三是在10000~15000日元间酌量减价,既有一定的倾销利润,又会扩大出口额。

其二,外汇倾销使外国货币升值,提高了外国商品的价格水平,从而降低进口产品的国内市场竞争力,有利于控制进口规模。

仍以上述例子为证:如按过去1美元=150日元的比价,一件在日本售价为15000日元的商品出口到美国值100美元,而美元贬值后同一商品在美国的售价就为150美元,这必然给日本厂商带来不利。

(3)外汇倾销不能无限制和无条件地进行,只有在具备以下三个条件时,外汇倾销才可起到扩大出口的作用。

一是货币贬值的程度要大于国内物价上涨的程度。一国货币的对外贬值必然会引起货币对内也贬值,从而导致国内物价的上涨。当国内物价上涨的程度赶上或超过货币贬值的程度时,出口商品的外销价格就会回升到甚至超过原先的价格,即货币贬值前的价格,因而使外汇倾销不能实行。

二是其他国家不同时实行同等程度的货币贬值,当一国货币对外实行贬值时,如果其他国家也实行同等程度的货币贬值,这就会使两国货币之间的汇率保持不变,从而使出口商品的外销价格也保持不变,以致外汇倾销不能实现。

三是其他国家不同时采取另外的报复性措施。如果外国采取提高关税等报复性措施,那也会提高出口商品在国外市场的价格,从而抵消外汇倾销的作用。

举例说明外汇倾销对扩大出口和抑制进口的作用。

甲国货币 A 与乙国货币 B 正常汇率为 1 元 A 兑换 10 元 B,乙国出口某种商品到甲国的单价为 10 元 B,用甲国货币 A 标价为 1 元 A(其他费用不考虑)。

如果乙国宣布货币 B 对外贬值,汇率变为 1 元 A 兑换 20 元 B,该商品出口标价仍然为 10 元 B,用甲国货币 A 标价为 0.5 元 A。其价格比原来降低了一半,就会扩大乙国该产品向甲国的出口。

同理,如果乙国从甲国进口某商品,在正常汇率下,甲国出口该商品到乙国的单价为 1 元 A,用乙国货币表示为 10 元 B。

当乙国货币 B 对外贬值,汇率变为 1 元 A 兑换 20 元 B 后,该商品用甲国货币表示为 1 元 A 不变,用乙国货币表示为 20 元 B,价格翻了一番,从而抑制了乙国向甲国的进口。

(五)建立经济特区

1. 自由港(或自由贸易区)(Duty-Free Zone)

自由港是指经主权国家海关批准,在其海港、机场或其他地点设立的允许外国货物不办理进出口手续即可连续长期储存的区域。

2. 保税区(Bonded Area;Tariff-Free Zone;Tax-Protected Zone)

保税区亦称"保税仓库区"。这是一国海关设置的或经海关批准注册、受海关监督和管理的可以较长时间存储商品的区域。它是经国务院批准设立的、海关实施特殊监管的经济区域,是我国目前开放度和自由度最大的经济区域。

保税区的功能定位为"保税仓储、出口加工、转口贸易"。保税区享有"免证、免税、保税"政策,实行"境内关外"运作方式,是中国对外开放程度最高、运作机制最便捷、政策最优惠的经济区域之一。

保税区能便利转口贸易,增加有关费用的收入。运入保税区的货物可以进行储存、改装、分类、混合、展览以及加工制造,但必须处于海关监管范围内。外国商品存入保税区,不必缴纳进口关税,尚可自由出口,只需交纳存储费和少量费用,但如果要进入关境则需交纳关税。各国的保税区都有不同的时间规定,逾期货物未办理有关手续,海关有权对其拍卖,拍卖后扣除有关费用后,余款退回货主。

根据现行有关政策,海关对保税区实行封闭管理,境外货物进入保税区,实行保税管理;境内其他地区货物进入保税区,视同出境;外经贸、外汇管理等部门对保税区也实行较区外相对优惠的政策。

综合保税区是设立在内陆地区具有保税港区功能的海关特殊监管区域,实行封闭管理。它是目前我国开放层次最高、政策最优惠、功能最齐全的海关特殊监管区域,是国家开放金融、贸易、投资、服务、运输等领域的试验区和先行区。其功能和税收、外汇政策按照《国务院关于设立洋山保税港区的批复》的有关规定执行,即:国外货物入区保税,货物出区进入国内销售按货物进口的有关规定办理报关手续,并按货物实际状态征税;国内货物入区视同出口,实行退税;保税区内企业之间的货物交易不征增值税和消费税。该区以国际中转、国际采购、国际配送、国际转口贸易和保税加工等功能为主,以商品服务交易、投资融资保险等功能为辅,以法律政务、进出口展示等服务功能为配套,具备生产要素聚散、重要物资中转等功能。

3. 出口加工区(Export Processing Zone)

出口加工区是指一个国家或地区为利用外资、发展出口导向工业、扩大对外贸易而设立的以制造、加工或装配出口商品为主的特殊区域。其作用可归结为以下几点。

(1)吸引了大量外资,为促进技术引进和产品产量、质量的提高,加速产品的升级换代创造了条件。

(2)扩大了出口,增加了外汇收入。通常利用进口原材料和元件的典型装配式工业,外汇收入可占出口额的30%~40%。

(3)增加了就业机会,缓解了所在国和地区的大量失业问题。

(4)提高了生产技术水平和经营管理水平,促进了各类人才的成长。

(5)通过内联和技术、人才的扩散,带动和促进国内其他地区经济的发展。

出口加工区是国家划定或开辟的专门制造、加工、装配出口商品的特殊工业区,它也经济特区的形式之一,常享受减免各种地方征税的优惠。出口加工区一般选在经济相对发达、交通运输和对外贸易方便、劳动力资源充足、城市发展基础较好的地区,多设于沿海港口或国家边境附近。世界上第一个出口加工区为1956年建于爱尔兰的香农国际机场。中国台湾的高雄在20世纪60年代建立出口加工区。中国大陆在20世纪80年代实行改革开放政策后,沿海一些城市开始兴建出口加工区。出口加工区又称"加工出口区",其狭义指某一国家或地区为利用外资,发展出口导向工业,扩大对外贸易,以实现开拓国际市场、发展外向型经济的目标,专为制造、加工、装配出口商品而开辟的特殊区域,其产品的全部或大部供出口;广义还包括自由贸易区、工业自由区、投资促成区和对外开放区等。有单类产品出口加工区和多类产品出口加工区之分,后者除加工轻纺工业品外,还加工生产电子、钢铁、机械、化工等产品。

出口加工区由自由贸易区发展而来。在加工区内,鼓励和准许外商投资于产品具有国际市场竞争能力的加工企业,并提供多种方便和给予关税等优惠待遇。例如:企业可免税或减税进口加工制造所需的设备、原料辅料、元件、半制成品和零配件;生产的产品可免税或减税全部出口;对企业可以较低的国内捐税,并规定投产后在一定年限内完全免征或减征;所获利润可自由汇出国外;向企业提供完善的基础设施以及收费低廉的水、电及仓库设施等。

世界出口加工区始于20世纪50年代初,自60年代以来,在亚洲、南美洲的发展中国家迅速兴起。截至80年代中期,全世界约有40个国家建立了170多个出口加工区,其中马来西亚有22个,菲律宾有16个,印尼有9个,且绝大部分都取得显著效果。

>> **拓展阅读 9-2**

　　中国(上海)自由贸易试验区(China (Shanghai) Pilot Free Trade Zone),简称"上海自由贸易区"或"上海自贸区",是中国政府设立在上海的区域性自由贸易园区,位于浦东境内,属于中国自由贸易区范畴。2013年9月29日,中国(上海)自由贸易试验区正式成立,面积28.78平方公里,涵盖上海市外高桥保税区、外高桥保税物流园区、洋山保税港区和上海浦东机场综合保税区等4个海关特殊监管区域。2014年12月28日,全国人大常务委员会授权国务院扩展中国(上海)自由贸易试验区区域,将面积扩展到120.72平方公里。

　　上海自由贸易试验区范围涵盖上海市外高桥保税区、外高桥保税物流园区、洋山保税港区和上海浦东机场综合保税区、金桥出口加工区、张江高科技园区和陆家嘴金融贸易区七个区域。截至2014年11月底,上海自贸试验区一年投资企业累计2.2万多家,新设企业近1.4万家,境外投资办结160个项目,中方对外投资额38亿美元,进口通关速度快41.3%,企业盈利水平增20%,设自由贸易账户6925个,存款余额48.9亿元人民币。2015年,上海自由贸易试验区已成为世界自由贸易区联合会荣誉会员。"2016年世界自由贸易大会"于2016年11月8—10日在澳门隆重举行,本届大会的主题是:中国自由贸易区战略下的"一带一路"合作机会。

4. 自由边境区(Free Perimeters)

自由边境区早期亦称"自由贸易区域",为自由港区的一种形式,是在与邻国接壤的边远省或边境城市中划出的专供对邻国自由进出货物的地区。它是指在本国的边境省、市地区或地带划定某一地段,按自由贸易区或出口加工区的优惠措施,吸引国内外厂商投资,以开发边远地区经济的自由区域。它划在国境之内、关境之外(如香港、澳门),从邻国输入的货物只要不逾越关境进入内地,一般不征关税,但有时对少数几类货物征收少量关税。

设置自由边境区可以繁荣边境贸易,特别是在一些国家,荒僻的边远地区与内地交通不便,设立自由边境区能便于当地从邻国获得必需的物资供应。有些拉丁美洲国家设置边境区,利用从邻国输入的设备和原料,建立和发展边远地区的工业,以满足当地消费的需要。自由边境区的产品大多在区内留用,发展边区经济。自由边境区的优惠期限较短,一般在边区经济发展起来以后就会逐步取消优惠待遇。

自由边境区主要分布于北美洲的墨西哥与美国边境地区。凡自由边境区内使用的机器、设备、原料和消费品,都可免税或减税进口,但商品从该区运入海关管制区须照章纳税。它与自由港区的其他主要形式一样,自20世纪70年代以来,十分重视发展出口加工业和转口贸易,实行工贸结合。如墨西哥的"边境客户工业区",实质上为出口加工工业区。

5. 过境区(Transit Zone)

过境区又称"中转贸易区",是沿海国家为了便利邻国的进出口货运,开辟某些海港、河港或边境城市作为货物过境区,过境区对过境货物简化通关手续,免征关税或只征小额的过境费用。过境货物一般可在过境区内作短期储存、重新包装,但不得加工。

除了上述鼓励除出口措施以外,世界各国还纷纷采用鼓励出口的组织措施,主要包括:设立专门组织,研究制定出口战略;建立商业情报网络,提供商业情报服务;组织贸易中心和贸易展览会;组织贸易代表团出访和接待采访;组织出口商的评奖活动等。

二、出口管制措施概述

出口管制是指一些国家从其本身的政治、军事和经济利益出发,通过国家法令和行政措施,对本国出口贸易实行管理和控制。

(一)出口管制的对象

需要实行出口管制的商品一般有以下几类。

一是战略物资和先进技术资料,如军事设备、武器、军舰、飞机、先进的电子计算机和通讯设备、先进的机器设备及其技术资料等。对这类商品实行出口管制,主要是从"国家安全"和"军事防务"的需要出发,以及从保持科技领先地位和经济优势的需要考虑。

二是国内生产和生活紧缺的物资。对这类商品实行出口管制的目的是保证国内生产和生活需要,抑制国内该商品价格上涨,稳定国内市场,如西方各国往往对石油、煤炭等能源商品实行出口管制。

三是需要"自动"限制出口的商品。这是为了缓和与进口国的贸易摩擦,在进口国的要求下或迫于对方的压力,不得不对某些具有很强国际竞争力的商品实行出口管制。

四是历史文物和艺术珍品。这是出于保护本国文化艺术遗产和弘扬民族精神的需要而采取的出口管制措施。

五是本国在国际市场上占主导地位的重要商品和出口额大的商品。对于一些出口商品单一、出口市场集中,且该商品的市场价格容易出现波动的发展中国家来讲,对这类商品实行出口管制的目的是稳定国际市场价格,保证正常的经济收入。比如,欧佩克(OPEC)对成员国的石油产量和出口量进行控制,以稳定石油价格。

(二)出口管制的形式

1. 单方面出口管制

单方面出口管制指一国根据本国的出口管制法案,设立专门机构对本国某些商品出口进行审批和颁发出口许可证,实行出口管制。以美国为例,美国政府根据国会通过的有关出口管制方案,在美国商务部设立外贸管制局,专门办理出口管制的具体事务,美国绝大部分受出口管制的商品的出口许可证都由这个机构办理。

2. 多边出口管制

多边出口管制指几个国家政府通过一定的方式建立国际性的多边出口管制机构,商讨和编制多边出口管制的货单和出口管制的国别,规定出口管制的办法,以协调相互的出口管制政策和措施。1949年11月成立的输出管制统筹委员会即巴黎统筹委员会,也叫"巴统组织",就是一个典型的、国际性的多边出口管制机构。

(三)出口管制的程序

对出口受管制的商品,出口商必须向贸易管理局申领出口许可证。它是由出口商向商务部提出申请,经商务部出口管理署审批后发给的其允许向某个特定国家出口某种商品的许可证。对于尖端技术和战略物资,大多数国家的出口商都必须事先取得特种许可证。它与单项有效许可证的不同之处在于,它更为优惠一些,包含内容多,常常可以代替若干单项有效许可证的作用。因此在一些情况下,为了简化申领这种许可证的手续和时间,出口商可以一次申请获得多次使用的出口许可证,而不必每次申请。其常用形式有以下几种。

1. 分销许可证

分销许可证是特种许可证中最重要、最常用的一种形式。美国出口商出口大多数技术和商品,都需逐项向美国政府申请单项有效许可证。但这种许可证一般效率很低,无论是出口金额、数量、收货人都有限制,费工费时。而分销许可证则是为了方便美国出口商实现国际销售计划、销售网络而采取的优惠办法。它至少可以代替25个单项有效许可证使用。一次申请可多次出口多种产品给不同的外国分销商或最终用户,对一些大公司,一个分销许可证则可代替几千个单项有效许可证。美国《1988年综合贸易法》规定,允许采用分销许可证对中国出口。1988年初,中美双方草签了有关协议,目前美国单方面宣布暂停执行此协议。

2. 综合经营许可证

综合经营许可证允许出口商把某些技术及有关的商品,包括军事上使用的技术,由国内的企业出口到经批准的外国子公司、附属机构或合营企业。但这些公司或企业须与出口商有长期的、确定的关系,它们必须不在受到严格出口管制的国家。

3. 项目许可证

项目许可证是指对一个较大的工程扩建或新建项目所需出口的商品和技术进行一揽允诺出口许可的一种许可证,如发电厂、化工厂、矿山开发等。又如海外的外国航空公司使用的是美国制造的飞机,则为其航行所需的备件、飞机维修设备等均可申请采用该程序出口。项目许可证的有效期一般为1年,但还可申请顺延1年。凡同一项目中所需的商品以及有关的技术资料,即使它可能涉及几种不同的产品和不同的技术领域,也可以使用同一项目许可证。

4. 服务供应许可证

服务供应许可证是指批准美国出口商或制造商出口备件或替换件给外国设备用户的一种许可证。美国政府将其列入特种许可证范畴，主要是考虑到出口整机、成套设备同出口替换零部件的不同特点，从而区别对待以提高效率，更好地为用户提供售后服务。凡是对已出口的机器、设备提供售后服务所需的零部件、替换件，只要证实确为美国公司在外国的分公司、子公司或在外国的生产、制造商，均可申领该项许可证。

该许可证的有效期为1年，经批准可延长2年。3年后，如果原许可证的交易仍在继续进行，且仍符合该许可证所规定的条件，可申领新证。除了涉及核装置等有特殊限制者外，凡适用于申请有效许可证出口的商品 可申请提供服务的许可证出口或转口。

目前，此程序适用于大多数西方国家，对向 S 和 Z 类国家组则不采用该许可证出口。对中国有一定金额的限制，只有7.5万美元以下的零部件出口才适用该程序。此外，对中国出口，一般需要就原设备使用的工厂或基地提供专门的报告和文件，以使美国政府确信它们需要进口零部件才能满足生产要求。

关键词

关税　非关税　配额　出口信贷　出口补贴　外汇倾销

复习思考题

1. 简述关税的特点和作用。
2. 名义保护关税和有效保护关税的区别是什么？
3. 按关税的征收标准分类。
4. 简述非关税措施的含义及种类。
5. 简述鼓励出口措施的种类。
6. 简述出口管制的含义及常用形式。

第十章 国际贸易融资

学习目标

了解国际贸易交易双方面临的基本风险和银行作为中介机构发挥的作用；掌握国际贸易短期融资、中长期融资的几种方式及其特点；理解当代租赁业务在国际贸易中发挥的作用。

学习重点与难点

中短期贸易融资的出口押汇和打包放款的业务流程；长期贸易融资中的卖方信贷与买方信贷的区别；福费廷业务的流程及特点。

课堂导入

2013年10月，习近平主席将路上丝绸之路扩展至海上，与东盟各国共同发展海上丝绸之路，两者统称为"一带一路"倡议。参与"一带一路"倡议的省份众多，从我国东部到西部贯穿10多个省份，覆盖90多个国家和地区，区域范围包括亚、欧、非。"一带一路"倡议积极推进区域性共同发展新模式，加强区域合作与联系，加强沿线各国基础设施建设，促进共同发展。

在"一带一路"倡议的推进下，厦工机械股份有限公司（以下简称"厦工"）作为一家在福建省内属于规模化的一流生产工程机械产品及配件制造公司，意识到国际出口机械设备市场的巨大发展空间，并积极向海外领域拓展。在"一带一路"倡议实施后，厦工更是获得了亚、非区域相关机械出口市场的份额。2015年，厦工参与马来西亚大型机械设备招标项目，这一项目任务共涉及1.2亿机械设备生产及出口，设备用于马来西亚道路工程重建，后期款项偿付者为马来西亚政府有关单位。该项目马方业主期望由厦工予以垫资，在投标环节中，融资策略应当同其他投标资料共同递交作为选择合作方时的衡量条件之一。业主要求厦工从项目最初的招投标到最终的验收结束应出具一系列银行保函来担保。然而厦工并没有较多延付类工程机械出口的实务经历，因此在初期商业接洽上出现了较多的业务纠纷。

讨论：假设你是一位国内某商业银行厦门分行国际贸易部业务专员，该如何为厦工解决此项目上面临的困难？

第十章　国际贸易融资

（本章节学习完毕后，同学们可以将各种贸易融资方式的特点与该公司面临的问题结合思考，给出自己独特的见解。）

国际贸易融资是指国际贸易中对进出口商提供的资金融通和信用支持。国际贸易融资的业务发展已经有几百年历史，大约自 1825 年起，在英国伦敦有一些承兑商号出现，从事专门承担出口业务中的财务风险，以承兑票据的方式为贸易提供融资，这被视作国际贸易融资的原始雏形。

在国际贸易中，因为不同主权国家的立法、习俗和惯例不同，进口商和出口商经常遇到一些担忧和问题，比如出口商希望在他们的货物装运之前就能确定有对应的收款，因为货物即将离开他们的掌控，而进口商希望确认收到如他们预订时的相同的货物。大体来说，相对于国内市场，出口商会面临着更复杂的情况和较高的风险。

(1) 偿付因素。相较于国内销售，出口商更有可能面临货款拖欠或违约的情况。

(2) 法律因素。出口商需要同时受到进口商所在国家甚至第三方（比如 WTO、联合国）的法律、规章、准则等的约束。

(3) 地域因素。出口商对交易对手的环境、气候、风俗、文化等地域因素不够了解所产生的风险。

(4) 语言因素。进出口商之间由于语言不同、沟通不畅而导致贸易失败，这主要是同一些小语种国家之间的贸易才会出现的问题。

进口商同样也面临着各种其他风险。

(1) 收付因素。出于成本考虑，大部分国际贸易的货物都是通过海洋运输，耗费的时间良久，可能会导致进口商不能及时收到货物，日常的经营也会受到影响。

(2) 汇兑因素。外币汇率的变化导致进口商付款金额有不确定性。

(3) 政治因素。政治风险是东道国的政治环境或东道国与其他国家之间的政治关系发生改变而给外国投资企业的经济利益带来的不确定性。

(4) 法律因素。因东道国的法律、法规、法案发生变化而给外国投资企业的经济利益带来的不确定性。

所以，商业银行在国际贸易中充当进出口商之间的中介而发挥着重要作用。此外，他们可以依靠对于当地法律的了解和商业交易的实践了解帮助潜在客户提供相应咨询。

国际贸易融资是与贸易有直接关系的融资。在整个进出口贸易当中，进出口商都想获得资金融通，这种融资行为可以看作对国际贸易的金融支持。

第一节　对外贸易短期融资

一、对外贸易短期融资的概念

对外贸易短期融资是指与进出口贸易资金融通相关的期限在一年以下的一种对外贸易融资。从事对外贸易的进出口商,在商品的采购、打包、仓储和出运等各个阶段,以及在与商品进出口相关的制单、签订合同、申请开证、承兑和议付等各种贸易环节,都需要从不同的渠道融通资金,以加速商品流通和促进进出口贸易的完成,于是产生了对外贸易融资。对外贸易短期融资主要用于满足商品周转快、成交金额不大的进出口需要的贸易融资,在期限、利率等信贷条件上与国内金融市场上类似的贸易融资无多大区别,也不受某些国际协定的约束。

二、对外贸易短期融资的方式

对外贸易短期融资可以采取不同的方式,具体分析如下。

(一)根据授信人(发放信贷资金对象)的不同分类

1. 商业信用(Commercial Credit)

商业信用是进口商与出口商之间相互提供的信用。它通常发生在进口商在收到货物单据后的一段时间内才可以交付货款,或进口商在收到货物单据以前就支付货款,前者是出口商对进口商提供了商业信用,后者是进口商对出口商提供了商业信用。

2. 银行信用(Bank Credit)

银行信用是由银行或其他金融机构向进口商和出口商一方提供信贷资金的一种信用方式。它的一般形式为对出口商提供以出口商品或发放国外的货物为保证的贷款,银行贴现出口商向进口商签发的汇票,或凭出口商对进口商的债权给予贷款等。

(二)根据受信人(接受信贷资金对象)的不同分类

1. 对出口商的信贷

对出口商的信贷主要有进口商对出口商的信贷和经纪人对出口商的信贷两种。

(1)进口商对出口商的信贷。它作为进口商执行合同的保证,通常形式为预付定金,这种预付款是短期的,一般占成交金额的比重小,只有1%左右,属于一种定金的形式。若进口商预交了定金,出口商收回货款就能得到一定的保障。若进口商提前付款的时间较长,金额较大,即为预付性质的融资。

(2)经纪人对出口商的信贷。经纪人组织在某些发达国家相当活跃,尤其在初级产品、农产品贸易方面,经纪人组织不但是联系买卖双方的桥梁,促成了进出口交易,还在贸易融资方面发挥作用。经纪人对出口商的信贷方式通常有无抵押采购商品贷款、货物单据抵押贷款和承兑出口商汇票三种。

①无抵押采购商品贷款。经纪人通常在与出口商签订合同时,便对出口商发放无抵押采购商品贷款。这种贷款一般以出口商签发的期票为担保,在一段时期内出口商必须通过经纪人销售一定的商品,即使是在出口商有可能将货物直接卖给进口商的情况下,也要通过经纪人出售。无抵押采购商品贷款常以出口商签发的期票为担保,且贷款金额约等于交售给经纪人货价的25%~50%。偿还这种贷款的方法是将这种贷款转为商品抵押贷款。

②货物单据抵押贷款。按货物所在地的不同,此项贷款主要分为出口商国内货物抵押贷款、在途货物抵押贷款、运抵经纪人所在国或预定出售地的第三国的货物抵押贷款,通常用于抵付无抵押贷款。

③承兑出口商汇票。在资本有限的情况下,经纪人可以使用承兑出口商汇票的方式来提供信贷,出口商持承兑的汇票向银行贴现。经纪人办理承兑收取手续费。

经纪人通过提供信贷的方式,可以加强对出口商的联系与控制,在国际贸易中有着不可替代的作用。

(3)银行对出口商的信贷。它是指为满足出口商短期资金周转的需要,由当地银行或国外银行(一般是出口商的往来银行)向出口商提供的短期贷款,主要有打包放款、出口押汇和票据贴现三种。

①打包放款(Packing Finance or Packing Loan)。打包放款(或者打包贷款)也叫"装船前信贷",是银行向出口商提供从接受国外订货到货物装运前这段时间所需流动资金的一种贷款,其目的是解决出口商在安排货物装运之前或者在准备装运时面临的资金短缺问题,支持出口商按期履行合同。银行向出口商提供打包放款的依据是出口商收到的国外订货凭证,主要包括进口商向出口商签发的信用证、出口成交合同与订单以及表明最终开出信用证的证明等。打包放款通常以进口商开立的不可撤销的信用证为抵押。

打包放款可以帮助出口商在资金紧张又无法争取到进口商预付货款的支付条件下,扩大贸易机会;同时,在生产、采购等备货阶段都不必占用出口商的自有资金,缓解了出口商的流动资金压力。打包放款具有期限短、周转快、申请手续灵活简便的特点,是银行对出口商提供贸易融资的一种重要形式。

打包放款的金额不会是信用证的全部金额,一般不超过90%。放款期限也不超过信用证有效期,因为放款银行在收到出口商交来的单据后,作为议付行应马上寄到开户行,收到开证行支付的货款后即可扣除贷款本息,其后将余额付给出口商。若信用证过期后客户仍未能提交单据,银行会根据贷款协议的有关规定,要求客户立即归还全部贷款本息。

案例 10-1

某国内一玩具厂同美国一客户签订合同,美国客户向该玩具厂订购 100 万美元的玩具,以装船后 3 个月的远期信用证结算。美国客户通过富国银行纽约分行开出 100 万美元的 3 个月期信用证,由国内银行通知玩具厂。客户在收到信用证后,向银行提出打包贷款业务申请,用来购买原材料进行生产。银行在审核信用证条款,认可开证行的资信,并对客户的业务交易记录和履约能力进行考察后,给客户发放信用证金额的 80%,折合人民币后贷给客户,期限为 150 天(60 天的原材料采购、生产、装运和单证处理时间,90 天的承兑时间),如果即期汇率为 6.88,人民币贷款利率为 5.8%,实际融资金额为人民币 550.4 万元(100 万×80%×6.88),利息为人民币 13.3 万元(550.4 万元×5.8%×150/360)。如果该玩具厂 60 天内及时生产并交单,然后再装运后 90 天顺利收汇 100 万美元,到时汇率为 6.98,结汇后人民币为 698 万元,银行扣除本息后剩余 134.3 万元(698－550.4－13.3)入账。

②出口押汇(Export Bill Purchase)。出口商在货物发运之后,将货运单据和汇票交给银行作为抵押品,银行根据汇票金额和收款日期扣除邮程和一定的利息后,给予出口商融资并加以结汇的业务,即称为"出口押汇"。汇票到期后,银行将货运单据寄交开证行索回货款价款冲销原垫付资金。

出口押汇金额由押汇银行根据实际情况核定,原则上为所提交单据金额的 70%～90%。一般采用预扣利息方式,押汇银行预扣银行费用、押汇利息后,将净额划入出口商的账户。

出口押汇有以下几个业务特点:首先,出口押汇是对出口商有追索权的融资,如果押汇银行不能按时从国外收回款项,就有权要求出口算立即归还押汇本金及利息;其次,融资期限较短,跨度最长不超过数月;最后,押汇金额灵活,既可以是应收账款全额,又可以是一定比例。

案例 10-2

公司甲于 2017 年 12 月 1 日向某银行按其收到的出口信用证条款要求递交金额为 100 万美元的单据并申请办理出口押汇,该信用证到单后 30 天付款。该银行经审核后同意办理为期 1 个月的信用证押汇,业务金额为 90 万美元(100 万×90%),利率为年利率 7.3%(1 个月 Libor5.3%＋200bps)。该银行向开证行寄出单据后于 12 月 8 日收到开证行的承兑电文,承诺 2018 年 1 月 7 日按单据金额全额付款。

公司甲收到押汇款后选择按 12 月 8 日的汇率价格即期结汇。银行于 1 月 7 日收到开证行支付款项 100 万美元,在扣除该公司应支付的押汇本金 90 万美元,押汇利息 5475 美元(90 万美元×7.3‰×30/360),议付手续费 625 美元,邮电费 25 美元后,将余款 93875 美元解付至该公司账户。

③票据贴现。票据贴现,全称是出口商业发票贴现(Discounting of Export Commercial Invoice),指出口商在票据到期前,将未到期票据出售给银行。出口发票贴现的融资比例一般不超过票面金额的 80%,利息采用预收或者后收的方法。票据贴现的还款来源在正常情况下为该笔融资业务对应的应收账款形式的现金流入,在企业不能正常从国外收回货款的情况下,银行对出口企业拥有追索权,企业必须通过其他还款来源偿还本金及相关费用。

2. 对进口商的信贷

对进口商的信贷主要有出口商对进口商提供的信贷和银行对出口商提供的信贷两种。

(1)出口商对进口商的信贷。出口商对进口商提供的信贷通常称为"公司信贷",分为开立账户信贷和票据信贷两种。

①开立账户信贷。开立账户信贷是在出口商和进口商订立协议的基础上,当出口商发货后,出口商将进口商应付的货款借记在进口商的账户下,而进口商则将这笔贷款贷记在出口商的账户下,进口商在规定的期限内支付货款。开立账户信贷是种很传统的融资方式,但在当今的对外贸易中仍经常使用,特别是在一些有经常联系、相互信任的进出口商之间,因为这种融资方式手续简单,无须指定付款日期,同时避免银行的额外收费,成本较低。

②票据信贷。票据信贷是进口商凭银行提交的单据承兑出口商的汇票,或是出口商将单据直接寄交进口商,进口商在一定期间支付出口商的汇票。

(2)银行对进口商的信贷。银行对进口商提供的信贷主要有承兑信用和放款两种形式。

①承兑信用。承兑信用是指银行应进口商的申请,对出口商开出的远期汇票进行承兑,从而向进口商提供信用。在出口商不相信进口商有能力支付能力的情况下,为了使汇票的付款有保证,出口商有时会提出汇票由银行承兑的条件。承兑行并不负责垫付资金,它所贷出的是自己的声誉,凭以换取承兑手续费。办理承兑的银行不一定是进口商本国的银行,也可以是第三国的银行。

②放款。放款主要有透支、商品抵押放款和进口押汇三种形式。透支是指银行允许进口商向银行签发超过其往来账户余额一定金额的支票,应付短期的资金需要。商品抵押放款是银行应进口商的委托,开立以出口商为受益人的凭货运单据支付现款的信用证,出口商提交货运单据,成为开证银行代付货款的保证。进口押汇是进口商以期进

口的商品作为抵押,从银行取得融资的业务。开证行和进口商之间需要通过协商,签订有关的进口押汇协议,在这一基础上,开证行在收到出口商通过协议议付寄来的信用证项下的单据后,先向议付行先行付款,再根据进口押汇协议及进口商签发的信托收据,将单证交予进口商,进口商凭单提货并将货物在市场上销售后,将贷款连同这一时期的利息交还给开证行。该过程如图10-1所示。

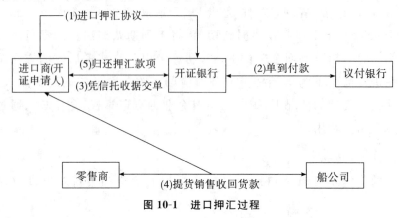

图10-1 进口押汇过程

第二节 对外贸易中长期融资

一、出口信贷概述

出口信贷是对外贸易中长期信贷的统称,是指一个国家为了鼓励商品出口和加强国际竞争能力,通过对产品出口给予利息补贴并提供信用保险与贷款担保的方法,鼓励本国的银行对本国的出口商或外国的进口商(或其银行)提供利率较低的贷款,以解决本国出口商资金周转的困难,或满足国外进口商支付贷款需要的一种国际信贷方式。

(一)出口信贷的特点

从上述概念可以看出,出口信贷不仅是一种信贷融资方式,还包括信用保险与信贷担保两方面的业务内容,从本质上说是一种官方支持的融资方式。具体地说,它具有以下几个特点。

1.利率较低

出口信贷的利率一般低于相同条件贷放的市场利率,利差由国家贴补。其目的是加强本国的竞争能力,削弱竞争对手的能力,扩大本国资本性货物的国外销路。

2.出口信贷的发放与信贷保险相结合

由于国际贸易环境复杂多变,进出口商在交易中存在多种潜在风险,再加上融资金额大、期限长等因素制约,出于盈利目的的私人保险公司往往不愿意为这种信贷提供担保,商业银行也不愿意提供这种信贷,于是设立国家信贷保险机构,如贷款不能收回,信贷保险机构利用国家资金给予赔偿。

3. 贷款用途被严格限定

国家成立专门发放出口信贷的机构,制定政策,管理与分配国际信贷资金,特别是中长期信贷资金。

4. 投资领域侧重于出口的大型设备

对外贸易短期信贷的投资对象是一般的制成品、中间产品或原材料,兼顾出口与进口的需要。而出口信贷的主要对象是大型机械设备或技术,交易金额较大,且在一国的对外出口贸易中具有战略意义。

5. 出口信贷是一种官方资助的政策性贷款

国家成立专门机构制定政策,管理和分配出口信贷资金。

(二)出口信贷体系的类型

各国出口信贷体系的功能和政策目标是一致的,都是通过发挥政策性金融的功能,补充和完善商业性金融对进出口贸易支持的不足,提升本国出口产品的国际竞争能力,贯彻国家的外贸方针政策。但不同国家的出口信贷体系在组织结构、运行机制和规则、业务范围等方面又存在一定的差别。从不同的角度看,出口信贷体系可以划分为以下类型:

1. 根据专门机构的所有权结构

(1)国有制(State-Owned System)。即出口信贷机构由官方全资拥有,资本金由政府出资,经营资金由政府财政预算拨款和业务收入或客户缴纳的保险费组成。该机构与政府的关系十分密切,通常直接对财政部或对外贸易部负责,由它们指定董事会成员,并在行政管理商业上、经营规模和业务范围上受到政府更多的控制。如英国、意大利和日本等属于这种类型。

(2)混合所有制(Mix Ownership System)。即出口信贷机构是半官方性质,允许公众参股,即由政府和私人公司按比例共同持股。如西班牙、瑞典等属于这种类型。

(3)私有制(Privately Owned System)。出口信贷机构是由私人持有100%股权。但这种出口信贷机构往往与政府签有协议,实行"双账户"制度,公司账户记录公司自己的商业性业务,政府账户记录公司代表政府协议指定的政策性业务,并得到政府的资金支持。如法国、荷兰和葡萄牙等属于这种类型。

2. 根据专门机构的业务范围

(1)一国只设立单一的官方支持的出口信贷机构。该机构只提供出口信用保险和出口信贷担保业务,出口融资和再融资业务由商业银行提供,出口信贷机构不参与融资业务。

(2)官方出口信贷机构提供出口信贷担保和保险业务,并通过给予贷款银行利息补贴或再融资的方式支持商业银行向出口商发放出口信贷,本身不直接参与贷款。

(3)设立单一的出口信贷机构同时提供融资、保险和担保等多种业务。

(4)一国设立两个(或以上)出口信贷机构,一个机构提供融资服务,另一个机构提供保险和担保业务;或一个机构提供保险业务,另一个机构提供担保业务。

二、出口信贷的基本贷款形式

目前,出口信贷的基本形式有卖方信贷、买方信贷、混合信贷和福费廷业务。

(一)卖方信贷(Supplier Credit)

1. 卖方信贷的概念

卖方信贷是指出口方银行向本国的出口商(卖方)提供贷款,以支持出口商因向外国进口商赊销大型机器设备等资本品所面临的融资需要。由于出口方银行的信贷资金直接提供给出口商即卖方,因而被称为"卖方信贷"。出口商以此贷款为垫付资金,允许进口商赊购产品或设备,而相关利息等资金成本则计入进口货价中,将贷款成本转移给进口商。

在卖方信贷中,出口商以延期付款方式向进口商出售资本货物。一般的做法是:在签订出口合同后,进口商先支付5%～10%的定金,在分批交货、验收和保证期满时再分期支付10%～15%的货款,其余的75%～85%的货款则由出口商设备制造或交货期间向出口方银行取得中长期贷款,以便周转。在进口商按合同规定的延期付款时间付讫余款和利息时,出口商再向出口商银行偿还所借款项和应付的利息。

2. 卖方信贷的程序(如图10-2)

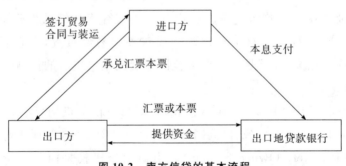

图10-2 卖方信贷的基本流程

(1)出口商(卖方)延期付款或赊销方式向进口商(买方)出售设备。

(2)出口商办理出口信用保险。

(3)出口商(卖方)向其所在地银行贷款。

(4)进口商(买方)分期偿还出口商(卖方)贷款(包括本金和利息)。

(5)出口商(卖方)再用进口商(买方)偿还的贷款,在偿还其从银行取得的贷款。

由于卖方信贷具有政府补贴、支持本国出口性质,贷款具有较大的优惠,因而申请卖方信贷必须符合一定的条件。对于具体的条件,除国际惯例外,各国还有自己的实际规定。在美国,进出口商签订贸易合同后,进口商先支付合同金额15%的订金,其余货款由进口商向出口商开出延期付款的信用证。如果款项金额较大、期限较长,出口商要向美国专门保险部门申请保险,以保证货款的安全。出口商凭信用证和保险单向银行办理贷款,期限一般为6个月到5年。交货后,每半年还款一次,并支付利息和费用。在日本,出口信贷是由半官方的输出入银行代表政府从中管理,贷方所需资金分别来自输出入银行和私营金融机构。日本出口商利用卖方信贷出口资本货物,只有事先征得政府的批准,并经过贷款的银行同意后,才可以向国外进口商提供延期付款的便利。日本还要求进口商由第一流银行开具保函或信用证。

3. 我国的出口卖方信贷业务的种类

(1) 高新技术产品出口卖方信贷。
(2) 一般机电产品出口卖方信贷。
(3) 设备出口卖方信贷。
(4) 对外承包工程贷款。
(5) 农产品出口卖方信贷。
(6) 文化产品和服务(含动漫)出口卖方信贷。

卖方信贷是鼓励出口的一项重要措施,但也有不利之处。在使用卖方信贷时,出口商除要支付贷款利息外,还需进行信贷保险、支付保险费以及贷款承担费和管理费等。出口商一般都将这类费用计入出口货价中,把贷款成本转嫁给进口商,但进口商并不知道每项费用金额具体是多少,通常利用卖方信贷的货价要比现汇支付价高出3%~4%,甚至更高。这种情况是因为进口商难以判断进口货物的真实价格,不能同国际上其他同类产品进行价格比较。进口商一般对于卖方信贷是使用比较谨慎。

案例 10-3

某国为发展电解铝项目成立了专门的项目公司,总投资约为12亿美元,其中股东出资45%,土建承包商占12.5%,中方设备供应商占42.5%。项目公司与地方政府关系良好,并已获得全部许可。中方供应商与该项目公司签署了为该项目提供设计、设备、部分建筑材料和技术服务的供货合同,预付款比例为15.5%,剩余部分为延期交付。项目公司为延期付款提供的担保包括股权、资产以及相关产品销售、原材料及电力供应等协议的抵押担保。中方设备供应商就承建本项目申请贷款4亿美元,贷款期限为10年。借款人可提供的担保措施包括其他公司的连带责任保证、借款人以自由资产抵押担保以及延期付款下的担保权益。

由于借款人实力有限,很难提供覆盖全部贷款金额的担保,该项目最终采用了出口卖方信贷与项目融资相结合的融资方式。具体来说,该项目就是以国内的设备供应商作为借款人,以借款人的综合经济实力作为贷款偿还的基本保障,借款人提供境内担保,同时银行取得基于项目融资方式下的各种担保权益。在该项目中,借款人在国内提供的一部分担保就是出口卖方信贷中常见的担保要求;同时,项目公司提供的境外担保构成了项目融资这一环节的担保构成。

(二)买方信贷(Buyer's Credit)

1. 买方信贷的概念

买方信贷是由出口方银行直接向进口商或进口方银行提供的信贷,以解决进口商购买设备中出现的资金困难。它是由进口商或进口方银行向出口方银行借款。

买方信贷的垫款金额不超过贸易合同金额的80%~85%,贷款期限一般不超过10年,贷款利率参照经济合作与发展组织(OECD)确定的利率水平而定。

买方信贷有两种方式:一种是出口方所在地银行直接向进口商提供贷款,但要求进口商所在地银行提供担保,进口商与出口商以现汇方式结算;另一种是由出口方所在地银行向进口商所在地银行提供贷款(bank-to-bank credit),由银行把款项转贷予进口商,进口商利用这笔贷款立即支付出口商的货款。买方信贷在出口信贷中应用很普遍,特别是第二种形式。

2. 买方信贷的基本流程(如图10-3)

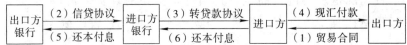

图10-3 出口国银行贷款给进口商银行的买方信贷的流程

(1)出口国银行直接贷款给进口商的买方信贷的流程。

①进、出口商签订贸易合同,合同生效后,由进口商以现汇支付合同金额15%~20%的定金。

②进口商以贸易合同为基础,与出口方银行或信贷机构签订贷款协议。

③进口商用借来的款项,以现汇方式支付出口商的货款。

④进口商按贷款协议分期偿还出口方银行贷款的本息。

(2)出口国银行贷款给进口方银行的买方信贷的流程。

①进、出口商签订贸易合同,合同生效后,由进口商以现汇支付合同金额15%~20%的定金。

②进口方银行和出口方银行或出口信贷机构签订贷款协议。

③进口方银行将所借的贷款按照协议转贷给进口商。

④进口商以现汇的形式向出口商支付货款。

⑤进口方银行按贷款协议向出口方银行分期偿还贷款本息。

⑥进口方银行和进口商之间的债务由双方商定的办法在国内清偿结算。

3. 买方信贷的一般贷款原则

买方信贷的一般贷款原则主要有以下几个方面。

(1)贷款的使用方向。接收贷款的进口商只能以其取得的贷款,向发放出口信贷国家的出口商、出口制造商或在该国注册的外国出口公司进行支付,不能用于第三国。

(2)贷款购买的标的物。进口商利用买方信贷限于进口资本货物,如单机、成套设备和有关的技术和劳务等,一般不能用于进口原材料和消费品。

(3)资本货物的构成。提供买方信贷国家的资本货物限于是该国制造的,如该项货物系由多国部件组装则本国部件占50%以上。

(4)现金支付。贷款只提供贸易合同金额的80%~85%,其余15%~20%要付现汇,同时贸易合同签订或生效至少要先付5%的定金。

(5)信贷起始日。信贷起始日指偿还贷款的起始日,正式还款日期在信贷起始日后的6个月开始。信贷起始日的确定视不同的标的物而定,一般按交货日期或设备安装调试完毕日开始计算。

(6)最长还款期。正式还款日在信贷起始日后的6个月开始,世界银行公布的Ⅰ类的国家(即富有国家)借款人的最长还款期为5年,Ⅱ类国家为10年。使用电站(核电站)出口信贷的最长还款期限为12年。

(7)本金偿还和利息支付。按等级还款方式,每隔6个月(或不到6个月)偿还一次本金。利息支付的间隔时间不能超过6个月,首次利息支付不得迟于信贷起息日后6个月,不得将利息打入本金。

(8)最低利率。出口信贷一般按商业参考利率加1%计算。

(9)当地费用。出口信贷可用于当地费用,如进口商为完成设备进口而必须在本国或第三国购买的商品或劳务,或出口商为完成设备出口而必须购买的商品或劳务等。申请当地费用的最高金额不超过设备合同价款的15%,Ⅰ类国家当地申请费用仅限于支付保险费和担保费。

4. 买方信贷的贷款条件

买方信贷的贷款条件主要包括以下几个方面。

(1)买方信贷所使用的货币。各国规定有所不同,一般使用提供买方信贷国家的货币,或使用美元,或提供买方信贷国家的货币与美元共用。

(2)申请买方信贷的起点。为促使大额交易的完成,一般对买方信贷都规定有最低申请点,若所购买的资本货物的金额未达到规定起点,则不能使用买方信贷。各国规定的起点不尽相同。

(3)买方信贷利息的计算方法。有的国家一年按365天计算,有的则按360天计算。国际通用的计息时间为"算头不算尾",即当天借款当天计息,还款当天不计息。

(4)买方信贷的费用。使用买方信贷通常支付的费用包括利息和管理费,有的国家还要收取承担费和信贷保险费。

（5）买方信贷的用款手续。出口商与进口商银行签订贷款总协议，规定贷款总额，在进口商与出口商达成交易、签订贸易合同须动用贷款时，根据贸易合同向进口国银行申请，经批准后即可使用贷款。但有的国家规定在签订买方信贷协议之外，根据贸易合同，还要签订具体协议。

5. 买方信贷的作用

20世纪70年代以后，由于买方信贷有着卖方信贷无法比拟的优越性，并在出口信贷中占据主导位置，因而收到普遍欢迎并得以迅速发展。

（1）买方信贷对进口方的有利之处。

①由于在买方信贷条件下，进口商以现汇方式支付货款，因而货价清晰明确，不会掺杂其他因素。

②进口商能够集中精力谈判技术条款和商务条件，并且进口商对于产品的各项指标更加熟悉，这使得进口商在谈判中居于有利地位。

③办理信贷的手续费用是由买方银行直接付款给出口商银行，与卖方信贷条件下的手续费相比要低很多。

（2）买方信贷对出口商的有利之处。

①使用卖方信贷时，出口厂商既要组织生产，又要筹集资金，还要考虑在原始货价之上以何种幅度附加利息及手续费等问题，工作量较大。而在买方信贷条件下，由于进口商是现汇付款，出口商可集中精力按贸易合同的规定保证交货和组织生产。

②因为进口商现汇付款，所以在买方信贷下出口商收到货款后会立即反映出企业的应收账款入账，有利于出口商资产负债状况的改善，也有利于出口商有价证券的上市。

③出口商收到进口商的现汇付款后，能够加速资金的周转，增加利润，提高竞争力。

（3）买方信贷对银行的有利之处。与其他信贷方式相比，由出口商银行直接贷款给进口商银行的买方信贷的发展最为迅速。一般而言，贷款给国外的买方银行，要比贷款给国内的企业风险小，因为一般银行的资信要高于企业。因此，出口方银行更愿承做直接贷给进口商银行买方信贷业务。

案例 10-4

1995年中信公司（承包商）与伊朗德黑兰城乡铁路公司（业主）签订了伊朗德黑兰地铁一期工程机电设备供货合同，金额约为3亿美元，其中15%为预付款，剩余采用出口买方信贷融资。1996年，中信银行作为牵头行和代理行，组织国内13家金融机构，为该项目提供了2.69亿美元的出口买方信贷融资。伊朗地铁银团贷款是我国时间最早、金额最大、参与行最多、结构最复杂、操作最规范的一笔出口买方信贷银团贷款。

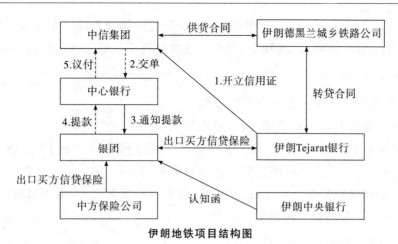

伊朗地铁项目结构图

该项目主要融资条件如下：

- 借款人：伊朗银行。
- 贷款方：中方银团。
- 担保方式：伊朗中央银行出具的"认知函"。
- 保险人：中国出口信用保险公司。
- 贷款金额：2.69亿美元。
- 贷款期限：8年。
- 利率：Libor+1.25%。
- 管理费：融资金额的0.35%。
- 承担费：未提贷款余额的0.15%。
- 代理费：融资金额的0.02%。
- 罚息率：贷款利率+1%。

（三）混合贷款（Mixed Load）

1. 混合贷款的概念及类型

混合贷款是出口国政府为了使本国商品更具国际竞争力，将政府贷款、出口信贷混合在一起提供给进口国的一种新型贷款形式。由于政府贷款含有赠款的成分，利率比一般出口信贷利率更加优惠，此外政府贷款的使用较单纯的买方或卖方信贷来说更灵活、使用范围更广。混合贷款带有援助性质，用于双边合作项目，有利于促进出口国大型设备和工程项目的出口。

混合贷款大体采用以下两种形式。一是对一个项目的融资，同时提供一定比例的政府贷款（或捐赠）和一定比例的买方信贷（或卖方信贷）。政府贷款（或捐赠）和买方信贷（或卖方信贷）分别签署贷款协议，两个协议各自规定不同的利率、费率和贷款期限等融资条件。二是对一个项目的融资，将一定比例的政府贷款（或赠款）和一定比例的买方信贷(或卖方信贷)混合在一起,然后根据赠与成分的比例计算出一个混合利率。这种形式的混合贷款只签一个协议,其利率、费率和贷款期限等融资条件也只有一种。

2.混合贷款的特点

混合贷款的特点主要包括以下几个方面。

(1)政府出资部分占一定的比重,一般占贷款金额的30%~50%。

(2)贷款条件较商业银行优惠。混合贷款的综合利率相对较低,一般为1.5%~2.5%,期限一般为30~50年,而金额可达合同金额的100%。

(3)贷款手续比较复杂。由于混合贷款中含有政府优惠资金,对项目的选择、评估和使用等都有一套特定的程序和要求。

(四)福费廷(Forfaiting)

1.福费廷业务的概念

福费廷是出口信贷的一个类型,是除买方信贷和卖方信贷融资外的一种新的中长期的融资方式。福费廷也称为"包买票据买断",就是在延期支付的大型设备贸易中,出口商将经进口商承兑的或经第三方担保的,期限在半年至五六年的远期汇票,无追索权地售予出口商所在地的银行或大金融公司,提前取得现款的一种资金融通形式。

2.福费廷业务的程序

福费廷业务的具体做法如图10-4所示。

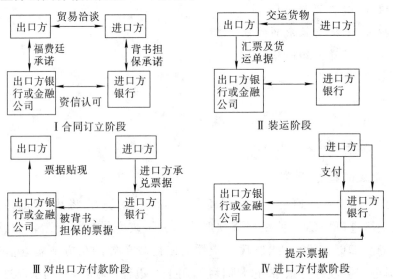

图10-4 福费廷业务的程序

第一步,进出口商在洽谈贸易时,如欲使用"福费廷",应事先和当地银行或金融机构约定,以便做好各项信贷安排,并且要求进口商承兑的汇票要有进口方银行的担保(担保银行要经出口商所在地银行认可其资信)。

第二步,进出口商订立贸易合同时,言明使用"福费廷"。

第三步,出口商发货后,将全套货运单汇票寄交进口商,进口商则将自己承兑的由银行担保的汇票或本票回寄出口商。单据一般通过银行寄送。

第四步,出口商在取得进口商承兑的并附有银行担保的远期汇票或本票后,便可根据约定,以无追索权方式,向约定银行或金融公司提出贴现。

3. 福费廷业务的优点

对进口商来说,福费廷业务手续简便,不像买方信贷那样要多方联系、多方洽谈,即使不能获得买方信贷,也可以得到中期贸易融资,促其贸易顺利进行,不过它要承担较高的货价,还要交付一定的保费或抵押品。对包买商(银行或大金融公司)来说,此业务收益率较高,还可以在二级市场上转让所购买的票据,但他要承担各种收汇风险。对担保行来说,它可以获得可观的保费收入,并保留对进口商的追索权,但它也要承担一定风险。对出口商来说,可以用商业信用形式出口商品,既解决资金周转困难,又促成交易;可减少出口商的负债,因为这不能反映在资产负债表中,出口商可以利用此进行证券融资;信贷管理、票据托收的费用与风险均转嫁给银行;也不受汇率变化与债务人情况变化的风险影响。

特别的是,企业在中国办理福费廷业务可以提前享受退税。根据国家外汇管理局的规定,"对于通过福费廷业务方式取得的外汇资金,银行应当按规定为出口单位办理结汇或入账后续后,出具核销专用联",因此,企业可在融资日直接凭借该核销联去税务部门办理退税手续,不需要等到买方的到期付款日。

4. 福费廷业务与一般贴现业务的区别

福费廷与一般贴现的主要区别如表 10-1 所示。

表 10-1 福费廷业务与一般贴现业务的区别

项目	一般贴现	福费廷
贴现票据遭到拒付时有无追索权	银行对出票人有追索权	银行对出票人无追索权
业务中涉及的票据种类	贴现的票据为一般国际贸易往来中的票据	与出口大型成套设备、装备相联系的票据
有无银行担保	无银行担保	由一流大银行担保
收取费用	只按市场利率收取贴息	不仅收取利息,还收管理费、承担费和罚款等

5. 福费廷业务与保理业务的区别

福费廷与保理业务虽然都是由出口商向银行卖断汇票或期票,银行对出口商无追索权,但两者之间还是有区别的。其区别如表 10-2 所示。

表 10-2 福费廷业务与保理业务的区别

项目	保理	福费廷
使用范围	适用于国际贸易的普通商品,金额较小,时间多在一年以下	适用于大型成套设备的出口,交易金额大,付款期限长
是否需要进口商所在地银行对汇票的支付进行保证	不需要	必须履行该程序
是否需要进出口商事先协商	不需要	必须履行该程序
业务内容	综合性业务	单一融资业务

6. 福费廷的债权凭证和担保方式

在福费廷业务中使用的票据类型如下。

(1)出口商出具的并已被进口商承兑汇票。

(2)进口商出具的以出口商为收款人的本票。

(3)由进口商往来银行开出的远期信用证项下的已承兑汇票。

(4)由包买商可接受的担保人出具独立保函所保付的、以进口商为付款人的汇票或进口商自己出具的本票。

(5)由包买商可接受的第三者加注了保付的签字(Per Aval)的汇票或本票。

担保的形式有两种:一是保付签字,即担保银行在已承兑汇票或本票上加注"Per Aval"字样,写上担保银行的名称并加签,从而构成担保银行不可撤销的保付责任;二是由担保银行出具单独的保函,这是一个独立于商品交易合同的法律文件,担保银行对各期票据的到期偿付负有无条件的、不可撤销的担保和经济赔偿责任。

7. 福费廷业务的操作对象及其利弊分析

福费廷业务涉及四方当事人:进口方、出口方、担保人和福费廷公司。其办理福费廷业务的成本分析如下。

(1)对进口方来说,它的有利之处体现在能够获得出口方提供的中长期固定利率的贸易融资,且要求提交的单据少,手续简单。但是,其长期占用进口方的信用额度及进口方须承担银行的担保费,还有可能转嫁部分融资费用致使出口商品价格提高。

(2)对出口方来说,它可以获得无追索权的贸易融资,转移外贸中的利率、汇率、信用和国家风险,同时改善企业资产负债比率,增强资产流动性。但是,出口方的融资成本较高且很难找到一个使福费廷公司满意的担保方,出口方还必须了解进口国有关商业票据和担保的法律规定。

(3)对担保人来说,它可以获得一笔可观的担保费收入且扩大其在国际市场的影响。但是,一旦进口方不能履行付款责任,担保人担负无条件的还付责任,履行还付责任后,担保人可以向进口方追索款项,但能否追回则要视进口方的资信情况。

(4)对福费廷公司来说,它的好处在于文件简单、手续方便,债券资产可在二级市场上流通且其收益率较高。但是,其承担出口贸易融资中的所有风险,对出口方的融资无追索权,且福费廷公司必须了解进口国有关商业票据和保函的法律规定。

案例 10-5

国内某家设备制造公司参与印尼一项大型设备国际招标项目,标的价值为 600 万美元。若中标,印尼进口商将向中标公司开具印尼国家银行 3 年远期承兑信用证。国内该公司为了取得这个出口合同,必须同意相关支付条款,向进口商提供 3 年信贷,可是又不想在 3 年后才收到货款,承担延期付款的风险。经过多方考虑,福费廷是最适合的财务解决办法。

(1)询价。该公司需要将融资成本计入出口设备单价中,要联系一家拥有福费廷业务资格的商业银行,要求其提供一个出口到印尼的 3 年融资报价。

(2)报价。商业银行会要求公司提供相关资料,了解合同贸易背景。针对该笔业务,银行工作人员会调查印尼的国家风险程度、印尼国家银行是否在融资商可接受的银行名单内、其信用额度余额等信息作为报价的依据。

(3)签约。该公司会严格计算融资成本,并计入设备单价里,并与银行签署福费廷融资协议。

(4)履约。中标后,公司与印尼进口商签署出口合同,进口商向印尼国家银行开立远期承兑信用证,国内公司收到该信用证后,可以生产设备用以出口。货物运往印尼后,印尼国家银行便开具延期付款的汇票给国内公司,该公司将汇票以"无追索权"的形式背书后提供给银行,银行则按照协议支付折现的款项给公司。

(5)索偿。汇票到期时,银行将汇票寄交给印尼国家银行收取有关款项。如果未能按时付款,银行只能委托律师起诉,而不能向该公司追索。

第三节 国际租赁

一、国际租赁的概念及特点

(一)国际租赁的概念

所谓"租赁",从广义上讲是一种以一定费用借贷实物的经济行为,即出租人在一定时期内把租赁物租借给承租人使用,并通过收取租赁费,收回全部或部分投资,承租人则按租约规定分期偿还租赁费以取得租赁物使用权的一种经济活动。国际租赁就是跨国租赁,指位于不同国家的出租人和承租人之间所建立的租赁关系。

(二)租赁的特点

当代租赁业务作为一种新的融资方式,具有如下特点。

第一,租赁双方是以租赁合同为基础的契约关系。

第二,租赁物的所有权与使用权分离。

第三,融资与融物相结合。

第四,租金分期回流。

(三)租赁的优越性

租赁业务有许多优越性,主要表现在以下几个方面。

第一,它是国际融资的一种新方法。

第二,它是进行国内外销售的辅助渠道。

第三,方式灵活、手续简便。

第四,税收上可获得优惠。

第五,免受通货膨胀和利率变动的影响。

二、国际租赁的形式

(一)金融租赁(Financial Lease)

金融租赁,又称"融资租赁",是国际租赁业务中使用最多、最基本的形式。它是指一国出租人根据另一国承租人的请求及提供的规格,出租人出资购买后出租给承租人使用且订立合同,以承租人支付租金为条件授予承租人使用设备的权利。租赁期满后,可以退租、续租或转移给承租人。

1. 金融租赁的主要特征

(1)金融租赁涉及承租人、出租人和供货商三个关系人,并通过国际贸易及租赁合同将三方当事人有机的联系在一起。

(2)由出租人保持设备所有权,承租人在租期内享有设备使用权。

(3)一般情况下,租期内租赁双方无权终止合同,即承租人不能以退还设备为条件而提前终止合同,出租人也不能以市场涨价为由而在租期内提高租金。

(4)设备的所有权和使用权长期分离,且设备的保险、保养、维护等费用及设施过时的风险均有承租人承担。

(5)全额清偿,租金总额等于设备货价加入贷款利息、租赁公司管理费和利润,也成为"完全付清"的租赁。

2. 金融租赁的程序(如图10-5)

(1)选定设备。

(2)申请租赁。

(3)签订租约。

(4)签订购货协议。

(5)转让购货协议。

(6)交货。
(7)支付货款。
(8)支付租金。

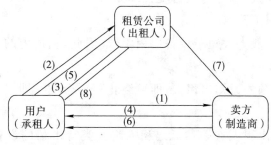

图 10-5　金融租赁的程序

3.金融租赁的形式

金融租赁的形式是多种多样的,主要有直接租赁和转租赁两种。

(1)直接租赁是指租赁公司购进设备后,直接出租给用户的一种租赁方式。

(2)转租赁是指租赁公司购进设备后,再转租给另一家租赁公司,再转租给承租人的一种租赁形式。它的目的是从其他租赁公司获得资金融通,扩大自己的资金业务,同时利用各国间关于税务规定的差别获得更多的免税好处。它涉及两个独立的租赁合同,即国际租赁合同和国内租赁合同,可以说是真正的租赁合同。

转租赁的具体程序如图 10-6 所示。

①租赁物件的确定。

②申请租赁签订租赁合同。

③签订买卖合同。

④签订地位转让合同。

⑤签订租赁合同。

⑥缴付货款。

⑦向用户发送货物。

⑧按期缴付租金。

⑨按期交付租金。

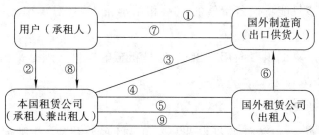

图 10-6　转租赁的具体程序

(二)经营租赁(Operating Lease)

经营租赁也叫"服务性租赁",是一种不完全付清的租赁,出租人除提供融资外,还提供维修、保养、零部件更换等服务。租金包括维修费。

其主要特点包括以下几点。

第一,租期较短,一般大大短于设备使用年限,因此,租期内的租金不足以偿付出租人为购买设备的资本支出。

第二,承租人只需预先通知出租人,即可终止租赁合同。即出租人一般负责设备的维修和保养。

第三,设备一般由出租人选购然后出租人将各类待出租的设备按不同的租期和支付方式,分别列出租赁费率供承租人选择,且租赁物始终属于出租人所有。

第四,所出租的设备一般属于需要高度保养和管理技术的、技术进步快的、反复使用的机器和设备,如汽车、电子计算机、地面卫星站等。

采用经营租赁对承租人来说有很多的好处:承租人可以短期租赁一项设备,这样就有一个试用设备的机会;能减少设备过时陈旧的风险;承租人可以利用出租人提供的某些低费用、高质量的服务等。

(三)衡平租赁(Leverage Lease)

衡平租赁也称"杠杆租赁",是指在出租人购买设备时,自己投资20%~40%,其余60%~80%由银行等金融机构提供无追索权的贷款解决,即可享受法律上对该设备100%投资的同等待遇,出租人再以较低的租金将设备出租给承租人。这种租赁方式是20世纪70年代末首先在美国发展起来的形式较为复杂的融资租赁,它是金融租赁的一种特殊形式。

1. 衡平租赁的主要特征

(1)衡平租赁至少有三方面的关系人:承租人、出租人和长期贷款人,有时还涉及物主托管人和契约托管人。

(2)出租人通常以无追索权借入长期货币,以租金和设备作为贷款的抵押,且出租人购买出租的设备至少必须付出设备价格的20%作为其本身的投资。

(3)出租人最多只能将设备价值的80%租给承租人,且对承租人使用设备不能加以任何限制。

(4)出租人可以降低租费向用户出租,但是租金的偿付必须是平衡的,在各个时期所付租金不能悬殊太大。

2. 衡平租赁的优点

(1)对出租人而言,以较低的投资获得100%的税收优惠,且保有租赁物的所有权;对出租人所借贷款,贷款人无追索权。

(2)对承租人而言,租赁费远低于一般金融租赁的租赁费,并可获得承租人的一切正常利益。

(3) 对贷款人而言,所担风险只是投资设备的 60%～80%,并用设备作为担保,且贷款利率固定,因此具有良好的保险性。

(四) 回租租赁(Sale and Leaseback Lease)

回租租赁是指出租人从拥有和使用设备的公司买下设备,再将设备返租给原物主继续使用,设备的所有权归出租人,使用权归原物主。原物主则按租赁合同规定,分期支付租金。

回租租赁一般用于以使用过的设备,经过回租,原物主可以得到一笔资金,以改善财务状况,加速资金周转。

(五) 综合租赁

综合租赁是指将融资租赁业务与某一贸易方式相结合的租赁形式,可以与补偿贸易、加工装配、包销等贸易方式相结合。从而减少承租人的外汇支出,扩大承租人与出租人之间的贸易往来,促进商品贸易和租赁业务的共同发展。

综合租赁的主要方式包括以下三种。

1. 租赁与补偿贸易相结合

在这种方式下,出租人将机器设备等出租给承租人,承租人用租来的资产所生产的产品偿付租金。

2. 租赁与包销相结合

这种方式是出租人把机器设备等租给承租人,承租人所生产的产品由出租人包销,出租人从包销收入中扣除租金。

3. 租赁与加工装配相结合

这种方式是承租人在租金设备的同时,承揽出租人的加工装配业务,并以这些业务的加工费收入来抵付租金。

三、当代国际租赁业务的发展变化

(一) 租赁物的变化

随着生产和科技的发展,国际租赁的领域不断拓宽,经营范围越来越广,租赁物件从生产领域的机器设备扩大到生活领域和其他方面。除了常见的各类工、商、农业设备机械,办公室用设备和数据处理设备,电子计算机、医疗器械、通讯仪器、石油开采设备、运输设备、火车车厢和飞机船舶外,一些价值上亿美元的卫星系统和核发电站等也成为租赁对象。

(二) 出租人和承租人的变化

出租方主要由金融机构、制造厂商的附属租赁部门和专营租赁业务的公司构成,因为国际租赁业务往往针对价值高昂的大型长期项目,租赁公司一般以银行或其他金融机构为后盾,增加资金实力,降低风险。由于租赁物品的增加,承租方从生产企业扩大到一般企业、政府、医院、学校及个人。为满足不同种类承租人的需要,各租赁机构积极开展业务活动飞并向海外扩张势力,以利用国外优惠政策,降低租金,争取更多的客户,扩大成交额。他们在国际租赁市场上相互渗透,或组成多国租赁集团,或依靠国际租赁组织,展开激烈的竞争。

(三)租赁合同内容的变化

国际租赁业务,除影响作为直接当事人的出租人与承租人外,往往还涉及供货人、贷款机构或租赁设备的维修保养者,其内容复杂、形式多样、有效期较长,影响因素很多。在执行过程中,常常用国际租赁合同规范各方的权利和义务。为了能使一项国际租赁业务得以顺利履行,在签订租赁合同前,承租人应对租赁公司的选择、租赁物件的选定、租赁物件的价格洽谈、租赁基期的期限、租金支付频率、租金支付方式(预付或后付)、租赁物件的交货期与承租人的生产准备工作的衔接等问题予以慎重考虑。

四、国际租赁程序与国际租赁合同

(一)国际租赁程序

国际租赁业务的基本程序如下。

1. 准备阶段

准备阶段主要是指选定租赁设备,即承租人自选所需租赁物件,并与国外制造商商定设备的型号、品种、规格、价格和及交货期,用户也可以委托国内租赁公司选定设备、探寻价格。

2. 委托阶段

委托阶段主要是指承租人与制造商洽谈妥当后,向租赁公司提出租赁申请,租赁公司审查承租人的财务状况,据此决定是否接受委托。

3. 洽谈阶段

洽谈阶段主要包括国内租赁公司就用户指定的设备物件与国外制造商洽谈和国内租赁公司与国外租赁公司洽谈,将其购买的设备物件转让给国外租赁公司,并向其提出租赁申请。

4. 签订合同阶段

签订合同阶段主要是国内租赁公司与国外租赁公司商讨租赁条件,签订租赁合同。

5. 设备引进阶段

设备引进阶段主要是指租赁公司缴付设备价款后,购进设备,承租人做好报关、运输、提货及检验工作。

6. 支付租金阶段

支付租金阶段主要包括承租人按期向国内租赁公司缴付租金和国内租赁公司向国外租赁公司缴付租金。

(二)国际租赁合同的内容

近年来,各国租赁公司所采用的租赁条款趋向一致,但尚无为一般出租人均能接受的标准格式。

但租赁合同一般包括以下主要条款:合同当事人的名称与地址;租赁物件的品名、规格、牌号、数量、技术标准及交货期;租赁业务的开始日期及合同的有效期;租金的数额及支付方式;租赁物件的购买和交货条件;货物的验收;进口税、工商税以及其他税款的缴纳;租赁物件的保管、使用及有关费用;租赁物件的灭失及损毁;租赁物的保险;租赁保证金;违反合同的处理;货物的维修;租赁期满后租赁物件的处理;担保人;仲裁条款。

(三)租金

1. 租金的构成

出租人向承租人提出的租金一般包括以下项目。

(1)设备的购置成本。即为设备的原价加上运费和途中保险费,如有残余值,应该将其排除。

(2)租赁期间的利息费。即为取得设备,租赁公司向银行或其他金融机构筹措资金所支付的融资成本。

(3)手续费。即租赁合同规定由出租人负责提供各项税款、保险、运费、保养、维修、培训人员等方面的费用,还包括开展租赁业务所发生的其他费用支出。

(4)利润。

2. 租金的计算

租金计算的一般公式如下:

$$租金 = \frac{(租赁物价原价+运费等-估计残值)+利息+利润+手续费等}{租期}$$

在以上公式中,残值是指租赁合同期满时租赁物的市场价值,减去残值有助于减轻承租人的负担。但估计残值是件复杂的工作,要考虑租赁期间设备的陈旧程度、通货膨胀及其他因素,因此很难得出精确的数值。我国的租赁公司在融资性租赁计算租金时,将设备买价全部折算完,不留余值,待合同期满时,由承租人以1元人民币的名义价格买下。

3. 租金的支付方法

租金的支付方式多种多样,目前国内外通行的有以下几种支付方式。

(1)等额分期支付法。即承租人定期支付等额租金,租赁期满,出租人完全收回租赁物的本利。从租金支付的时间先后来分,可分为期初等额分期支付法和期末等额分期支付法。

①期初等额分期支付法,规定每次租金均在每期开始日支付,其公式如下。

$$期初每次支付租金金额 = \frac{租赁物价价款 \times 每期租金率 \times (1+每期租金率)^{n-1}}{(1+每期租金率)^{n-1}}$$

②期末等额分期支付法,规定每次租金均在每期支付期末支付,每次支付金额的计算公式如下。

$$承租人每次支付的租金(本加利) = \frac{租赁物价价款 \times 每期租金率 \times (1+每期租金率)^{n-1}}{每期租金率 \times (1+每期租金率)^{n-1}}$$

(2)等额付本支付法。即每期平均支付租赁物价本金的租金支付方法。每期应付租金的计算公式如下。

$$第 t 期应付租金 = 按第 t 期租赁物价本金未付余额计算的第 t 期应付利息 + \frac{第 t 期租赁物价本金未付余额}{租金支付次数}$$

$$按第 t 期租赁物价本金未付余额计算的第 t 期应付利息 = 第 t 期租赁物价本金未付余额 \times (1+每期租金率)^{n-1} - 第 t 期租赁物价本金未付余额$$

公式中,n 为每期租金复利次数。

(3)平息支付法。给定一个租金常数,即平息数,通常是由出租人根据每笔租金交易的成交金额、承租人资信、交易货币、租赁期、当时的市场利率水平和租赁物价的性质等因素所表示的每 1 元租赁成本应付租金数。承租人依此来计算租金总数和每次应付租金额。其计算公式为:

$$承租人每次支付的租金(本加利) = \frac{租赁物价价款 \times 常数(平息数)}{租金支付次数}$$

中国国际信托投资公司就采用这种方法。

(4)递延支付法。该方法是为了弥补等额支付法的不足而设立的。在支付租金方面给予承租人一定的宽限期,在宽限期内不需付租。直到预计设备安装结束进入正常生产后的一段时间才开始支付,这种方法适用于一些投产期较长的项目。采用这种方法的好处在于承租人可以将付租时间推后,不必因自有资金不足或经济效益不佳而另外筹资来支付租金,缓解了承租人在租赁期初就要付租的压力。但由于租赁期的延长推迟了出租人的资金回收,增加了其投资风险,一般租金较高,特别是当宽限期的利息加进本金后,按复利计算会进一步加重承租人的负担。

(5)递增支付法。根据租赁物件预计经济效益的逐步提高,每期所付租金也同步增加。

一般来讲,租金支付的间隔时间越短,承租人的成本就越高,反之,就会降低。

案例 10-6

项目融资实例

我国首例项目融资是山东日照电厂项目。这一项目 1993 年 3 月由国家计委正式立项。山东是我国沿海开放地区,进入 20 世纪 90 年代,山东经济更是突飞猛进的发展,但电力缺乏对经济发展的制约作用也越来越突出。为此,山东省政府经过认真勘察、仔细论证,决定在沿海新兴城市日照兴建一个电热厂。由于本项目投资额较大(一期工程装机容量2×35万千瓦,投资人民币49亿元),单靠国内资金是难以承受的,于是山东省决定走中外合作之路。1993年10月山东省电力公司代表中方与以色列著名大财团国际联合开发财团(UDI)签署了《中外合作经营山东日照发电有限公司协议书》。以下对山东日照发电厂项目进行具体的论述。

1. 如何确定资金来源和资金成本(贷款利率)

按照大型基建项目资金的安排比例,项目合作经营公司需要负担该项目所需资金的25%左右,其余资金则需在国内外筹措,UDI公司的任务之一便是利用其在国际资本市场上的信誉和经验,为合作公司在境外筹措贷款。

在项目第一大股东中国电力投资有限公司主持下,与贷款方经过艰苦的谈判将美元长期贷款利率8.6%~9.0%最终确定为经合组织(OECD)规定的优惠利率。

整个项目贷款总额为3.5亿美元,其中85%为出口信贷,利率在德国和西班牙两家银行分别为6.6%和5.95%,综合利率为6.27%左右,期限为12~16年。其余贷款为商业贷款,利率按国际惯例实施浮动制。由中外7家股东(中国电力投资有限公司、山东华能公司、山东电力公司、山东省国际信托投资公司、日照市经济发展公司、以色列UDI公司、德国西门子公司)合作经营的日照电厂项目在采用"项目融资"方式获得贷款后正式启动。

2. 如何转移和分散项目的风险

整个合同以中外7家股东的合营合同为基础,把各投资方、贷款银行、项目总承包商,甚至包括国内相关的电力燃料公司、电网公司、国内外设备供应以及相当一批负责设计、施工、调试的国内30余家企业组织在日照项目的合同中。那么项目的风险又是如何在股东和有关各方面分散的呢?

第一,山东省政府和电力部给予合营项目公司及两家贷款银行的支持保证,从政府角度表示支持,并且对未来电价作了承诺,对外汇汇出的有关情况作了解释。这一保证实际上基本消除了贷款方的政策风险。

第二,合营项目公司与作为承包商的山东电力公司签署的供煤、运行、维护和购电合同以及电力发展合同。

电力发展合同实际上是保证工程完工的合同,按此合同规定,山东电力公司在正式开工42个月内按固定预算完成电厂建设。在购电合同之外,又有山东电力公司于设备、燃料供应商的两大组共6项合同保证购电合同的正常运行。

第三,《山东电力协议》的内容实际上重申山东电力公司在运行购电合同中关键条款的规定,特别是支付电费的义务。这一协议的签署实际上是明确了贷款方有权向山东电力公司追索相应债务。

第四,"保证协议"使贷款方取得还款更具操作性。"保证协议"是由贷款方、建行为一方,合作公司为另一方签署的,协议规定,今后项目的全部现金收入,必须进入建行监管的专门账户,并确定国外贷款为优先债务;贷款方还为此设计了一整套保护账户结构。

第五,德国、西班牙两家银行分别向本国的信贷保险机构取得了贷款风险的担保。

日照电力项目的贷款期限为12~16年,期限长,变数多,风险也就含在这种背景中。对于投资者和贷款者来讲,既要赚取利润又要减少风险,利益是一致的。为此,双方共同完成的上述环环相扣、交互作用的合作结构,为未来的风险设置了道道屏障、层层阻隔,实现了项目风险的转移和分散。

关键词

打包放款　出口押汇　卖方信贷　买方信贷　福费廷

复习思考题

1. 简述国际融资的主要途径及各种融资方式的特点。
2. 简述买方信贷与卖方信贷的业务流程与区别。
3. 简述福费廷业务的利弊及其操作流程。
4. 什么是国际租赁？国际租赁的方式有哪些？金融租赁与经营租赁的异同是什么？
5. 开展国际租赁业务对外经贸企业有何现实意义？
6. 计算:某企业欲向某租赁公司租赁一套设备,设备的概算成本为60万元,期限为10年,折现率为6%,以年金法计算,若先付,每期租金为多少？

第十一章　关贸总协定与世界贸易组织

学习目标

了解全球多边贸易体制的发展历程,包括关税与贸易总协定和世界贸易组织产生的历史背景;深刻理解世界贸易组织的宗旨、原则,熟悉其基本架构、运行机制以及主要协定内容;理解中国加入 WTO 的重大意义;能够搜集数据,总结中国入世以来开放型发展的成就,分析中国如何在多边贸易体制框架内发挥积极作用。

学习重点与难点

世界贸易组织的前身——关税与贸易总协定及其多边贸易谈判成果;世界贸易组织的宗旨、职能、组织机构;世界贸易组织的运行机制;中国加入世界贸易组织的历程。

课堂导入

美国公布拟对华 2000 亿美元商品加税清单
商务部表态立即向 WTO 追加起诉[①]

特朗普政府再次推动了中美贸易战的加速升级。2018 年 7 月 10 日,美国宣布将对额外 2000 亿美元中国商品加征 10% 的关税,并公布了一份长近 200 页、涉及 6000 余种商品的清单。

2018 年 7 月 11 日,商务部新闻发言人表示,美方以加速升级的方式公布征税清单,是完全不可接受的,中方对此表示严正抗议。美方的行为正在伤害中方,伤害全世界,也正在伤害其自身,这种失去理性的行为是不得人心的。

该发言人称,中方对美方的行为感到震惊,为了维护国家核心利益和人民根本利益,中国政府将一如既往,不得不作出必要反制。中方将立即就美方的单边主义行为向世界贸易组织追加起诉。与此同时,中方呼吁国际社会共同努力,共同维护自由贸易规则和多边贸易体制,共同反对贸易霸凌主义。

——节选自《21 世纪经济报道》

---

① 夏旭田. 美国公布拟对华 2000 亿美元商品加税清单 商务部表态立即向 WTO 追加起诉[N]. 21 世纪经济报道,2018—07—12(002).

讨论：

(1)为实现贸易利益，各国应该遵循贸易保护主义，还是应该推行自由贸易？

(2)随着各国之间贸易往来的扩大，不可避免地出现一些利益摩擦和冲突，要解决国际贸易中不断出现的问题，是否需要建立一系列规范贸易行为的制度？各国贸易能否在追求各自利益最大化的基础上达成共识，建立趋于统一的国际贸易规则和体制？

世界贸易组织（World Trade Organization，WTO）是一个基于规则的、由成员驱动的组织。它的所有决议都由成员国政府制定，其规则也都出自于各成员国的协商或谈判，因此可以从以下角度来看待WTO：它是一个致力于贸易自由化的组织，是政府间展开贸易协议谈判的论坛，为贸易争端的解决提供了场所，它依据一套贸易规则体系而运作。从本质上说，WTO只是供成员国政府间设法解决他们所面临的贸易问题的场所，并不能解决或引起世界上的所有贸易问题。

WTO成立于1995年1月1日，但它并非真的如此年轻。如果作为一个贸易体系，WTO实际上已经存在了近半个世纪，这要追溯到其前身——关税与贸易总协定。

第一节 关贸总协定

一、关贸总协定（GATT）的概念和宗旨

（一）GATT的概念与特征

关税与贸易总协定（General Agreement on Tariffs and Trade，GATT），简称"关贸总协定"，是指关于调整和规范缔约国之间对外贸易政策和国际经济贸易关系等方面的相互权利与义务的国际多边协定，与世界银行、国际货币基金组织并称为"国际经济体系三大支柱"，有"经济联合国"之称。

GATT作为世界贸易体制历史发展中的一个特定产物，具有以下三个典型特征。

1. 临时性

GATT从1948年正式生效到1995年正式退出世界贸易历史舞台，它所扮演的角色尽管囊括了多边贸易规则的制定推动者、8轮多边贸易谈判的组织与协调者、贸易争端的斡旋与调停者、WTO的孕育者等多种角色，但"临时""替代"的色彩始终伴随着GATT产生与发展的全部过程。

2. 契约性

GATT的诞生标志着世界多边贸易体系开始形成，而这个体系运转的立足点就是参加进来的多国共同签署的一个有约束力的多边契约。被称之为"缔约方"的GATT的所有缔约之间保持着一种类似合同当事人间的法律权利和义务的平衡关系，使世界多

边贸易逐步走向自由化的预设目标。

3. 开放性

GATT 的成长与发展不仅归功于其对缔约方加入的开放,还取决于它对谈判和讨论议题的开放。从 1947 年第 1 轮谈判的 23 个创始缔约国到 1994 年第 8 轮谈判的 123 个参与方,GATT 的缔约队伍发生了从量到质的变化,加入关贸总协定已成为全球各个国家和地区进入世界经济贸易大家庭的共同追求目标。在越来越多缔约方的参与努力下,GATT 主持谈判的议题也从最早的降低关税、消除贸易壁垒逐步扩展至包括货物贸易、服务贸易、与贸易有关的投资措施、与贸易有关的知识产权等多个领域。这种开放、包容与发展的直接结果之一就是 1995 年 WTO 的正式诞生。

(二)GATT 的宗旨

GATT 在其序言中提出:"缔约国各方政府认为,在处理它们的贸易和经济事业的关系方面,应以提高生活水平、保证充分就业、保证实际收入和有效需求的巨大持续增长、扩大世界资源的充分利用以及发展商品生产与交换为目的。希望达成互惠互利协议,这一目标导致成员间大幅度地削减关税和其他贸易障碍,取消国际贸易中的歧视待遇以对上述目的作出贡献。"

不过事实上,总协定成立时就在很大程度上由美国控制。随着西欧、日本经济的迅速发展,经济实力对比发生了重大变化,总协定才又逐步成为美国、西欧共同市场、日本之间较量经济实力和争夺市场的场所。因此,总协定素有"富人俱乐部"之称。但是,随着第三世界的壮大和发展中国家缔约国数目逐渐增加,这种状况正不断改善。虽然在总协定中,谈判的主要对手仍然是美国、西欧和日本等,但发展中国家在总协定中的发言权逐步增加,它们的利益也受到一定程度的重视,并能争取享受有利于发展中国家的优惠待遇。

二、GATT 的建立和临时适用议定书

(一)GATT 的签署背景

1930 年 6 月,美国国会通过了有史以来最严厉的贸易保护法案——《斯姆特—赫利关税法》(Smoot-Hawley Tariff Act),修订了 1125 种商品的进口税率,其中 890 种商品的税率被提高,平均进口税由原来的 38% 提高到 60%。由此引发了一场关税报复战:加拿大将 16 类美国商品的关税提高了 30%;意大利对美国汽车征收 100% 的关税;英国对凡歧视其商品的国家一律征收 100% 的关税。面对关税不断升级的混乱局面,当时唯一的国际组织——国际联盟并没有发挥任何实质作用。到 1932 年,世界贸易由 1929 年的水平下降 25%,世界工业生产萎缩了约 30%。

1932 年,竞选美国总统的罗斯福以走出大萧条,重振美国经济为主要目标,提出世界贸易自由化。他当选后,从 1934 年起,开始在互惠基础上同主要贸易伙伴举行双边削减关税的谈判。1941 年,美、英签署的《大西洋宪章》提出,通过双边和多边谈判来削减关税以寻求国际经济合作。例如,主张每个国家都有权要求它的合法贸易不因别国过度的关税、配额或限制性的单边或双边实践而遭受扭曲或损害。这种合作的思想迎合了当时的社会需求,各国希望建立一个国际贸易组织(International Trade Organization, ITO)。1947年11月11日,联合国"贸易与就业会议"上,各国代表就美国提交的建立《国际贸易组织宪章》草案(即《哈瓦那宪章》①)展开讨论。该草案虽然得到了当时56个国家代表的同意,但建立ITO的努力还是以失败告终,不过美、英、法等23个国家(包括中国)达成了123项关税减让协议(涉及5万多种商品),并与《国际贸易组织宪章》中的贸易政策部分一起汇编成《关税与贸易总协定》,于1947年10月30日签署,后被人们称为《GATT1947》。

(二)《GATT1947》临时适用议定书

为使《GATT1947》按预期在1948年1月1日正式投入运行,让各签署国尽快享受到削减关税的好处,美国联合英国、法国、比利时、荷兰、卢森堡、澳大利亚和加拿大等8国于1947年11月15日签署了《关税与贸易总协定临时适用议定书》,宣布从1948年1月1日起临时适用关贸总协定。1948年又有包括中国在内的15个国家签署了该议定书,这23个国家就成为了GATT的创始缔约方。各缔约方还约定ITO成立后,以《宪章》的贸易规则部分取代GATT的有关条款。

GATT以"临时"的形式正式生效,是期待日后ITO宪章生效后能自动成为其宪章的组成部分。但ITO始终未能建立,GATT不得不"临时"适用了40多年,直至WTO成立。因此,从法律上讲,GATT至今还未正式生效。GATT的条约具有法律效力是依据《关贸总协定临时适用议定书》,GATT缔约国只是根据这一议定书签署加入GATT议定书才适用于GATT。

《GATT1947》共4个部分38条。最初只有3个部分:第一部分包括最惠国待遇和关税减让表;第二部分是实质性规则,包括国民待遇、反倾销和反补贴、海关估价、取消数量限制等内容;第三部分主要是程序性规定;第四部分是1965年增加的,涉及发展中国家的特殊需要。针对《GATT1947》的4个部分,临时适用议定书规定如下。

澳大利亚联邦、比利时王国(宗主国本土)、加拿大、法兰西共和国(宗主国本土)、卢森堡大公国、荷兰王国(宗主国本土)、大不列颠及北爱尔兰联合王国(宗主国本土)和美利坚合众国政府,同意1948年1月1日和该日之后。

(1)临时适用关税与贸易总协定的第一部分和第三部分。

(2)在不违背现行立法的最大限度内临时适用该协定的第二部分,但是所有上述政府必须在不迟于1947年11月15日签署本议定书。

(3)上述政府应于1948年1月1日或在其后联合国秘书长收到这种适用通知之日起30天期满时对其宗主国本土以外的任何领土临时适用总协定。

---

① 《哈瓦那宪章》草案的主要内容包括:就业与经济活动、经济发展与振兴、贸易政策规则、限制性商业惯例、政府间商品协定以及有关国际贸易组织建立的相关规则。其中的贸易政策部分已被后来于1948年1月1日生效的《关税与贸易总协定》广为吸收。

(4) 本协定书在联合国总部开放签字：于1947年11月15日之前，供未于本日签署的本议定书第1款中所列的任何政府签字；于1948年6月30日之前，供未于本日签署本议定书的联合国贸易和就业大会筹备委员会第2次会议结束时通过的最后文件的任何签字国政府签字。

(5) 适用本议定书的任何政府可自由地撤回这种适用，这种撤回应于联合国秘书长收到该撤回的书面通知之日起60天期满时生效。

(6) 本议定书正本应交联合国秘书长保存，秘书长将向一切有关政府提供本议定书的核对无误的副本。

以上条款可以看出，GATT的第1部分和第3部分必须无例外地适用，而临时适用议定书规定的"现行立法"条款（即第2部分须"在不违背现行立法的最大限度内"临时适用）表明，如果国内法的规定与GATT第2部分的规定有抵触，国内法优先，这也被称为"祖父条款"。该条款使那些不能完全遵守总协定第2部分的国家在"临时"的基础上遵守总协定的规定，而不需要改变其现有的国内立法。

随着国际经济贸易形势的发展，原总协定的一些条款已不能适应新的形势变化。在乌拉圭回合多边贸易谈判中，对该协定的第2条、第12条、第17条、第18条、第24条、第25条和第28条等进行了修改，形成了《1994年关贸总协定》（GATT1994）。关贸总协定继续以《1994年关贸总协定》的形式存在，成为世界贸易组织的有关协定和协议的组成部分，继续作为国际货物贸易的重要法律准则。

三、GATT的多边贸易谈判及其成果

尽管GATT严格来说只是一个法律文本，对缔约国不构成强有力的约束，但其围绕关税等贸易问题进行了8轮多边贸易谈判（表11-1），使多边贸易体制得到不断强化，缔约国数量由最初的23个创始缔约国发展到123个缔约国，影响力日渐强大。

表11-1　GATT的贸易谈判

届次	年份	谈判地点/谈判名称	主要议题	参加国
1	1947	日内瓦	关税	23
2	1949	安纳西	关税	13
3	1951	托奎	关税	38
4	1956	日内瓦	关税	26
5	1960—1961	日内瓦（狄龙回合）	关税	26
6	1964—1967	日内瓦（肯尼迪回合）	关税、反倾销措施	62
7	1973—1979	日内瓦（东京回合）	关税、非关税措施及框架协议	102
8	1986—1994	日内瓦（乌拉圭回合）	关税、非关税措施、规则、服务、知识产权、争议解决、纺织品、农业、WTO的建立等	123

资料来源：译自WTO。

这8轮谈判成果丰硕，为世界经济作出了卓越贡献。

第1轮谈判于1947年4月至10月在瑞士日内瓦举行。23个缔约方在7个月的谈

判中，建立了一揽子贸易规则，对涉及 100 亿美元贸易额（占 1/5 世界贸易总额）的商品达成 45000 项关税减让，使发达国家 54% 的进口商品平均降低关税 35%。GATT 也随谈判的成功和临时适用议定书的签订而临时生效。这轮谈判虽然是在关贸总协定草签和生效之前进行的，但人们习惯上将其视为关贸总协定的第 1 轮多边贸易谈判。

第 2 轮谈判于 1949 年 4 月至 10 月在法国安纳西举行。这次谈判主要是为了给处于创始阶段的欧洲经济合作组织成员提供进入多边贸易体制的机会，促使这些国家为承担各成员间的关税减让做出努力。该谈判总计达成 147 项关税减让协议，达成了约 5000 项商品的关税减让，使应税进口值达 5.6% 的商品平均降低关税 35%。

第 3 轮谈判于 1950 年 9 月至 1951 年 4 月在英国托奎举行。这轮谈判的一个重要议题是讨论奥地利、联邦德国、韩国、秘鲁、菲律宾和土耳其的加入问题。该谈判共达成 150 项双边协议及约 8700 项关税减让，关税水平平均降低约 25%。由于缔约方增加，GATT 缔约方之间的贸易额已超过当时世界贸易总额的 80%。

第 4 轮谈判于 1956 年 1 月至 5 月在瑞士日内瓦举行。由于美国国会对美国政府代表团的谈判权限进行了限制，影响了这一轮谈判的规模，只有 26 个国家参加。这轮谈判就近 3000 项商品的关税减让达成一致意见，使关税水平平均降低 15%，但所达成的关税减让只涉及 25 亿美元的贸易额。

第 5 轮谈判于 1960 年 9 月至 1962 年 7 月在日内瓦举行。这轮谈判由当时的美国副国务卿道格拉斯·狄龙倡议，后被称为"狄龙回合"。这轮谈判共达成 4400 项商品的关税减让，使应税进口值达 20% 的商品平均降低关税 20%，关税减让涉及 49 亿美元的贸易额，但农产品和一些敏感性商品被排除在协议之外。

第 6 轮谈判于 1964 年 5 月至 1967 年 6 月在日内瓦举行，由当时的美国总统肯尼迪倡议，又称"肯尼迪回合"。1967 年 6 月，大约有 50 个成员国签署了最后文件，这些成员国的对外贸易占世界贸易份额的 75%。关税降低 50% 的预期目标也最终达成，涉及贸易额 400 亿美元。谈判首次涉及了非关税壁垒的内容，由美国、英国、日本等 21 个缔约方签署了第一个实施关税与贸易总协定第 6 条有关反倾销的协议，这意味着 GATT 开始从单纯的关税减让谈判发展到包括非关税壁垒的谈判。在谈判期间，《关税与贸易总协定》中新增"贸易与发展"条款，规定了对发展中缔约方的特殊优惠待遇，明确发达缔约方不应期望发展中缔约方作出对等的减让承诺。本轮谈判还吸收了波兰参加，开创了"中央计划经济国家"参加 GATT 的先例。

第 7 轮谈判由当时的美国总统尼克松倡议，GATT 部长级会议在日本东京召开，会议通过了"东京宣言"并宣布第 7 轮多边贸易谈判开始。谈判原本被命名为"尼克松回合"，但此后不久，尼克松因"水门事件"而下台，这轮谈判改称"东京回合"。此轮谈判在 1973 年 9 月开始，至 1979 年 4 月结束。该谈判取得的成果如下。第一，关税进一步下降。从 1980 年 1 月 1 日起的 8 年内，全部商品的关税削减 33%，涉及贸易额 3000 亿美元，减税范围除工业品外，还包括部分农产品。其中，美国的关税平均下降 30%~35%，欧洲共同体关税平均下降25%,日本关税平均下降50%。第二,达成了只对签字方生效的一系列非关税措施协议,包括补贴和反补贴措施协议、技术性贸易壁垒协议、进口许可程序协议、政府采购协议、海关估价协议、倾销与反倾销协议、牛肉协议、国际奶制品协议、民用航空器贸易协议等。第三,通过了发展中缔约方的授权条款,允许发达缔约方给予发展中缔约方普遍优惠制待遇,发展中缔约方可以在实施非关税措施协议方面享有差别和优惠待遇,发展中缔约方之间可以签订区域性或全球性贸易协议,相互减免关税,减少或取消非关税措施,而不必给予非协议参加方这种待遇。

第8轮谈判是1986年9月在乌拉圭埃斯特角城举行的GATT部长级会议上决定的,故称"乌拉圭回合"。这场旨在全面改革多边贸易体制的新一轮谈判,经过7年多的艰苦努力,于1994年4月15日在摩洛哥的马拉喀什结束。该谈判取得了一系列重大成果。第一,在货物贸易方面,乌拉圭回合谈判的内容包括关税减让和规则制定。发达成员承诺总体关税削减幅度在37%左右,工业品的关税减让幅度达40%,承诺减让到零关税的税号与全部关税税号的比例由乌拉圭回合前的21%提高到32%,涉及贸易额从20%上升到44%。第二,在服务贸易方面,乌拉圭回合经过8年的讨价还价最后达成了《服务贸易总协定》,于1995年1月1日正式生效。第三,在知识产权方面,乌拉圭回合达成了《与贸易有关的知识产权协定》。协定明确了知识产权国际法律保护的目标;扩大了知识产权的保护范围,强化了对仿冒和盗版的防止与处罚;强调了限制垄断和防止不正当竞争行为,减少对国际贸易的扭曲和阻碍;作出了对发展中国家提供特殊待遇的过渡期安排;规定了与贸易有关的知识产权机构的职责以及与其他国际知识产权组织之间的合作事宜。该协定是乌拉圭回合一揽子协议的重要组成部分,所有世界贸易组织成员都受其规则的约束。第四,通过了《建立世界贸易组织的协议》,从而完善和加强了多边贸易体制,这是乌拉圭回合取得的最大成就。

在上述8轮谈判中,第1轮和第8轮最为重要。第1轮谈判不仅为GATT的签定提供了保证,还创下了大规模多边关税和贸易谈判的成功先例。第8轮谈判是GATT发展进程中最重要的一轮多边贸易谈判,无论从规模、参加方数目来看,还是从议题内容和涉及面来看,都大大超过GATT设立以来的所有多边贸易谈判,特别是签署了《建立世界贸易组织的协议》,这也是对20世纪40年代联合国贸易与就业会议建立国际贸易组织(ITO)目标的圆满完成。第2轮至第5轮谈判一般称为补偿性谈判及新加入国的"入门费"谈判,即原提供或接受关税减让的国家变更或撤销其减让项目,作出补偿性调整,新加入国以关税减让或其他方式作为加入GATT"入门费"的谈判。

四、GATT的作用和局限性

(一)GATT的作用

在GATT存续的48年间,活动涉及的领域不断扩大,从货物贸易扩展到服务贸易以及和贸易有关的投资领域;缔约方不断增多,由最初的20多个国家增加到120多个国

家。GATT 对国际贸易的影响日益加强,主要表现在:

1. 促进了"二战"后国际贸易的快速增长

"二战"后世界贸易增长迅速,1945—1960 年平均增长 6%,1960—1970 年平均增长 8.2%,1970—1973 年平均增长 8%,1973—1979 年平均增长 4.5%,1979—1988 年平均增长 4%,从 1945—1988 年总体上年均增长近 5%,这与 GATT 所作的努力是分不开的。一方面,GATT 各缔约方通过多边贸易谈判,在互惠互利的基础上大幅度削减了关税,促进了国际贸易的增长。其中,前 7 个回合的谈判使发达国家的平均关税从 1948 年的 36% 下降到 5%,发展中国家和地区的平均关税同期下降到 13%,乌拉圭回合更进一步削减关税,有些甚至削减至零。另一方面,GATT 通过限制和消除各种非关税壁垒和措施来达到促进贸易自由化的目的。例如,肯尼迪回合中第一次包括非关税壁垒的内容,东京回合中非关税壁垒的谈判开始占重要地位,乌拉圭回合也将"非关税措施"列入议题。在农产品方面也取得了重大进展,使农产品非关税进口限制措施全部关税化,将原来 30% 以上受制于配额或者进口限制的农产品改成了关税调节式的农产品。

2. 促进了"二战"后世界经济的增长

"二战"后世界经济增长迅速,其中世界贸易的增长远远超过了世界生产的增长。据统计,在 1963—1988 年间,世界贸易量增长了 275%,世界生产只增长了 150%,可见世界贸易是世界经济增长的引擎。这可以从以下几个方面进行理解。第一,国际贸易会促进市场范围的扩大,参加国通过国际专业化分工,使资金、人才、技术等资源得到有效配置,促进劳动生产率的提高,进而促进贸易各方的经济增长;第二,国际贸易会带来规模经济利益,一国国内市场相对来说是狭小的,出口扩大克服了国内市场狭小的矛盾,生产规模可以扩大以实现经济规模,即生产达到平均单位成本最小的规模,从而提高了产品的利润率,节约了资源;第三,一国出口的扩大意味其进口能力的提高,而许多进口货物尤其是先进的技术设备往往对本国的经济增长有着重要意义,能提高进口国的技术水平,促进产业结构升级;第四,进行国际贸易使本国企业参与世界市场的竞争,促进国内出口产业以及相关产业降低成本、改进质量,从而促进国内产业的发展。此外,进行国际贸易还有利于国内市场的发育和完善。总之,国际贸易会带来动态利益,即随着贸易的发展,通过一系列的动态转换过程,把经济增长传递到国内各经济部门,带动国民经济的全面增长。而 GATT 致力于贸易自由化以促进世界贸易的发展,因此在世界经济的迅速增长中发挥了重要作用。

3. 为缔约方提供了对话和谈判的场所

GATT 为缔约方提供了一个论坛,为他们解决贸易争端、消除误会提供了必要的场所,缓解了缔约方之间的矛盾,减少了贸易纠纷,对"二战"后国际贸易体系的稳定和发展具有重要作用。磋商、调解和争端解决是解决缔约间贸易争端的主要方法,也是 GATT 的一项根本性工作。缔约方的多数争端都由双方磋商解决,但当他们无法通过磋商方式解决时,就由有关理事会成立专家小组来解决。

4. 形成了一套有关国际贸易改革的规则

GATT 确定的各项基本原则以及在历次多边贸易谈判中所达成的一系列协定,形成了一套指导各缔约方贸易政策的行动准则。这些规则是各方处理它们之间贸易关系的依据。例如,GATT 中最重要的基本原则之一即"最惠国待遇"原则,要求所有缔约方都有义务在实行和管理进出口关税和非关税方面相互实施给予相当于对任何国家的优惠待遇,各方都处于同等地位并分享降低贸易壁垒所带来的利益;"国民待遇"原则要求商品一旦进入市场,它们的待遇不能低于相应的国内生产的商品;"关税减让"原则是各缔约方彼此作出互惠与平等的让步,这些都较为有效地抑制了关税水平的普遍上升。取消进口数量限制也是 GATT 的一个重要原则。按照 GATT 的规定,各缔约方对本国工业只能通过关税加以保护,至于进口限额及许可证制度等保护措施均在禁止之列。GATT 要求在国际贸易中实行开放、公平和无扭曲的竞争,制定了《反倾销守则》和《反倾销法》,反对各国政府在外国市场上的倾销,保证了国际贸易在正常秩序下进行。一旦缔约方之间发生贸易摩擦或纠纷,GATT 确立了解决缔约方之间争端的磋商调解机制,通过磋商来保持缔约方之间权利与义务的平衡,寻求当事各方均能接受的解决争端的方法。

总之,在 GATT 所确定的各项基本原则下,逐步形成了一整套指导国际贸易的准则和行为规范,为国际贸易的稳定发展奠定了法律基础。此外,GATT 还关注发展中国家的利益,特别是在肯尼迪回合之后,使发展中国家享受了较多的优惠,鼓励发展中国家参与多边国际经济组织,加快发展中国家开放市场的进程,同时让发展中国家在开放中也享有一些好处。GATT 所取得的成绩为加强全球国际经济贸易事务的协调管理增强了信心,为 WTO 的创立奠定了基础。

5. 增强了国际贸易领域的透明度和国际间经贸信息的交流

透明度原则是关贸总协定的基本原则之一,它增强了缔约国经贸政策的透明度,使各缔约国相互了解彼此的经济贸易状况,宏观上有利于各国政府的决策,微观上有利于各国进出口商公平竞争。此外,GATT 还通过举办培训班、出版国际贸易刊物、专题研究资料、提供出口市场的信息、销售技术和服务,在一定程度上推动了国际经贸信息的交流与人才的培养。

(二) GATT 的局限性

GATT 在推动国际贸易的发展上起了重要的作用,但由于其产生背景的特殊性,在发展过程中不可避免地存在着局限性。

1. 法律地位低

GATT 就其名称看,仅仅是一个协定、一个合同,而非正式的具有国际法主体资格的国际组织。参加的国家和地区只能被称为"缔约方",而不能被称为"成员"。这种非正式的法律地位,妨碍了其功能的发挥和正常活动的开展。同时,GATT 的临时性也决定了其法律地位是非常低下的,它只是一个各缔约方行政部门之间的临时约定,缔约方可以保留在参加 GATT 之前现行有效的与 GATT 相冲突的法律。因此,GATT 对于各国通行的贸易保护主义做法往往采取回避和退让的方针,其农业条款就是一个典型的例子:它允许缔约方实行农业补贴和进口限制,从而使 GATT 农产品贸易体系从一开始就偏离了自由贸易的轨道。此外,监督 GATT 实施、调解与解决缔约方贸易争议的国际组织机构的设立也是没有法律依据的。GATT 文本第 25 条第 1 款只是提到:"为了实施本协定内涉及联合行动的各项规定,为了从总体上推动本协定的运行并促进其目标的实现,各缔约国代表应当随时集会。本协定提到缔约方联合行动者,一律称为缔约方全体。"除此之外,没有关于组织机构事项的其他规定。GATT 最早也是唯一保留下来的机构是借用联合国经济及社会理事会为筹备设立国际贸易组织而设立的"临时委员会"的秘书班子,虽然后来国际贸易组织未能成立,但该秘书班子被保留下来,并为 GATT 提供服务,之后发展为 GATT 的秘书处。至于 GATT 的其他机构的设置也都是按需而办,以致 GATT 逐步演变成为一个事实上的国际组织。

2. 效率低且管理上存在漏洞

正是 GATT 法律地位的不足,使其在执行决议的效率和对缔约国的管理上存在很多问题。例如,在对缔约方的争端解决上,由于 GATT 只是一个临时性的多边贸易协定,并没有专门的争端解决机构和系统的争端解决规定,有关争端解决的规定主要集中在第 22 条和第 23 条。虽然如此,GATT 在解决争端方面还是起了相当重要的作用。据 GATT 专家约翰·H·杰克逊(John·H·Jackson)统计,GATT 在 1948—1985 年处理了 250 起纠纷。然而,随着国际贸易保护主义和大国经济霸权主义的盛行,法律地位低下的 GATT 在处理争端方面的疲软无力日渐暴露出来。在 GATT"协商一致"规则约束下,专家组审理案件必须经争端当事方同意,审理报告须由 GATT 理事会以"共识"通过。按"共识"程序,在 GATT 理事会会议上,应诉方总能得轻易阻碍报告的通过,即在很大程度上赋予了它们否决权,这对于 GATT 专家组裁决模式的运行构成了极大的威胁。在这种争端解决机制下,审议争端案的专家小组的成立也是采取"协商一致"的原则。这样一来,专家小组成立就会受到"协商一致"的影响。比如,争端双方(尤其是明知自己违反了 GATT 协定的一方)就会阻挠或拖延专家组的成立,使争端迟迟不能进入专家组审议程序。因为按照规定,只要有一方不同意,就达不到"协商一致"的要求,专家组的成立就会被拖延下来。更为重要的是,专家组的审议报告的通过也遵循"协商一致"的原则。当专家组审议结束将报告提交大会时,各缔约方(尤其是败诉的一方)行使否决权很容易阻挠报告的通过。这种"协商一致"表决机制的弊病,使得专家组的报告常常无果而终,不了了之,严重影响 GATT 解决争端的权威性及行事效率。

GATT 对缔约方也缺乏必要的检查和监督手段。例如,相关条款规定,一国以低于"正常价值"的办法,将产品输入另一国市场并给其工业造成"实质性损害和实质性威胁"就是倾销。而"正常价值""实质性损害和实质性威胁"都难以界定和量化,这很容易被一些国家加以歪曲和用来征收反倾销税。又如,当进口增加对国内生产者造成严重损害或严重威胁时,允许缔约方对特定产品采取紧急限制措施。由于未规定如何确定损害和如何进行调查与核实,对"国内生产者"也没有下定义,对保障条款的实施、检查和监督造成了困难。

3. 管辖范围难以满足时代的需要

一方面,由于 GATT 产生时所处经济发展阶段的客观限制,造成其管理对象主要是货物贸易和关税减让,而且货物贸易中的农产品和纺织品长期游离在外,少数国家实行数量限制使农产品和纺织品出口国家受重大损失。另一方面,"二战"后经济的迅速发展,使服务贸易的增长速度大大超过了货物贸易的增长速度,并且在经济发展中呈现出更积极的作用;知识产权转移在国际经济发展中的作用也大大加强,这种局面使 GATT 难以胜任"调整和规范缔约国之间对外贸易政策和国际经济贸易关系"的职责。乌拉圭回合进行的服务贸易等范围的谈判本身更加暴露了 GATT 的局限性。

4. "灰色区域"措施和区域贸易集团威胁着 GATT 体制

关税的不断降低使缔约方运用关税手段限制进口的难度越来越大,一些缔约方纷纷绕开 GATT,利用"灰色区域措施"来限制进口。所谓"灰色区域"是指 GATT 对出口补贴、进口限制等非关税措施只作了原则上的规定,并没有明确详细的约束规定,因而某些国家绕过或歪曲总协定的规定,采取一系列"灰色区域"措施,主要表现为"自动出口限制协议""有秩序的销售协议"等。如总协定第 16 条第 3 款,一方面要求各国尽力避免采取农产品出口补贴措施,另一方面却又允许各国使用出口补贴来保持自己的出口在世界出口总量中的合理份额,而各国所占出口份额的合理与否以及评价标准则是一个很不明确的"灰色区域",GATT 从未做出任何评估和确认,这样就为发达国家滥用出口补贴来争夺国际农产品市场提供了法律空隙。这些"灰色区域"措施往往具有歧视性,违背了 GATT 非歧视的基本精神,对 GATT 体制产生了巨大的威胁。

当代区域贸易集团的发展也对多边贸易体制形成了冲击。区域贸易集团早在 16 世纪中叶就已出现,在"二战"后区域贸易集团获得了超乎寻常的发展。到 2018 年 8 月,已生效的通报 WTO 的区域贸易协定累计已达 459 个,全球经济正处于"区域主义"与"全球主义"平行发展的时期。

区域贸易集团的发展使各缔约方不再轻易妥协,进而导致多边谈判停滞不前。在乌拉圭回合的谈判过程中,欧共体在农产品谈判中的强硬立场几乎使乌拉圭回合夭折。而其他区域性的贸易集团如东盟、南方共同市场等无一不是在多边贸易谈判中协调立场提高其自身的发言权和谈判力量。发展中国家在多边谈判过程中也是一再强调协调立场以与发达国家展开公平对话。此外,区域贸易集团则的"对内实行贸易自由,对外则采取贸易限制"的政策,铸造了全球贸易的壁垒,严重背离了 GATT 多边贸易体制中的最惠国待遇原则。例如,区域贸易集团对内取消关税,对外则采取相同的税率或高于集团成员方的税率,这对区域外缔约方产品进入区域内必将造成关税上的阻碍。正如 1994 年 11 月 17 日 IMF 在关于国际贸易政策的报告中指出,北美自由贸易协定的消极作用之一就是东亚地区在劳动密集型产品出口方面大都面临着美国高关税和顽固不化的非关税壁垒的阻碍,而在出口钢铁和电子设备时,中国、韩国、马来西亚和新加坡等国也遇到了美国相当严重的贸易壁垒的阻碍。

GATT 的上述局限性决定了其无法适应新形势的需要,新的更完善的多边贸易体制必将代替关贸总协定。

第二节　世界贸易组织

一、WTO 的形成与发展

由于 GATT 是临时性的松散国际机构,为了更好地协调世界贸易,各国仍致力于建立一个规范的世界性贸易组织,于是在 GATT 的最后一次谈判即乌拉圭回合中,众多参与方提出建立世界贸易组织(World Trade Organization,WTO)的建议。1990 年初,意大利首先发出倡议;7 月,欧共体以 12 个缔约国的名义正式向"乌拉圭回合"体制职能小组提出,加拿大、美国等也表示了支持;12 月,本次谈判的布鲁塞尔部长会议正式责成职能小组负责"多边贸易组织协议"的谈判。最终,职能小组于 1993 年 11 月形成《多边贸易组织协议》(后更名为《世界贸易组织协议》)。1994 年 4 月 15 日,104 个参加方政府代表在摩洛哥的马拉喀什部长级会议上签署了该协议,标志着成立 WTO 的决定被顺利通过。1995 年 1 月 1 日 WTO 正式运作,负责管理世界经济和贸易秩序,总部设在瑞士日内瓦莱蒙湖畔,1996 年 1 月 1 日,与 GATT 并行一年后,WTO 正式取代了 GATT。

WTO 是具有法人地位的、独立于联合国的永久性国际组织,涵盖货物贸易、服务贸易以及知识产权贸易,在调解缔约争端方面具有较高的权威性,与国际货币基金组织(IMF)、世界银行(WB)被并称为"世界经济发展的三大支柱"。目前,WTO 已经发展为一个庞大的国际组织,到 2016 年 7 月 29 日,正式成员数量已经达到 164 个。我国于 2001 年 12 月 11 日正式成为该组织成员。

二、WTO 的主要内容

1. WTO 的标识和官方语言

图 11-1　WTO 的标识

资料来源:WTO

1997 年 10 月 9 日,WTO 启用新的标识(图 11-1)。该标识由 6 道向上弯曲的弧线组成,上 3 道和下 3 道分别为红、蓝、绿 3 种颜色,意味着充满活力的 WTO 在持久和有序地扩大世界贸易方面将发挥关键作用。6 道弧线组成的球形表示世贸组织是不同成员国家和地区组成的国际机构。标识有动感,象征 WTO 充满活力。该标识的设计者是新加坡的杨淑女士,她的设计采用了中国传统书法的笔势,6 道弧线带有毛笔书法起笔和收笔的韵律。

根据 WTO 的规定,它的官方语言为英文、法文和西班牙文,这 3 种语言的文本为正式文本,具有法律效力,中文译本仅供参考,不具有法律效力。WTO 收录英文、法文、西班牙文文本的意义在于,当与世贸缔约国发生争端的时候,这些文本中的条文是可以直接援引适用的,具有正式的法律效力。WTO 收录了中国入世法律文件的中文译本,以便不习惯阅读外语的读者学习、掌握世贸规则。

1. WTO 的目标

WTO 有三个层次的目标,分别是基本目标、具体目标和最终目标。

(1)基本目标:国际贸易的可靠性。要使消费者和生产者相信他们能够可靠地得到他们所需要的制成品、配件、原材料和服务等越来越多的选择机会;要使生产商和出口商相信,外国市场对他们开放。

(2)具体目标:建立一个完整的、更具活力和永久性的多边贸易体制,以巩固原来的 GATT 为贸易自由化所作的努力和"乌拉圭回合"多边贸易谈判的所有成果。为实现这些目标,各成员国应通过互惠互利的原则,切实降低关税和其他贸易壁垒,在国际贸易中消除歧视性待遇。

(3)最终目标:建立一个繁荣、安全和负责任的经济世界,促进成员国人民的福祉。WTO 的决议在全体成员国家一致同意的基础上作出,并需经成员国国会的批准。但是,它们的目的是帮助物品和服务的生产者、出口商和进口商更好地经营。

为此,WTO 通常运用管理贸易规则,为各成员方提供贸易谈判的场所,解决贸易争端,审议各国贸易政策,通过技术援助和培训项目帮助发展中国家制定贸易政策,通过与其他国际组织合作等途径达成这些不同层次的目标。

3. WTO 的宗旨和职能

根据《马拉喀什建立世界贸易组织协议》(Marrakesh Agreement Establishing the World Trade Organization,以下简称《建立 WTO 协议》),WTO 的宗旨是:提高生活水平,保证充分就业,大幅度稳步增加实际收入和有效需求;扩大商品和服务的生产与贸易,按照可持续发展的原则有效地运用世界资源,寻求既保护和维持环境,又符合不同发展水平国家的各自需要和利益的发展方式,尤其是确保发展中国家特别是最不发达国家在国际贸易增长中获得与其经济发展需要相适应的份额。这一宗旨和 GATT1947 基本一致,并强调要保护环境、保护发展中国家和最不发达国家的利益。

根据《建立 WTO 协议》第 3 条规定,其有以下几项职能。(1)促进协议和多边贸易协定的执行、管理、运作,进一步促进各协议目标的实现,并为诸边贸易协议提供实施、管理和运作的体制。(2)为各成员处理与本协议各附件有关的多边贸易关系提供谈判场所。如果部长会议作出决定,世贸组织还可为各成员的多边贸易关系进一步谈判提供场所,并提供执行该谈判的结果的体制。(3)应管理实施协定附件2有关争端解决的规则与程序的谅解。(4)管理实施附件3的贸易政策评审机制。(5)应和国际货币基金组织与国际复兴开发银行(即世界银行)及其附属机构进行适当的合作,以更好地协调制定全球经济政策。

4. WTO的组织机构

WTO设有部长级会议、总理事会、理事会、委员会、贸易谈判委员会、秘书处和总干事等机构,依照权力和级别高低可分为4层(如图11-2)。

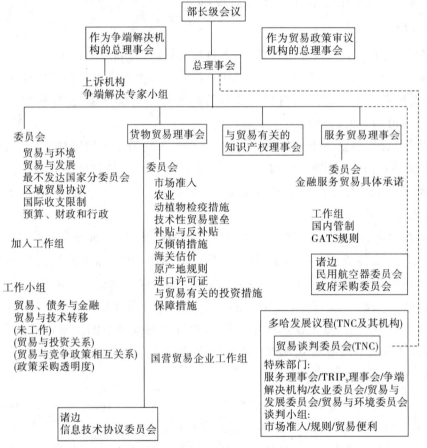

图11-2 WTO的组织机构

资料来源:卜伟等.国际贸易与国际金融[M].北京:清华大学出版社,2009.

第1层:最高权力机构——部长级会议。它是WTO的最高决策机构,由所有成员方主管商务外经贸的部长、副部长级官员或其全权代表组成,至少每2年召开一次会议。

第2层:3种形式的总理事会。它是WTO的常设决策机构,在部长会议休会期间承担部长会议的各项职能,由所有成员方的代表组成,并向部长级会议报告工作,定期召开会议。其主席由发达成员方和发展中成员方轮流担任,任期一般为1年。

第3层:3组总理事会的附属机构。它分别为3个附属理事会(货物贸易理事会、服务贸易理事会及与贸易有关的知识产权理事会),专门委员会和管理诸边协议委员会,负责向总理事会报告。

第4层:处理具体议题的委员会和其他机构。它们是在货物贸易理事会和服务贸易理事会下设立的负责各贸易领域具体议题的许多附属机构,如市场准入委员会、农业委员会等。

WTO根据需要还设立了一些临时性机构,通常被称为工作组。其任务是研究和报告有关专门事项,并最终提交相关理事会或总理事会作决定。此外,WTO还设立了由总干事领导的秘书处,编制为500人。总干事由部长级会议任命,部长级会议明确总干事的权利、职责、服务条件和任期,总干事任命秘书处人员并确定其职责和服务条件。

5. WTO的法律框架

WTO具有国际法人资格,这使它在行使职能时拥有必要的法定权力(如在成员方范围内订立契约、获得财产、处置财产和提起诉讼等)和一定的特权及豁免权(任何形式的法律程序豁免,财产、金融、货币管制豁免,所有的直接税、关税以及公务用品和出版物的进出口限制豁免等)。其法律框架由《建立WTO协议》及其4个附件组成(如图11-3)。

图11-3 《马拉喀什建立WTO协定》的法律框架

注:"国际奶制品协议"和"国际牛肉协议"已于1997年底终止。

资料来源:世界贸易组织秘书处.贸易走向未来 世界贸易组织WTO概要[M].法律出版社,1999.

《建立 WTO 协议》是一份法律文件,规定了 WTO 的范围、职能、组织机构、与其他组织的关系、地位、决策等,内含 4 个附件。

附件 1 围绕货物、服务和知识产权等作出了相关规定。其中附件 1A 是货物贸易多边协议,包括 1994 年关税与贸易总协定(即 GATT1994)、农产品协议、实施卫生与植物卫生检疫措施的协议、纺织品与服装协议、技术性贸易壁垒协议、与贸易有关的投资措施协议、关于履行 1994 年关税与贸易总协定第 6 条的协议、关于履行 1994 年关税与贸易总协定第 7 条的协议、装运前检验协议、原产地规则协议、进口许可程序协议、补贴与反补贴措施协议、保障措施协议。附件 1B 为服务贸易总协议(General Agreement on Trade in Service,GATS),由协定条款本身、部门协议和各成员的市场准入承诺单三大部分组成,分别就成员方的金融服务、自然人流动、基础电信等方面作出了相关规定。附件 1C 阐述的是与贸易有关的知识产权协定(Agreement on Trade-Related Aspects of Intellectual Property Rights,TRIPS),其主要条款有一般规定和基本原则,关于知识产权的效力、范围及使用标准,知识产权的执法,知识产权的获得、维护及相关程序,争端的防止和解决,过渡安排,机构安排、最后条款等,其主要内容是提出和重申了保护知识产权的基本原则,确立了知识产权协定与其他知识产权国际公约的基本关系。

附件 2 是关于争端解决规则与程序的谅解(Understanding on Rules and Procedures Governing the Settlement of Disputes,DSU),简称《争端解决谅解》。它是在关贸总协定 1979 年通过的《关于通知、磋商、争端解决和监督的谅解》的基础上修改的,有 27 条条文和 4 个附件,其宗旨是为争端寻求积极的解决办法,保障多边贸易体系的可靠性和可预见性。它的主要条款有范围和适用,管理,总则,磋商,斡旋、调解和调停,专家组(设立、职权范围、组成、职能、程序),多个起诉方的程序,第三方,寻求信息的权利,机密性,中期审议阶段,专家组报告的通过,上诉机构,争端解决机构决定的时限,对执行建议和裁决的监督,补偿和中止减让,多边体制的加强,涉及最不发达国家成员的特殊程序,仲裁,非违反起诉等条款。它规定了争端解决的范围、实施及管理、争端解决的原则精神、以保证世界贸易组织规则的有效实施为争端解决的优先目标、解决争端的方法、严格的争端解决时限、实行"反向协商一致"的决策原则、禁止未经授权的单边报复、允许交叉报复。该谅解的附件 1 为《由本谅解涉及的各个协议》;附件 2 为《各有关协议中的专门或附加的规则和程序》;附件 3 为专家组解决争端的《工作程序》;附件 4 为《专家审议小组》,规定了专家审议小组的组成、工作规则及程序。

附件 3 是贸易政策审议机制(Trade Policy Review Mechanism,TPRM),其目的是通过对各成员的全部贸易政策和做法及其对多边贸易体制运行的影响进行定期的集体审议和评估,促进所有成员更好地遵守多边贸易协议和适用的诸边贸易协议项下的规则、纪律和承诺,并通过深入了解各成员的贸易政策和实践,实现其更大的透明度而使多边贸易体制更加平稳地运作。WTO 建立了贸易政策审议机构(TPRB),负责 TPRM 的运作,对各成员的贸易政策进行定期审议,规定的审议频率为在世界贸易市场份额中居前4名的成员每2年审议1次,居5~20名的成员每4年审议1次,其他成员每6年审议1次,最不发达国家成员可以有更长的审议间隔时间。

附件4是诸边贸易协议,包括民用航空器协议、政府采购协议、国际奶制品协议及国际牛肉协议。其中,国际奶制品协议和国际牛肉协议已于1997年12月31日终止。

附件1、2和3作为多边贸易协议,所有成员都必须接受。附件4为诸边贸易协议,仅对签署方有约束,WTO的成员可以自由选择是否加入。

三、WTO与GATT的联系与区别

（一）WTO与GATT的联系

WTO继承了GATT所倡导的许多原则和基本精神,包括宗旨、职能、基本原则及规则等,并根据自身的特点,扩大了自身的权利和义务的范围,发挥着更大的调解国际贸易的作用。

1. WTO继承和发扬了GATT的合理内核

WTO的宗旨、职能和基本原则是在GATT所确立的宗旨、职能和基本原则的基础上发展起来的。如GATT所追求的提高生活水平、保证充分就业、提高实际收入和有效需求、扩大对世界资源的充分利用等内容,已经被WTO全部继承下来,WTO正沿着GATT所创设的全球贸易自由化的轨道加速前进。

2. WTO继承了GATT的成员与组织机构

依据WTO章程第11条的规定,GATT1947的缔约方,如受该章程和多边贸易协定的约束并且作出了货物贸易和服务贸易的减让表或义务表,应成为WTO的创始会员国。非GATT的缔约方,在接受WTO章程之前,应首先完成加入GATT的谈判。由此可见,就成员国资格而言,WTO对GATT1947的缔约方进行了继承。WTO章程还规定,GATT秘书处应成为WTO的秘书处,WTO部长级会议接替GATT缔约国全体的职能,因此,WTO在组织结构和管理职能上是GATT的继续。

3. GATT的有关条款是WTO的重要组成部分

WTO对GATT的法律规范进行了继承。GATT1947及其实践中形成的一系列法律制度,并不因WTO的产生而废止,相反,GATT的一整套法律原则、规则、制度和机制构成了WTO法规体系的重要组成部分。"二战"后近50年的时间内,GATT确立了一系列确保国际贸易自由化、公平贸易和市场准入的多边贸易原则,如取消数量限制原则、国民待遇原则、最惠国待遇原则、市场准入原则、透明度原则、给予发展中国家和最不发达国家优惠待遇原则等。GATT还建立和完善了许多部门法律制度,如关税减让制度、反倾销制度、反补贴制度、海关估价制度、贸易技术壁垒制度等。此外。GATT还创设了一些机制,如保障机制、争端解决机制、贸易政策审查机制等。可以说,GATT创设了一整套推动全球贸易自由化的法律框架,没有GATT几十年的法制建设和实践的丰

硕成果,就不会有如今 WTO 相对完善的法规体系。

(二)WTO 与 GATT 的区别

GATT 作为国际组织已不存在,取而代之的是 WTO。虽然 GATT 作为协议仍然存在,但已不再是国际贸易的主要规则,现已被更新。经过修改,GATT 已成为 WTO 协议的一部分。更新后的 GATT 与《服务贸易总协定》(GATs)和《与贸易有关的知识产权协议》(TRIPS)并列,形成一套单一的规则,并使用单一的争端解决体制。因此,虽然 WTO 是在 GATT 的基础上发展起来的,但它与 GATT 有着实质性的差别。

1. 机构性质及法律地位不同

WTO 是具有国际法人地位的常设国际组织,具有良好的法律基础,其协议是永久性的。GATT 只是以"临时适用"的多边贸易协议形式存在,从未得到成员国立法机构的批准,不是正式的国际组织,因而不具有法人地位,这是两者的本质区别。WTO 拥有"成员",GATT 拥有"缔约国",这就说明了这样一个事实,即从正式角度讲 GATT 只是一个法律文本。

2. 管辖范围不同

WTO 的管辖范围涉及货物贸易、服务贸易以及与贸易有关的知识产权、投资等领域,而 GATT 处理的主要是货物贸易问题。

3. 争端解决机制不同

WTO 设立了专门的争端解决机构,确立了对争端的自动强制管辖权,争端解决采用"反向协商一致"的原则,即在争端解决机构审议专家组报告或者上诉机构报告时,只要不是所有参加方都反对,就视为通过,并且裁决具有自动执行的效力。同时,WTO 明确了争端解决和裁决实施的时间表,增加了上诉程序,规定了争端解决各个阶段的时限,加强了对裁决的执行力度,扩大了管辖权,使其调整范围包括 WTO 协议所涉及的贸易关系的任何领域的争端,从而使这一体制的作用得到了前所未有的强化。与 WTO 不同,GATT 争端解决机制广泛运用在协商基础上的工作组和专家组程序,争端解决的手段包括双边和多边磋商、斡旋、调解、工作组、专家组、其他双方同意的办法、理事会决定、主席裁决等。机制虽然兼具外交特点和法律程序,但更多地依赖外交手段,缺乏应有的法律地位和组织保障,是各国政治、经济实力起较大作用的权力导向型的争端解决机制。GATT 的争端解决程序遵循协商一致的原则,专家组的成立及其报告的通过必须经过理事会的一致同意,如果没有全体一致的同意就不能通过,因而缺乏必要的强制力,经常导致被申诉方拖延专家组成立的时间或者败诉方阻挠专家组报告通过的情况。GATT 对争端的解决也没有规定时间表。在乌拉圭回合谈判中,这一机制被作为一个重要的议题展开谈判。此次谈判中,美欧的加强争端解决机制司法性的主张占据了主导地位,尤其是美国提出的"反向协商一致"原则,基本上使争端解决裁定自动生效。经过反复协商谈判最终形成了有 27 条条文和 4 个附件组成的《关于争端解决规则与程序的谅解》，成为 WTO 争端解决机制赖以建立的基本法律渊源。

第三节　世界贸易组织的运行机制

世界贸易组织（WTO）的运行机制包括：WTO 的基本原则、WTO 的争端解决机制和贸易政策审议机制。

一、WTO 的基本原则

WTO 的基本原则并不是在某一个文件中专门规定的，而是体现在 WTO 的各个法律文件中，并由学者总结出来。它是对 GATT 基本原则的继承、发展和完善，体现在 GATT1994、服务贸易总协定及各次谈判达成的一系列协定中。WTO 的基本原则主要有以下几类。

（一）非歧视原则

非歧视原则也称"无差别待遇原则"，是指一成员方在实施某种限制或禁止措施时，不得对其他成员方实施歧视性待遇。根据这一原则，WTO 成员一方根据公约或条约规定的某种理由采用限制或制裁措施，这些限制或制裁措施必须同样适用于 WTO 其他所有成员方，否则，就构成对某些成员方的歧视。该原则涉及关税削减、非关税壁垒的消除、进口配额限制、许可证颁发、输出入手续、原产地标记、国内税负、出口补贴、与贸易有关的投资措施等领域。非歧视原则包括最惠国待遇原则、国民待遇原则和互惠原则。

1. 最惠国待遇原则

最惠国待遇原则是指在各成员方贸易中，任一成员方在货物贸易、服务贸易和知识产权领域给予第三方（无论是否为 WTO 的成员）的优惠待遇，必须立即和无条件地给予其他各成员方。该原则具有以下 4 个特点。

（1）自动性。这体现在"立即和无条件"。例如，A 国、B 国和 C 国均为 WTO 成员方，当 A 国把从 B 国进口的汽车关税从 20% 降至 10% 时，这个 10% 的税率同样要适用于从 C 国等其他 WTO 成员方进口的汽车。

（2）同一性。它指当一成员给予其他国家的某种优惠，自动转给其他成员方时，受惠标的必须相同。例如，当 A 国给从 B 国进口的汽车以关税优惠，则自动适用于 C 国等其他成员方的只限于汽车，而不能是其他产品。

（3）相互性。它指任一成员既是给惠方，又是受惠方，即在承担最惠国待遇义务的同时，享受最惠国待遇权利。

（4）普遍性。它指最惠国待遇适用于全部进出口产品、服务贸易的各个部门和所有种类的知识产权所有者和持有者。

2. 国民待遇原则

国民待遇原则是指一成员方在对待其他成员方的产品、服务或服务提供者、知识产权所有者或持有者的待遇不低于本国对其同类的待遇,也就是把外国的商品当作本国商品对待,把外国企业当作本国企业对待。其中,"不低于"是指外国产品或服务、服务提供者或知识产权所有人应享有与本国同类产品或相同服务、服务提供者或知识产权所有人同等的待遇,但若一成员方给予前者更高的待遇(超国民待遇),也不违背国民待遇原则。其目的是公平竞争,防止歧视性保护,实现贸易自由化。例如,某成员对本国产葡萄酒征收5%的消费税,而对进口葡萄酒征收20%的消费税,这就违反了国民待遇原则。

3. 互惠原则

互惠原则是指两国互相给予对方以贸易上的优惠待遇。它有3种实现方式。(1)成员方双边对等互惠减让关税,其成果按最惠国待遇再适用于其他成员方。(2)多边谈判并提供互惠。例如,肯尼迪回合中确立的"划一减税规则"要求各成员均按同等比例削减关税。(3)交叉性多边互惠,即某领域中的减让同另一领域中的减让实现互惠。如在乌拉圭回合中,发展中国家要求发达国家在纺织品、热带产品等方面作出让步,发达国家则要求发展中国家在服务贸易和知识产权保护等方面作出让步。各方适当让步,从而在互惠互利的基础上达成众多协议。

(二)贸易自由化原则

贸易自由化原则是指通过限制和取消一切妨碍和阻止国际贸易开展与进行的所有障碍,包括法律、法规、政策和措施等,促进贸易的自由发展。该原则主要是通过关税减让、取消非关税壁垒来实现的。以 GATT1994 为例,它要求各成员逐步开放市场,其第2条"减让表"、第11条"一般取消数量限制"要求其成员降低关税和取消对进口的数量限制,以允许外国商品进入本国市场与本国产品进行竞争。

(三)透明度原则

透明度原则是指成员方应公布其制定、实施的与贸易有关的法律、法规、政策、做法和所参加的有关国际协议以及有关的变化情况(如修订、增补和废除等),不公布的不得实施,同时还应将其变化的情况通知 WTO。其主要目的是防止成员之间进行不公开的贸易,从而造成歧视的存在,同时便于贸易商了解相关的政策措施和法律规定,提高市场的可预见性,促进贸易的稳定发展。透明度原则也是互惠的,即各成员彼此都要公开有关的法律、政策和规章。它还有一项非常重要的作用,就是为贸易政策的审议机制提供依据。

(四)公平竞争原则

公平竞争原则又称"公平贸易原则",是指成员方应避免采取扭曲市场竞争的措施(尤其是倾销和补贴),在货物贸易、服务贸易和与贸易有关的知识产权领域,创造和维护公开、公平、公正的市场环境。例如,出口倾销和出口补贴一直被认为是典型的不公平贸易行为。而 WTO 通过制定《反倾销协议》《补贴与反补贴措施协议》允许进口成员方征收反倾销税和反补贴税，抵消出口倾销和出口补贴对本国产业造成的实质损害。与此同时，为防止成员方出于保护本国产业的目的，滥用反倾销和反补贴措施，造成公平贸易的障碍，《反倾销协议》《补贴与反补贴措施协议》对成员方实施反倾销和反补贴措施规定了严格的条件和程序，包括如何认定进口产品正在倾销或享有补贴，如何认定倾销或享有补贴的进口产品正在对本国产业造成实质性损害，或构成实质性损害威胁以及发起调查、收集信息、征收反倾销或反补贴税等方面遵循的程序。

二、世贸组织的争端解决机制

当一成员方认为另一成员方违反了 WTO 的某项协议或承诺，就会产生争端。解决贸易争端是 WTO 的核心作用之一，贸易争端解决机构因而成为其最活跃的部门。

（一）争端解决机构的工作成果

自 1995 年以来，WTO 受理了 500 多项争端案件，发出了 350 多项裁决，这些案件涉及 20 个 WTO 协议。尽管受理的案件数量较多，但相比其他类似解决争端的国际机制，WTO 的效率是极高的。如果不成立专家组且去掉翻译报告的时间，一个案件的处理平均耗时 10 个月，而国际法院要花费 4 年，欧洲法院要花费 2 年，北美自贸协议要花费 3~5 年。

WTO 成员表现出了广泛的参与性。有 108 个成员作为申诉方、应诉方或第三方参与到争端案件中，占成员总量的 66%。其中，发达国家成员是争端解决机制的积极运用者。至 2018 年 9 月，美国和欧盟共提出申诉 222 件（表 11-3），分别占申诉案件总量的 21% 和 17%，随后为加拿大、巴西、墨西哥、日本和印度。同时，美国也是被投诉最多的国家，应诉案件占全球总量的 26%，欧盟为 15%，其后为中国、印度、加拿大和阿根廷。发展中成员也越来越多地使用该机制解决他们在贸易中的纠纷，提交到争端解决机构的纠纷占同期案件总数的 40% 左右。而在 GATT 时期只有 17 个发展中成员利用过 WTO 争端解决机制，占同期案件总数的 18%。

表 11-3　WTO 成立以来部分成员涉及的争议案件统计

单位：件

		申诉方 as complainant	应诉方 as respondent	第三方 as third party	总量
1	美国	123	151	143	417
2	欧盟	99	85	176	360
3	日本	24	15	180	219
4	中国	20	42	149	211
5	加拿大	39	23	126	188
6	印度	24	25	133	182

续表

		申诉方 as complainant	应诉方 as respondent	第三方 as third party	总量
7	巴西	31	16	118	165
8	韩国	20	17	120	157
9	澳大利亚	8	16	105	129
10	墨西哥	25	15	86	126
11	中国台北	6	0	100	106
12	阿根廷	20	22	61	103
13	泰国	13	4	76	93
14	土耳其	5	10	77	92
15	挪威	5	0	83	88
16	智利	10	13	47	70
17	俄罗斯	7	9	47	63
18	哥伦比亚	5	5	51	61
19	新西兰	9	0	43	52
20	危地马拉	9	2	39	50

资料来源：译自WTO,2018年9月24日。

(二)争端解决的基本程序

WTO解决争端包括申诉、磋商、专家组处理纠纷及专家组报告、上诉机构审理及上诉机构报告、报告的执行及对执行情况相符性的审议以及斡旋、调解和仲裁等基本步骤。DSU《关于争端解决规则与程序的谅解》对争端解决的每一个步骤及在各步骤上的时间都有明确的规定。一个案件从申诉的提出到第一次裁决,一般不能超过1年时间,如果上诉,则不超过15个月。这一时间限制是灵活的,如果案情紧急(如涉及易腐烂的货物),3个月内就得解决争端(表11-4)。

表11-4 WTO争端解决时间进程

时间	争端解决进程
60天	磋商、调解等
45天	成立专家组并任命其成员
6个月	最终报告提交各方
3周	最终报告提交WTO成员
60天	争端解决机构通过报告(如无上诉)
合计 1年	无上诉
60—90天	上诉报告
30天	争端解决机构通过上诉报告
总计 1年3个月	上诉

资料来源：译自WTO

1. 磋商

磋商又称"协商",是 WTO 必经的强制性阶段。WTO 争端解决机制鼓励争端双方首先通过磋商寻求与 WTO 规定相一致的、各方均可接受的解决方法,而不必采取进一步的措施。磋商可以根据各方的要求进行多次,形式也比较灵活。

2. 专家组及专家组报告

专家组的职能是对案件的事实、有关涵盖协定的适用性及被指控的措施与协定的一致性作出客观评估,并得出调查结论,以协助 DSB 作出相应的裁决或提出建议。专家组通常应在 6 个月内向争议各方提交最终报告,如果遇到紧急案件,如涉及易腐烂货物,最终期限将缩减为 3 个月。

3. 上诉及上诉报告

双方中任一方都可以对专家组裁决提出上诉,有时两方会同时提出上诉。争端解决机构设立了一个由 7 人组成的常设上诉机构,每人任期 4 年,可连任一次,任何一个上诉案件应由其中 3 人任职。上诉机构在处理案件时,不能对事实问题作出结论,只能依据专家组审理中已经查明的事实进行法律分析,作出结论。

上诉机构应在 60 天内公布其报告,最长不超过 90 天。争端解决机构应在上诉机构报告公布后 30 天内表示接受或拒绝接受,而拒绝接受只有在协商一致的情况下才能生效。

三、WTO 的贸易政策审议机制

根据乌拉圭回合的早期成果——《马拉喀什建立 WTO 协定》附件 3,贸易政策审议机制(Trade Policy Review Mechanism,TPRM)是在国别基础上对 WTO 成员的贸易政策进行全面审议的专门监督程序。

(一)审议的目标和原则

贸易政策审议的目的在于提高各成员贸易政策和做法的透明度并使之得到更好的理解,所有成员更好地遵守多边贸易协定和适用的诸边贸易协定的规则、纪律和在各协定项下所作的承诺,从而有助于多边贸易体制更加平稳地运行。同时,对各成员的贸易政策和实践的了解和定期评估有助于增强各成员贸易政策及做法的透明度,使多边贸易体制得以顺利推进。

WTO 贸易政策审议机制重申了在 GATT 时期就已确立的透明度原则和义务,强调了各成员在贸易政策决策上的透明度对各成员经济以及多边贸易体制所共有的重要价值,要求各成员给予各自体制更大的透明度,同时承认国内透明度的执行必须以自愿为基础并应顾及各成员的法律和政治体制。

(二)审议的内容和频率

TPRM 早期只就货物贸易政策进行审议,随着 WTO 管辖范围的扩大,政策审议的范围也随之扩大,包括影响进出口及生产的有关措施,例如关税、非关税措施以及国内方面的安排等。国内方面的安排包括政府奖金、税收减让、工业许可及竞争政策,外汇与投资体制,国内机构安排,政府宏观与微观经济变化之间的联系等。对成员的审议基于 2 个报告,一个是受审议成员自己提交的"政府报告"(Government Report),另一个是秘书处提交的"秘书处报告"(Secretariat Report)。

秘书处报告是秘书处根据掌握的资料(如该成员在国内和国际上公开出版的资料)和受审议成员向其提供的资料起草的报告,一般称为"他人报告"。该报告通常分为 6 个部分:经济环境(包括经济的主要特征,近期经济的运行情况),贸易政策体制、框架和目标,贸易相关的外汇体制,按措施划分的贸易政策与实践(包括所有直接影响进出口、服务贸易和生产以及货物贸易的措施),按部门划分的贸易政策与实践(农林渔业、矿业、工业与服务业),贸易争端和协商。为了获得资料,秘书处可以向被审议方政府发送调查问卷,可以进行实地访问,可以接触各个方面的人员,也可以通过国际组织、学术机构搜集资料。政府报告的形式由秘书处提供,如果对提供的形式有意见,可以与秘书处协商修改。政府报告由受审议成员政府就自己的贸易政策和做法,包括贸易政策目标和发展方向进行陈述。如果最不发达国家在准备报告过程中遇到困难,秘书处可以提供技术上的帮助。

对 WTO 成员贸易政策的审议周期取决于各成员在世界贸易中所占的份额。最大的 4 个贸易实体(当前为欧盟、美国、日本和中国)每 2 年审议 1 次,居 5~20 名的成员每 4 年审议 1 次,其他成员每 6 年审议 1 次,最不发达国家成员可以有更长的审议间隔时间(该间隔最多可延展 6 个月)。根据 2017 年 7 月对附件 3 的修订结果,以上审议周期将于 2019 年 1 月 1 日起分别改为 3 年、5 年和 7 年。

中国加入 WTO 以来,WTO 对中国的贸易政策分别于 2006 年、2008 年、2010 年、2012 年、2014 年、2016 年和 2018 年审议了 7 次。

(三)审议程序

根据贸易政策审议机构的程序,以 WTO 的 3 种工作语言写成的秘书处报告和被审议国政府的发言,至少在审议会议前 4 周发到各成员方,并鼓励各成员方向接受审议的成员方提出书面问题,至少会议前一周提交,以便受审议方准备回答。每次审议会议有 2 位评论员担当引导讨论的角色。审议会议是开放的,所有成员都可以参加,并参与讨论和提问。

第一次会议首先由接受审议的成员的政府官员(比如负责贸易的部长)作初步发言,对该国的贸易状况作概括介绍,特别是要介绍秘书处报告和政府报告完成之后所发生的新变化,发言限时 15 分钟。接着是 2 个评述员的发言,每个评述员的发言也不超过 15 分钟,然后由所有参加会议的成员发言和发表评论。第一次会议后,主持会议的主席需列出主要议题的大纲,并与受审议方协商后,要求讨论者、秘书处和与会者按照列出的主要议题组织发言。

第二次会议的讨论包括受审议方的答复在内,均需按照第一次会议列出的主要议题进行讨论,以便使讨论可以有层次、有秩序地进行。会议按以下4个主要议题进行讨论:贸易政策和实践的评估,更广泛的经济与发展的需要,对多边贸易体制的影响,评估与评价。

最后,会议主席作出总结性评论。

议审会议结束后,会议主席在秘书处的协助下,向新闻界发布会议的新闻摘要,并将报告、审议会议的备忘录和会议主席的总结性评论予以出版,并提交部长大会。

此外,《贸易政策审议机制》还要求WTO总干事以年度报告的形式,对影响多边贸易体制的国际贸易环境变化情况进行综述。

第四节 中国与世界贸易组织

一、中国从"复关"到"入世"

中国是1947年成立的GATT的23个缔约方之一。1948年4月21日,中国政府签署GATT《临时适用议定书》,并从1948年5月21日正式成为GATT缔约方。1949年新中国成立后,中华人民共和国政府成为代表中国的唯一合法政府,但中国在GATT的席位被台湾当局占据。由于不甘心让中国内地在对外贸易中享受GATT历次谈判的关税减让优惠待遇,台湾当局于1950年退出GATT。1965年台湾当局又重新取得GATT"观察员"资格,列席缔约方大会。1971年,联合国恢复了中华人民共和国的合法席位,GATT随即取消了台湾当局的"观察员"资格。1986年,中国向GATT正式提出恢复GATT缔约国地位的申请,从此开始了从"复关"到"入世"的曲折历程。

我国当时申请"复关"的原则,一是要求恢复中国的GATT缔约国身份,二是承认中国的发展中国家地位。1994年4月,我国签署了"乌拉圭回合"最后文件和WTO协定,签署这两个文件是中国"复关"的必备条件之一。同年11月,我国提出在年底完成复关的实质性谈判并成为定于1995年1月1日成立的WTO创始成员的要求。由于少数发达成员对中国的市场化程度不断提出质疑,而中国在20世纪80年代末、90年代初尚处于计划经济向市场经济转轨过程中,中国的"有计划的商品经济"仍被西方发达成员认为是带有政府补贴性质的计划经济,以至于到1994年年底的第19轮谈判,中国仍未能恢复GATT缔约方地位,也未能成为GATT的继承组织——WTO的创始成员。

1995年1月1日,WTO正式成立,在一年的过渡期后完全取代GATT。1995年5月,中国"复关"谈判在日内瓦恢复进行;7月,WTO决定接纳中国为世贸组织观察员;11月,中国"复关"工作组更名为中国"入世"工作组。中国"复关"谈判变成"入世"谈判。

在此期间世界经济发生了很大变化,国际经济交往已从货物贸易延伸到服务贸易,世界服务贸易占贸易总额的1/3左右。同时,伴随新技术革命的兴起,与贸易有关的知识产权保护和投资措施等也被纳入 GATT/WTO 的管辖之下。于是,"中国工作组"对越来越复杂、难度越来越大的一系列问题,如对市场准入、服务贸易和议定书草案等与我国政府进行了多次谈判。按规定,加入 WTO 必须解决两个问题:一是遵守规则,二是开放市场。前者主要以 WTO 中国工作组多边谈判方式解决;后者则由于每个成员都有自己特殊的贸易利益、有自己特别关心的产品,必须逐个成员、逐个产品进行双边谈判。WTO 还规定,一旦与那些要求与你谈判的部分成员分别签署了双边协议,其他大多数成员可以按最惠国待遇原则"坐享其成"。要求与中国进行双边谈判的成员共 35 个,主要是欧美等西方发达成员和部分欧、亚及拉美的发展中成员。

中国"入世"谈判的最大阻力来自美国。1995 年 11 月,美方向中方递交了一份"关于中国'入世'的非正式文件",即所谓的"交通图",上面罗列了对中国"入世"的 28 项要求。1996 年 2 月 12 日,中美就中国"入世"问题举行了第 10 轮双边磋商,中方对美方的"交通图"逐点作出反应。

1997 年 5 月,WTO 中国工作组就中国"入世"议定书中的"非歧视原则"和"司法审议"两项主要条款与我国政府达成协议。同年 8 月,新西兰成为第一个同中国就中国加入 WTO 达成双边协议的国家。这一年,中国还与韩国、匈牙利、捷克等国签署了入世双边协议。1998 年 4 月,中国向世贸组织提交了一份包括近 6000 个税号的一揽子关税减让表,受到主要成员的积极评价。但本应在 1998 年完成的中美双边谈判因中国驻南斯拉夫大使馆遭美军轰炸而中断;直至 1999 年 11 月 15 日,中美才签署了关于中国加入 WTO 的双边协议。2000 年 5 月,中国与欧盟签署了关于中国"入世"的双边协议。2001 年 6 月 9 日和 21 日,美国和欧盟先后与中国就中国"入世"多边谈判的遗留问题达成全面共识;6 月 28 日至 7 月 4 日,WTO 中国工作组就多边谈判遗留的 12 个主要问题达成全面共识;7 月 16 日至 7 月 20 日,在第 17 次 WTO 中国工作组会议上,完成了中国加入世贸组织的法律文件及其附件和工作组报告书的起草工作。2001 年 9 月 13 日,中国与最后一个要求谈判的成员墨西哥达成双边协议,至此,中国完成了与 WTO 成员的所有双边市场准入谈判。2001 年 11 月 10 日,在卡塔尔首都多哈举行的 WTO 第四次部长级会议上,审议通过了中国加入 WTO 的决定,2001 年 12 月 11 日,中国正式成为 WTO 第 143 个成员[①]。

二、入世后中国的权利与义务[②]

(一)中国入世后可以享受的基本权利

中国加入 WTO 后,与其他 WTO 成员一样可以享受以下基本权利。

---

① 孙莉莉.国际贸易理论与政策[M].北京:北京理工大学出版社,2017.
② 张锡嘏.国际贸易[M].北京:对外经济贸易大学出版社,2017.

1. 享受无条件、多边和稳定的最惠国待遇和国民待遇

中国加入WTO后可充分享受多边无条件的最惠国待遇和国民待遇,即非歧视待遇,现行双边贸易中受到的一些不公正待遇将逐渐取消。根据《中国加入世界贸易组织议定书》附件7的规定,欧盟、阿根廷、匈牙利、墨西哥、波兰、斯洛伐克、土耳其等成员对中国出口产品实施的与WTO规则不符的数量限制、反倾销措施、保障措施等将在中国加入WTO后5~6年内取消,根据WTO《纺织品与服装协议》的规定,发达国家的纺织品配额将在2005年1月1日取消,中国将充分享受WTO纺织品一体化的成果。

2. 享受发展中成员方的特殊待遇

中国加入WTO后可享受WTO发达成员方给予发展中成员方的特殊待遇,而不向发达成员方提供相应的义务。

(1) 继续享受普遍优惠制。中国入世之前,世界上有28个给惠国,其中21个国家给予中国普惠制待遇,入世后中国将在更大范围内享受此待遇。

(2) 关税总水平允许高于发达成员方。乌拉圭回合开始时,发达成员方的关税总水平为6.3%,发展中成员方的总水平为15%;乌拉圭回合协议与协定实施后,发达成员方的关税总水平将从6.3%降到3.8%左右,而发展中成员方的关税总水平从15%下降到12%左右。

(3) 履行义务时有较大的灵活性。在涉及补贴与反补贴措施、保障措施等问题时,中国享有协定规定的发展中国家待遇。在保障措施方面享受10年保障措施使用期,在补贴方面享受发展中国家的微量允许标准(即在该标准下其他成员不得对我国采取反补贴措施),在技术性贸易壁垒采用国际标准方面,可以根据经济发展水平拥有一定的灵活性等。

3. 在多边贸易体制中享有决策权

"入世"前,中国在WTO中以观察员身份参加,只有表态权,没有表决权。"入世"后,中国参与各个议题的谈判和贸易规则的制定,既有发言权,又有决策权,这有利于维护中国在世界多边贸易体系中的合法权益。其中包括:全面参与世界贸易组织各理事会和委员会的所有正式和非正式会议,维护中国的经济利益;全面参与贸易政策审议,对美国、欧盟、日本、加拿大等重要贸易伙伴的贸易政策进行质询和监督,敦促其他WTO成员履行多边义务;在其他WTO成员对中国采取反倾销、反补贴和保障措施时,可以在多边框架体制下进行双边磋商,增加解决问题的渠道;全面参与新一轮多边贸易谈判,参与制定多边贸易规则,维护中国的经济利益。

4. 获得市场开放和法规修改的过渡期

中国加入WTO后,在市场开放和遵守规则方面获得了过渡期。在放开贸易权的问题上,中国享有3年的过渡期;关税减让的实施期最长可到2008年;逐步取消400多项产品的数量限制,最迟可到2005年1月1日取消,服务贸易的市场开放在加入后1~6年内逐步实施。

5. 享有利用争端解决机制解决贸易争端的权利

中国"入世"后，在与 WTO 其他成员方发生贸易摩擦与贸易纠纷时，有权按 WTO 的争端解决机制邀请他们与我国共同解决贸易摩擦，如双边解决不成，可上诉到 WTO 争端解决机构，由其出面解决，避免某些双边贸易机制对中国的不利影响。

（二）中国入世后应履行的义务

在享受权利的同时，中国也必须依照 WTO 规则履行相应的义务，主要体现在以下几个方面。

1. 削减关税

根据中国加入 WTO 的承诺，中国于 2002 年 1 月 1 日大幅下调了 5000 多种商品的进口关税，关税总水平由 15.3% 降至 12%。至 2017 年 11 月，中国对 152 个税目下的日用消费品评价下调 50% 的关税，涉及 109 亿美元的年进口价值。从 2017 年 12 月 1 日起，中国进一步对 187 个税目下 8 位税号（HS 8-digit level）的日用消费品下调关税，平均税率从 17.3% 下调到 7.7%，产品范围覆盖食物和补品、药物、日用化工产品、服装鞋帽、家电、文化和娱乐产品等。这是中国 3 年内第 4 次大幅削减进口关税，所涉税目下的商品数量超过前 3 次的总和。

2. 逐步取消非关税措施

按照 WTO 的规定，我国对 400 多项产品实施的非关税措施，包括进口配额、进口许可证、机电产品特定进口招标等在 2005 年 1 月 1 日之前取消，并承诺今后除符合 WTO 规定外，不再增加或实施任何新的非关税措施。

3. 开放服务业市场

加入 WTO 以来，中国在包括银行、保险、证券、电信、建筑、分销、法律、旅游、交通等在内的众多服务部门，修改和新制定了一系列进一步加快对外开放的法规和规章，为服务贸易领域市场准入机会的扩大提供了法律依据和保障。这些法规和规章不仅体现了我国在服务贸易领域所作出的市场开放的承诺，还包括了我国一些自主开放举措。

4. 遵守非歧视原则

中国承诺在进口货物、关税、国内税等方面，给予外国产品的待遇不低于给予国产同类产品的待遇，并对目前仍在实施的与国民待遇原则不符的做法和政策进行必要的修改和调整。

5. 确保贸易政策的透明度

中国承诺公布所有涉外经贸法律和部门规章，未经公布的不予执行。加入 WTO 后设立"世界贸易组织咨询点"，咨询点对有关成员咨询的答复应该完整，并能代表中国政府的权威观点，对企业和个人也将提供准确、可靠的贸易政策信息。

6. 逐步放开外贸经营权

中国承诺在加入 WTO 后的 3 年内取消外贸经营审批权。全资中资企业获得对外贸易经营权的最低注册资本降至 100 万元人民币。中国已于 2003 年 8 月 1 日提前兑现承诺，并对西部地区给予优惠，降至 50 万元人民币。外资占多数股份的合资企业获得完全的对外贸易经营权。

7. 实施《与贸易有关的投资措施协议》

中国承诺加入 WTO 后，实施《与贸易有关的投资措施协议》，取消贸易和外汇平衡要求、当地含量要求、出口实绩要求、技术转让要求等与贸易有关的投资措施。

8. 接受贸易政策审议

2006 年 4 月 19 日至 21 日，WTO 首次审议中国贸易政策，WTO 秘书处发表《中国贸易政策审议报告》，肯定中国改革开放的显著成就，赞扬中国努力履行入世承诺并积极参与多边贸易体制建设，强调中国的平均关税已从 2001 年"入世"时的 15% 降到了 2005 年的 9.9%，非关税贸易限制措施也迅速减少。

9. 接受争端解决机构裁决义务

中国在享有与 WTO 成员方磋商解决贸易摩擦、通过争端解决机制解决贸易纠纷的权利的同时，也有接受和履行 WTO 其他成员方磋商解决贸易摩擦和接受 WTO 争端解决机构裁决的义务。

10. 缴纳会费

中国承诺按在世界出口中所占比例缴纳一定会费。

三、中国入世后的成果[①]

加入 WTO 以来，中国遵守和维护了 WTO 的规则，支持开放、透明、包容、非歧视的多边贸易体制，全面参与 WTO 的工作，是多边贸易体制的积极参与者、坚定维护者和重要贡献者。

（一）履行加入 WTO 的承诺

1. 完善社会主义市场经济体制和法律体系

加入 WTO 后，中国大规模开展法律法规清理修订工作，中央政府清理法律法规和部门规章 2300 多件，地方政府清理地方性政策法规 19 万多件，覆盖贸易、投资和知识产权保护等各个方面。2014 年，中国制订进一步加强贸易政策合规工作的政策文件，要求各级政府在拟定贸易政策的过程中，对照 WTO 协定及中国加入承诺进行合规性评估。2016 年，中国建立规范性文件合法性审查机制，进一步清理规范性文件，增强公共政策

---

① 中国国务院新闻办. 中国与世界贸易组织[M]. 北京：人民出版社，2018.

制定透明度和公众参与度。

2.履行货物贸易领域开放的承诺

(1)大幅降低进口关税,以减少进口成本,促进贸易发展,让世界各国更多分享中国经济增长、消费繁荣带来的红利。截至2010年,中国货物降税承诺全部履行完毕,关税总水平由2001年的15.3%降至9.8%。其中,工业品平均税率由14.8%降至8.9%;农产品平均税率由23.2%降至15.2%,约为世界农产品平均关税水平的1/4,远低于发展中成员56%和发达成员39%的平均关税水平。农产品的最高约束关税为65%,而美国、欧盟、日本分别为440%、408%、1706%。

(2)显著削减非关税壁垒,以减少不必要的贸易限制,促进贸易透明畅通。截至2005年1月,中国已按加入承诺全部取消了进口配额、进口许可证和特定招标等非关税措施,涉及汽车、机电产品、天然橡胶等424个税号产品,对小麦、玉米、大米、食糖、棉花、羊毛、毛条和化肥等关系国计民生的大宗商品实行关税配额管理。

(3)全面放开外贸经营权,以促进经营主体多元化,激发各类企业开展贸易的积极性。自2004年7月起,中国对企业的外贸经营权由审批制改为备案登记制,极大地释放了民营企业的外贸活力,民营企业进出口发展迅速,份额持续扩大,成为对外贸易的重要经营主体。民营企业和外商投资企业进出口占全国进出口总额的比重由2001年的57.5%上升到2017年的83.7%。2017年,作为第一大出口经营主体的民营企业出口占比达46.6%。

3.履行服务贸易领域开放的承诺

(1)广泛开放服务市场,即大力推动服务业各领域快速发展,提高服务业对国民经济的贡献。在WTO分类的12大类服务部门的160个分部门中,中国承诺开放9大类的100个分部门,接近发达成员平均承诺开放108个分部门的水平。截至2007年,中国服务贸易领域开放承诺已全部履行完毕。

(2)持续减少限制措施,即逐步降低服务领域外资准入门槛,按期取消服务领域的地域和数量限制,不断扩大允许外资从事服务领域的业务范围。其中,在快递、银行、财产保险等54个服务分部门允许设立外商独资企业,在计算机、环境等23个分部门允许外资控股,在电信、铁路运输、旅游等80个分部门给予外资国民待遇。2010年,中国服务业吸引外商直接投资额首次超过制造业,2017年吸引外商直接投资额占比达到73%。

4.履行知识产权保护承诺

加入WTO后,中国建立起健全的知识产权法律法规,与多个国家建立知识产权工作机制,积极吸收借鉴国际先进立法经验,构建起符合WTO规则和中国国情的知识产权法律体系。中国重新组建国家知识产权局,在北京、上海、广州设立3家知识产权法院,在南京、苏州、武汉、西安等15个城市中级法院内设立专门审判机构,跨区域管辖专利等知识产权案件。

自 2001 年起,中国对外支付知识产权费年均增长 17%,2017 年达到 286 亿美元。2017 年,中国发明专利申请量达到 138.2 万件,连续 7 年居世界首位,申请者中近 10% 为外国单位和个人;国外来华发明专利申请量达到 13.6 万件,较 2001 年 3.3 万件的申请量增长了 3 倍。世界知识产权组织日前公布,2017 年,中国通过《专利合作条约》途径提交的专利申请受理量达 5.1 万件,仅次于美国,居全球第二位。

5. 履行透明度义务

(1)明确提供法律制度保障。《立法法》《行政法规制定程序条例》《规章制定程序条例》明确要求法律、行政法规和规章草案须按有关规定公开征求公众意见。全国人大常委会法工委定期出版《中华人民共和国法律》(英文版),国务院法制机构定期出版《中华人民共和国涉外法规汇编》(中英文对照),商务部在《中国对外经济贸易文告》中定期发布贸易政策。

(2)全面履行世贸组织通报义务。中国按照要求定期向 WTO 通报国内相关法律、法规和具体措施的修订调整和实施情况。截至 2018 年 1 月,中国提交的通报已达上千份,涉及中央和地方补贴政策、农业、技术法规、标准、合格评定程序、国营贸易、服务贸易、知识产权法律法规等诸多领域。

(二)坚定支持多边贸易体制

1. 积极推进贸易投资自由化、便利化

(1)全面参与多哈回合各项议题谈判。中国提出和联署谈判建议百份以上,促进贸易便利化、农业出口竞争等多项议题达成协议,推动多边贸易体制不断完善。2015 年,中国成为接受《贸易便利化协定》议定书的第 16 个 WTO 成员。2016 年中国担任二十国集团主席国期间,推动多国完成《贸易便利化协定》的国内批准程序,为协定早日生效作出了积极贡献。

(2)积极推动诸边贸易自由化进程。作为发展中成员,中国积极参与诸边自由化倡议,并为谈判作出了重要贡献。中国在加入 WTO 时参加了《信息技术协定》,在此基础上深入参与该协定扩围谈判,推动各方就取消 201 项信息技术产品的关税达成协议。中国是《环境产品协定》谈判的发起方之一,始终以积极建设性态度参与磋商,在二十国集团领导人杭州峰会期间推动谈判达成重要共识。中国于 2007 年启动加入《政府采购协定》谈判,为加入该协定作出了积极的努力。

(3)有力促进 WTO 新议题的讨论。中国推动 WTO 积极回应投资便利化、中小微企业、电子商务等 WTO 成员普遍关注的新议题并开展相关讨论;中国发起成立"投资便利化之友",引导 70 多个成员达成《关于投资便利化的部长联合声明》;中国加入"中小微企业之友",推介中国在 WTO 相关提案中关于支持中小微企业的内容;中国加入"电子商务发展之友",积极推动 WTO 电子商务议题多边讨论,分享经验做法,帮助发展中成员从发展电子商务中受益。

(4)切实履行《贸易便利化协定》。作为发展中成员,中国积极推动实施《贸易便利化协定》。中国组建了国家贸易便利化委员会,各有关部门通力协作,提高了贸易便利化水平。截至2017年,各省(自治区、直辖市)已经建立了贸易便利化工作联席会议制度,积极做好本地区贸易便利化的相关工作。在履行该协定方面,中国的A类措施(协定生效后立即实施)所占比重达到94.5%,目前仅保留4项B类措施(协定生效后经过过渡期后实施)。中国将严格履行承诺,在3年过渡期后如期实施B类措施。

2.有效维护争端解决机制的法律地位

中国积极参与改进争端解决程序的谈判,支持WTO上诉机构独立公正开展上诉审议工作。针对当前个别WTO成员阻挠上诉机构成员遴选,中国与60多个成员联署提案,努力推动尽快启动遴选程序。中国主张通过WTO争端解决机制妥善解决贸易争端。按照事项统计,截至2018年4月,中国在WTO起诉案件17项,已结案8项;被诉案件27项,已结案23项。中国积极应对被诉案件,尊重并认真执行世贸组织的裁决,作出了符合世贸规则的调整,无一例被起诉方申请报复的情况。

3.深度参与贸易政策审议

中国认真接受成员的贸易政策监督。目前,中国已接受世贸组织7次审议,始终以开放坦诚的姿态,介绍宏观经济和贸易投资政策发展情况,听取其他成员对中国改革开放的意见和建议。中国也参与了WTO对其他成员的审议近300次,向被审议成员提交书面问题和贸易关注数千项,敦促其他成员遵守世贸组织规则和有关承诺,为维护和强化审议机制功能发挥了积极作用。

4.全力支持发展中国家融入多边贸易体制

作为世界上最大的发展中国家,中国对发展中成员在参与全球价值链分工、参与国际经贸治理等方面面临的困难表示关切,努力推动贸易,为实现2030年可持续发展议程作出了以下积极贡献。

向其他发展中成员提供务实有效的支持,截至2018年3月,中国已对36个建交且已完成换文手续的最不发达国家97%税目产品实施零关税;积极响应世贸组织"促贸援助"倡议,利用多双边援助资源帮助其他发展中成员特别是最不发达国家成员加强基础设施建设、培训经贸人员、提高生产能力、发展贸易投资;向世贸组织"贸易便利化协定基金"捐款100万美元,协助落实《贸易便利化协定》。2011年,中国设立"最不发达国家及加入世贸组织中国项目",已帮助6个最不发达国家加入WTO。2017年起,中国在南南合作援助基金项下与WTO等国际组织加强合作,在"促贸援助"领域实施合作项目,帮助其他发展中成员提高从全球价值链中获益的能力。

(三)对世界作出重要贡献

1.拉动世界经济复苏和增长

2016年,中国国内生产总值占世界的比重达到14.8%,较2001年提高10.7%。自

2002年以来,中国对世界经济增长的平均贡献率接近30%,是拉动世界经济复苏和增长的重要引擎。中国新型工业化、信息化、城镇化、农业现代化快速推进,形成巨大的消费和投资空间,为全球创造了更多就业。根据国际劳工组织发布的首份《中国与拉美和加勒比地区经贸关系报告》,1990—2016年,中国为拉美和加勒比地区创造了180万个就业岗位。

中国的快速发展为全球减贫事业作出了巨大贡献。改革开放40年来,中国人民生活从短缺走向充裕、从贫困走向小康,现行联合国标准下的7亿多贫困人口成功脱贫,占同期全球减贫人口总数70%以上,为世界提供了最高的减贫贡献率。

2. 对外贸易发展惠及全球

世贸组织数据显示,2017年,中国在全球货物贸易进口和出口总额中所占比重分别达到10.2%和12.8%,是120多个国家和地区的主要贸易伙伴。中国货物贸易出口为全球企业和民众提供了物美价优的商品;2001—2017年,中国货物贸易进口额年均增长13.5%,高出全球平均水平6.9%,已成为全球第二大进口国;服务贸易进口从393亿美元增至4676亿美元,年均增长16.7%,占全球服务贸易进口总额的比重接近10%。跨境电商等对外贸易新业态新模式快速发展,为贸易伙伴提供了更加广阔的市场。2017年中国海关验放的跨境电子商务进出口商品总额为902.4亿元人民币,同比增长80.6%,其中进口为565.9亿元人民币,同比增长高达120%。

3. 双向投资造福世界各国

加入WTO后,中国的外商直接投资规模从2001年的468.8亿美元增加到2017年的1363.2亿美元,年均增长6.9%。外商投资企业在提升中国经济增长质量和效益的同时,分享中国经济发展红利。中国美国商会《2018中国商务环境调查报告》显示,约60%的受访企业将中国列为全球三大投资目的地之一,74%的会员企业计划于2018年扩大在华投资,这一比例为近年来最高,其中1/3的受访企业计划增加在华投资10%以上。中国欧盟商会《商业信心调查2018》报告显示,超过一半的会员企业计划扩大在华运营规模。2017年全国新设立外商投资企业35652家,同比增长27.8%。

中国对外投资合作持续、健康、规范发展,对外直接投资年度流量的全球排名从加入WTO之初的第26位上升至2017年的第3位。中国对外投资合作加快了东道国当地技术进步步伐,促进其经济发展和民生改善,创造了大量的就业机会。

4. 为全球提供公共产品

自从共建"一带一路"倡议提出以来,已有80多个国家和国际组织同中国签署了合作协议。中国与相关国家深化务实合作,取得了丰硕成果。2013—2017年,中国同沿线国家的贸易总额超过5万亿美元,中国企业在这些国家累计投资超过700亿美元。截至2017年底,中国企业在有关国家建设了75个境外经贸合作区,上缴东道国税费超过16亿美元,为当地创造了22万个就业岗位。自2018年起,中国将在3年内向参与"一带一路"建设的发展中国家和国际组织提供 600 亿元人民币援助,建设更多民生项目。

中国国际进口博览会是中国发起的、多个国际组织和 100 多个国家参与的国际博览会,是推动全球包容互惠发展的国际公共产品。首届中国国际进口博览会于 2018 年 11 月举行。举办进口博览会是中国推进新一轮高水平对外开放的重大决策,是中国主动向世界开放市场的重大举措,是中国支持经济全球化和贸易自由化的实际行动。未来 15 年,中国预计将进口 24 万亿美元商品。中国国际进口博览会将为各国出口提供新机遇,为各国共享中国发展红利搭建新平台,为世界经济增长注入新动力。

(四) 积极推动更高水平对外开放

1. 促进贸易平衡发展

根据世贸组织统计,2015 年中国的贸易加权平均关税已降至 4.4%,与美国、欧盟等发达经济体相差 1.5%~2%。截至 2017 年底,中国已调减 900 多个税目产品的税率。在博鳌亚洲论坛 2018 年年会上,中国宣布将进一步扩大降税范围,努力增加人民群众需求比较集中的特色优势产品进口。

2. 提高贸易便利化水平

WTO《贸易便利化协定》实施一年多以来,中国贸易便利化水平显著提升。目前,中国海关进口货物平均通关时间缩短至 20 小时以内,出口货物平均通关时间不到 2 小时。中国加快推进国际贸易"单一窗口"的建设和推广。截至 2017 年底,中国国际贸易"单一窗口"已与 11 个口岸管理相关部门对接,基本覆盖大通关主要流程,实现企业一点接入、一次提交、一次查验、一键跟踪、一站办理,加速了口岸治理体系现代化建设进程。中国将继续优化监管方式方法,改革口岸管理体制,进一步压缩进出口环节和成本,不断优化口岸营商环境。

3. 大幅放宽外商投资准入

2016 年 9 月,全国人大常委会对《外资企业法》等 4 部法律进行了修订,将不涉及国家规定实施准入特别管理措施的外商投资企业设立及变更事项,由审批改为备案管理。2018 年上半年,中国完成修订外商投资负面清单工作,出台《国务院关于积极有效利用外资推动经济高质量发展若干措施的通知》,进一步大幅度放宽市场准入,包括稳步扩大金融业开放,持续推进服务业开放,深化农业、采矿业、制造业开放。

对于船舶行业,中国将于 2018 年取消外资股比限制,包括设计、制造、修理各环节。对于飞机制造行业,中国将取消外资股比限制,包括干线飞机、支线飞机、通用飞机、直升机、无人机、浮空器等。对于汽车行业,中国将取消专用车、新能源汽车外资股比限制,并将在未来 5 年内逐步取消汽车行业的全部股比限制。

4. 创造更有吸引力的投资环境

截至 2018 年 3 月,中国全面取消非行政许可审批,与 2013 年 3 月相比,削减行政审批事项 44%。中央政府层面核准的企业投资项目数量累计减少 90%。全面改革工商登记、注册资本等商事制度,全面推行注册资本认缴登记制,工商登记前置审批事项压缩了87%,企业开办时间缩短约1/3。推进市场准入负面清单制度改革,推行"法无禁止即可为",切实增强执法公正性,减轻企业负担。

5. 加快实施自贸区战略

截至2018年5月,中国已与24个国家和地区签署16个自贸协定。2017年,与自贸伙伴的贸易额(不含港澳台)占中国对外贸易总额的25.9%。已签署的自贸协定中,零关税覆盖的产品范围基本超过90%,承诺开放的服务部门已从加入世贸组织时的100个增至近120个。中国将继续坚定不移地推进经济全球化、维护自由贸易,与有关各方早日签署并实施《区域全面经济伙伴关系协定》,加快亚太自贸区和东亚经济共同体建设,构建立足周边、辐射"一带一路"、面向全球的高标准自由贸易区网络。

关键词

关税与贸易总协定　世界贸易组织　最惠国待遇原则　国民待遇原则
透明度原则　争端解决　贸易政策审议

复习思考题

1. WTO的宗旨和职能是什么?
2. WTO与GATT(1947)的区别是什么?
3. 什么是最惠国待遇原则? 该原则具有哪些特点?
4. 国民待遇原则的含义是什么?

参考文献

[1] 国彦兵.西方国际贸易理论历史与发展[M].杭州:浙江大学出版社,2004

[2] 杜扬.国际理论与实务[M].北京:机械工业出版社,2008.

[3] 姜文学,邓立立.国际经济学[M].大连:东北财经大学出版社,2009.

[4] 赵宗博.国际贸易概论[M].青岛:中国海洋大学出版社,2008.

[5] 胡俊文.国际贸易[M].北京:清华大学出版社,2006.

[6] 薛荣久.国际贸易[M].北京:清华大学出版社,2015.

[7] 周学明.国际贸易[M].北京:中国金融出版社,2013.

[8] 陈同仇、张锡嘏.国家贸易[M].北京:对外经济贸易大学出版社,2005.

[9] 马克思,恩格斯.马克思恩格斯选集,第4卷[M].北京:人民出版社,1995.

[10] 马克思,恩格斯.马克思恩格斯全集,第4卷[M].北京:人民出版社,1962.

[11] 薛荣久.国际贸易[M].北京:对外经济贸易大学出版社,2005.

[12] 卜伟.国际贸易[M].北京:清华大学出版社、北京交通大学出版社,2006.

[13] 刘庆林,孙中伟.国际贸易理论与实务[M].北京:人民邮电出版社,2004.

[14] 崔日明,王厚双,徐春祥.国际贸易[M].北京:机械工业出版社,2010.

[15] 王新哲,梅花·托哈依.国际贸易[M].北京:北京理工大学出版社,2012.

[16] 孙睦优,冯萍.国际贸易[M].北京:清华大学出版社,2012.

[17] 陈同仇,张锡嘏.国际贸易[M].北京:对外经济贸易大学出版社,2005.

[18] 卓骏.国际贸易理论与实务[M].北京:机械工业出版社,2016.

[19] USITC(美国国际贸易委员会)发布美国服务贸易最新发展趋势报告,https://wemedia.ifeng.com/67830049/wemedia.shtml,2018.

[20] 喻志军.国际贸易[M].北京:企业管理出版社,2015.

[21] 郭铁民,王永龙等.中国企业跨国经营[M].北京:中国发展出版社,2002.

[22] 张二震,马野青.国际贸易学[M].南京:南京大学出版社,2015.

[23] 王海文著.国际贸易理论与法律法规[M].北京:中国财政经济出版社,2016.

[24] 黎孝先,石玉川.国际贸易实务(第6版,精简本)[M].北京:对外经济贸易大学出版社,2016.

[25] 张波.国际贸易理论与实务[M].武汉:华中科技大学出版社,2013.

[26] 龚辉.最新电子商务实用技术[M].广州:华南理工大学出版社,2015.

[27] 刘苍劲,罗国民. 国际市场营销(第 4 版)[M]. 大连:东北财经大学出版社,2016.

[28] 潘锦云,殷功利. 国际贸易理论与政策[M]. 合肥:中国科学技术大学出版社,2016.

[29] 傅龙海. 国际贸易实务(第 3 版)[M]. 北京:对外经济贸易大学出版社,2017.

[30] 张鑫. 世界三大区域经济一体化组织发展的特点分析[J]. 商,2013(10).

[31] 罗丙志. 自由贸易区理论分析初探[J]. 国际经贸探索,1993(02).

[32] 金丹. 区域经济一体化的理论框架研究[J]. 西部经济管理论坛,2014(03).

[33] 蒋诚. 国际贸易理论与实务教学方法研究[J]. 科教导刊(中旬),2014(03).

[34] 王洪彬. 东亚经济一体化与中国的战略选择研究[D]. 东北师范大学,2009.

[35] 沈桂龙. 贸易强国与跨国公司发展[M]. 上海:上海社会科学院出版社,2016.

[36] 张超. 跨国公司在华并购问题研究[M]. 广州:中山大学出版社,2016.

[37] 张娟. 服务业跨国公司的贸易效应[M]. 北京:经济科学出版社,2017.

[38] 王晓红,柯建飞. 全球服务贸易形势分析及展望[J]. 国际贸易,2018(1).

[39] 王晓红,柯建飞. 推动服务贸易高质量发展的政策建议[J]. 开放导报,2018(8).

[40] 夏杰长,姚战琪. 中国服务业开放 40 年——渐进历程、开放度评估和经验总结[J]. 财经问题研究,2018(4).

[41] 习近平. 决胜全面建成小康社会,夺取新时代中国特色社会主义伟大胜利——在中国共产党第十九次全国代表大会上的报告[M]. 北京:人民出版社,2017.

[42] 朱光耀. 详解中美经济领域合作成果:互利共赢影响深远[EB/OL]. http://economy.caijing.com.cn/20171110/4358846.shtml,2017-11-10.

[43] 夏杰长,倪红福. 中国经济增长的主导产业:服务业还是工业?[J]. 南京大学学报,2016(3).

[44] 商务部综合司《中国对外贸易形势报告(2018 年春季)》

[45] 商务部国际贸易经济研究院《全球服务贸易发展指数报告 2018——数字贸易的兴起:机遇与挑战》

[46] 商务部等 13 部门《服务贸易发展"十三五"规划纲要》

[47] 林珏. 国际技术贸易[M]. 上海:上海财经大学出版社,2006.

[48] 赵春明,张晓甦. 国际技术贸易[M]. 北京:机械工业出版社,2007.

[49] 杜奇华,冷柏军. 国际技术贸易[M]. 北京:高等教育出版社,2006.

[50] 李虹. 国际技术贸易[M]. 大连:东北财经大学出版社,2005.

[51] 孙莉莉. 国际贸易理论与政策[M]. 北京:北京理工大学出版社,2017.

[52] 薛伟贤. 国际技术贸易[M]. 西安:西安交通大学出版社,2008.

[53] 武振山. 国际技术贸易[M]. 大连:东北财经大学出版社,1990.

[54] 第六届上交会在浦东落幕. 上海浦东门户网站. http://www.pudong.gov.cn/

shpd/news/20180423/006004_4af19460-97e2-4707-a9d3-b0255050ed11.htm,2018-04-23.

[55] 保护工业产权巴黎公约.人民网,2010-03-18.

[56] 与贸易有关的知识产权协议.人民网,http://ip.people.com.cn/GB/11179135.html,2010-03-19.

[57] "一种一体式自拍装置"实用新型专利权无效宣告请求案,国家知识产权局,http://www.sipo.gov.cn/mtsd/1138630.htm.

[58] "湘西古方"商标驳回复审案,国家知识产权局.http://www.sipo.gov.cn/mtsd/1138631.htm.

[59] "光伏电池337调查案"专利分析及启示,中国保护知识产权网,http://www.ipr.gov.cn/article/gjxw/ajzz/zlajzz/201904/1935104.html.

[60] 段丽娜,马坤.国际贸易理论与政策[M].北京:北京理工大学出版社,2017.

[61] 陈东林.中国加入世贸组织三百问[M].上海:上海三联书店,2000.

[62] 冯于蜀.国际贸易体制下的关贸总协定与中国[M].北京:中国对外经济贸易出版社,1992.

[63] 张锡嘏.国际贸易[M].北京:对外经济贸易大学出版社,2017.

[64] 许钊勇.论我国出口企业如何应对反侵销调查——以宁波新海电气成功应诉打火机反侵销为例[J].经济师,2016(06).

[65] 章睿晗.我国化工产品出口遭遇反侵销的影响因素分析[D].北京:北京理工大学出版社,2016.

[66] 金泽虎.国际贸易学[M].北京:中国人民大学出版社,2016.

[67] 汪艳.中国对外贸易"贫困化增长"的实证分析研究[J].特区经济,2014(10).

[68] 李华根.国际结算与贸易融资实务[M].北京:中国海关出版社,2012.

[69] 王兆文.中国银行基本业务培训教材[M].北京:中央民族大学出版社,2011.

[70] 夏英祝,郑兰祥.国际贸易与国际金融[M].合肥:安徽大学出版社,2012.

[71] 徐捷.国际贸易融资[M].北京:中国金融出版社,2017.

[72] 查忠民、金赛波.福费廷实务操作与风险管理[M].北京:法律出版社,2005.

[73] 中信银行.出口信贷业务培训,2009.

[74] WTO. Understanding the WTO. 5th Edition[M]. WTO,2011.

[75] 龚生雄.从GATT到WTO[M].武汉:武汉测绘大学出版社,2000.

[76] 田忠法.WTO通览[M].上海:上海三联书店,2003.

[77] 王文先.WTO规则与案例[M].北京:清华大学出版社,2007.

[78] 张锡嘏.国际贸易[M].北京:对外经济贸易大学出版社,2017.

[79] 夏英祝.世界贸易组织规则与应用[M].合肥:安徽大学出版社,2013.

[80] 中国国务院新闻办.中国与世界贸易组织[M].北京:人民出版社,2018.

[81] 肖德.论世界贸易组织在国际经贸关系发展中的作用[M].北京:中国经济出版社,2002.

[82] 王怀宁. 入世:世界上没有免费的午餐——机遇、挑战与对策[M].北京:中国审计出版社,2000.

[83] 沈木珠.国际贸易法研究[M].北京:法律出版社,2002.

[84] 高尔森.南开国际经济法论文集(续集)[M].天津:天津人民出版社,1997.

[85] 叶全良等.国际商务与保障措施[M].北京:人民出版社,2005.

[86] 杨长海.区域贸易集团与GATT/WTO多边贸易体制研究[D].苏州大学硕士学位论文,2002.

[87] 胡祖光.走进WTO[M].杭州:浙江摄影出版社,2002.

[88] 陈亚平.WTO与农产品贸易法律制度[M].广州:华南理工大学出版社,2006.

[89] 卜伟等.国际贸易与国际金融[M].北京:清华大学出版社,2009.

[90] 刘伟,刘国宁.中国总经理工作手册[M].上海:中国言实出版社,2003.

[91] 赵应宗等.国际贸易学教程[M].合肥:中国科学技术出版社,2007.

[92] 黎学玲.中国涉外经贸法[M].北京:人民法院出版社,2004.

[93] 刘笋.国际贸易法学[M].北京:中国法制出版社,2000.

[94] 姚利民.WTO概论[M].北京:科学出版社,2005.

[95] 王涛生.WTO规则解析与应用[M].长沙:国防科技大学出版社,2006.

[96] 傅夏仙.WTO与中国经济:对入世后我国相关产业的分析[M].杭州:浙江大学出版社,2004.

[97] 吴兴光.世界贸易组织法概论[M].北京:中国对外经济贸易出版社,2003.

[98] 刘承宪等.世界贸易组织概论[M].沈阳:辽宁大学出版社,2008.